Dorothée Kleinmann

RADEGUNDE

Mit einer tabellarischen Übersicht und 7 Karten

Dorothée Kleinmann

Radegunde
Eine europäische Heilige

Verehrung und Verehrungsstätten
im deutschsprachigen Raum

Umschlagbild:
Darstellung der hl. Radegunde auf einem Gewölbeschlußstein (12. Jh.)
aus St. Mexme in Chinon (Frankreich)

Die Deutsche Bibliothek – CIP-Einheitsaufnahme

Kleinmann, Dorothée:
Radegunde : eine europäische Heilige ;
Verehrung und Verehrungsstätten im deutschsprachigen Raum /
Dorothée Kleinmann. –
Graz ; Wien ; Köln : Verl. Styria, 1998
ISBN 3-222-12639-9

Umschlaggestaltung: Peter Salmutter, Graz
Satz: B & R Satzstudio, Graz
Druck und Bindung: Wiener Verlag, Himberg
ISBN 3-222-12639-9

Pour
RAYMOND

ZUM GELEIT

Eine wahrhaft große Heilige stellt uns Frau Dorothée Kleinmann in ihrem Werk über St. Radegunde vor Augen. Gerade unserer Zeit, die erfüllt ist von Kriegsnot und Flüchtlingselend, hat Radegunde viel zu sagen und zu geben. Als halbwüchsiges Kind in Thüringen ein Opfer der merowingischen Expansion, wurde sie als Geisel nach Frankreich verschleppt, aus politischen Gründen in die Ehe mit einem ungeliebten Mann gezwungen und schließlich aus diesem Joch befreit.

Als königliche Frau wirkte sie durch Wort und Vorbild für den Frieden; sie setzte sich für den Glauben und die christliche Caritas so sehr ein, daß sie in ihrer neuen Heimat Frankreich bleibende Spuren hinterließ. Ihre Wirkung ging auch in die Ferne, in die thüringische Heimat, ins Frankenland, nach Altbayern und Österreich bis in die Krain.

In jahrelanger, oft mühsamer Forschungsarbeit ist Frau Kleinmann den Spuren von Radegunde im deutschsprachigen Raum bis hin zum slawischen Gebiet nachgegangen. Bislang Unbekanntes ist dabei zutage getreten. Vieles hat sich in der Erinnerung des einfachen Volkes erhalten, was wert ist, heute bewußt wahr- und aufgenommen zu werden. Aus dem Untergrund der volkstümlichen Überlieferungen und Legenden werden überraschende Perspektiven und Verbindungen sichtbar.

So wird Radegunde, eine Heilige des frühen Mittelalters, für uns zu einer Gestalt, die Ost und West miteinander verbindet, vom südlichen Frankreich über Thüringen und die ehemaligen Habsburger Lande bis hin nach Byzanz, von wo sie eine Reliquie des Kreuzes erhielt. Sie regte den Dichter Venantius Fortunatus an, Hymnen zu Ehren des hl. Kreuzes zu schreiben, sie brachte ihn zur Tiefe der ihm eigenen geistlichen Berufung. Sainte Croix weihte sie das von ihr in Poitiers gegründete Kloster. In ihm vereinten sich im romanisierten Gallien Elemente des griechisch-orientalischen Mönchtums der Mittelmeerländer mit denen des irofränkisch-columbanischen.

Die ihr vielerorts zuteil werdende Verehrung erreicht religiöse Tiefendimensionen, wie sie sonst selten erscheinen. Zu Recht steht sie als eine Patronin Europas am Beginn seiner Geschichte und begleitet diese bis zum heutigen Tag.

+ Paul-Verner Schuele

Bischof von Würzburg

7

PREFACE POITEVINE

Avant d'arriver à Poitiers, l'histoire de cette ville, célèbre par bien des raisons, est déjà connue en particulier par Saint Hilaire. Seul Père de l'Eglise de la Gaule occidentale, son intelligence et son courage brillent encore pour les théologiens et les historiens. Une fois sur place, la réalité découvre de nouveaux aspects de la vie quotidienne dont les bibliothèques mesurent mal la pesanteur et l'impact à travers les siècles.

Dès les premiers jours, le nouvel arrivant admire la magnifique église romane édifiée sur les lieux où fut enterré le grand évêque. Les passants viennent, il faut bien l'avouer, plus pour contempler l'architecture et les fresques qu'en pèlerinage au tombeau du saint. Le quartier Saint Hilaire constitue un ensemble qui, pendant des siècles, jouit d'une quasi indépendance vis à vis de l'évêque et même du comte de Poitou. La riche collégiale étendait sur la région un réseau de prieurés et de paroisses avec les terres et les propriétés conséquentes. Des soixante-sept églises de l'actuel diocèse de Poitiers dédiées à Saint Hilaire, un grand nombre se trouvent dans des secteurs qui depuis longtemps, ont pris une certaine distance avec l'Eglise, du fait même de ces possessions ecclésiastiques. Le prestige du docteur de la foi servit à cautionner une puissance et une richesse dont les traces restent dans les mémoires, confuses mais présentes. Certes, il ne convient pas de sombrer dans l'anachronisme. L'Eglise d'hier avait aussi des obligations sociales, d'accueil, de soins et d'éducation, qui sont aujourd'hui autrement assurées. D'ailleurs, l'abbaye fondée par Sainte Radegonde ne manquait ni de la protection royale, ni de biens. Pourtant, l'histoire locale a retenu autre chose, comme si la vie de cette reine était plus puissante en elle-même que l'apport des siècles. Radegonde garde une originalité qui ne s'est pas effacée.

Il suffit, pour s'en convaincre. d'interroger la conscience populaire. Celle-ci conserve quatre traits de la vie de la sainte que le petit nombre d'églises qui lui sont consacrées, 14 dans le diocèse, gardent discrètement.

Cette reine fut d'abord une captive, en des temps barbares dont la complexité échappe à la culture moyenne. De ces périodes obscures, émerge l'image d'une naissance lointaine, d'un exil, d'un succès étonnant (devenir reine), puis de la renonciation à ces honneurs. L'humilité est le premier visage de Radegonde.

Ensuite, une femme en fuite. Le diocèse garde mémoire de lieux où elle passa, fuyant son époux et sa brutalité. Il est évident que la légende s'est emparée de ce fait au point que plusieurs endroits revendiquent le privilège d'avoir caché, en hiver, dans une avoine rapidement levée, la reine désormais religieuse. Mais ici la légende renforce et actualise une situation, celle où Dieu seul reste la protection des persécutés qui se fient en lui. Radegonde est bonne. Etablie au pied des remparts de la ville, elle accueille et soigne. Ayant refusé de diriger le monastère qu'elle avait fondé, son temps est pris par la charité. Aucune plaie ne la rebute, aucune horreur ne ferme ses mains. Envers les moniales comme pour les étrangers, elle montre une paisible et ardente charité qui, depuis longtemps déjà, guidait secrètement sa vie. Sa proximité touche les cœurs.

Enfin Radegonde est sainte. L'épisode où, peu avant sa mort, elle reçoit du Christ le titre d'être parmi les plus belles perles de sa couronne, est encore connu à Poitiers. Comme Saint Martin voit le Christ revêtu du manteau donné à un pauvre, Radegonde devient l'ornement du Christ pour l'amour de qui elle s'est défait de son dernier bijou. Un tel abandon suppose une confiance que seule la prière accorde et développe. Le culte de Sainte Radegonde fut précoce et immédiatement populaire.

Volontairement pauvre, reine de pitié plus que par la position, humble et dévouée, cette sainte touche les cœurs. Les plus petits se reconnaissent en elle. L'inscription de son histoire sur cette terre conduit vers ces lieux où elle vécut. Si Hilaire rayonne par la diffusion de sa pensée, Radegonde attire par sa tendresse. Il n'est pas sans signification qu'été comme hiver des mains inconnues fleurissent quotidiennement son sarcophage. Le lustre des pèlerinages officiels a pu varier, (ils renaissent actuellement) un flux constant de gens très simples n'a cessé de venir prier sur sa tombe. Et ils arrivent de partout, en une sorte de fraternité de la misère et de la supplication.

Par-delà les fluctuations des frontières et des régimes, à travers les hauts et les bas de l'histoire, Radegonde unit l'Europe de l'Est où elle naquit, la France du Nord où elle régna à Poitiers, aux portes de l'Aquitaine. Son histoire trace un arc de cercle sur le continent européen qui est plus qu'un trait d'union provoqué par les aléas des temps. Elle indique une sorte d'exigence qui résume aussi sa vie. La culture véritable se mesure à l'attention qu'elle porte aux petits, à ceux qui subissent l'histoire et ses nécessités. Saint Martin garde l'image d'une Europe de la charité et de la prédication. Sainte Radegonde décrit une Europe de la tendresse et de la guérison.

Le véritable rapprochement des peuples ne se contente pas d'alliances économiques ni d'échanges culturels. Il lui faut aussi, comme l'enfant rassemble autour de son berceau, un partenariat pour accueillir ceux qui souffrent, les écouter et les relever. Cette humilité est le chemin de la grandeur. Telle est bien l'exigence que le culte de Sainte Radegonde, à travers l'Europe, rappelle à tous ces peuples qui cherchent à se rencontrer.

† **Albert Rouet**
Evêque de Poitiers

GELEITWORT

„Tochter königlichen Staunens,
Tochter des Allerhöchsten,
Tochter der großen und wahren Buße,
Königin, schön an Leib und Seele,
bitte für uns!"

So singt ein alter Hymnus zu Ehren der heiligen Radegunde. Und schon diese eine Strophe kündet von der fast zerreißenden Spannung, die dem Leben der Heiligen auferlegt war. Hineingeboren in eine Zeit grausamer und blutiger Fehden, in der das Christentum sehr oft weit mehr für Ordnung, Bildung und Macht stand als für den Anruf Gottes und die Nachfolge Christi, löst sie sich in einem gnadenhaft geschenkten heroischen Moment vom tödlichen Eingebundensein in Sippe und Blutrache und wirft sich in die Hände Gottes: in diesem Augenblick die Kette der Gewalt durchbrechend, der Stimme des Gewissens folgend, gegen alle Traditionen, auch gegen das eigene Empfinden.

Als sie zuletzt auch ihrem Mann vergibt, schenkt er ihr Grund und Boden in Poitiers, und dieses sein großmütiges Einlenken läßt ein Zentrum christlichen Geistes inmitten von Chaos und Verwilderung entstehen, in das Radegunde die bedeutendsten Männer der Wissenschaft und des Glaubens zieht und in der Hingabe an Arme, Kranke und Bedrängte eine „stumme, aber glorreiche Rebellion gegen alle dämonischen Mächte ihrer Zeit" (Ida Friederike Coudenhove) beginnt.

Die Erinnerung an diese heilige Frau hat ganz Europa mit einem Netz von Stätten überzogen, an denen man ihr Gedächtnis begeht. Durch die Jahrhunderte leuchtet ihre Gestalt als Mahnung und Ermutigung zugleich, daß aller Haß zwischen einzelnen Menschen und ganzen Völkern nur durch die Umkehr des eigenen Herzens, die Hingabe an Gott und die liebende Zuwendung zu den Mitmenschen besiegt werden kann.

+ Christoph Kardinal Schönborn

Erzbischof von Wien

TEIL I

Das Leben
der heiligen Radegunde

Warum Radegunde? – Auf diese Frage gibt es keine „vernünftige" Antwort. Jede rationale Erklärung dafür, daß sie mich seit unserer ersten Begegnung festhält, endet mit einem „Aber".

Die keltischen Salzsieder am Gutjahrsbrunnen in Halle an der Saale, in dessen Nähe ich geboren wurde, standen sicherlich in Handelsbeziehungen, wenn nicht unter der Herrschaft der Thüringer, deren Reich sich im 6. Jahrhundert bis an die Saale und im Süden bis an die Donau erstreckte. Aber niemand sang an meiner Wiege von Radegunde.

Als sich 1975 die Tür zur troglodytischen Kapelle Ste. Radegonde in Chinon (Indre et Loire), Frankreich, für mich öffnete, verfiel ich ihrem Dienst. Aber ich wußte noch lange nicht, wer sie war.

Weiß ich es heute? Sie läßt sich nicht in einer Formel einfangen. Weder in der einer katholischen Heiligen noch in der einer Merowingerkönigin. Die flüchtende Prinzessin, die demütige Nonne, die Quellheilige, die Gelehrte, die wundertätige Legendengestalt verschmelzen zum Bild der Frau schlechthin. Einer Frau, die jede Zeit nach ihrer Art deutete, weil sie allen Zeiten Wesentliches verkörperte.

Versuchen wir zunächst, uns der historischen Gestalt Radegundes zu nähern.[1]

Das Mittelalter hat uns unzählige literarische Werke überliefert, deren Helden die Heiligen sind. Ihre Autoren sind Männer der Kirche, oft aus der Gegend, in der der beschriebene Heilige wirkte. Aber Jahrzehnte, mitunter Jahrhunderte vergingen, ehe eine solche Vita in der anerkannten, stereotypen Form zu Pergament kam. Die Spur des als unwichtig erachteten Erdenlebens des Heiligen verschwamm in einigen geographischen oder genealogischen Angaben. Wichtiger schien die Überlieferung seiner Wundertaten. Je rascher die Niederschrift einer Vita der Lebenszeit des Heiligen folgte, desto wahrscheinlicher werden jene zusätzlichen Angaben. Die

Kenntnis Radegundes ist uns durch zwei Viten überliefert, deren Autoren, Venantius Fortunatus und Baudonivia, die Heilige sogar persönlich gekannt haben.

Über Fortunat werden wir noch zu sprechen haben. Er hatte das Verfassen von Heiligenviten zu einer Formübung seiner Dichtkunst gemacht und gab selber zu, daß er seine Vorgänger im christlichen Epos, Juvencus, Sedulius u. a., darin übertreffen wollte. So schrieb er nicht nur eine Vita s. Martini in Hexametern, sondern in Prosa auch die Viten von Hilarius, Albin, Germanus, Marcellus und Severin, ehe er, nach ihrem Tode, auch eine Vita s. Radegundae verfaßte, die weniger ihr wirkliches Leben beschrieb, als daß sie ihre Vortrefflichkeit und die Bedeutung ihrer Wunder pries.

Baudonivia, die andere Biographin, hat den Kenntnissen von der Person der Merowingerkönigin nichts hinzugefügt, obwohl auch sie schon zu Lebzeiten Radegundes im Kloster zu Poitiers war. Etwa 15 Jahre nach deren Tod entschloß sie sich, ihre Erinnerungen aufzuschreiben. Ihr Stil ist ziemlich ungeschliffen, wie sie selbst in einem Brief an Dedimia zugibt.[2] Oder handelt es sich nur um die übliche Einleitungsformel damaliger Schriften – wir finden sie ähnlich auch bei Gregor von Tours –, wenn sie sagt *parvum habens intelligentiae eloquium?* Die Äbtissin Dedimia, deren Brief der Vita Baudonivias vorangestellt ist, gibt ihr zu bedenken, daß doch Fortunat schon alles über Radegundes Leben gesagt habe, aber Baudonivia verteidigt sich: sie wolle nichts von den Überlieferungen Fortunats wiederholen, sondern nur aufschreiben, was er aus der Fülle des Geschehenen beiseite gelassen habe. Möglicherweise fand sie es wichtig, erneut die Erinnerung an die Gründerin des Klosters wachzurufen, das gerade aus der langen schweren Krise der Nonnenrevolte von 589 hervorgegangen war. Diese Vorfälle notierte Gregor von Tours.[3] Georg Scheibelreiter[4] untersuchte sie historisch, Régine Deforges[5] verarbeitete die erstaunlichen Ereignisse in einem Roman.

Louise Coudanne[6] bedauert, daß Baudonivias Schilderungen zu zurückhaltend und unpersönlich geblieben sind, war sie doch eine der ersten Gefährtinnen Radegundes, die sie möglicherweise schon in Athies, mindestens aber am Hofe Chlotars gekannt hat und mit ihr in Saix war.

Dennoch verdanken wir es Baudonivia, uns als einzige die individuellen Züge von Radegundes äußerer Erscheinung überliefert zu haben. Bis Anfang des 17. Jahrhunderts wurde das Originalmanuskript ihrer Vita in Sainte-Croix aufbewahrt. Dann hat die Äbtissin, Flandrine de Nassau (1579–1640)[7], es den Jesuiten übergeben. Es ging verloren. Mehrere zwischen dem 10. und 15. Jahrhundert angefertigte Kopien sind erhalten. Zwei davon befinden sich in der Bibliothek von Poitiers, die anderen stammen aus verschiedenen großen Abteien und zeugen von der Verbreitung des Radegundekultes.

Diese beiden Radegundeviten sind nicht tendenzfrei. Sie spiegeln die unterschiedlichen Charaktere ihrer Autoren wider und lassen Rückschlüsse auf die politische Situation der jeweiligen Epoche zu.[8]

Sabine Gräbe[9] hat deutlich gemacht, daß sowohl der Bischof als auch die Nonne den Zweck verfolgt haben, aus Radegundes Leben die ihren Absichten gemäßen Züge darzustellen. Fortunat übergeht ihre weltlichen Leistungen, um allein ihre Tugendhaftigkeit zu rühmen und sie „zum leuchtenden Vorbild für klösterlichen Gehorsam zu idealisieren".[10]

Baudonivia betont ihre königliche Abkunft und Führerrolle, ihr Bemühen um das Wohl des Merowingerreiches und billigt ihrer charismatischen Begnadung zu, sie auch in ihren politischen Aktivitäten in gottgewolltem Sinne geleitet zu haben.

Mit der literarischen und inhaltlichen Wertung ist jedoch die Bedeutung von Baudonivias Radegundevita noch nicht erschöpft. Baudonivia war sich ihrer Kühnheit bewußt, schriftstellerisch hervortreten zu wollen, führte diese Absicht aber gegen die Meinung ihrer Äbtissin durch (s. o.), und diese von einer Frau verfaßte Vita wurde als Liber II gleichwertig dem opus des Bischofs angeschlossen.[11]

Hierin zeigt sich auch, daß im 7. Jahrhundert die Autorität Radegundes, die als Frau und „königliche Nonne" schriftlich mit den Bischöfen verkehrte, noch wirkte und die Stellung der Frau in Kirche und Öffentlichkeit weiterhin prägte.

Allmählich verloren sich jedoch diese Impulse, und „als Bischof Hildebert von Lavardin († 1134) die Radegundevita neu bearbeitete[12], hat er den Unterschied zwischen Venantius Fortunatus und Baudonivia als einen Autoritätenunterschied gesehen und beschlossen, Fortunat zu folgen, weil ihm als Bischof mehr auctoritas zukam".[13]

Folio 43 v° des Manuskripts 250 zeigt eine schreibende Nonne, die als Portrait Baudonivias interpretiert wird.[14] Dieses Bild schien das Titelblatt der Vita Baudonivias gewesen zu sein. Emile Ginot[15] nimmt an, daß zwischen den heute mit „C" und „D" bezeichneten Heften des Manuskripts 250 (136) vormals die von Baudonivia geschriebene Vita eingebunden war. Sie war also schon im 16. Jahrhundert entfernt, als das Manuskript in seiner jetzigen Form gebunden wurde. Die Hefte A, B, C enthalten die Vita des Fortunat. Ihnen folgen heute Berichte des Gregor von Tours.

Gregor, der Bischof von Tours, hat zwar keine Vita geschrieben, erwähnt aber in seinen Schriften mehrmals Radegunde betreffende Ereignisse. Er hat ihren Brief an die Bischöfe veröffentlicht und war der amtierende Geistliche bei ihrer Beerdigung. Seine Zeugnisse vervollständigen das Bild der Heiligen. Allerdings darf man dabei nicht vergessen, daß Gregor, als 19. Nachfolger des hl. Martin auf dem Bischofsstuhl von Tours, seinem Vorgänger eine Verehrung widmete, die er auf die Merowinger übertrug, denn Martin war der Heilige des Königshauses. So sind Gregors Berichte gefärbt und nicht immer unparteiisch.

Soweit die hauptsächlichen alten Quellen über Radegunde. Unzählige haben im Lauf der Zeit daraus geschöpft. Diejenigen, die dabei dem Geist der Vitae folgten, sahen nur die Heilige und vergaßen die Königin so weit, daß sie ihre politische Stellung in dem für das Christentum im Frankenreich entscheidenden 6. Jahrhundert mit Schweigen übergingen. Die Radegundeverehrung wurde einseitig. Die Gestalt dieser außerordentlichen Frau verkümmerte zu einem Heiligenbildchen, wie man sie in Gebetbücher legt. Radegunde, die Thüringer Prinzessin, die Königin des Merowingerreiches von Soissons, hat es aber verstanden, Heiligkeit und Majestät zu vereinen. Die politische Rolle, die König Chlotar ihr zugedacht hatte, hat sie übernommen, nicht als blindes Werkzeug ihres Gatten, sondern indem sie seine Pläne mitgestaltete.

Der Schlüssel zu ihrer Persönlichkeit liegt in der Geschichte ihrer Zeit. Wir folgen den Forschungsergebnissen bedeutender Historiker wie Eugen Ewig, Albert Hauck, Friedrich Prinz und anderer, wenn wir nun ihr weltliches Leben zu beleuchten versuchen.

Radegunde wurde zwischen 518 und 520 als Thüringer Prinzessin geboren. Die Thüringer, Abkömmlinge der Hermunduren, waren Attila nach Gallien gefolgt, zogen sich aber nach der Niederlage der Hunnen 451 in die Donaugegend nördlich von Passau zurück. Daß die um die heutige Stadt Tours siedelnden, namensähnlichen Turonen mit diesem Stamm in Zusammenhang stehen könnten, gibt der späteren Anwesenheit Radegundes in dieser Gegend eine besondere Note.

Merwig war der erste bekannte Thüringerkönig. Ihm folgte Basin, Radegundes Großvater.[16] Er hatte drei Söhne, Hermenefred, Baderich und Berthachar oder Berthar, Radegundes Vater. Sie führten das rauhe Leben ihrer Zeit: Berthar wurde ermordet, Baderich starb, Hermenefred machte sich zum Alleinherrscher des Reiches. Ein Machtzuwachs, der seine Nachbarn nicht lange ruhen ließ.

Seine Nichte, die Waise Radegunde, und wahrscheinlich ihr Bruder lebten an Hermenefreds Hof in Scheidungen. Gregor[17] berichtet, daß Berthar „eine Tochter und auch Söhne" hinterließ. Später spricht er indes nur noch von einem Sohn Berthars. Keiner der Autoren des 6. Jahrhunderts weiß von weiteren Brüdern oder Schwestern der Radegunde. Der „nepos" Artachis[18] kann auch ein Neffe zweiten Grades gewesen sein, ein Enkel

14

Hermenefreds.[19] In dem von Radegunde diktierten Brief an Amalafrid zeichnet Fortunat ein idyllisches Bild dieser Jugendzeit. Sie endete abrupt 531. Die Merowingerkönige Theuderich und Chlotar mit ihren sächsischen Verbündeten vernichteten das Thüringerreich. Kriegsgründe fanden sich damals immer. Die Kriegsfolgen bestimmten Radegundes Leben.[20] Wir kennen die zum Teil zur Sage gewordenen Beschreibungen der Schlacht an der Unstrut, der Zerstörung der Burg Scheidungen, der Ermordung vieler Mitglieder der Königsfamilie. Einzelheiten des thüringischen Untergangs sind bei der Dürftigkeit der sich oft widersprechenden, nur fränkisch-sächsischen Überlieferungen nicht gesichert. Das nur bei Widukind als Königspfalz und Schlachtenort genannte Skitingi, Scheidungen, ist dem heutigen Burgscheidungen, Kreis Nebra, Bezirk Halle, gleichgesetzt worden. Grabungen durch den Halleschen Archäologen Berthold Schmidt brachten dafür keinen Beweis. Nachdem Hermann Größler (1888) den Herrschersitz der Könige Thüringens in der Grafschaft Mansfeld gesucht hatte, legt jetzt Reinhold Andert aufgrund alter Quellen und durch Ortsnamensforschung bekräftigt seine Gründe dar, die Pfalz Hermenefreds in Herbsleben und den Schlachtenort an der oberen Unstrut zu vermuten. Beweiskraft können dieser jüngsten, wie den anderen Theorien, jedoch nur Luftaufnahmen und archäologische Grabungen geben, die hier bisher nicht durchgeführt wurden.

Thüringen wurde dem Königreich Theuderichs zugeschlagen, und Chlotar führte Radegunde mit sich, nach einem heftigen Streit mit seinem Bruder, berichtet die Überlieferung, und nachdem man die flüchtende, etwa elfjährige Prinzessin erst wieder eingefangen hatte. Sie wurde nach Athies in der Picardie, nordwestlich von Soissons, gebracht, wo sie unterrichtet und zu einer asketischen Christin erzogen wurde, die damals schon ihr Leben der Fürsorge für Arme und Kranke weihte und geistlichen Trost in glühender Reliquienverehrung fand, so berichtet die Vita.

Hermenefred war zunächst als tributzahlender König in Thüringen geblieben. Seit etwa 509 war er mit Amalaberga, einer Nichte Theoderichs des Großen, verheiratet. In seinen vier Büchern „De bello Gothico" übermittelt uns der Grieche Prokop[21] wertvolle Nachrichten. Demnach wurde Amalaberga 534 Witwe, als Hermenefred, der auf Einladung Theuderichs in Zülpich weilte, dort umgekommen war.[22] Sie floh mit ihren Kindern nach Italien zu ihrem Bruder Theodat (Theodahad), König der Goten seit 534. Dieser Zusatz „mit ihren Kindern" war es wohl, der den Historiker Hermann Größler[23] veranlaßte, Radegunde, Amalabergas Nichte und Pflegetochter, unter diesen Kindern zu vermuten und anzunehmen, sie habe die Reise von Thüringen nach Italien mitgemacht. Das ist jedoch nicht zu belegen.

Die Frage, ob Radegunde schon in Thüringen katholisch war und wie weit ihre Familie zum Christentum bekehrt war, kann nicht eindeutig beantwortet werden, da in den Vitae, abweichend vom überkommenen Schema, keinerlei Faktum aus ihrer frühen Jugend berichtet wird, das Radegundes spätere Heiligkeit vorausahnen ließe. Allerdings wird auch nirgends von ihrer Taufe gesprochen. Wenn diese erst in Athies stattgefunden hätte, wäre sie erwähnt und sogar besonders hervorgehoben worden. Ebenso ein Übertritt vom Arianismus zum Katholizismus.

Die Thüringer und besonders ihre Königsfamilie waren christlichen Einflüssen augenscheinlich aufgeschlossen. Archäologen vom Landesmuseum für Vor- und Frühgeschichte in Weimar haben in den siebziger Jahren mehrere Fürstengräber des 6. Jahrhunderts ausgegraben. Die auf Waffengerät und Schmuck angebrachten Symbole vereinen Christliches und Heidnisches, als sei man der neuen Religion zugeneigt, wolle aber dem Schutz der alten Götter nicht entraten.[24] Gleiches zeigt sich an anderen Funden dieser Zeit aus Thüringen, ausgestellt im Römisch-Germanischen Zentralmuseum in Mainz. Darstellungen Marias mit der Spindel, die sich an Vorlagen aus dem Mittelmeerraum anlehnen, stehen neben Götter- und Opferszenen, wie sie aus Skandinavien bekannt sind.[25]

Hermenefreds Frau Amalaberga, bei der Radegunde erzogen wurde, war eine Nichte Theoderichs des Großen, dessen ganze Familie dem arianischen Christentum anhing. Von Theoderich selbst ist belegt, daß er sich der katholischen Religion und ihren Bekennern immer wohlwollend zeigte, gerecht und freigebig der Kirche zu Rom gegenüber. Der Arianismus war jedoch ein Band, das die Ostgoten und die Westgoten zusammenhielt und vor der Vermischung mit den Römern schützte, an ihm mußte Theoderich festhalten.[26] Aber seine Mutter Erelieva war Katholikin.[27] Sie kann ihre Tochter Amalafrida und ihre Enkelin Amalaberga beeinflußt haben, während beide lange mit ihr zusammen an Theoderichs Hof lebten. Der scharfe innerliche Gegensatz zwischen Arianern und Katholiken des 4. Jahrhunderts hatte sich gemildert. Der Arianismus hatte an Überzeugungskraft verloren. Seine Würdenträger konnten sich mit den katholischen Bischöfen geistig nicht messen. So wie Chlodwigs Glaubenswechsel nach dem Sieg in der Schlacht von Tolbiac eine politische Entscheidung war, entschlossen sich viele bedeutende Köpfe dieser Zeit, der siegenden Glaubensrichtung anzuhängen. Hermenefred, Alleinherrscher in Thüringen, war gewiß keiner von den Unbedeutenden.

In dieser widersprüchlichen Glaubenswelt wuchs Radegunde auf, im Herzen Europas, wo germanische und slawische Lebensformen sich damals schon verwoben und noch jahrhundertelang aufeinanderstoßen sollten, wo auf uralten Handelsstraßen die Einflüsse der antiken Kultur des Mittelmeerraumes sich mit skandinavischem Gedankengut kreuzten. Die Franken waren noch Arianer, als sie unter ihrem Anführer Chlodwig aus ihren Stammsitzen am Niederrhein westwärts nach Gallien drängten. Sie hatten, ebenso wie die Alemannen, seit dem Ende des 3. Jahrhunderts in römischen Diensten gestanden, um die Rheingrenze gegen den Druck germanischer Stämme zu schützen. Die Hunnen trieben in der Völkerwanderung Alanen, Vandalen, Sueben, Burgunder und Westgoten vor sich her. Am 31. Dezember 406 brach der römische Limes bei Mainz. Die Invasion nach Gallien konnte von den schwachen römischen Truppen nicht mehr aufgehalten werden. Wenn sich auch „Barbaren" und Römer später gegen Attila vereinigten und 451 die Hunnen auf den Katalaunischen Feldern zur Umkehr zwangen, brach das römische Reich doch zusammen, und in Gallien herrschte das Chaos.

Konstantin hatte im Edikt von Mailand 313 die Religionsfreiheit verkündet. Im Konzil von Nizäa 325 wurde der Arianismus zur Häresie erklärt. Theodosius machte den Katholizismus zur offiziellen Staatsreligion (380) und verbot den heidnischen Kult. Erste bedeutende Missionare christianisierten Gallien. Auch in dem späteren Wirkungskreis Radegundes wurde das Heidentum zurückgedrängt. S. Hilaire (Hilarius) war um 350 Bischof von Poitiers. St. Martin gründete das Kloster von Ligugé und wurde, nach Litorius, zweiter Bischof von Tours (371–397).

Nun hatte die Auflösung des römischen Reiches gleichzeitig eine Auflösung der alten Lebensformen bewirkt. Primitive Brutalität, Aberglaube, „barbarische" Sitten der Römer wie der Germanen und vor allem das Fehlen einer zentralen Regierung standen dem Aufbau einer neuen Ordnung im Wege. Die Bevölkerung war sich selbst überlassen. Nur der gallo-römische Episkopat hatte sich, gestärkt durch seine geistliche Macht, die Handlungsfähigkeit bewahrt, öffentliche Aufgaben zu übernehmen. So ließ Sidonius von Mainz den Rhein entlang Deiche bauen; Felix von Nantes regulierte den Lauf der Loire; Desiderius von Cahors baute einen Aquädukt. Noch manch anderer erweiterte seine christliche Pflicht des Beistands für die Armen durch gemeinnützige Unternehmungen. So wurden die Seelenhirten zu Vätern des Volkes. Sie gehörten meist den reichen alten Familien ihrer Civitas an. Noch im ganzen 6. Jahrhundert überwiegen die römischen Namen im Episkopat des Frankenreichs.[28] Aus den germanischen und burgundischen Wogen, die das Land überfluten, erheben sich wie Felseninseln die gallo-römischen Städte, die von ihren gallo-römischen Bischöfen regiert werden, den heiligen Statthaltern Gottes, die, so wie ein König irdische Gnaden gewährt, die himmlische Gnade verwalten, ohne die niemandem das ewige Heil zuteil werden konnte.

Die letzten Reste römischer Herrschaft verkörperten sich in Syagrius. Sein Einflußbereich erstreckte sich von Soissons bis zur Loire, die den Grenzfluß gegen die westgotischen Vorstöße bildete. Der Frankenkönig Chlodwig schlug Syagrius, bemächtigte sich in den Jahren 486 bis 491 dessen Gebietes, schlug die Alemannen 496 bei Tolbiac, die Westgoten 507 in Campo Vogladense in der Gegend von Poitiers (Vouillé?) und machte sich zum Herrscher ihrer Besitzungen nördlich der Pyrenäen, außer Narbonne.

Chlodwig hatte den Ausgang der Schlacht von Tolbiac zum Kriterium seines Übertritts zum Katholizismus gemacht, zu dem Chlothilde ihn drängte. Dank dieser jungen Gemahlin burgundischer Abstammung wurde das Frankenreich zur „ältesten Tochter der Kirche". Der gallo-romanische Episkopat lieh ihm nun seinen wertvollen Beistand.

Die Annahme des katholischen Christentums wurde Ursache einer grundlegenden Umwälzung des germanischen Glaubens an die von den Göttern dem Adel gegebene charismatische Macht. Bisher stand ein germanischer König dank der Heiligkeit seines Blutes an der Spitze der Gesellschaft. Erfolg war ihm von den Göttern gegeben, seine Macht war allumfassend und sein Stammbaum ging zurück auf einen göttlichen Vorfahr, durch den er seine Legitimation erhielt. Der Bischof S. Avit erklärte nun Chlodwig in seinem berühmten Brief, daß die alte heidnische Genealogie des fränkischen Adels künftig ungültig sei. Wie zur Entschädigung billigte S. Avit eine höhere Stellung allein dem König Chlodwig zu und ernannte ihn zum Begründer einer neuen, nunmehr katholischen Dynastie. Das alte Heil, *felicitas,* der germanischen Könige verwandelte sich in eine neue Heiligkeit, *sanctitas,* mit der Chlodwigs Macht in der neuen Religion verankert wurde[29], vermittelt nach alttestamentarischem Vorbild durch eine kultische Salbung.[30]

Die Aufgabe der Merowinger in Franken war es jetzt, mit dem gallo-römischen Episkopat zurechtzukommen.[31] Daß dies gelungen ist, nicht durch Gewalt und Unterdrückung seitens der Eroberer, sondern auf sanftem Wege, in einem allmählichen Durchdringen, das sich über zwei Jahrhunderte hinzog, das ist das Werk, bei dessen Anfängen Radegunde eine entscheidende Rolle spielte.

Es scheint, daß die Kirche dem fränkischen Adel die christliche Legitimation seiner alten Rechte nicht so ohne weiteres zugestand, wie es S. Avit Chlodwig gegenüber ausgedrückt hatte. Das 6. Jahrhundert ist gekennzeichnet durch die Versuche des Adels, die Zubilligung seiner Privilegien auf christlicher Basis zurückzuerlangen. Radegunde ist die erste Fürstin aus dem Haus der Merowinger, die ihren geistlich desorientierten Zeitgenossen ein Beispiel gab durch die Gründung des Klosters, wo zu ihren Lebzeiten

200 junge Mädchen des germanischen Hochadels eine christliche Erziehung erhielten. Radegunde beteiligt sich schöpferisch am Aufbau der neuen Kultur ihrer Zeit. Dabei war sie keine Revolutionärin, die fanatisch das Alte zerstört. Sie floh es, floh zu wiederholten Malen, so oft sie mit ihm konfrontiert wurde. Sie hat die Zeichen ihrer Zeit erkannt, lebte und verinnerlichte das Neue, bis sie es schließlich verkörperte und „heil", heilig wurde – und in ihrem Kloster eine heilende Welt aufbaute.

Im folgenden Jahrhundert werden die Männer und Frauen des fränkischen Reichsadels, die Klöster gründen und dort heiligmäßig leben, so zahlreich sein, daß man hat sagen können, die bloße Zugehörigkeit zur Merowingerfamilie sei im 7. Jahrhundert schon der erste Schritt zur Heiligkeit gewesen.[32] Friedrich Prinz[33] sieht in dieser Entwicklung „den Ausdruck und zugleich Festigung der inneren Verbindung des Adels mit dem neuen Gott und daher die Heiligen aus den Reihen dieses Adels zugleich die neuen christlichen Garanten der alten Adelsherrschaft (sind). Hier kann man gleichsam in statu nascendi das beobachten, was man die ‚politische Religiosität' des Mittelalters genannt hat, und zwar in einem sehr konkreten Sinn: als neue religiöse Legitimierung der Herrschaft." Damit verbindet sich aber auch die Ethik eines christlich geprägten Herrscherideals.

Kehren wir jedoch ins 6. Jahrhundert zurück.[34] Bei Chlodwigs Tod 511 wurde der junge Staat unter seine vier Söhne geteilt.[35] Die vier Gebiete des Merowingerreiches bildeten Blöcke ohne Enklaven in den Grenzen der alten römischen *civitates*. Gregor von Tours sagt, die vier Brüder hätten sich das Land *aequa lancia* geteilt. Dennoch hat Chlotar zweifelsohne den schlechtesten Teil erhalten. Er umfaßte zwischen dem Wald Forêt Charbonnière und der Somme mit Soissons als Hauptstadt das Ursprungsland der salischen Franken, abseits des übrigen Reiches. Chlotar, der jüngste, geboren etwa im Jahr 500, wird als der barbarischste seiner Brüder geschildert. Er scheint das Christentum in seinem Land nicht besonders gefördert zu haben. Eugen Ewig[36] schreibt: „In Chlotars fränkischem Anteil gab es keine kirchliche Metropole; selbst die Bistumsorganisation war nördlich der Somme weithin zerfallen. Eine kirchlich-missionarische Tätigkeit ist nicht festzustellen. Aus Chlotars nordgallischem Herrschaftsbereich nahm nur ein einziger Bischof, Agrestius von Tournai, an den beiden letzten gesamtfränkischen Konzilien zu Orleans (549) und Paris (552) teil. Eigene Teilreichssynoden hat Chlotar nicht einberufen: dies war auch angesichts der völligen Zerrüttung der kirchlichen Organisation in seinen Kernlanden kaum möglich. Die Übertragung der sterblichen Hülle des Bischofs Medardus von Vermand nach der Hauptresidenz Soissons mag man immerhin als einen Versuch deuten, dem nördlichen Herrschaftsbereich auch ein kirch-

19

liches Zentrum zu geben. Eine St. Medardusbasilika aber erbaute erst Chlotars Sohn Sigibert I."

Chlotar erscheint schwach, ohne eigene Politik den Brüdern folgend. Dennoch wird er es sein, der 558 die vier Teilkönigreiche in seiner Hand vereint. Allerdings gelangte er außenpolitisch im Imperium des lateinischen Westens nicht zu dem hohen Ansehen, das Chlodwig, seit 508, und nach ihm fast alle Merowinger genossen: Die paternitas des Kaisers in Konstantinopel, ein staatsrechtlich fiktives Vater-Sohn-Verhältnis, besiegelt durch einen besonderen Rechtsakt[37], blieb ihm vorenthalten.

Schlau und schnell handelnd, wenn die Gelegenheit sich bot, hat Chlotar es immer verstanden, den günstigen Moment abzuwarten. Mit seinen Brüdern Chlodomir und Childebert griff er 523 erfolglos die Burgunder an, aber als Chlodomir in der Schlacht von Veseronce (524) fiel, töteten die beiden anderen seine Söhne und teilten das Reich von Orléans unter sich auf. Chlotar bekam Tours und Poitiers und wahrscheinlich einen Teil des Gebietes von Nantes. Theuderich von Reims, der älteste der Brüder, bei der Teilung wahrscheinlich schon 30 Jahre alt, hatte das größte Gebiet, Austrasien, erhalten, den Osten bis an die burgundische Grenze mit Reims als Hauptstadt, dazu Trier, Mainz, Köln, Basel. Seit 515 hatte er erfolglos versucht, es nach Thüringen hin auszudehnen. 531 bot sich eine neue Gelegenheit. Verbündet mit Chlotar und den Sachsen vernichtete er die Thüringer und gliederte ihr Land seinem Reiche an. Hermenefred scheint er als nunmehr tributpflichtigen König zunächst belassen zu haben.

War wirklich, wie Fortunat berichtet, die Schönheit Radegundes der Grund, daß Chlotar sich mit ihr als einziger Beute dieses Krieges begnügte?

Er war damals mit Ingunde verheiratet, deren Schwester Aregunde später auch sein Lager teilte. 524 nahm er Guntheuka, die Witwe Chlodomirs, dazu. Es gab auch noch eine Chunsine, die seine Gunst mit einem gemeinsamen Sohn Chramn lohnte, eine Vuldatrade und wer weiß wie viele andere Konkubinen. Gregor von Tours sagt, er sei „nimis luxuriosus" gewesen.

Man muß mit Aigrain[38] an einen viel weitergehenden Plan Chlotars denken, für dessen Durchführung Radegunde ihm wertvolle Dienste leisten sollte. Die besiegten Thüringer würden ihn, Chlotar, als ihren Herrscher anerkennen, wenn er ihnen Radegunde, Prinzessin königlich-thüringischen Geblüts, als seine rechtmäßige Gattin vorstellte. Chlotar konnte warten. Er wartete, daß seine legitime Frau Ingunde sterbe, wartete, daß Radegunde heranwachse, wartete, daß Theuderich durch seinen Tod den Weg nach Thüringen frei mache. Als letzteres 533 eintrat, versuchte er gemeinsam mit Childebert das alte Rezept erneut anzuwenden und Theuderichs Sohn Theudebert zu töten, was aber mißlang. Also wartete er weiter und führte andere Kriege.

Die Heirat zwischen Chlotar und Radegunde fand zwischen 535 und 540 statt. Eine Heirat, die den Hagiographen mißfiel, hätten sie doch die Heilige gerne ihre Jungfräulichkeit bewahren sehen. Natürlich haben sich um diese Hochzeit viele Legenden gebildet und besonders um ihre Flucht, deren einzelne Stationen dem Volksglauben immer noch bewußt sind. Aigrain beschreibt den Weg, den Radegunde von Athies aus nahm, als die Nachricht von der bevorstehenden Heirat sie erreichte: mehr als 70 km zu Land und zu Wasser auf dem Omignon und der Somme (Grenzflüsse!). Man hat sie in Missy-sur-Aisne, 7 km östlich Soissons, wieder eingefangen, berichtet Fortunat.

Welch zweideutige Flucht, die die Braut direkt zur Hauptstadt des wartenden Bräutigams führt! Seit 531 muß Radegunde ihr künftiges Schicksal gekannt und gewußt haben, daß nach Ingundes Tod die Hochzeit mit Chlotar in Soissons gefeiert werden würde. Diese Geschichte einer Flucht vor der Hochzeit erinnert an einen alten Brauch, der bis zur Mitte des 20. Jahrhunderts da und dort noch üblich war. Im „Handwörterbuch des deutschen Aberglaubens"[39] liest man unter dem Stichwort „Flucht": „Einzelne Hochzeitsbräuche weisen auf Fluchtversuche der Braut hin, die ursprünglich wohl auf Angst vor dem neuen Leben beruhen. Schon im Mittelalter war der sogenannte Brautlauf verbreitet und wird jetzt noch in vielen Gegenden Deutschlands geübt, so (u. a.) in Thüringen." Radegunde selbst hat zu Fortunat von ihrer Flucht gesprochen. Das schließt nicht aus, daß ihr Vertrauter den Bericht eines Fluchtbrauchtums besonders hervorhob, weil Flucht dem Seelenzustand Radegundes wohl am besten entsprochen haben muß. Der einfühlsame Dichter Fortunat läßt uns einen tiefen Blick in Radegundes Wesen tun.

Die Heirat wurde geschlossen und vollzogen. Chlotar soll gesagt haben: „Ich habe eine Nonne geheiratet, keine Königin", Worte, die von Fortunat überliefert werden, der schreibt „de qua regi dicebatur . . .", so daß man sie auch den Höflingen in den Mund legen kann.

Zahlreich sind die Legenden über Radegundes heiligmäßiges Leben am Königshof, wo sie sich guter Speisen um der Armen willen enthielt, wo sie Kranke eigenhändig pflegte und mitten im Überfluß asketisch lebte. Die Ehe dauerte über zehn Jahre und blieb kinderlos. Etwa im Jahre 555 trat ein Ereignis ein, das die heilsame Krise auslöste und abrupt das Leben der Königin änderte. Was war geschehen? Radegunde hatte einen Bruder. Sein Name ist unbekannt, auch im Brief an Amalafrid wird er nicht genannt. Dieser Bruder wurde jetzt überraschend auf Chlotars Veranlassung „durch gottlose Menschen ermordet, obwohl er unschuldig war".[40]

Berthar, Radegundes Vater, ist wahrscheinlich 522 getötet worden. Was ist aus ihrer Mutter geworden? Wer ist der Bruder? Fortunat[41] sagt von ihm

„percutitur iuvenis tenera lanugine barbae". Wenn er Mitte der 550er Jahre, einen zarten Flaumbart tragend, ermordet wurde, kann er nicht zu Lebzeiten Berthars geboren sein. Er wird auch nie als dessen Sohn bezeichnet, sondern nur als Radegundes Bruder. Keine Quelle gibt mehr Auskunft über ihre Mutter, die mit Sicherheit nicht mit ihr in Hermenefreds Königsburg weilte. Sollte sie, wie Jörres[42] glaubt, als junge Witwe in ihre Heimat zurückgekehrt sein und sich später, vielleicht mit einem thüringischen Edlen, wiederverheiratet haben? Der „Bruder", in Wirklichkeit ein Halbbruder, wäre also nicht mit Radegunde und Amalafrid zusammen aufgewachsen. Darum sind auch die Angaben über ihn so spärlich, daß sogar sein Name ungenannt bleibt. Was man ihm vorwarf, ist unbekannt. Vermutlich befürchtete Chlotar dessen Prätentionen auf das Königreich Thüringen. Radegunde verließ nun den Hof. Sie floh nach Noyon zum heiligen Medardus.

Es war ihre dritte Flucht. Historiker haben versucht, ihr Datum festzulegen, konnten sich aber nicht einigen. Scheibelreiter[43] meint: „Die Zeit der Gründung (des Klosters) steht nicht genau fest. Wiederholt findet man das Jahr 544 genannt, doch scheint eine Gründung nach 555/56 viel wahrscheinlicher."

Aigrain[44] sieht einen Zusammenhang zwischen der Weihe Radegundes zur Diakonin und der sächsisch-thüringischen Revolte von 555/56. Ohne sich genauer zu erklären, nimmt C. A. Bernoulli[45] das Jahr 557 an, in dem die Flucht Radegundes vom Königshof stattgefunden habe.

Versuchen wir, das Ereignis in den politischen Kontext jener Jahre zu stellen. Seit 531 gehörte Thüringen zum Königreich von Reims, das bis 533 von Theuderich regiert wurde, dem sein Sohn Theudebert I. (533–548) und sein Enkel Theudebald (548–555) folgten. Letzterer war nach Eugen Ewig weniger glücklich in der großen Politik. Hatte er die Thüringer vergrämt? Ihre Revolte fällt mit seinem Tod zusammen, und Chlotar riß sofort das Erbe der Reimser Könige an sich, der Ansprüche Childeberts nicht achtend. Er schickte Chramn nach der Auvergne, um sich diese zu sichern, solange er selbst wegen des Thüringer Aufstands unabkömmlich war.[46] Aigrain[47] stellt die Frage, ob Radegundes Bruder an der Revolte seines Heimatlandes teilgenommen habe. Das wäre aus merowingischer Sicht ein Fall von Hochverrat gewesen, der seine Ermordung gerechtfertigt hätte. Auf jeden Fall war mit dem Erlöschen der Reimser Merowinger der Augenblick gekommen, auf den Chlotar sich seit langem vorbereitete: Thüringen sollte ihm zufallen. Radegunde, die legitime Thronerbin Thüringens, würde die Beruhigung des Landes und die Anerkennung Chlotars von seiten des Volkes erreichen, dem sie durch die Bande der Abstammung und der gemeinsamen Toten verbunden war, denn nach den germanischen Vorstellungen gehörte die Macht in kollektivem Sinne der Königsfamilie in ihrer Gesamtheit und gründete sich auf das Geblütsrecht. In diesem entscheidenden, politisch überaus wichtigen Augenblick geschah die Ermordung des Bruders, und Radegunde machte durch ihre Flucht alle lang gehegten Pläne zunichte.

Auch für Radegunde war es der entscheidende Augenblick ihres Lebens. Seit den Jahren in Athies hatte sie mit der Glut ihrer heimwehkranken Seele, deren Leiden noch Jahrzehnte später ihren Niederschlag im Brief an Amalafrid finden sollten, alle die umsorgt, denen es noch schlechter ging als ihr. Arme und Kranke kannten bald den Weg zu ihr, und bis an ihr Lebensende riß der Strom der Hilfesuchenden nicht ab. Die finanziellen Mittel, die ihr nach der Heirat zur Verfügung standen, verwendete sie, um ihre Villa in Athies, ein Geschenk Chlotars, in ein Hospital umzuwandeln.[48] Ihre Flucht vom Königshof könnte als spontane, durch plötzliche emotionale Erregung ausgelöste Kurzschlußhandlung gedeutet werden. Aber bot sie nicht die Erfüllung ihres größten Wunsches, als Ordensfrau zu leben?

555 war Radegunde etwa 35 Jahre alt. Das war in jener Zeit nicht nur ein reifes Alter, sondern eigentlich schon die durchschnittliche Lebenserwartung einer Frau. In diesem Alter fällt eine Königin von der Qualität Radegundes keine unwiderrufliche Entscheidung in einem Augenblick der Verzweiflung! Ganz wie Chlotar verstand sie zu warten, um im günstigen Moment blitzartig zu handeln. Ihre Hagiographie berichtet von sieben Fluchten, eine „heilige", ja fast magisch verstandene Zahl, die kaum den historischen Untersuchungen standhält, aber die einen Charakterzug Radegundes widerspiegelt, ihre Entschlußfähigkeit und ihren Mut.

Auf Gemälden[49] finden wir sie nun mit einem Gefolge von Höflingen in Noyon wieder. Sie kniet vor dem heiligen Medardus, der ihr das geistliche Gewand verweigert.

Die Historiker sind sich nicht einig über die Frage, ob diese Reise mit oder ohne Chlotars Zustimmung stattgefunden habe. Scheibelreiter[50] zitiert Fortunat und Baudonivia, die beide ausdrücklich die drohende Haltung von Radegundes Gefolge während der Szene in Noyon erwähnen. Für Scheibelreiter ist dies der Beweis dafür, daß Chlotar seiner Gemahlin nicht erlaubt haben soll, Diakonin zu werden.

Leo Uding und R. Aigrain, der noch weitere Biographen zitiert, sind der Ansicht, daß der König Radegunde nach Noyon „geschickt" habe, wie Fortunat überliefert hat.

Wenn Chlotar zugestimmt hätte, erwidert Scheibelreiter, hätte Radegunde in Soissons selbst zur Diakonin geweiht werden können. Dieses Argument scheint mir nicht stichhaltig. Der hl. Medardus sollte einer der

Schutzheiligen der Merowinger werden. Er war der bedeutendste Vertreter der Kirche im Königreich von Soissons, der einzige wahrscheinlich, der sich der Hochschätzung des Königs erfreute. Meiner Ansicht nach hat Chlotar nach Radegundes Flucht doch noch seine Zustimmung gegeben und war bemüht, diesen feierlichen Akt vom höchsten kirchlichen Würdenträger seines Reiches ausführen zu lassen und ihm dadurch besonderes Gewicht zu geben, sollte doch diese Weihe der Königin zur Diakonin ein wichtiger Faktor seiner neuen Politik werden, die wir gleich betrachten wollen. Außerdem war Medardus der einzige, der in der schwierigen Angelegenheit der Weihe einer verheirateten Frau die Verantwortung übernehmen konnte.[51] War auch die Macht der Kirche unter Chlodwigs Herrschaft gestärkt worden, dem König war das Recht geblieben, in kirchliche Angelegenheiten einzugreifen. Dieses Einverständnis zwischen der weltlichen und der geistlichen Macht schwand unter Chlodwigs Nachfolgern. Es kam zwar nicht zum offenen Kampf zwischen Episkopat und Krone, aber die weltliche Willkür erreichte ihren Höhepunkt.[52] Hätte Medardus es also gewagt, Radegunde ohne die formelle Erlaubnis des Königs die Weihe zu erteilen? Hätte er andererseits gewagt abzulehnen, was sein König von ihm verlangte? In diesem Fall hätte die „drohende Haltung des Gefolges" den nötigen Zwang auf Medardus verkörpert. Aus heutiger Sicht scheint die Weihe Radegundes der Akt gewesen zu sein, der über die geistige Zukunft der Merowinger entschied.

Diese weittragende Behauptung bedarf einer Erklärung, sowohl der Bedeutung des Amtes einer Diakonin als auch des Schutzes, den der König kraft seines überkommenen Rechtes gerade dieser Diakonin bot.[53] Das Amt des Diakons war schon im 4. Jahrhundert das Thema scharfer Kontroversen, seine hierarchische Stellung und seine Befugnisse betreffend.[54] Frauen sind in diesem Amt seit Paulus (Röm 16,1) belegt. Er nennt als erster im Neuen Testament eine Phöbe von Kenchreä als Diakonin und erwähnt die missionarische Tätigkeit anderer Frauen, deren Wirken also nicht allein auf caritative Dienste beschränkt war.[55] Bereits auf den ersten ökumenischen Konzilien waren Diakone und noch mehr die Diakoninnen in der Diskussion. Im 19. Kanon der Konzilsdekrete von Nizäa 325 sprach man den Diakoninnen den Rang von Klerikern ab. Im historischen Kontext wird das aber wohl auf diejenigen zu beziehen sein, die der schismatischen Paulianer-Gemeinde angehört hatten, deren Weihen von der Großkirche nicht anerkannt wurden.[56] Diakoninnen waren besonders aus Karthago bekannt, aber auch in Konstantinopel. Gregor von Tours liefert ein Beispiel für die Stellung beider Geschlechter in der Kirche seiner Zeit. Er hat von den drei heiligen fränkischen Frauen, Geneviève (Genovefa), Clothilde und Radegunde, die beiden letzteren persönlich gekannt. Es waren dies die ersten

Frauen der Christenheit, die nicht durch ihr Martyrium, sondern durch ihre hervorragende Rolle in der Gesellschaft ihrer Zeit zur Heiligkeit gelangten. Aus Gregors Schriften wird deutlich, daß er der Tatsache ihrer Weiblichkeit keine Bedeutung beimaß und sie nur allgemein als Heilige zeitgemäßer Ausprägung wertete. Etienne Delaruelle[57] bedauert, daß Gregor nicht gewahr wurde, welch „wahre Revolution" sich hier im 5. und 6. Jahrhundert mit der Wertsteigerung der Frau vollzog.

Aus dem 5. und 6. Jahrhundert ist zwar unseres Wissens keine Diakonin im Frankenreich – ausgenommen unsere Radegunde und Helaria, die Tochter des hl. Remigius von Reims – namentlich bekannt, es muß ihrer jedoch eine so beträchtliche Anzahl gegeben haben, daß drei gallische Synoden sich mit ihrem Status befaßten (Orange 441, Epao 517, Orléans 533).[58] Ohne ihr Mißtrauen gegenüber den Diakoninnen anders zu rechtfertigen als durch „die Schwachheit des Geschlechtes" (Orléans 533), verboten die Konzilsväter ihnen, sich in das kirchliche Leben als Gehilfen des Priesters einzumischen, in welcher liturgischen Rolle es auch sei. Die dreimalige Wiederholung dieses Verbotes innerhalb einer fast ein Jahrhundert umspannenden Zeit läßt vermuten, daß ihm nicht überall Folge geleistet worden ist.

Chlotar hat mit königlicher Souveränität die Anordnungen der Synoden übergangen, um Radegunde durch Bischof Medardus die Position geben zu lassen, aus der heraus ihr ermöglicht wurde, jene Einflußnahme auf das geistliche, soziale und politische Leben des Merowingerreiches auszuüben, die er von ihr erwartete.

In den Stereotypien vom bösen König und der asketisch frommen Frau, deren Zusammenleben untragbar war, tauchen hier – aus weitem zeitlichem Abstand gesehen – Anzeichen auf, daß ein Zusammenarbeiten trotz allem versucht wurde.

Scheibelreiter[59] berichtet lakonisch, daß Radegunde, als sie zur Diakonin geweiht war, sich dem Versuch Chlotars, sie an den Hof zurückzuholen, durch die Flucht zu Bischof Germain in Paris entzog.

Warum hätte Chlotar seine Erlaubnis zurückziehen sollen? Die Kriegszüge gegen die Thüringer und Sachsen – nach Jörres[60] waren es drei: 555, 556, 557 – waren hart und verliefen für Chlotar zunächst unglücklich. Sollte er da nicht versuchen, Radegunde, das Unterpfand seines Erfolges, wiederzuerlangen? Sie ist zum Bischof Germain nach Paris geflohen?

Welch kluge Taktik! Ein gutes Einvernehmen herrschte zwischen Kirche und König in ihres Schwagers Reich. Um Rückhalt in seinen Streitigkeiten mit Chlotar zu finden, hatte Childebert Anlehnung an die Kirche gesucht, hatte sogar bei der in seinem Reich, in Orléans 549 abgehaltenen Synode scharf diskutiert über Fälle von Simonie, die von den Königen nur allzu oft praktiziert wurde.[61] In Paris setzte man sich für die flüchtende Radegunde ein, und sie konnte ruhig weiterreisen nach Tours zum Grab des heiligen Martin. Um uns an die hervorragende Rolle St. Martins zu erinnern, hören wir Friedrich Prinz: „Martin wurde mit der Eroberung der Touraine und Aquitaniens durch Chlodwig ein merowingischer Heiliger; sein Kult wandelte sich von einer Angelegenheit rein kirchlicher, von gallischen Bischöfen geförderter Frömmigkeit zu einer Angelegenheit der fränkischen Dynastie."[62]

Radegunde ging also zuallererst nach Tours, der Zitadelle des merowingischen Martinskultes. Trotz ihrer Trennung von Chlotar hat Radegunde nie aufgehört, sich als Merowingerkönigin zu fühlen. Sie bekämpfte ständig in sich die Eigenschaften, die adelige Abstammung und hervorragende Stellung ihrem Charakter aufgeprägt hatten, aber trotz Bescheidenheit und Askese blieb sie auch nach ihrer Entfernung vom Hofe für ihre Zeitgenossen die Königin, und so erscheint sie uns, als sie am Grab des heiligen Martin kniet.

Von Tours begab sich Radegunde nach Saix (F 49260), heute ein unbedeutendes Dorf bei Montreuil-Bellay, damals wohl nur aus der „Villa" bestehend, die Chlotar ihr als Morgengabe einst geschenkt hatte.

Das Gebiet von Tours und Poitiers, also auch Saix, hatte Chlotar 524 seinem Reich angegliedert. Wieder ist es eine merkwürdige „Flucht", bei der die Fliehende sich nicht außer Reichweite ihres Verfolgers in Sicherheit bringt, sondern in seinem Herrschaftsbereich bleibt!

In Saix schart Radegunde einige junge Mädchen um sich, und ihre Villa wird zu einem jener Häuser gemeinschaftlichen Lebens, die damals spontan da und dort in abgelegenen Gegenden von Gläubigen aufgetan wurden, die ihr Christentum in der Pflege Armer und Kranker bestätigen wollten. Klöster ohne bestimmte Ordensregel, ohne Anspruch auf Dauer. Im 6. Jahrhundert entstanden zwei Arten von Klöstern: Die einen lehnten sich unmittelbar an die Wälle einer schützenden Stadt, die anderen verbargen sich weitab jeder Durchgangsstraße in unbewohnten Gebieten. Die geflüchtete Königin zog das Versteck in der Einsamkeit vor.

Radegunde und ihre Gefährtinnen sind eine Zeitlang dort geblieben, wahrscheinlich ein Jahr. Der Legende nach ist Saix unter dramatischen Umständen aufgegeben worden. Chlotar habe Radegunde zurück an den Hof holen wollen, sie sei in Panik geflohen und habe sich in einem sekundenschnell hochwachsenden Haferfeld versteckt. Aigrain[63] versucht, dem Ursprung dieser Legende nachzugehen. Sie findet sich in einem Manuskript des 14. Jahrhunderts. In der Vita des hl. Junien liest man, das Gerücht sei zu Radegunde gedrungen, Chlotar wolle sie zurückholen. Diese Vita des hl. Junien († 587) ist erst 830 niedergeschrieben worden von einem Mönch aus Nouaille, Vulfin Boèce, und gehört zu der historisch wenig glaubhaften Art solcher Hagiographien.

Nirgends wird von einer Reise Chlotars in die Touraine zu diesem Zeitpunkt berichtet. Im dortigen Gebiet tobte allerdings gerade der Aufstand seines Sohnes Chramn. Chlotar hatte ihn als Statthalter 555 in den von Theudobald geerbten Teil der Auvergne geschickt. Chramn aber verbündete sich mit seinem Onkel Childebert und brachte 557 das begehrte Land in seine eigene Gewalt, unterwarf sich aber 558 nach dem Tode Childeberts. Diese Streitigkeiten wurden um Limoges und in der Champagne ausgefochten. 560 muß Chlotar gegen Chramn in die Bretagne ziehen. Der Sohn hatte sich erneut gegen ihn empört, wurde besiegt, und Chlotar ließ ihn in einer ärmlichen Hütte erwürgen und mit seiner Frau und seinen Kindern verbrennen.[64] Nun erst, zu Beginn des Jahres 561, einige Monate vor seinem Tod, bereute Chlotar und plante, mit vielen Geschenken eine Wallfahrt zum Grab des hl. Martin zu unternehmen und zu versuchen, Radegunde in Poitiers wiederzusehen. Mit Hilfe des Bischofs Germain hat sie ihm diese Absicht ausreden können. Wir haben es also in Saix mit einer weiteren irrationalen Fluchtgeschichte zu tun, der fünften.

Es scheint allerdings der Wahrheit zu entsprechen, daß es Chlotar gewesen ist, der die Aufgabe des Klosters in Saix und die Übersiedlung nach Poitiers verlangte. In der Vita Baudonivias findet man die Bestätigung: „monasterium sibi per ordinationem praecelsi regis Chlotarii construxit. Quam fabricam vir apostolicus Pientius episcopus et Austrapius dux per ordinationem dominicam celeriter fecerunt". Sie berichtet, daß das Kloster in Poitiers auf ausdrücklichen Befehl König Chlotars erbaut wurde. Er befahl dem Bischof Pientius und dem Herzog Austrapius, die Bauleute und das Baumaterial zur Verfügung zu stellen und verlangte, daß man sich beeile. Radegunde selbst schrieb in ihrem Brief an die Bischöfe[65]: „. . . instituente atque remunerante praecellentissimo domno rege Chlothario, monasterium puellarum tictava urbe constitui, conditumque, quantum mihi munificentia regalis est largita, facta donatione, dotavi."

Hätte man sich im Mittelalter mehr um korrekte Zeitangaben gekümmert, könnten wir mit größerem Anspruch auf Wahrheit die Vermutung aussprechen, daß der Aufenthalt in Saix nur die, vielleicht sogar vereinbarte, Wartezeit bis zur Fertigstellung des Klosterbaues in Poitiers gewesen ist. Ist es nicht erstaunlich, daß derselbe Chlotar, der in seinen Kernlanden von Soissons nichts zugunsten einer Ausbreitung der Kirche unternommen hat, nun so eilig den Bau von Radegundes Kloster verlangte und es wahrscheinlich selbst bezahlte – instituente atque remunerante? Die rechtliche Situation des Klosters ist ungeklärt. Scheibelreiter[66] erwägt die verschiedenen Meinungen der Historiker, um sich dann der von Prinz[67] anzuschließen: „Wenn es sich auch um kein Eigenkloster Chlotars handelte, so ist doch andererseits der Anteil des Königs so groß, daß man Ste. Croix auf jeden Fall zu jenen Klöstern zählen muß, die ihre Entstehung den Merowingern verdanken."

Was mag der Grund von Chlotars plötzlicher kirchenfreundlicher Großzügigkeit gewesen sein?

Chlotar war schließlich als Sieger aus dem Krieg in Thüringen hervorgegangen. Sein durch Theudobalds Erbe vergrößertes Reich war jetzt an den Ostgrenzen befriedet. Es war an der Zeit für ihn, sich um den westlichen Teil seines Königreichs zu kümmern, um Aquitanien, um Poitiers. Die Städte Tours und Poitiers wurden weiterhin von gallo-römischen Bischöfen verwaltet. Tours war mit der Martinswallfahrt und seinem bedeutenden Hafen an der Loire ein geistliches Zentrum und ein wichtiger Warenumschlagsplatz. Poitiers aber lag nicht nur abseits der Flüsse und in großer Entfernung von Bordeaux und Nantes, über die der Handel mit Spanien und dem Orient einerseits, mit England andererseits abgewickelt wurde. Poitiers war auch von seinem Hinterland abgeschnitten, denn die Grenze von Childeberts aquitanischem Besitz verlief unweit der Stadt.

Die Verhältnisse in Aquitanien waren im 6. Jahrhundert noch undurchsichtiger als die des übrigen fränkischen Landes. Sie sind kaum durch Dokumente belegt. Es gibt nur Beweise dafür, daß nach 524 Theuderich in Limoges herrschte, Childebert in Bourges und Chlotar in Poitiers. Aquitanien hatte 511 bei der Teilung des Reiches nicht als sicherer fränkischer Besitz betrachtet werden können, weil die endgültigen Grenzen mit den Westgoten nicht festgelegt waren. Das Gebiet blieb also fränkisches Gemeinschaftseigentum bis zum Friedensschluß mit Theoderich und Amalrich 512/13 oder 514/15. Dann teilte man sich Aquitanien entsprechend den im Norden angrenzenden fränkischen Herrschaftsbereichen. Chlotar erhielt einen Streifen zwischen den Ländern der Brüder, denn Soissons hatte keine aquitanische Südgrenze. Nach dem Aussterben der Reimser Linie nahm sich Chlotar auch deren aquitanischen Besitz, und Childeberts Gebiet bildete den „Pfahl im Fleisch" von Chlotars Ländern. Leider ist es unmöglich, eine exakte Chronologie der Ereignisse der Jahre 555–561 aufzustellen. Auch das Schlüsseldatum der Errichtung des Klosters Ste. Croix bleibt umstritten, wie wir gesehen haben. Nur eines ist sicher: Chlotar hat es verstanden, eine Zange zu bilden, indem er seine tatsächliche Macht bis nach Poitiers in dem Moment ausdehnte, als der Westen seiner Besitzungen Bedeutung für das Gesamtreich erhielt, das ihm nach Childeberts Tod 558 als Alleinherrscher zufallen sollte. Mit Radegundes Hilfe wollte er seine Stellung in Poitiers ausbauen.

Wieder eine von langer Hand vorbereitete Meisterleistung. Radegunde entzog sich der Mithilfe bei seinen Schachzügen im Osten? Dann soll sie die Königin auf dem Schachbrett des Westens werden!

Sollte dieser Sachverhalt, wie wir ihn heute überblicken, den beiden Hauptagenten nicht ebenso klar gewesen sein? Radegunde handelte jedenfalls mit dem politischen Instinkt einer Merowingerkönigin, auch hinter den Mauern ihres Klosters, absorbiert von der Askese radikal gelebten Christentums.[68]

Die Macht der gallo-römischen Bischöfe hatte, wie bereits dargestellt, am Ende des Römischen Reiches beachtliche Ausmaße erlangt. Sie vergrößerte sich noch während der Regierungszeit von Chlodwig, der mit dem Klerus auf gutem Fuße stehen wollte. Er gab der Kirche eine solide weltliche Basis durch Grundbesitz und gesunde Finanzpolitik. Auch unterstand ein nicht unbedeutender Teil der Bevölkerung direkt der Kirche, die aus den ständigen Teilungen des Frankenreiches weitere Vorteile schlug, denn keiner der Nachfolger Chlodwigs hatte mehr das Format, ihr Widerpart zu bieten. Chlotar fehlten Bildung und moralische Qualität, um sich einem noch in römischer Intellektualität geschulten Episkopat ebenbürtig entgegenstellen zu können.[69] Je mehr Macht er im Reiche gewann, umso klarer mußte ihm werden, daß er weder ohne noch gegen seine Bischöfe regieren konnte. Das Beste, was ihm zu diesem Problem einfiel, war die Entsendung Radegundes nach Poitiers.

Sie scheint um die Mitte der fünfziger Jahre stattgefunden zu haben, also etwa fünf Jahre vor Chlotars Tod (561). Es war sein Sohn und Nachfolger Sigibert I., der von diesem Schachzug profitierte. Er verhalf dem anfangs Notre Dame geweihten Kloster zu höherem Ansehen in der Christenheit, indem er Radegundes Bitte Folge leistete und ihr die Kreuzespartikel aus Konstantinopel beschaffte. Damals brauchte Radegunde dringend einen fähigen Sekretär, der ihr die Erweiterung ihres Wirkungskreises ermöglichte.

Obwohl zwischen der Abreise Fortunats vom ostmerowingischen Hof und seiner Ankunft in Poitiers einige Monate liegen, kann es durchaus Sigibert gewesen sein, der ihn zu Radegunde entsandte. Nur mit höchster offizieller Erlaubnis hat er, der Caesariusregel entgegen, ständigen Zutritt erlangen können zu dem Nonnenkloster, das unter Sigiberts persönlichem Schutz stand.

Das Kloster Sainte-Croix war kein Doppelkloster, wie es seit dem 6. Jahrhundert auch einige in Italien, England und Frankreich gab, damit die Mönche den Nonnen Schutz bieten und die Feier des Meßopfers übernehmen konnten, da die Frauen keine Priesterinnen sein durften.[70] Es ist dennoch nicht anzunehmen, daß Fortunat zur Ausübung des Priesteramtes an

Radegundes Kloster geschickt wurde, da er sich erst 576 entschloß, in den geistlichen Stand zu treten.

Die Überlieferungen erlauben nur Vermutungen darüber, inwieweit Radegundes Wirken als Diakonin sich auf den Dienst am Altar erstreckte. Die heute noch an Diakone gestellte Weisung verlangt, daß sie mit dem für die Gemeinde- und Gottesdienstleitung verantwortlichen Priester zusammenarbeiten.[71]

Hätte Radegunde die Berechtigung gehabt, den Auftrag der Verkündigung des Gotteswortes und der Heiligung der Gläubigen eigenverantwortlich, allein geschützt von der höchsten weltlichen Macht und kraft der durch den hl. Medardus gespendeten Weihe auszuführen? Wir werden gleich darlegen, daß es dazu mehr bedurfte.

Werfen wir zunächst einen Blick auf den irdischen Rahmen ihres Wirkens in Poitiers.

Die Grundmauern von Radegundes Klosterzelle (4,35 x 4,70 m) und dem sich daran anschließenden, „Pas de Dieu" genannten Oratorium (4,20 x 4,50 m) sind 1909/11 ausgegraben worden und noch heute erhalten, ebenso wie die ihrer ersten Kirche Sainte-Marie mit den bescheidenen Ausmaßen von 12,40 x 12,85 x 6,60 m. Die heute Sainte-Radegonde genannte, außerhalb der Stadtmauer gelegene größere Kirche, anfangs „Notre-Dame-Hors-des Murs", ist noch vor 561 erbaut worden und war zur Grablege der Ordensfrauen bestimmt. Sie enthält auch Radegundes Sarkophag.

Die zweite Kirche, Sainte-Croix, wurde kurz nach 569 erbaut. Reste der Chorapsis hinter ihrem Hochaltar wurden 1962 entdeckt und unter der Abteikirche des 11. Jahrhunderts freigelegt. Hier war die Kreuzesreliquie aufbewahrt worden.[72] Auch eine Reliquie des Martyrers St. Mam(m)as, der bei Leibschmerzen angerufen wurde, erhielt St. Radegunde aus Byzanz.[73] Erst einige Jahre nach dem Einzug ins Kloster, wahrscheinlich 561 (nach Aigrain), jedenfalls noch vor 576 (Tod Bischof Germains, der Agnes eingesegnet hat), bestimmte Radegunde, nach Befragen ihrer Mitschwestern, Agnes zur Äbtissin, mit Einverständnis „sowohl des Bischofs der Stadt (Pientius), als der anderen Bischöfe", wie es ein Kanon der erwähnten Konzilsbeschlüsse verlangte.

Die sonntägliche Messe im Kloster wird selten genannt und wenn, dann ohne Kommentar. Keine Anzeichen eines besonderen eucharistischen Kultes werden erwähnt.[74] Das „Opus Dei", also das gemeinsame Chorgebet, stand im Mittelpunkt des Klosterlebens. Baudonivia spricht von dem „cursus", den Radegunde so sehr liebte: das Singen von Psalmen und Hymnen, die Lesungen und Meditationen. Man erhob sich nachts zu den Nocturnes. Vigilien wurden abgehalten. Nach der Complet blieb das Kloster verschlossen.

Gregor von Tours schreibt, daß zu Zeiten Chlotars Radegunde mit ihrer Klostergemeinschaft stets den Bischöfen unterwürfig und gehorsam war, daß sie aber, als Marovech Bischof geworden war, begann, unter Sigiberts Schutz eigenmächtig zu handeln.[75] Damit kann nach Lage der Dinge nur die Ausweitung ihrer diakonischen Privilegien gemeint sein.[76]

Nirgends ist die Rede von einem Priester, der den geistlichen Übungen im Kloster vorgestanden hätte, vielmehr wird die Predigt, die „Predication" der außergewöhnlich schriftgelehrten Radegunde gerühmt.[77] Mit Sicherheit ist überliefert, daß ab 569 und bis zu ihrem Tode der Bischof von Poitiers die Abtei Sainte-Croix nicht mehr betreten hat. „Allein die Gründerin – oder irgendein durchreisender Priester – übernahm die Aufgaben, die in Arles von Caesarius und Caesaria erfüllt worden waren."[78]

Die Annahme der Caesarius-Regel hatte es Radegunde ermöglicht, diese Notlage auf legalem Wege zu überwinden. Die Regel des Caesarius enthielt 41 Artikel, denen er später noch 19 Artikel und einen Prolog hinzufügte.[79] Er hatte als Vikar des Heiligen Stuhls in Gallien und Spanien das Ohr des Papstes Hormisdas, der ihm diese Regel, die das Privileg der Exemption enthielt, feierlich bestätigte.

Durch die Exemption wurde ein Kloster aus dem kirchlichen Verband der bischöflichen Gerichtsbarkeit ausgeklammert und entweder dem Papst direkt oder seinem Oberen unterstellt.

Sieben Bischöfe, fünf aus der Provinz Tours, einer aus Paris und einer aus Rouen, haben in einem Brief die Annahme der Caesarius-Regel durch Radegunde bezeugt.[80] Leider ist das Datum dieses Briefes ebenso unbekannt wie das genaue Datum der Einführung der Regel. Jeder Versuch, die Erweiterung ihrer diakonischen Befugnisse und ihr durch Gregor von Tours überliefertes „eigenmächtiges Handeln" als Folge oder als Ursache der Feindseligkeit Bischof Marovechs sehen zu wollen, bleibt Spekulation. Jedenfalls überliefert Fortunat, daß die Einführung der Regel „einiges Murren" zur Folge hatte.[81]

Die Zwistigkeiten mit Marovech sollten sich nach der Gesandtschaft zu Justin II. noch verstärken, wie wir gleich hören werden. Fortunatus, selbst Bischof geworden zu der Zeit, als er die Vita schrieb, hütete sich, zu dem Disput Stellung zu nehmen, und beschränkte sich auf das unverbindliche Lob der Tugenden Radegundes.

Bei der Ausleuchtung des politischen Umfeldes unserer Heiligen erscheint auch Fortunatus in einem neuen Licht. Wer war dieser 565 zur Wallfahrt aufgebrochene, etwa 25–30 Jahre alte Italiener aus der Gegend von Treviso? Seiner in Ravenna erworbenen ausgezeichneten Bildung wegen hatte man ihn zum Eintritt in ein Kloster überreden wollen, aber der spätere Bischof zeigte noch keine Neigung zum geistlichen Stand.[82]

Die Historiker rätseln über die ungewöhnliche Reiseroute, die er 565 über die Alpen nahm, und fragen sich, warum er zum Heere Sigiberts I. an der Donau stieß, statt sofort seine Wallfahrt fortzusetzen, deren Ziel, das Grab St. Martins, er immer wieder in seinen Schriften betonte. Sie deuten an[83], es könne sich um einen eiligen Weggang aus politischen Gründen gehandelt haben. Oder reiste er als Abgesandter in politischer Mission?

Die politische Lage hatte seit 562 (Awarenkämpfe zwischen Elbe und Saale) für die Franken an ihrer Ostgrenze bedrohliche Züge angenommen. Ein fränkisch-awarischer Freundschaftsvertrag 562 (563?) „dürfte sich ausgesprochen oder unausgesprochen deutlich gegen das oströmische Reich (Byzanz) gerichtet haben".[84] Die Langobarden, alte Freunde der Merowinger während ihres Aufenthalts in Pannonien (526–568), sollten bald in den Bund mit den Awaren treten und von dem eroberten Ober-italien aus den fränkischen Alpenstellungen gefährlich werden.[85] Die byzantinisch-italienische Regierung wird diese Entwicklung aufmerksam verfolgt haben.

Ob fliehend, abgesandt oder als Pilger, Fortunat wurde von Sigibert freundlich aufgenommen und verschönte nun dessen höfische Feste durch seine Dichtkunst. Seine Reisen durch Austrasien, seine Briefe und Gedichte an die zahlreichen dabei gewonnenen Freunde sind Ausdruck der jungen fränkischen Kultur, die zwar viel der alten Rhetorenkultur des ausgehenden Altertums verdankte, aber durchaus eigenständig war mit ihrem Lob der Freundschaft und dem Ideal eines heiteren Menschentums. Kann man aus den Gedichten zur Hochzeit Sigiberts und zum Übertritt der Arianerin Bru-nichild zur katholischen Kirche oder aus den die Bischöfe preisenden Sprüchen ein propagandistisches Anliegen herauslesen, oder spiegeln sie nur seine Vorrangstellung bei Hofe wider?

Nachdem Fortunat zwei Jahre am ostmerowingischen Hof geblieben war, zog er 567 an den Hof des neustrischen Königs Charibert in Paris. Sigibert I. bereitete damals eine von Wolfgang H. Fritze[86] „überraschend" genannte Gesandtschaft an den oströmischen Kaiserhof vor, mit dem Auf-trag, einen Vertrag auszuhandeln, da er sich von den Awaren und Lango-barden bedrängt sah (568–572).

Auch in Paris dichtete Fortunat. Was aber tat er sonst noch, vielleicht in Sigiberts I. Auftrag?

Noch vor Chariberts Tod (567) zog er weiter nach Poitiers, wo er, in den Bann Radegundes geraten, die zweite Hälfte seines Lebens verbrachte.[87]

Seine Dichtkunst erreichte hier ihren Höhepunkt. Seine eventuellen politischen Absichten blieben weiterhin verdeckt von dem leuchtenden, die Aufmerksamkeit seiner Zeitgenossen fesselnden Gewand eines Vorläufers der Troubadoure, deren erster, Guillaume d'Aquitaine (1086–1127), aus Poitiers stammen wird, als sei dort der fruchtbarste Boden mittelalterlicher Poesie gewesen.[88]

Zahlreich waren die Kontakte, die Radegunde von dort aus mit den Bischöfen unterhielt, nicht nur mit Pientius und Pascentius von Poitiers[89], sondern auch mit Germain (Germanus) in Paris[90], Euphronius und Gregor von Tours. Letzterer überliefert ihren Brief an die Bischöfe.[91] Über Fortunat korrespondierte sie außerdem mit Felix von Nantes.[92] Ihre Beziehungen zum Kloster des heiligen Caesarius, St. Jean in Arles, hatten weitreichende Folgen.

Die rechtliche Stellung der Klöster des 6. Jahrhunderts ist durch die Konzilien geregelt worden, von dem in Chalcedon 451 bis zu dem in Arles 554, und durch Synoden, die mehrere Male im Frankenreich abgehalten wurden. Ein Kloster durfte jetzt nur noch im Einverständnis mit dem Ortsbischof gegründet werden. Er hatte das Recht, dessen Besitztümer zu kontrollieren und die Einhaltung der Regeln mönchischen Lebens zu überwachen. So war Sainte-Croix kirchenrechtlich dem Bischof von Poitiers unterstellt. Da es aber gleichzeitig direkt unter dem Schutz des Königs stand, ließ diese vermischte Rechtslage Radegunde viel Raum für eigene Entscheidungen. Sie nutzte ihn nach persönlichem Ermessen. So gewährte sie sich manche Freizügigkeit in liturgischen Belangen. Sie ließ z. B. Agnes durch S. Germain von Paris zur Äbtissin weihen.[93] Der Bischof Pientius und sein Nachfolger Pascentius beugten sich beflissen den Willkürhandlungen der Königin. Nicht jedoch Marovech, Bischof von Poitiers, wahrscheinlich seit 573. Irritiert durch Radegundes Zugehörigkeit zur Merowingerdynastie, zeigte Marovech verschiedentlich sein Mißfallen. Es ist vermutet worden[94], daß sein widerstrebendes Verhalten Radegunde gegenüber auch etwas damit zu tun haben könnte, daß die strahlende königliche Nonne die Gläubigen an sich zog und den altverwurzelten Hilariuskult aus Poitiers verdrängte, war doch Marovechs Bischofskirche dem hl. Hilarius geweiht.

Außerdem hatte sie durch die Einführung der Caesarius-Regel (siehe S. 31) seine Kontrollfunktionen beschnitten. Die größte persönliche Beeinträchtigung muß er empfunden haben, als Radegunde ihre eigenen Gesandten, statt den Bischof um eine Entsendung zu bitten, nach Konstantinopel zu Kaiser Justin II. schickte zur Erlangung der Kreuzespartikel, und daß sie diese in ihrem Kloster und nicht in der Bischofskirche aufbewahrt wissen wollte.

Er entzog sich seiner Pflicht, die Reliquie feierlich in Poitiers zu empfangen, und ging so weit in seinen Provokationen, Poitiers bei den Begräbnisfeierlichkeiten der Heiligen fernzubleiben.

Die Streitigkeiten zwischen Marovech und Radegunde, bei denen keiner nachgab, spiegeln eine Phase der Beziehungen zwischen den Merowingern und dem Episkopat wider, in der Radegunde ganz den Erwartungen Chlotars entsprach und dem Gegner standhielt.

Fruchtbarer war der Kontakt mit dem Kloster des heiligen Caesarius von Arles, St. Jean.[95] Dessen Schwester, Caesaria von Arles, schrieb einen langen Brief an Radegunde und Richild.[96] Wir wissen nicht, ob Radegunde selbst nach Arles reiste, um sich die Regel übergeben zu lassen. Manche Historiker melden große Reserven an gegenüber der Möglichkeit einer solchen Reise. Wie dem auch gewesen sein mag, die Annahme dieser Regel war von höchster Bedeutung, wie wir gesehen haben.

Das Gebiet von Valence-Embrun bis zur Durance mit Arles gehörte Chlotar, seit er es im Krieg 532/33 den Westgoten abgenommen hatte. Er hatte noch nicht die Zeit gefunden, es auch geistig seinem Herrschaftsbereich einzugliedern. Abgesehen davon fehlte ihm auch das Format, um in diesem Lande alter griechisch-lateinischer Kultur ernst genommen zu werden.

Die Kultur des Mönchtums und seiner Klöster war von der Insel Lerins ausgegangen und drang das Rhônetal entlang nach Norden vor, lange ehe Aquitanien von einer vergleichbaren Strömung erfaßt wurde, die ihrerseits das Marmoutier des heiligen Martin zum Vorbild hatte. Diese beiden Formen der Christianisierung wichen stark voneinander ab.[97] Über die Unterschiede kann hier nicht diskutiert werden, es möge genügen, festzustellen, daß Aquitanien und das Rhônegebiet keinerlei geistliche Kontakte miteinander hatten. Die Einführung der Regel des hl. Caesarius in Poitiers war der entscheidende Auslöser für die Durchdringung Aquitaniens mit jener höherstehenden Kultur. Kann man andererseits auch an den Versuch einer Rückkoppelung von Arles an das Merowingerreich denken, wieder unter Mithilfe Radegundes? Wenn auch keine Auswirkungen davon zum Tragen kamen, liegt dieser Gedanke doch im Rahmen der aufgezeigten Strategie Chlotars.

Radegunde pflegte die Freundschaft mit Aredius, Gründer eines Klosters in Limoges. Er gehörte seit seinen Wallfahrten zum Martinsgrab in Tours dem Freundeskreis um die königliche Nonne an.[98] Über Fortunat stand sie außerdem in Verbindung mit Martin von Braga, beides Männer des griechisch-lateinischen Kulturkreises des südlichen Mönchtums.[99] Prinz[100] hat die geistliche Situation der zweiten Hälfte des 6. Jahrhunderts treffend charakterisiert, wenn er sagt: „Hier in Poitiers, am Vorabend der Ausbreitung des iro-fränkisch-columbanischen Mönchtums in Gallien, fließen die beiden monastischen Zonen Galliens ineinander."[101]

In Radegundes Diensten, verwöhnt von den heiligen Frauen – denen er für Blumen, Früchte oder süßen Brei mit Distichen dankt –, hatte Fortunat also mannigfaltige Aufgaben zu erfüllen, denn über ihre erwähnten Korrespondenzen und die von ihr bestellten Gedichte und Hymnen hinaus verfolgte Radegunde ein großes christliches, aber auch politisches Ziel, das sicherlich viele Briefe und Reisen erforderte: die Versöhnung ihrer in Kleinkriegen gegeneinander um Landbesitz oder in persönliche Zänkereien verstrickten Stiefsöhne Charibert, Chilperich und Sigibert.

Außer in diesen politischen und geistlichen Bereichen leistete Radegunde auch für die Literatur Hervorragendes. Sie nahm Fortunat in ihre Dienste, um den liturgischen Festen in Sainte-Croix den würdigen Rahmen geben zu können. Seine Hymnen, seine Abhandlungen und Gedichte hat er auf Anregung Radegundes verfaßt. Régine Pernoud[102] hat erkannt, daß Radegunde es war, die Fortunat zu den Anfängen dessen inspirierte, was die höfische Literatur werden sollte. Hier in Poitiers wurde das Bild der Frau in jenes Spannungsfeld zwischen Liebe und Respekt erhoben, das die okzitanischen Troubadoure des 12. und 13. Jahrhunderts weiter entfalteten, bis es unauslöschlich den Charakter der Literatur prägte.[103]

Trennte oder verquickte Fortunat Dichtkunst und Politik? Sogar in dem berühmten Gedicht „De excidio Thoringiae", dem eindringlichen Ruf Radegundes an den byzantinischen Offizier Amalafrid, ihren Vetter, könnte sich ein politischer, poesieverbrämter Auftrag verborgen haben, der nach Lage der Dinge unschwer zu erraten wäre.

Der erste Teil des Gedichtes, der seinen Titel rechtfertigt, die Klage über den Verlust Thüringens, erinnert den oder die Adressaten nachdrücklich daran, daß Radegunde eine Überlebende des alten thüringischen Königsgeschlechts ist und so auch politisches Gehör fordern kann. Der Hinweis auf den von Chlotar getöteten Bruder ruft den Adressaten dessen – von einigen Historikern wie Aigrain – vermutete Rolle im Thüringer Aufstand ins Gedächtnis. Die in diesen Jahren der Gesandtschaft Sigiberts an den oströmischen Hof (568–572) ergangene Bitte Radegundes um die Kreuzespartikel hat so viel Aufsehen erregt, daß gleichzeitig verfolgte politische Ziele der öffentlichen Aufmerksamkeit entgangen sein können. Des Bischofs Marovech feindselige Haltung könnte durch mehr als nur durch gekränkte Machtliebe bedingt gewesen sein.

„Fortunats Beziehungen zum austrasischen Hof wurden durch die politische Katastrophe von 575 jäh abgebrochen: König Sigibert I. wurde ermordet, Chilperich eroberte Tours und Poitiers."

Damals erlahmte Fortunats dichterisches Schaffen, und die Fahrten zu den alten Freunden hörten auf. „Dadurch, daß er Geistlicher geworden war, konnte er nicht mehr so viel wie früher umherreisen."[104] Kann der Grund nicht auch der Tod seines Auftraggebers gewesen sein? Manch anderer wurde Geistlicher, um hinter Klostermauern vor Verfolgungen sicher zu sein . . .

Es war um diese Zeit, daß Radegunde begann, sich immer mehr vom weltlichen Leben abzuschließen, daß Askese und Gebet sie an ihre Zelle fesselten, wo sie nach geistlicher Vollkommenheit in Christi Nachfolge strebte. Fortunat und andere Hagiographen schildern in erschreckenden Einzelheiten, wie sie durch die Abtötung ihres Körpers das unblutige Martyrium zu erlangen suchte.

Um Fortunat war es nun still geworden. Im Jahre 600 etwa wurde er Bischof von Poitiers, dann verklingt die Kunde von dem einst so gefeierten Dichter. Sein Todesdatum ist unbekannt.[105]

Nur Radegunde war fähig, die inbrünstig gelebte christliche Askese mit der Lebensart des Adels zu kombinieren. Beide Ideale vereinten sich harmonisch in ihrer außergewöhnlichen Persönlichkeit. Keine andere hat es so verstanden wie sie, die Kontraste ihrer Zeit und ihres eigenen Charakters ins Gleichgewicht zu bringen. Das abgeschiedene Klosterleben gab ihr den Rahmen, ihre Lebensform ausreifen zu lassen und die große Schar junger Mädchen adeliger merowingischer Herkunft, kaum dem Christentum gewonnen, in ihrem verfeinerten Stil zu erziehen.[106] Auch ihre eigenen schriftlichen Zeugnisse sind hervorzuheben.[107]

Radegunde starb am 13. August 587. Das Martyrologium Romanum würdigt S. Radegundis zum 13. August folgendermaßen: „Pictavis sanctae Radegundis Reginae, cuius vita miraculis et virtutibus claruit", zu deutsch: „Zu Poitiers in Frankreich die heilige Königin Radegundis. Ihr Leben ist reich an Tugenden und Wundertaten".[108] Sie ist eine der wenigen, denen die Hagiographen die höchste Ehre zubilligen: Am Sonntag vor ihrem Tod sei ihr Christus erschienen. Seine „Fußstapfen" werden heute noch in der Kirche Ste. Radegonde in Poitiers gezeigt. Er soll ihr verkündet haben, daß sie in drei Tagen mit ihm im Paradies vereint sein werde (vgl. Lk 23,43). Das Gesicht der hl. Radegunde habe bei ihrem Tod wie das eines Engels geleuchtet und wie eine Rose und Lilie gestrahlt. Rosen und Lilien gelten als Blumen des Paradieses.[109]

Ihr Leichnam wurde zunächst in einem Steinsarkophag in ihrem Kloster untergebracht und später in die Krypta der Radegundekirche in Poitiers gestellt[110] (siehe S. 189).

Die Konventualinnen aber fragten sich nach dem Ableben von Radegunde: „Was sollen wir machen, wenn der Bischof der Stadt nicht rechtzeitig erscheint? Denn der Ort, an dem die Königin beigesetzt werden soll, ist noch nicht durch den Segen des Priesters geweiht." Vielleicht gerade wegen der Spannungen zwischen der Verstorbenen und dem Ortsbischof sollten die Vorschriften des kanonischen Rechtes korrekt eingehalten werden. Offensichtlich war zur Zeit ihres Sterbens kein Priester anwesend.[111]

Im 15. Jahrhundert ließ der Herzog von Berry, ein großer Reliquiensammler, den Sarg öffnen und nahm Radegundes Trauring an sich. Der Profeßring soll sich jedoch nicht von ihrem Finger haben lösen lassen, da die Tote ihre Hand fest zusammengeklammert habe.

Während der Religionskriege im 16. Jahrhundert verwüsteten die Hugenotten die Krypta und leerten den Sarkophag. Nach ihrem Abzug retteten getreue Katholiken die verstreuten Gebeine. Sie wurden in ein Bleikästchen getan und im Februar 1565 feierlich in dem restaurierten Sarkophag bestattet.

Während der jüngsten Instandsetzung des Grabmals fand man das im Gerichtsprotokoll von 1565 beschriebene Bleikästchen mit den gut erhaltenen Gebeinen. Es handelt sich, wie im Laboratoire d'Antropologie in Bordeaux festgestellt wurde, um Teile eines einzigen weiblichen Skeletts, so um Teile des Unterkiefers mit zwei Zähnen, Teile von Wirbelknochen, Rippen, Schulterknochen, Kniescheibe, Schienbein. Am 26. Mai 1989 wurden unter Beisein hoher kirchlicher Würdenträger alle Knochenteile wieder in das Bleikästchen gelegt, das dann verschweißt und versiegelt in dem restaurierten Sarkophag beigesetzt wurde.[112]

Radegunde überlebte Chlotar um 26 Jahre. Von ihm hat die Nachwelt das Bild des bösen Gegenspielers bewahrt, vor dem die Heilige immer wieder fliehen mußte. Bei genauerem Hinsehen erscheint uns Chlotar eher als das nötige aktive und leitende Prinzip ihres Lebens. Er war es, der sie der „Barbarei" der fernen thüringischen Wälder entriß, um sie ins Frankenreich, ins Zentrum der sich gerade herausbildenden merowingischen Kultur, zu holen. Er war es, der sie zur Königin machte und ihr so den nötigen Rang für ihr späteres Wirkungsfeld gab. Er war es, der ihr dazu die solide Basis verschaffte, ihr Kloster. Er erlaubte ihr, sich vom Hofe zurückzuziehen, wo das rauhere Leben unter dem robusten dominierenden König ihre Fähigkeiten bald erstickt hätte.

Um Radegunde im rechten Licht ihrer vollen Bedeutung zu sehen, war es nötig, das Leben dieser Heiligen auch in seinen politischen Kontext zu stellen. Wir würden wesentliche Aspekte ihrer Größe als Frau vernachlässigen, wenn wir die Rolle ihres Protagonisten Chlotar nicht in Betracht zögen. Und dennoch bleibt es unbefriedigend, diese hervorragende Persönlichkeit aus geschichtlichen Zeugnissen allein erkennen zu wollen.

1400 Jahre konnten die Erinnerung an Radegunde nicht verwischen. Nicht in Frankreich, wo noch 150 Stätten ihr Andenken pflegen, und nicht in den deutschsprachigen Ländern. Weitab von Poitiers begann während der ersten Phase der Christianisierung, Ende des 7. bis zum 8. Jahrhundert, eine Verehrung Radegundes, deren Ursprüngen wir jetzt nachgehen wollen.

TEIL II

Der Radegundekult im deutschsprachigen Raum

Im ersten Teil dieser Arbeit haben wir versucht, das Leben der Frau und Königin Radegunde aus den geschichtlichen Zeugnissen nachzuzeichnen. Sie hat den größten Teil ihres Lebens in Frankreich verbracht, und dort wirkt ihre Ausstrahlung heute noch nach. Während neun französische Gemeinden den Namen Ste. Radegonde tragen, gibt es, auf 42 Départements verteilt, 150 weitere Orte, wo Radegunde in der einen oder anderen Form verehrt wird. Legenden haben sich mit dem Geschichtsbild verwoben, vor allem in den Gegenden, wo sie persönlich gewirkt oder die sie auf ihren Fluchten durchquert hat. Das sind der Norden Frankreichs um Soissons und Athies, das Gebiet zwischen Tours und Poitiers sowie die Gegend zwischen Poitiers und Arles, denn im Volksglauben hat sich die von den Historikern umstrittene Reise Radegundes nach Arles als Tatsache niedergeschlagen.

Immer wieder trifft man auf Quellen und Brunnen, die Radegunde geweiht sind. Wir werden davon in dem volkskundlichen Kapitel dieser Arbeit zu sprechen haben.

In dem hier bearbeiteten deutschsprachigen Gebiet finden sich noch etwa 40 Radegundeorte. Es scheint nicht, als hätten Patrozinienwechsel diese frühe Heilige ins Abseits gedrängt, denn nur zwei (Ranoldsberg und Kaltenberg) sind bekannt geworden.

Das wichtigste Anliegen der vorliegenden Untersuchung wird sein, ursächliche Zusammenhänge der Entstehung dieser Kultorte aufzuzeigen. Um dafür eine solide Basis zu schaffen, sollen verschiedene Aspekte der Frage ausgeleuchtet werden.

Die Kolonisierung und Christianisierung der acht Radegundelandschaften[113], Thüringen-Mainfranken, Bayern, Innviertel, Weinviertel, Burgenland, Steiermark, Kärnten und Krain, sowie ihre Geschichte im Mittelalter, soweit sie Rückwirkungen auf diesen Kult gehabt haben könnte, werden zu Beginn der entsprechenden Kapitel behandelt.

Neben der Kirche hatte der europäische Hochadel des Mittelalters durch seine verwandtschaftlichen Verbindungen entscheidenden Anteil an der Verbreitung des allgemeineuropäischen Geistesgutes in alle Stände, über die politischen Grenzen hinweg.[114]

Die wenigen, den Kult oder die Auffrischung der Erinnerung an Radegunde betreffenden Zeugnisse davon wurden zusammengetragen, um unsere Meinung zu untermauern, daß ihre Verehrung in den fernen deutschen Landschaften nicht außerhalb aller Beziehungen zu seinen französischen Ursprüngen aufblühte. Dazu dienen auch die Beweise dafür, daß das Kloster Radegundes, Heilig-Kreuz (Sainte-Croix) in Poitiers, seit seiner Erbauung durch Chlotar und der Anteilnahme, die es unter seinen Söhnen genoß, bis zum Ende der Karolinger unter dem direkten Schutz des Königs bzw. Kaisers stand[115], also dort wohlbekannt war, von wo die wichtigsten Einflüsse ausgingen, am Königshof.

2.1 Die Beziehungen zwischen Sainte-Croix und dem französischen Königshaus

Karl der Große hat sich 778 in Chasseneuil im Poitou, nahe Poitiers, aufgehalten. Sein im gleichen Jahr geborener Sohn Ludwig bekam nicht zuletzt den Beinamen der Fromme, weil er sich als König von Aquitanien sehr für die Klosterreform des Benedikt von Aniane interessierte und ihre Durchführung bekanntlich besonders in Heilig-Kreuz förderte. Er galt als Wiederhersteller des Klosters der hl. Radegunde.[116] Er erließ 822/24 Kapitularien, die ausdrücklich „De monasterio Sanctae Crucis Pictavensi" betrafen und von Maßnahmen zum Schutze des Klosters handeln. Es wird darin Bezug genommen auf ein vorhergehendes verlorengegangenes Dokument aus der Zeit, als Ludwig König von Aquitanien war, also vor 814, und in dem die Reform von Heilig-Kreuz nach der Regel des hl. Benedikt von Aniane verordnet wird. Ludwig der Fromme vertraute in den Kapitularien von 822/24 den Schutz der Ordensfrauen und ihres Besitzes seinem Sohn Pippin, König von Aquitanien, an. So wird das Kloster, ohne daß dies ausdrücklich genannt ist, de facto unter die *tuitio,* den Schutz, des Königs gestellt. Pippin nahm sich seiner mit solcher Sorgfalt an, daß ihm 838 die außergewöhnliche Ehre zuteil wurde, in der Kirche Ste. Radegonde in Poitiers begraben zu werden.

Trotz der Reform scheint die Caesariusregel weiterhin neben der des hl. Benedikt in Kraft gewesen zu sein. Es wird sich also auch hier um eine der damals verbreiteten Mischregeln gehandelt haben.

Die Kaiserin Judith, Gemahlin Ludwigs des Frommen, wurde für ein Jahr ins Kloster Heilig-Kreuz nach Poitiers ins Exil geschickt, als ihre Söhne 830/31 sich zum ersten Mal gegen den Vater erhoben hatten.[117]

Rotrud, die Tochter Karls des Kahlen, war von 840 bis 877 Äbtissin von Heilig-Kreuz. Die Wahl war zunächst zu ihren Ungunsten ausgegangen, und nur der höchsten Ortes ausgeübte Druck verhalf der „reine Rotrude" zu ihrem Posten. Der König hatte einen Erzbischof und zwei Bischöfe zu Schiedsrichtern bestimmt, die schließlich die Mitbewerberin Odile in ihr Heimatkloster zurückschickten. Eine Wiederholung des unheilvollen Konflikts von 589 wurde so im letzten Moment vermieden.

Ludwig der Stammler oder der Stotterer, als Sohn Karls des Kahlen König von Aquitanien, erklärte in einer Urkunde vom 4. Juli 878, die die von seinen königlichen Vorgängern gewährten Privilegien bestätigt, daß er das Kloster Heilig-Kreuz und die Kirche Ste. Radegonde in Poitiers, *ubi ipsa corpore requiescit,* unter seinen persönlichen Schutz, seine *tuitio,* nahm. Karlmann II., Sohn des Stotterers, bestätigte 884 Schutz und Privilegien.

Nach den Normanneneinfällen, die Kloster und Kirche schwer mitgenommen haben, ging die Schutzfunktion der Karolinger auf Geoffroy, den Grafen von Anjou (Grisegonelle), einen der Großen des Reiches, über.

Im Jahre 1043 wurde eine wichtige Verbindung zwischen dem Poitou (Hauptstadt Poitiers) und dem Römischen Reich Deutscher Nation hergestellt: Agnes von Poitou (1024–1072) heiratete den Salier Heinrich III. und erhielt mit ihm zusammen 1046 in Rom die Kaiserkrone. Als Tochter des mächtigen Wilhelm V. von Aquitanien war sie eine Ahnin Eleonores (geb. um 1123, † 1204).

Es gibt keine Überlieferung, die ein Urteil über die Radegundeverehrung der Kaiserin zuließe, doch ist anzunehmen, daß sie oder Leute aus ihrem poitevinischen Gefolge sich durchaus dieses Rücklaufs der Tradition von West nach Ost, vom ehemaligen Wirkungsfeld Radegundes im Poitou in deren fränkisch-thüringisches Heimatland, bewußt waren.

Kaiserin Agnes übte gerade in kirchlichen Angelegenheiten großen Einfluß aus. Sie hatte schon in Aquitanien die Gottesfriedensbewegung gefördert und stand in Beziehungen zu Abt Hugo von Cluny und zu Bischof Adalbero von Würzburg, die Taufpaten ihres Sohnes Heinrich IV. wurden. Als dieser im Alter von nur 6 Jahren auf den Thron kam, wurde Agnes Regentin. Nach ihrem Scheitern verbrachte sie den Rest ihres Lebens in einem römischen Kloster. Die Kaiserin Agnes aus dem Poitou hatte 1056 das Herzogtum Bayern erhalten und es bis 1061 behalten.

Aus Bayern kam 300 Jahre später die Gemahlin des französischen Königs Karl VI., Isabeau (Isabella 1371–1435).[118] Hat sie die Radegundeverehrung schon in ihrer bayrischen Heimat oder erst in Frankreich kennengelernt? Ist die besondere Verehrung, die ihr Sohn Karl VII. für Radegunde bezeugte, durch ihr Zutun geweckt worden?

Schon als Dauphin kümmerte sich der spätere Karl VII. um die Angelegenheiten des Radegundeklosters in Poitiers. So sandte er am 10. März 1419 heftige Mahnbriefe an Pierre du Plessis, der den königlichen Schutz der Abtei Heilig-Kreuz mißachtete, indem er ihr seit neun Jahren die Zahlung der Rückstände seiner Pacht verweigert habe.

Zum Dank für Schlachtenglück gab der gleiche Karl VII. seiner im August 1428 geborenen Tochter den Namen Radegonde und verlobte sie durch einen Vertrag von 1430 mit Sigismund (geb. 1427), dem Sohn des Habsburgers Friedrich III., des späteren deutschen Kaisers (1440–1493). Aber die Kapetingerin Radegonde starb 1444, ohne Sigismund geheiratet zu haben.[119]

Am 12. August 1450, dem Vorabend des Radegundetages, ordnete Karl VII. allgemeine Prozessionen und Dankesmessen in allen Städten seines Landes an, denn er schrieb St. Radegunde die endgültige Befreiung des Reiches von den Engländern zu.

Seine Gemahlin Maria von Anjou veranlaßte, daß nach ihrem Tode (1465) eine Kerze durch das Kapitel zu Ste. Radegonde in Poitiers unterhalten werde, und dieser Brauch wurde hundert Jahre lang, bis 1562, bewahrt.

Während der Religionskriege erneuerte Karl IX. 1570 Privilegien und königlichen Schutz für Heilig-Kreuz und befahl dem Generalleutnant des Poitou, dem Kloster eine Wache zu stellen, deren Abordnung Heinrich IV. erneut 1590 zubilligte. Zwar war das Kloster keines der reich dotierten oder eines, von dem im Spätmittelalter und in der Neuzeit weitreichenden Strömungen, gar Reformen ausgegangen waren, doch wurden mehrere Angehörige von Königshäusern hier Äbtissinnen. Darunter Anne d'Orléans (1484/85–91), Schwester Ludwigs XII.[120], oder die Bourboninnen Louise, Madeleine und Jeanne, die nacheinander von 1553 bis 1603, nach ihrer Tante Isabeau de Beauveau, den Nonnen von Sainte-Croix vorstanden.[121]

Immer wieder kamen die Herrscher, um der königlichen Nonne St. Radegunde ihre Verehrung zu erweisen, so Ludwig XI. und Karl VII. Franz I. erschien mehrmals, und Karl V., sein großer Gegenspieler, der als Habsburger in Radegunde auch die „Ahnfrau" ehrte, betete 1559 in ihrer Kirche in Poitiers. Heinrich IV., der erste Bourbone, kam 1599 und 1600. Ludwig XIII. und seine Gemahlin Anna von Österreich weilten vom 7. bis 22. Januar 1616 in Poitiers, um Radegunde um Nachkommenschaft zu bitten. Die Königin kehrte dann 1640 und 1651 zurück, um der Heiligen ihre Dankbarkeit zu bezeugen. Als sie sich mit ihren beiden Söhnen während der Unruhen der Fronde in Poitiers aufhielt, wurden Ludwig XIV. und Gaston von Orléans in die Erzbruderschaft von Ste. Radegonde aufgenommen. Diese „archiconfrérie de sainte Radegonde" war 1643 vom Bischof von Poitiers, Msgr. Louis de La Roche Posay, gegründet worden.

1658, als Ludwig XIV. in Calais krank darniederlag, stellte seine Mutter Anna von Österreich ihn unter den Schutz der heiligen Radegunde. Eine

Tafel aus schwarzem Marmor, links am Eingang zur Krypta, erinnert daran. Anna von Österreich ließ über dem Grab einen Altar errichten (vollendet 1653).[122] Ludwig XIV. hat seinen einzigen Sohn, den Grand Dauphin, ebenfalls Radegunde geweiht.

In der königlichen Nebenlinie Bourbon-Conti teilte man diese große Verehrung für Radegunde. Louis-Armand II., Prinz von Conti (1695–1727), Gouverneur des Poitou, weihte seinen Sohn Louis-François (1717–1776), Comte de la Marche, bei seiner Geburt der heiligen Radegunde und sandte dem Kapitel von Sainte-Radegonde im Dezember 1717 ein Gemälde, das seine Gemahlin mit dem Sohn im Arm darstellt, während Radegunde von einer Wolke herab beiden ihren Segen erteilt. Das Kapitel beschloß daraufhin, zum Gedenken an den jungen Prinzen das Abbild eines Wickelkindes in den linken Pfeiler des Altars und ein Abbild des Dauphin in Windeln in den rechten Pfeiler einbauen zu lassen. Der Bischof von Poitiers, Msgr. Jean-Claude de la Poype de Vertrieu, führte diesen Beschluß mit großem Pomp unter Glockengeläute und Feuerwerk aus.

1724 wurde auch der zweite Sohn des Prinzen Conti durch ein Neuntagegebet der heiligen Radegunde geweiht. Im September 1734 singt das Kapitel von Ste. Radegonde ein Te Deum zu Ehren der Geburt eines Comte de la Marche, Sohn von Louis-François de Conti, und 1736 eine Totenmesse für die Prinzessin von Conti. Im September 1777 wurde ein Neuntagegebet abgehalten, um den Schutz der hl. Radegunde für den Herzog von Chartres, den künftigen Philippe Egalité, zu erbitten. Es folgte eine Messe zum Dank für die gewährte Heilung.[122a]

2.2   Pilger und Reisende als Vermittler

Wohin die Großen des Reiches in Ehrerbietung zogen, fehlten die Namenlosen nicht. Der Martinskult hatte eine der großen europäischen Wallfahrten des frühen Mittelalters veranlaßt. Wer schon in Tours war, konnte leicht nach Poitiers weiterpilgern, zumal der Volksglaube Radegunde und Martin in mancherlei Beziehung zueinander setzte. Wir werden davon noch sprechen. Die Zurückkehrenden stärkten durch ihre Erzählungen die Radegundeverehrung in ihrer Heimat. Sie hatten in Poitiers am Ursprung vieler Legenden gestanden, die sich um Radegundes Grab rankten.[123] So manches langjährige Siechtum, das man heute Rheuma, Arthrose, Paralyse nennen würde, war hier wunderbar geheilt worden, ja ein totes Kind soll, als es auf das Grab gelegt wurde, wieder zum Leben erwacht sein. Diese Berichte nährten den Volksglauben auch in den deutschsprachigen Ländern. Auch die Vita eines der Regensburger Bistumspatrone, St. Emmeram (Haim-

43

hramnus), verband Poitou und Altbayern. Sein erster Biograph, Bischof Arbeo von Freising, berichtet, Emmeram sei Bischof seiner Geburtsstadt Poitiers gewesen (zweite Hälfte des 7. Jahrhunderts), bevor er zu einer Missionsreise nach Bayern aufgebrochen sei. In Kleinhelfendorf bei München fand er den Tod, nach 700 in Regensburg sein Grab. Eigentlich aber hatte er nach Pannonien ziehen wollen, um die Awaren zu Christus zu bekehren.[124]

Der Pilgerbewegung von Ost nach West zum Grab des hl. Martin entspricht der Gegenstrom mit dem Ziel Jerusalem. Seit der Befriedung Ungarns (Anfang 11. Jahrhundert) wurde die Donau zum Pilgerweg ins Heilige Land, und neue Kontakte konnten sich ergeben zwischen Radegundes französischer Einflußsphäre und den Kultorten in Österreich. Jeder der dokumentarisch nachgewiesenen Großen[125] reiste mit Gefolge aller Art, das wiederum mit seinesgleichen in Österreich in Berührung kam und für das erstaunlich schnelle Wandern von „Moden" im weitesten Sinne gesorgt hat.

Graf Wilhelm von Angoulême war 1026 der erste, der den neuen Pilgerweg gewählt hat. Fulco Nerra, Graf von Anjou, Vorfahr der Plantagenêts, reiste dreimal nach Jerusalem, davon 1039/40 zu Lande. 1056 zog der Abt Teodericus (Thierry) von St. Evroult d'Ouche mit einer Gruppe Geistlicher über Bayern und Ungarn ins Heilige Land. Andere verließen die Donau schon bei Melk und zogen, vermutlich auf der alten Römerstraße, über den Kaumberg, durch das Burgenland und durch die Ödenburger Gegend.

Ludwig VII. und mit ihm Eleonore von Aquitanien, seine erste Gemahlin, zogen 1147 auf ihrem Kreuzzug in acht Tagesreisen durch Österreich. Odo von Deuil, Mönch von St. Denis, begleitete sie und hinterließ einen Reisebericht.

Seit der Zeit der ersten Missionare gab es Berührungen auch anderer als geistlicher Art. Beispielhaft herausgegriffen sei Audegarius oder Audaccrus – *Aucharicus gloriosissimus dux*[126] –, einer von Pippins großen Aristokraten, der 788 zusammen mit einem bayerisch-fränkischen Aufgebot gegen die Awaren auf dem Ybbsfeld kämpfte.

Ein seltsamer Kaufmann Samo erinnere hier an frühe Handelsbeziehungen. Zur Zeit Dagoberts I. kam er aus Sens und brachte es bis zum Slawenherrscher. Historiker meinen, er habe im Raum des späteren Wien gesessen[127] (siehe S. 109).

Radegundes Kloster in Poitiers war zu ihren Lebzeiten ein geistiges Zentrum gewesen. Ihre Briefe und die literarischen Leistungen des von ihr inspirierten Fortunat gehören zu den Höhepunkten der Klosterkultur des 6. Jahrhunderts. Das Buch in der Hand vieler Radegundestatuen zeigt, daß dies nicht alles vergessen war und daß immer noch, wenngleich inzwischen etwas verschwommene Überlieferungen hochkommen konnten, als 600 Jahre nach Radegundes Tod in Poitiers einer der herrlichsten Minnehöfe des Hochmittelalters blühte.

Aliénor oder Eleonore von Aquitanien, Gräfin von Poitou und als Gattin von Heinrich II. Plantagenêt Königin von England, residierte hier von 1167–1174 mit ihren strahlenden Söhnen. Ihr Liebling, Richard Löwenherz (1157–1199), empfing in Poitiers 1170 nach alter Sitte den Titel eines Abtes von St. Hilarius, wobei der Bischof von Poitiers und der Erzbischof von Bordeaux ihm die Lanze und das Banner, die Zeichen seiner neuen Würde, überreichten.[128] Poitiers war die Stadt, zu der Eleonore sich am meisten hingezogen fühlte und die zu ihrer Zeit mehr in Blüte stand als zu irgendeiner anderen Epoche. Es ist gar nicht anders möglich, als daß die Kunde davon sich bis in die entferntesten Gegenden Mitteleuropas verbreitete. Wie viele mögen bei der Nennung des Namens Poitiers auch an Radegunde gedacht haben?

Merkwürdigerweise ist nichts davon bekannt, daß die Plantagenêts besondere Verehrung für die hl. Radegunde gezeigt hätten, noch daß sie dem Kloster Heilig-Kreuz Zuwendungen machten. Ihre ausgesprochene Bevorzugung galt der 1099 gegründeten Abtei Fontevrault (etwa 50 km nordöstlich von Poitiers), die zu allen feierlichen Anlässen reich beschenkt wurde und wo Eleonore ihren Lebensabend verbrachte. Heilig-Kreuz bewahrt in seinen Annalen[129] nur den ärgerlichen Vorfall, daß Richard Löwenherz den klostereigenen Wald von Vasles beschlagnahmte, aus dem die Nonnen ihr Brennholz bezogen. Nach seinem Tod wandten sie sich an Eleonore um Wiedergutmachung.

Auf der Rückkehr von seinem Kreuzzug 1192 scheiterte Richards Schiff an der Küste zwischen Venedig und Aquileja, und das rettende Ufer gehörte seinem persönlichen Feind Leopold III. von Österreich. Verkleidet schlug er sich nach Norden durch die Alpen und ist dabei mit Sicherheit durch „Radegundelandschaften" gekommen. Im kärntnerischen Friesach (eine Radegundekirche befindet sich nahebei in Hohenfeld) knapp seinen Häschern entkommen, wurde er in Erdberg gefangengenommen und auf eine der Kuenringer-Burgen, nach Dürnstein, gebracht. Von der Verbindung der Kuenringer mit den Thüringern wird noch die Rede sein. Hadmar von Kuenring gehörte zu dem Gefolge, das Richard Löwenherz 1193 nach Regensburg und in weitere Gefangenschaft geleitete.[130]

Die große Popularität des englischen Königs Richard Löwenherz zeigt sich bis heute in den unvergessenen Sagen, die das Volk um die Stationen seiner Flucht und Gefangenschaft wob. Die heilige Radegunde wurde in gerade diesen österreichischen Gegenden seit Jahrhunderten verehrt. Es ist nicht unmöglich, daß über den gemeinsamen Bezug Richards und Radegundes zu Poitiers der Kult neue Nahrung erhielt. Die ersten erhaltenen Dokumente, in denen die Radegundekirchen genannt werden, stammen aus dem 13. Jahrhundert.

In der Absicht, das Beziehungsgeflecht zwischen den deutschsprachigen Ländern und dem des Ursprungs des Radegundekultes sichtbar zu machen, haben wir Zeugnisse aus mehreren Jahrhunderten zusammengetragen. In den folgenden Kapiteln kehren wir zu den Anfängen der Missionierung und Kolonisierung der einzelnen Radegundelandschaften zurück.

Die Missionare brachten die Kunde von der Heiligkeit Radegundes in Gebiete, wo seit zwei Jahrhunderten Angehörige ihrer Sippe siedelten. Das Zusammengehörigkeitsgefühl der Stämme, das in der Völkerwanderungszeit nirgends in bodenständigen Traditionen wurzeln konnte, bezeugte sich in den Namensverwandtschaften innerhalb der hochadeligen Familien der Thüringer, Langobarden und Bayern. Leopold Schmidt hat darauf in zwei Arbeiten ausführlich hingewiesen.[131]

2.3   Thüringer, Bayern und Langobarden

Nachdem die Langobarden unter ihrem König Wacho zu Beginn des 6. Jahrhunderts das Herulerreich vernichtet und die Herrschaft über Noricum und die westlichen Nachbargebiete übernommen hatten sowie nach Süden über die Alpen gezogen waren[132], konnten die Bayern bis ca. 565 das Gebiet bis zum Wienerwald sowie die Alpen bis zum Brenner besetzen, wo, wie aus Lautgesetzen und Namensformen zu schließen ist, Reste einer vorbayerisch-germanischen Bevölkerung verblieben waren. Die Bodenforschung im Burgenland hat mehrfach gezeigt, daß auch seßhaft gebliebene Langobarden nach Abzug der Hauptmasse des langobardischen Volkes unter der Awarenherrschaft zurückgeblieben waren. Die Beziehungen zwischen Langobarden und Bayern wurden bis ins Hochmittelalter hinein mehrfach durch Ehen der beiderseitigen Herrscherfamilien unterstützt. Beispielsweise war Authari, der 584 bei Verona zum König erhobene Langobarde, mit der bayerischen Herzogstochter Theodolinde vermählt, einer Cousine der hl. Radegunde, die großen Einfluß auf die Verbreitung des Katholizismus nahm.[133]

Andererseits waren die Langobarden, als sie 487/488 in das „Rugiland" einzogen, südöstliche Nachbarn der Thüringer geworden, und selbstverständlich pflegten sie Beziehungen mit den Thüringern. Ihr König Wacho (um 500) war in erster Ehe mit einer Radegunde verheiratet, Tochter des Thüringerkönigs Bisino (oder Basin), Großvater unserer Radegunde, deren Tante sie war.

Rodelinda, eine Tochter Hermenefreds und Amalabergas, also eine Schwester des geliebten Vetters Amalafrid, war um 540 mit Audoin, dem König der Langobarden, verheiratet. Jörres meint[134]: „Der erste Teil ihres Namens ist vielleicht hier nicht ‚hrod‘, sondern ‚rad‘ und deutet dann auf die Verwandtschaft mit Radegunde."

Ein wesentliches Argument Schmidts beruht auf der an Sicherheit grenzenden Annahme, daß die Ansprüche der Familien, die seit dieser Frühzeit Besitzungen in den pannonischen und böhmischen Marken hatten, sich über die zweihundert Jahre der Besetzung durch die Awaren hinweg aufrechterhielten.

Die Awaren siedelten nur verstreut in Pannonien, Noricum und dem Land bis zur Adria, „offenbar unter weitgehender Erhaltung der bisherigen illyrisch-keltisch-germanischen Bevölkerung".[135] Im östlichen und südlichen Mitteleuropa schob sich also, durch die Völkerwanderung bedingt, ein Konglomerat von Völkerschaften über die dünne spätrömisch-christliche Kulturschicht (5 Bischofssitze und 16 römische Kirchen wurden hier nachgewiesen), die jedoch nicht gänzlich unterging. Die Hochadeligen des großen, oben aufgezeigten Verwandtschaftskreises, die sich ihrer Abstammung von Familien und Stämmen der Völkerwanderungszeit bewußt waren und vielleicht da und dort noch Angehörige in den alten Gebieten wohnen hatten, bekräftigten ihre Erbansprüche an die Ostgebiete in der Karolingerzeit.

In der Fachliteratur taucht immer wieder die Vermutung auf, daß die große bayerische Adelsfamilie der Huosi in direkter Verwandtschaftsbeziehung zu den Thüringern stand. Möglicherweise lebten die Huosi schon in der Völkerwanderungszeit in Pannonien, wo sie mit dem Völkernamen der von Tacitus genannten „Osi" identisch sein könnten, die an der Ostgrenze der Quaden siedelten. Im 6. Jahrhundert gab es einen Frankenkönig Chusabald, dessen Namen Schmidt[136] als „Kühn wie die Huosi" deutet. Der Name findet sich im altbayerischen Stammgebiet (Inschrift auf einem Sax des Gräberfeldes von Steindorf zwischen Lech und Paar: „Husibald"). Jener fränkische König Chusabald war mit einer Tochter des Langobardenkönigs Wacho verheiratet. Eine von dessen Töchtern aus drei Ehen (vermutlich der mit der Thüringer Tante Radegunde unserer Heiligen), Wuldedrada (auch ein rad-Name!), war zuerst mit dem Merowinger Theudebald, dann mit dessen Oheim Chlotar I. (Gemahl Radegundes) verheiratet und, nach Auflösung dieser Ehe, mit dem Bayern Garibald. Die Verflechtung der alten adeligen Familien scheint schier unentwirrbar!

Die Grafen von Andechs-Dießen aus dem altbayerischen Stamm der Huosi haben eine Reihe christlicher Heiliger als die Ihren betrachtet, darunter den heute noch verehrten Rasso (Rato) von Grafrath[137], der im Orts-

wie im Personennamen deutlich auf die Rad-Namensippe hinweist. Der Kult des hl. Rasso steht schon sehr früh mit der Verehrung des hl. Hilarius von Poitiers, der Stadt Radegundes, in Zusammenhang. Ein „Bannertuch" aus dem 12. Jahrhundert, das sich im Kölner Domschatz befindet, zeigt den hl. Hilarius von Poitiers, den hl. Rasso und die Erzengel Michael und Gabriel.[138] Die dauernd stark nach dem Osten wirkende Hilarius-Verehrung hat wohl jederzeit auch die Radegunde-Verehrung beeinflußt.

Der selige Chorherr Rathardus von Dießen, Gründer des dortigen Kanonikatsstiftes, gilt schon aufgrund seines Namens als dem Kreis der frühen Andechser Seligen zugehörig.[139]

Über der Betrachtung des westlichen Wirkungskreises der „fränkischen Heiligen" darf man nicht aus den Augen verlieren, wie stark sie als Thüringerin in das Sippengeflecht der östlichen Großfamilien verwoben ist. Die Wahl der Ahnin Radegunde zur Patronin ihrer Kirchen gab dem Machtstreben dieser Adelsfamilien geistlichen Rückhalt.[140]

Das sichtbare Zeugnis der Verehrung und heute manchmal ihr letztes Überbleibsel sind Gemälde oder Statuen der Heiligen. So soll uns zunächst interessieren, in welcher Gestalt Radegunde den Gläubigen vorgestellt wird.

Die Verwandtschaft der hochadeligen Familien der Thüringer, Bayern, Langobarden und Franken im 6. Jahrhundert

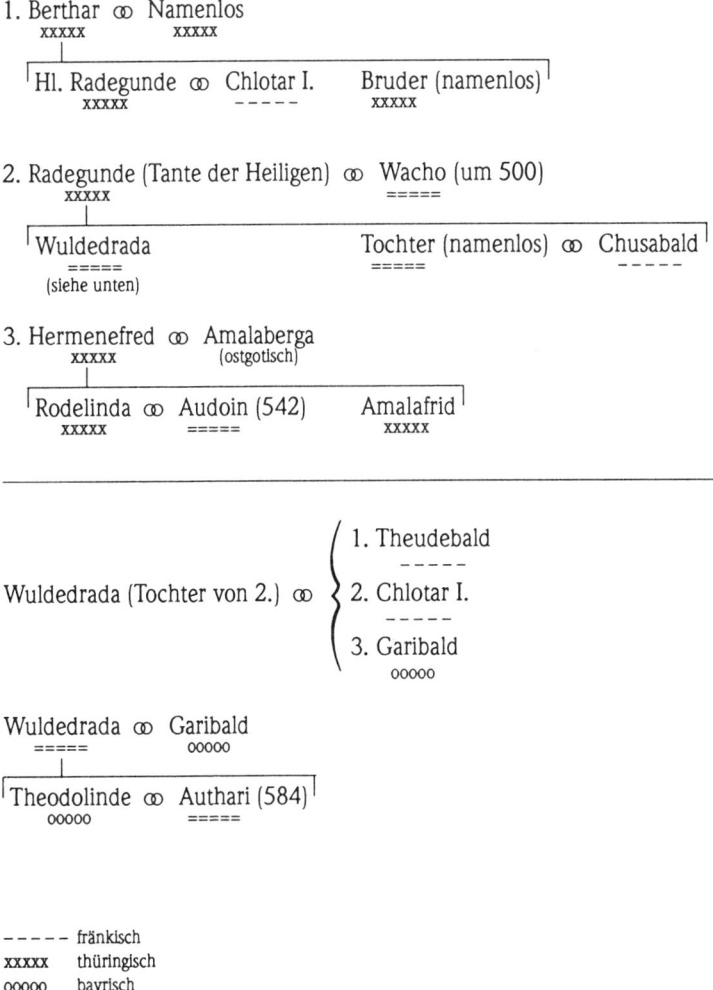

Bisino ⚭ Bisina
xxxxx   xxxxx
(drei Kinder mit Nachkommen)

1. Berthar ⚭ Namenlos
   xxxxx   xxxxx

   Hl. Radegunde ⚭ Chlotar I.   Bruder (namenlos)
   xxxxx   - - - - -   xxxxx

2. Radegunde (Tante der Heiligen) ⚭ Wacho (um 500)
   xxxxx   =====

   Wuldedrada   Tochter (namenlos) ⚭ Chusabald
   =====   =====   - - - - -
   (siehe unten)

3. Hermenefred ⚭ Amalaberga
   xxxxx   (ostgotisch)

   Rodelinda ⚭ Audoin (542)   Amalafrid
   xxxxx   =====   xxxxx

Wuldedrada (Tochter von 2.) ⚭ ⎰ 1. Theudebald
                                    - - - - -
                                 ⎱ 2. Chlotar I.
                                    - - - - -
                                   3. Garibald
                                      ooooo

Wuldedrada ⚭ Garibald
=====   ooooo

Theodolinde ⚭ Authari (584)
ooooo   =====

- - - - - fränkisch
xxxxx   thüringisch
ooooo   bayrisch
=====   langobardisch

49

2.4   Radegunde in der Ikonographie

In der Ikonographie finden wir sie in einem Nonnengewand dargestellt, das oft Kennzeichen der Augustinerinnen aufweist. Dieser Anachronismus – erst seit dem 11. Jahrhundert wurde die Augustinerregel die Grundlage vieler Ordensgemeinschaften – erklärt sich daraus, daß Heilig-Kreuz das erste Kloster in Aquitanien war, das die durch den hl. Caesarius zum Gebrauch der Nonnen abgemilderte, auf Augustins Schriften beruhende Regel annahm.

Die Krone fehlt nie auf den Abbildungen. Sei es, die Heilige trägt sie auf dem Haupt über dem Schleier, sei es, die Krone liegt zu ihren Füßen, ja sie tritt darauf, oder ein Putto präsentiert sie auf einem Kissen. In der rechten oder linken Hand hält Radegunde ein meist geschlossenes Buch, das ihre Gelehrsamkeit symbolisiert. In der anderen Hand sieht man öfters einen Wasserkrug oder ein Brot. Dann fehlt auf den Darstellungen auch der Bedürftige nicht, Mann, Frau oder Kind, dem sie ihre Gaben austeilt. In St. Radegund im Lesachtal verehrt man in ihr die „Brotmutter".

Als Schutzmantelheilige erscheint sie als eine der fränkischen Glaubenszeugen im Chor des Würzburger Doms (1988). Die Barockzeit gefiel sich indessen darin, den Gegensatz zwischen der Pracht einer Königin und ihrem selbstlosen Dienst an Armen und Kranken in den Vordergrund zu stellen (z. B. in Gars, 1643). Radegunde und Personen ihres Gefolges tragen dann reiche Gewänder in der Mode der Zeit.

Es kommt vor, daß auf den Darstellungen ein Wolf die Heilige begleitet. Abbé Briand[141] nennt das für Hartmannsdorf „eine eigenartige Anordnung" und vermutet dahinter eine alte Legende. Uns ist keine solche Legende bekannt. Man unterstellt auch die Absicht, Radegundes Einfluß als wirkungsvoll selbst gegen die Wildheit der Tiere erscheinen zu lassen.[142] Wir werden diesen ikonographischen Aspekt eingehender im volkskundlichen Teil dieser Arbeit untersuchen.

In Frankreich haben sich Miniaturen aus dem 11. Jahrhundert erhalten, die Fortunats Radegundevita illustrieren. 1995 sind sie als Faksimile veröffentlicht worden.[143] Réau[144] nennt Bilder und Zyklen aus allen folgenden Jahrhunderten.

Die noch erhaltenen Darstellungen Radegundes im deutschsprachigen Raum sind kaum älter als 300 Jahre. Die jüngsten davon in Hohenruppersdorf, Radweg, Oberweißbach und Wandersleben sind erst nach 1945 entstanden.

Österreichische Abbildungen des 18. Jahrhunderts tragen mitunter die Züge der Kaiserin Maria Theresia (1740–1780). Das entsprach der Politik des Wiener Hofes der Gegenreformation, den Heiligenkult mit der Verehrung der Habsburger Dynastie zu koppeln.[145]

Davon, daß Radegunde in Frankreich als Heilige der Gefangenen (sie war Geisel), der Töpfer (sie wusch im Kloster eigenhändig das Geschirr) und der Schuster (nach Fortunat putzte sie den Armen die Schuhe) gilt, ist in der deutsch-österreichischen Ikonographie nichts zu merken.

In Oberweißbach und Wandersleben wird sie, die so oft flüchten mußte, als Heilige der Vertriebenen verehrt, die nach 1945 so zahlreich aus katholischen Ländern ins protestantische Thüringen kamen.

Krone, Buch und Brot sind also die Symbole, die der hiesigen Radegundeverehrung ihren besonderen Charakter verleihen. Im volkskundlichen Teil wird ihre Bedeutung näher erörtert werden.

2.5 Radegunde in der deutschsprachigen populären Hagiographie der jüngeren Zeit
Beitrag von E. Soder v. Güldenstubbe

Neben der Ikonographie prägt das gedruckte Wort die Vorstellung breiter Schichten. Aus der schier unübersehbaren Literatur, in der katholische Schriftsteller vorbildliche Heilige dem Kirchenvolk nahezubringen versuchen, können in unserem Zusammenhang nur einige genannt werden.

Zunächst einmal ist festzustellen, daß viele „Heiligenlegenden", meist nach der Folge des Kirchenjahres geordnet, Radegunde überhaupt nicht erwähnen.

So geschieht das in der weitverbreiteten „Handpostille" des Prämonstratensers Leonhard Goffine von der Abtei Steinfeld (1648–1719), die der Benediktiner Joseph Bauer von der Abtei Banz 1780 in einer verbesserten Auflage zu Bamberg drucken ließ. Als „Katholisches Unterrichts- und Erbauungsbuch" gab es der Würzburger Domvikar Johann Adam Diez, wiederum bearbeitet, 1832 neu heraus, dem viele weitere Auflagen folgten. Mit ihrem Festtag am 13. August und unter dem Stichwort „Demuet" kommt Radegunde vor im „Christlichen Heldenbuch", das bereits 1629 erschien.[146]

Die beiden Geistlichen der Rottenburger Diözese Albert Werfer und Franz Xaver Steck brachten zusammen eine „Große illustrierte Hauslegende von den Heiligen Gottes auf alle Tage des Jahres" bei der J. Ebner'schen Buchhandlung in Ulm 1850 heraus, der bis 1864 noch zehn Auflagen folgten. Diese Kompilation beruhte entsprechend eigener Erklärung der Verfasser auf „Vogel's Heiligen-Legende", die allerdings St. Radegunde nicht behandelte, und auf dem Werk „Les vies de Saints", von dem offen-

51

sichtlich die Hauptinformationen von Werfer und Steck über „Die heilige Radegundis, Königin von Frankreich. Jahr 587" herrühren.[147]

Drei kleine Holzschnitte zeigen Szenen aus der Radegunde-Legende: Im ersten bittet sie für ihren Bruder bei Chlotar um Gnade, im zweiten wird ihre Taufe durch den hl. Medardus dargestellt, im dritten legt sie „all ihren kostbaren Schmuck und ihre Kleinodien auf dem Altare zu Noyon nieder". Historisch gesehen ist ihre Taufe zu dem hier angegebenen Zeitpunkt nach ihrer Verschleppung ungesichert. Dann wird berichtet, Medardus habe sie „zur Nonne geweiht". Von der durch die zeitgenössischen Zeugen belegten Diakoninnenweihe ist hier keine Rede. Dann wurde herausgestellt, Radegunde habe ihren Einfluß aufgeboten, „der beständigen Clausur kirchliche Gesetzeskraft" verschafft zu haben, wozu sie ein Konzil zu Tours 566 bewegt habe. Entsprechend den Viten berichtet die Legendenveröffentlichung des 19. Jahrhunderts von der Erwerbung einer Kreuzreliquie, vom darauf gedichteten Hymnus des Venantius „Vexilla Regis" und von der Christusvision kurz vor ihrem Tod.

Der Schlußabsatz sei hier wörtlich zitiert: „Die Verehrung und Dankbarkeit mehrerer französischer Könige gegen die heilige Radgundis gründet sich auf besondere Gnaden, die auf ihre Fürbitte erlangt wurden. So verdankte ihr Philipp August den Sieg über die Engländer unter den Wällen von Poitiers am 13. August 1202; Carl VII. schrieb ihrer Fürbitte die Capitulation von Cherbourg im Jahre 1450 zu, und Anna von Oestreich die Wiedergenesung ihres Sohnes Ludwigs XIV., welcher nach der Eroberung von Dünkirchen in Calais gefährlich erkrankt war."

Es ist aufschlußreich, daß bei solchen Bezugnahmen auf Radegunde völlig übersehen wurde, wie sehr Venantius Fortunatus, inspiriert von Radegundes Berichten, in seinem Gedicht „De excidio Thoringiae"[148] eine Absage gegen jeden Krieg formulierte, indem er drastisch und eindrücklich die zerstörerische, unmenschliche Gewalt des Krieges darstellt und ihn damit entschieden verdammt; umso mehr irritiert in der späteren Radegundeverehrung, daß sie offensichtlich auch als Fürbitterin um Schlachtenglück angerufen wurde. Noch eigenartiger mutet es an, wenn neuzeitliche Erbauungsliteratur solche „Devotion" als legitim ansah und positiv wertete.

Der früher so bekannte religiöse Volksschriftsteller Alban Stolz bringt in seiner „Legende oder der christliche Sternenhimmel"[149] zwar auch einen Beitrag zur hl. Radegund für den 13. August, setzt auch das Todesjahr der hl. Königin dieses Namens 587 hinzu, behandelt dann aber die hl. Dienstmagd Radegund, die er auf einen Zeitraum „vor 600 Jahren" datiert.

In der moralisierenden Methode solcher Heiligenlegenden stellt Stolz als Motto den Kampf gegen die „läßliche Sünde" voran und die besagte Dienstmagd als nachahmenswertes Beispiel vor.[150]

Ebenso wird die Dienstmagd Radegund, diesmal zum 14. August, vorgestellt durch Joseph Minichthaler in seinem Werk „Helden des Glaubens".[151] Allerdings vermerkt er einleitend, daß es „zwei heilige Frauen des Namens Radegund" gäbe, und widmet den ersten kurzen Absatz seiner Ausführungen der 587 verstorbenen Königin dieses Namens. Die Sterbezeit der „Bauerstochter aus der Gegend von Augsburg" datiert er „um 1278".

Mit Berufung auf das alttestamentarische Buch der Sprichwörter (Spr 12,22): „Lügenhafte Lippen sind dem Herrn ein Greuel", warnt die moralische „Anwendung" von Minichthaler vor der „Notlüge", bezieht sich also auch wie Alban Stolz auf die Legenden um die Dienstmagd Radegunde.

Mehr historischen Erkenntnissen verpflichtet war Dr. Johannes Walterscheid in seinem Buch „Deutsche Heilige. Eine Geschichte des Reiches im Leben deutscher Heiliger".[152] Eigenartigerweise stellt er die hl. Radegundis unter dem Kapitel „Das Missionswerk irländischer Mönche" vor. Zeittypisch sieht er sie auch unter dem Aspekt der nationalen Geschichte, wobei seine oft begeisterte Sprache bildhaft und engagiert wirkt: „Aus einer Zeit tiefer Finsternis und großer menschlicher Verworfenheit erstrahlt die Gestalt der heiligen Radegundis in fast überirdischer Helle; ihr gebührt wirklich neben der heiligen Elisabeth von Thüringen ein Ehrenplatz unter heiligen deutschen Frauen. Es ist beschämend für uns Deutsche, daß wir sehen müssen, daß ihr von den Franzosen Kirchen, Kapellen und Altäre in großer Zahl errichtet wurden, daß ihr Grab in Poitiers heute noch von zahllosen Leidgeprüften um Trost und Fürbitte aufgesucht wird, während wir das Gedächtnis dieser frommen und heldenmütigen Frau fast ganz verloren haben."

Anders als bei Stolz und manchem seiner Vorgänger schildert Walterscheid eingehend das Elend, das Krieg und Geiselnahme brachten. Jedoch auch hier wird die historische Tatsache der Weihe zur Diakonin in eine „Weihe zur Nonne" verändert. Unter der Abteilung „Fromme deutsche Frauen" führt Walterscheid auch „die heilige Dienstmagd Radegundis" an.[153]

Recht deutschtümelnd mutet das Vorwort im Büchlein des Franziskaners Theodosius Briemle an, das dieser 1934 herausbrachte.[154] Darin stehen aber nur sehr knappe Notizen, die noch dazu historisch gesehen etwas problematisch sind:

„Radegundis, auch Radiana = die Beraterin im Kampfe.

1. Hl. Gattin des Frankenkönigs Chlotars II., Tochter eines heidnischen Fürsten von Thüringen. Mittelalterliche Volksheilige. † 587, 13.8.

2. Hl. Dienstmagd auf Schloß Waldberg bei Augsburg, † um 1250, 13.8."

53

In großer historischer Treue hält sich Liane von Gentzkow in ihrem Werk „Königliche Frauen der Wanderungszeit und des frühen Mittelalters"[155] an die zeitgenössischen Quellen der Radegundisviten und an die Geschichtsschreibung des Gregor von Tours. Jedoch entsprechend ihrer Leserschicht ist es kein trockener Bericht, sondern eine allgemein verständliche, lebendig geschriebene Fassung. Den mit Recht umstrittenen Frauen des Merowingerhauses namens Fredegund und Brunichild setzt sie die hl. Radegund entgegen: „Sie hatten ein Beispiel: Eine Königsfrau der Franken überwand die Blutrache, eine Königsfrau der Franken wagte es, Christin zu sein, auch auf dem blutbespritzten Thron der Merowinger."

Kurz ist auch der Beitrag des Priesterdichters Ernst Thrasolt über Radegundis. Jedoch würdigt er sie zutreffend: „Stiftet in Poitiers, mit Hilfe Chlotars, ein Frauenkloster nach der Regel des hl. Caesarius von Arles, das zur Erziehungsstätte und zum großen Kulturzentrum des Westfrankenreiches wird. Eine hl. Frau ganz großen Formates. Umstanden und verstanden von den Großen der Zeit, von Gregor von Tours, dem Geschichtsschreiber der Franken, der ihr die Leichenrede hält, von Venantius Fortunatus, dem Hymnendichter, und anderen."[156]

Albert Schütte[157] führt drei Namensträgerinnen Radegunda auf. Die eine steht unter der hl. Balthilda als deren Pflegetochter verzeichnet[158], der Gemahlin von Chlodwig II. Dieser Radegunda wurde in verschiedenen Kalendaren am 23., 26. oder 29. Januar gedacht, die im Kloster Kala oder Chelles ca. 680 verstarb.

Die aus Thüringen stammende Radegunda wird – wie schon Walterscheid bemerkte – auch nach Schütte in Frankreich weit mehr verehrt als in Deutschland, obwohl ihr in Helfta, Hassegau, bereits im 8. Jahrhundert eine Kirche geweiht gewesen sein soll. Mit Bezug auf Radegunda wird von Schütte Venantius Fortunatus erwähnt, der auch Verehrung als Heiliger am 14. Dezember genoß und von dem der Autor schreibt, daß er „zu Radegund im Verhältnis des Sohnes zur Mutter stand", während die Biographin Baudonivia in all diesen Schriften kaum genannt wird.

Die dritte Namensträgerin, die Schütte nennt, ist die hl. Jungfrau und Dienstmagd Radegunda oder Radiana von Wellenburg.

Biblische Texte (1 Petr 1,3–7 und Ps 118) umrahmen die Einzelbeiträge von Albert Krautheimer und Karl Becker in ihrem Büchlein „Kleines Heiligenbrevier für junge Menschen".[159] Im erbaulichen Stil von kirchlichen Autoren der Abfassungszeit schildern die Verfasser mehr oder weniger den historischen Quellen entsprechend die heilige Radegundis, wobei ihr königlicher Gemahl in den schwärzesten Farben erscheint.

Von großer Breitenwirkung war seinerzeit die hagiographische Arbeit von Hans Hümmeler „Helden und Heilige".[160] Auch er zeichnet Chlotachar

als den „Mann mit den Metzgerhänden", skizziert Radegundes Leidens-
weg, ihre Diakoninnenweihe zu Noyon und ihr rund vierzig Jahre währen-
des Klosterleben. Angesichts der Legionen von Gefallenen beider Welt-
kriege wird Hümmelers Schlußbemerkung verständlich: „Nun ruht das
Königskind aus Thüringen im fernen Poitiers, aber um sie herum, an der
Aisne, an der Somme, an der Oise, hat der große Krieg ein Stück Heimat
ausgesät; Radegundis hält die Wacht über Hunderttausende von deutschen
Kriegsgräbern in fremder Erde."

Der bekannte Heortologe und Hagiograph Jakob Torsy stellte in seinen
verbreiteten Werken alle drei Heilige des Namens Radegunde vor. Die
Königin wurde nach ihm besonders angerufen als Patronin der Weber und
Töpfer, als Fürbitterin bei Aussatz, Geschwüren, Krätze, Grind und bei
fieberkranken Kindern.[161]

Hiltgart L. Keller stellte „Reclams Lexikon der Heiligen und der biblischen Gestalten[162] zusammen. Sie bringt lediglich die Dienstmagd Radegundis oder Radiana mit dem 13. August als Gedenktag.

Von Maria Laetitia Brede stammt der Beitrag über Radegunde in dem
repäsentativen Sammelwerk „Die Heiligen in ihrer Zeit".[163] An der Stelle,
wo von den Kreuzhymnen des Venantius Fortunatus die Rede ist, deutet
Brede im religiös-mystischen Sinne: „Das dunkle Schicksal der Frankenkönigin Radegunde und das gnaden- und liebereiche Leben der heiligen
Nonne scheinen mit eingeschmolzen in diese großartigen Lieder: Schmerz
der Passion und Jubel der Erlösung, eins geworden im Zeichen des
Kreuzes."

Der kurze Beitrag über Radegundis von Thüringen in „Pattloch Namenstagskalender" ist stark an Torsys Heiligenlexikon orientiert.[164] Interessan-
terweise wird auch in diesen jüngeren Werken zwar gelegentlich auf die
Radegundisvita des Venantius Fortunatus, nicht aber auf die der Baudonivia
verwiesen. Ebenso fehlt meist der Hinweis auf ihre Weihe zur Diakonin.
Diskutiert wird auch nicht, ob sie vor ihrer Verschleppung in das Reich
Chlotars I. bereits Christin war.

Einerseits verwundert es, daß Radegunde selbst unter kirchentreuen
Menschen, angesichts so vieler Würdigungen in der hagiographischen Literatur, in Deutschland nicht bekannter ist, andererseits wurden wenige der
hier genannten Verfasser ihrer Person und ihrer Bedeutung in religiöser und
politischer Hinsicht wirklich gerecht.

Hingewiesen sei aber noch auf einige dichterische Würdigungen.

Ida Friederike Görres, geb. Gräfin Coudenhove-Kalergi, die Schwester
des Gründers der Pan-Europa-Bewegung Richard Graf Coudenhove-Kalergi, versuchte 1937 in eindrucksvoller Weise die Psyche der heimatlosen
Radegunde zu ergründen.[165]

Auch die Dichterin Gertrud von Le Fort hat sich in ihrem Frühwerk mit der hl. Radegunde auseinandergesetzt: in der Reihe „Lebensbilder deutscher Frauen im Mittelalter: 1. Die heilige Radegundis".[166]

2.6   Die Radegundelandschaften

In großen Teilen Deutschlands blieb eigenartigerweise St. Radegunde wenig beachtet. So waren zum Beispiel im Gebiet der Fürstabtei Fulda im Mittelalter keine Radegundispatrozinien festzustellen.[167] Eine ganze Reihe von weiteren diözesanen Handbüchern und Realschematismen wurde erfolglos durchgesehen.

1416 wurde in Sindelfingen bei Böblingen ein Altar in der St. Martinskirche erwähnt, der den 11.000 Martyrern sowie den heiligen Frauen Margaretha, Barbara und Radegunde geweiht war. Patronatsherren dieser Kirche waren die Grafen von Calw.[168] Seit dem 11. Jahrhundert bestand das Benediktinerkloster, ab 1066 das Chorherrenstift St. Martin. 1535/36 wurde in Sindelfingen die Reformation eingeführt[169], und damit erlosch die katholische Heiligenverehrung.

2.6.1   Thüringen und das nordmainische Franken

Es ist nicht möglich, exakte Grenzen Thüringens im frühen Mittelalter anzugeben. Seit der Herrschaft Basinos zu Beginn des 6. Jahrhunderts hatte das Thüringerreich einen Aufschwung erfahren und erstreckte sich für kurze Jahrzehnte von der Donau bis zur Saale, im Norden von den Sachsen, im Westen von den Merowinger Franken bedrängt. Nach dem sowohl für Radegunde als auch für ihr Land entscheidenden Krieg von 531 gegen diese beiden Gegner hat Thüringen nie wieder seine vormalige Bedeutung zurückerlangt.

Die Merowinger hatten den Sachsen zum Dank für ihre Kriegshilfe das Gebiet an der unteren Unstrut und der Helme überlassen und das restliche Thüringen locker dem fränkischen Reich angegliedert. Tributärherzöge aus verschiedenen Thüringer Familien herrschten in der nun merowingischen Provinz. Der staatliche Schwerpunkt des Landes verlagerte sich mehr und mehr über den Thüringer Wald hinaus nach Südwesten, und zu Anfang des 8. Jahrhunderts war Würzburg der Sitz der letzten Herzöge.

Zu dieser Zeit scheint die Besiedlung durch thüringisches Volkstum noch weit hineingereicht zu haben in das nachmalige Franken, das seine größte politische Bedeutung erst zur Zeit der Ottonen und Salier erlangte.

Zu früher schon bekannten, spärlichen thüringischen Bodenfunden aus der Bamberger Gegend hat sich 1983 die aufschlußreiche Entdeckung einer thüringischen Adels- und Gefolgschaftsgrablege des 6./7. Jahrhunderts bei Zeuzleben, nur 10 km östlich von Müdesheim, knapp 25 km nordöstlich von Würzburg, gesellt.[170]

Die alten Ortsnamen auf -leben, wie sie besonders zahlreich im heutigen Thüringen vorkommen, sind weiter südwestlich bis dicht vor Würzburg anzutreffen und galten schon lange als Hinweis auf eine thüringische Besiedlung, z. B. Unsleben.

In Zeuzleben wurden 68 Gräber freigelegt, deren Belegung im zweiten Viertel des 6. Jahrhunderts beginnt und bis ins frühe 7. Jahrhundert reicht. Auf die einzelnen Funde kann hier nicht eingegangen werden. Sie sind jedoch „ein wichtiger Beitrag zur Herrschaftsgeschichte des in späteren historischen Quellen bezeugten einheimisch-thüringischen, in der ersten Hälfte des 6. Jahrhunderts offenbar zugewanderten Adels". Die aufwendige Grabkonstruktion des Hauptgrabes, „wie diese seit der Spätantike auf christlichen Friedhöfen über den Gräbern verehrungswürdiger Toter anzutreffen sind", veranlaßt Wamser anzunehmen, „daß das mehrgeschossige, rund 100 Jahre vor Beginn der fränkisch geleiteten Missionierung des Landes durch Kilian erbaute Grabhaus von Zeuzleben und seine benachbarten Grabbauten bereits als Zeugnisse christlicher (arianischer?) Glaubensvorstellungen gewertet werden dürfen".[171] Diese Vermutung gesellt sich zu der Aussage der Funde aus thüringischen Fürstengräbern des 6. Jahrhunderts der Weimarer Gegend, deren Waffengeräte und Schmuck Christliches und Heidnisches vereinende Symbole tragen. So bringen die Entdeckungen von Zeuzleben erneut Licht in die Frage nach der Religion Radegundes und bestärken uns gleichzeitig darin, die Radegundeorte des nordmainischen Unterfranken dem Thüringer Raum zuzurechnen.

Im 6. Jahrhundert bewirkte das Andrängen der Awaren ein Zurückweichen der Bistümer und damit ein Stocken der Missionstätigkeit in den Randgebieten des ehemaligen römischen Reiches.[172] Das Gebiet von Mosel und Mittelrhein war davon weniger betroffen, und doch gibt es erst aus dem 7. und 8. Jahrhundert wieder Anzeichen einer von dort ausgehenden Missionstätigkeit in Thüringen. Reims und das Kloster Weißenburg hatten damals Besitz in Thüringen. Zwischen 623 und 630 begleitete Bischof Arnulf von Metz, einer der Stammväter der Karolingerhauses, König Dagobert I. nach Thüringen. Der fränkische Bischof traf dort noch stark heidnische Zustände an.[173] Stärker war inzwischen die Christianisierung dieses Gebietes dann von einer Gruppe iro-schottischer Mönche gefördert worden. Der bedeutendste von ihnen, Kilian, wirkte im Umkreis des späteren Würzburg. Der Weg, auf dem diese Mönche aus ihrer irischen Heimat gekommen waren, ist unbekannt. Sie bereiteten zwar das Feld für die nachfolgenden angelsächsischen Missionare Willibrord-Clemens und Winfried-Bonifatius, die Liturgieforschung hat jedoch gezeigt, daß die gallorömisch-fränkischen Strömungen, die sich in der gleichen Zeit schon im Rhein-Main-Gebiet geltend machten, trotz der iro-schottischen Welle, auch im ganzen 7. und 8. Jahrhundert die bestimmenden Faktoren blieben.[174]

Mainz gehörte seit je zum Merowingerreich. Sein großer Bischof Sidonius (Mitte 6. Jahrhundert) pflegte die Verbindung zum fränkischen Königshof. Theudeberts Tochter Berthora unterstützte wirkungsvoll seine Bautätigkeit. Sidonius gehörte der geistigen Welt des Venantius Fortunatus an, und es ist von daher anzunehmen, daß die Ausstrahlung von Radegundes Kloster bis nach Mainz und nach dem Trier des Bischofs Nicetius (Mitte 6. Jahrhundert) wirksam war.

Bischof Sidonius ließ sich nach 580 in der von ihm selbst erbauten Basilika im Mainzer Zahlbachtal beisetzen, die er dem hl. Hilarius von Poitiers geweiht hatte.[175]

Auch in umgekehrter Richtung ist eine Verbindung nachweisbar. Ein thüringischer christlicher Adeliger Brachio stand um 550 in der Auvergne im Dienst Herzog Sigiwalds und wurde dort später Abt von Menat. Er muß nicht der einzige Thüringer gewesen sein, der nach Westen zog!

Das Kloster Sainte-Croix war durch die Einführung der Caesariusregel in das geistige Kräftefeld des Rhôneraums einbezogen worden. Die Impulse, die im 7. Jahrhundert im fränkischen Hoheitsgebiet wirksam wurden, um verlorene Außengebiete dem Christentum wiederzugewinnen, kamen ebenfalls aus dieser Mönchskultur, wo „das aus Irland stammende Geistesgut aufgefangen, verarbeitet und in festländischer Prägung weitergegeben wurde".[176]

Es ergibt sich also ein vages Bild von dem allmählichen Vordringen des Christentums in Thüringen aus einer Richtung, aus der auch die Kenntnis der hl. Radegunde hat vermittelt werden können. Offiziell zwar dem Merowingerreich angegliedert, haben sich die Thüringer nie ganz unterworfen. Nicht nur Aufstände trugen immer wieder Krieg ins Land (555/56; 641), sondern Sachsen, Awaren und Slawen bedrängten die Nord- und Ostgrenze. Die Slawen erreichten um die Mitte des 6. Jahrhunderts die Saale, standen im 7. Jahrhundert an den Unterläufen von Saale und Mulde sowie an der mittleren Saale[177] und werden in schriftlichen Quellen Ende des 8. Jahrhunderts an der mittleren und unteren Elbe gemeldet. Böhmen und Mähren waren zu dieser Zeit wahrscheinlich bereits slawisch besiedelt und befanden sich unter awarischer Kontrolle.[178] Die Ausdehnung der awarischen Herrschaft im 6. und frühen 7. Jahrhundert hatte einen defensiven, gegen Franken und Bayern gerichteten Charakter.

Gregor von Tours berichtet von dem Treffen 562 zwischen Sigibert I. und den Awaren „in Thuringia iuxta Albim fluvium", an der Elbe, etwa zwischen Saalemündung und Erzgebirge. 566, bei einem weiteren Zusammenstoß, erlitt Sigibert eine schwere Niederlage und geriet in awarische Gefangenschaft. Ein dritter awarischer Feldzug der Franken in Thüringen, 595/96, stand in Zusammenhang mit den gleichzeitigen awarisch-bayerischen Kämpfen im Drautal.[179]

In diesen unruhigen Zeiten ständiger Abwehrkämpfe im Osten hat noch einmal ein Dux von Dagoberts I. Gnaden nach der Königsmacht in Thüringen gestrebt. Er wird in der Fredegar-Chronik genannt. Sein „Rad"-Name läßt eine Sippenverwandtschaft mit Radegundes Familie vermuten: Radulf. Er war aber angeblich ein Franke.

„Radulfus dux, filius Chamaro, quem Dagobertus Toringia docem instetuit . . ."[180] hatte 631/32 bei der Wogastisburg (Winedorum) die Wenden (Sorben) siegreich abgewehrt und verbündete sich 641 mit dem Agilolfinger Fara, um in Thüringen einen Aufstand gegen Dagoberts Sohn Sigibert III. zu entfachen[181], in dem er schließlich siegte und sich nun trotz des formalen Fortbestehens der merowingischen Herrschaft als König von Thüringen fühlte.[182] Da sein direkter Nachfolger urkundlich nicht zu ermitteln ist, kann Radulf als der letzte Thüringer gelten, der noch einmal versuchte, die 531 erfolgte Unterwerfung seines Landes rückgängig zu machen.

Radulfs Erfolge bei Winedorum, der Burg an der Westgrenze des Slawenreiches von Samo (siehe dort), hatten die empfindliche Niederlage Dagoberts I. nicht verhindern können, deren nachteilige Folge der Anschluß des Sorbenfürsten Dervanus an das Samo-Reich war.[183] Die Sorben siedelten seit dem späten 6. Jahrhundert östlich der Saale. Fritze besteht nachdrücklich auf seiner Annahme, daß entgegen der allgemeinen Auffassung die Landnahme der Sorben nicht von den Awaren veranlaßt worden sei, sondern die Franken selbst hätten hier eine Schutzzone gegen das Reiternomadenvolk geschaffen durch die Ansiedlung der Sorben.[184]

In diesem ermittelten frühsorbischen Niederlassungsgebiet läßt sich die ostsaalisch-thüringische Kultur der Völkerwanderungszeit noch bis ins frühe 7. Jahrhundert nachweisen. Gewisse thüringisch-sorbische Beziehungen sind auch durch die Kontinuität germanisch-slawischer Fluß- und Ortsnamen belegbar.[185]

Sprachlich noch nicht eingegliederte Slawensiedlungen, wohl von Sorben, reichten bis weit in den üblicherweise als rein deutsches Sprach- und Siedlungsgebiet betrachteten Teil der Mainzer Diözese hinein.[186] Das Gebiet am Obermain, etwa bis Bamberg, wird in der Fuldaer Traditio Nidgozi anläßlich einer Schenkung an Fulda 824, Februar 16 „Slawengebiet" genannt: „quicquid proprietatis habeo in uilla quae uocatur Thurpfilin iuxta ripam fluminis Moini in regione Sclauorum . . .“.[187] Der Mirakelbericht des Rudolf von Fulda (erste Hälfte 9. Jahrhundert) enthält die Nachricht von der Existenz offenbar nur von Slawen bewohnter Dörfer in Ostfranken.[188] Diese hatten schon das Christentum angenommen. 845 bestätigt Ludwig der Deutsche dem Bistum Würzburg die Slawenkirchen zwischen Main und Rednitz[189], die durch König Arnulf erneut bestätigt werden.[190] Slawen werden auch erwähnt bei der Zuweisung der Abgaben, die von Ostfranken und Slawen ohne Unterschied an den Fiskus von Würzburg zu zahlen waren. Die östlichen Randgebiete des Würzburger Bistums, also das spätere Bistum Bamberg, waren zum Teil identisch mit der „Terra Sclavorum".[191]

Das letzte Jahrhundert der Merowingerherrschaft ist im Gebiet des alten Thüringer Königreiches durch die ständigen Auseinandersetzungen mit slawischen Völkerschaften gekennzeichnet. Slawische Einflüsse wirkten mehr oder weniger nachhaltig mit Sicherheit auch auf das religiöse Verhalten der Bevölkerung. Ob sich dies auf den beginnenden Radegundekult auswirkte, ist hier ebensowenig wie in den anderen Radegundelandschaften zu ergründen (siehe dort), muß aber als Möglichkeit im Auge behalten werden.

Neben einem Theotbald wird in der ersten Hälfte des 8. Jahrhunderts ein letzter Herzog aus Thüringen genannt: Heden II. Nur sein früher Tod verhinderte die Ausführung seiner Pläne, die wohl vom Bischof Willibrord angeregt worden waren.

Willibrord war im Winter 678/79 von England kommend auf dem Kontinent gelandet, hatte sich an den Hof Pippins begeben und von dort nach Rom, wo Papst Sergius I. ihn zum Missionar bestimmte. Bei einer zweiten Romreise wurde Willibrord zum Bischof ernannt und erhielt den Namen Clemens, unter dem er als Missionar der Friesen bekannt werden sollte. Die von ihm gegründete Abtei Echternach, stark gefördert von der karolingischen Adelsschicht, wurde Willibrords Stützpunkt. Das heute luxemburgische Echternach liegt etwa 20 km von der spätantiken kaiserlichen Hauptstadt Trier entfernt, deren hervorragende Rolle auch im austrasischen Merowingerreich bekannt ist. Schon Theuderich (511–533) ließ Kirchenmänner aus Aquitanien nach Trier kommen, darunter den hl. Nicetius (526/27). Die Liste der Bischöfe, die um die Mitte des 6. Jahrhunderts zwischen Maastricht und Köln, Mainz und Straßburg wirkten, enthält viele gallo-römische Namen. So bestanden enge Kontakte zu Radegundes aquitanischem Lebenskreis. Willibrord gründete 698 in Echternach eine Pfarrkirche auf einem Hügel neben der Abtei. Er versah ihre Altäre reichlich mit Reliquien. In den Altar auf der rechten Seite kamen Reliquien der Märtyrer, darunter solche der berühmtesten fränkischen Heiligen: Martin, Symphorius, Sulpicius, Dionysius und Saturnius. Der Altar auf der Evangelienseite enthielt Reliquien heiliger Frauen und Jungfrauen, darunter eine der hl. Radegunde.[192]

Ein weiteres Anzeichen bestätigt die Fortdauer der Radegundeverehrung in diesem wichtigen geistlichen Zentrum des frühen Christentums: Am 9. Januar 1072 wurden Reliquien der hl. Radegunde dem Oratorium S. Blasius in Trier übergeben.[193] Im 12. Jahrhundert entstand im Trierer Kloster St. Maximin eine Handschrift, die die Radegundisvita des Venantius enthält.[194]

Aus diesem Umkreis heraus begann Willibrord seine Mission. Er wandte sich zuerst nach Thüringen. Pippin gewährte ihm seinen Schutz[195], und der thüringische Herzog Heden II. unterstützte ihn, ja gründete zusammen mit Willibrord eine „Östliche Kirchenprovinz", um die Fortführung des Werkes von Kilian nach dessen Tod (689) zu sichern.[196] Wampach gibt Beweise für ein enges Verhältnis zwischen Pippin, Heden II., dessen Gemahlin Theodrada, beider Sohn Thuringus und Willibrord. Mehrere Kirchen wurden nun in Thüringen und Nordfranken gegründet, unter denen besonders die mit dem Patrozinium St. Martin auf Willibrords Aktivität zurückgeführt werden. Wieder ist es Thüringens Schicksal, mitten im Aufstieg seine tragenden Kräfte vernichtet zu sehen. Heden II. und sein Sohn werden vermutlich 717 in der Schlacht von Vincy getötet. Willibrord muß die thüringisch-fränkische Mission aufgeben und zieht nach Friesland. Sein Wirken hat bleibende Spuren hinterlassen. Auf der Karte (Wampach, Fig. 2) sind die Besitztümer des Klosters Echternach verzeichnet. Uns interessieren jene in Thüringen und Franken, Schenkungen, die an Willibrord persönlich gemacht wurden und testamentarisch als Enklaven an Echternach übergingen. Unter ihnen befinden sich die einzigen Kultorte der hl. Radegunde nördlich der Donau: Mühlberg, Gössenheim und Müdesheim.

Heden II. hatte Willibrord eine Villa in Arnstadt geschenkt mit Feldern, Wiesen, Häusern der Leibeigenen, dem mobilen und immobilen Inventar sowie dem Vieh und seinen Hirten. In Mühlberg (castrum Mulenberg) drei Höfe mit ihren manicipes und peculium sowie 100 Morgen Felder. Etwas weiter in curtis Monhore (Monra bei Arnstadt) 400 Morgen Land, Wald und Wiesen, Kühe und Hirten. Gössenheim und wahrscheinlich Müdesheim gehörten ebenfalls zum Besitz des Klosters Echternach.

In Friesland begann Willibrord seine Arbeit als Metropolit der neugegründeten Kirchenprovinz in Utrecht. Er sollte das eben von Pippin unterworfene Land stärker dem christlichen Glauben zuführen und dadurch auch Pippins Herrschaft festigen helfen. „Willibrord hat vergeblich versucht, den Friesenherzog Radbod persönlich zur Annahme des Christentums zu bewegen."[197]

Zwei hervorragende Persönlichkeiten, der Bischof Willibrord und der Herzog Radbod, haben also zusammen das Für und Wider des Christentums diskutiert. Jeder wird dem anderen seine stärksten Argumente unterbreitet haben. Der benediktinisch geschulte, frankenfreundliche Willibrord, der in Thüringen ein großes, leider gescheitertes Missionswerk unternommen hatte, sollte er seinem fürstlichen Kontrahenten nicht das Beispiel der Königin Radegunde vorgehalten haben? Die Gründe für Radbods Beharren im Heidentum sind unbekannt. War sein Volk noch nicht reif für einen Religionswechsel? Schien es ihm zu riskant, in wilden Kriegszeiten eine Friedensreligion zu proklamieren? Als Germane kann die Nachricht ihn nicht unberührt gelassen haben, daß eine germanische Fürstin, die erste germanische Heilige, deren Name eine Silbe seines eigenen Namens enthielt, zum Vorbild der fränkischen Christenheit geworden war.

Dieses Senfkorn des Wissens kann hundertfältige Frucht getragen haben. Nach den Erkenntnissen von Michael Mitterauer[198] stammte die Mutter des karolingischen Markgrafen Radbod aus dem Geschlecht des gleichnamigen Friesenherzogs. Seine väterliche Familie war wahrscheinlich fränkisch und kam aus der Bamberger Gegend, einem Gebiet, dem Bodenfunde thüringische Bevölkerung zuerkennen. Markgraf Radbods Eigenkirchen waren Radegunde geweiht. Mag auch ein ganzes Bündel von Einflüssen zu dieser Radegundeverehrung im Burgenland geführt haben, ein Strang darin läßt sich über Ostfranken bis nach Friesland verfolgen.

Die pippinidische Siedlungspolitik im thüringisch-fränkischen Raum hatte nach Kilians Tod begonnen, nachhaltiger zu werden. Unter den Karolingern, besonders unter Karl dem Großen, kam es wieder zu einer engen Verknüpfung zwischen fränkischer Mission und staatlich organisierter Form und Vollstreckungsgewalt.[199]

Der vorzüglich vom Königshaus verehrte Heilige war, neben St. Remigius und St. Dionysius, vor allem der hl. Martin von Tours. Im Westen des Merowingerreiches war Martin der populärste Heilige jener Zeit, in den Ostgebieten galt er jedoch nur als Schutzheiliger des Königshauses, als Patron der Kirchen der königstreuen Missionare und der pippinidischen Kolonisation. 741/42, als Karlmann dem Bistum von Würzburg 26 Kirchen schenkte, waren 13 davon vielleicht Gründungen Willibrords, weil sie unter dem Patrozinium des hl. Martin von Tours standen.

Neben St. Remigius waren im Mittelalter zwei weitere Heilige aus diesem Umkreis in der alten Diözese von Würzburg vertreten: Crispin in Simmershofen bei Uffenheim/Mittelfranken und Briccius (Brictius), der Nachfolger Martins auf dem Bischofsstuhl von Tours, in Enslingen bei Schwäbisch Hall/Baden-Württemberg und in Würzburg selbst.[200]

Von dieser geistigen Strömung getragen, muß sich auch die Kenntnis Radegundes verbreitet haben.

Winfried, der „Apostel der Deutschen" (675–754), der in Rom zum Bischof geweiht wurde und den Namen Bonifatius erhielt, war vom Papst beauftragt worden, das Gebiet zwischen Rhein, Main und dem Oberlauf der Saale bis an die Unstrut zu christianisieren. Auf diesem wohlvorbereiteten Boden führte er das Werk Willibrords fort.

Der Maiordomus Karl Martell versah ihn mit einem Schutzbrief. Die Organisation der Kirchenprovinz Salzburg im altbayerischen Gebiet vollbrachte Bonifatius. Sie betraf neben Salzburg selbst die Suffragan-Bistümer Passau, Regensburg und Freising.

Karlmann, den er entscheidend beeinflußte, unterstützte ab Ende 741 energisch dessen Gründungen der Bistümer Büraburg, Würzburg, Erfurt, Eichstätt und der Abtei Fulda. 751 bei der Krönung Pippins in Soissons soll Bonifatius ihn mit dem heiligen Öl gesalbt haben, wie die späteren Reichsannalen berichten.[201]

Allerdings geriet Bonifatius durch seine herbe Kritik an der religiösen und sittlichen Auffassung der fränkisch-pippinidischen Bischöfe in immer schärferen Gegensatz zum Reichs-Episkopat. So fand er in den wohl frankentreuen Thüringern Trutwin, Berechtar und Konrad heftige Gegner.

Als das Bistum Erfurt nach erstem kurzem Bestehen aufgehoben wurde, kam Thüringen nördlich des Rennsteiges durch Einordnung in das Bistum Mainz in die Einflußsphäre seiner frühmissionarischen Periode zurück, mit der die Verbindung nie ganz abgerissen war.

Wo auch immer Bonifatius hartnäckig und eifernd wirkte, er kam als Nachfolger und Vollender. Waren Kilian und Willibrord seine Wegbereiter in Thüringen und Franken, so waren es in Bayern austrasisch-aquitanische Missionare wie Korbinian und Emmeram. Soweit man es heute bei dem Mangel an Dokumenten überhaupt feststellen kann, geht die Gründung der Radegunde-Kultorte in Deutschland offenbar auf die Vorgänger des Bonifatius zurück, die deutlicher als er von der Geisteshaltung geprägt waren, die sich, getragen vom Herrscherhaus und den Adelsfamilien, auf gallorömisch-fränkischem Boden und zumal in Aquitanien entwickelt hatte. Die Einflüsse Frankreichs finden ihren Niederschlag noch in der Würzburger Domliturgie des späten Mittelalters.[202] Außer den bereits genannten Heiligen Martin, Brictius, Crispinus und Crispian werden in der Frühzeit noch Remigius, Germanus, Leodegarius, Dionysius und seine Gefährten verehrt. Unter dem Einfluß der Reformbewegung im 11. und 12. Jahrhundert kam eine zweite Kultströmung mit Regina, Fides, Aegidius und Leonardus. St. Radegunde aber wird dabei nicht mehr genannt. Auch die späteren Würzburger Breviere und Kalendare zählen sie nicht auf.[203]

Im Bamberger Benediktinerkloster St. Michael führte dagegen die Einführung der „Junggorzer Reform" ab 1071 zur Übernahme mehrerer Heiliger aus Frankreich, darunter auch St. Radegundis.[204] Regina Hausmann sieht wohl mit Recht in dieser Heiligen eine, deren Kult durch die Bewegung von Cluny gefördert wurde.[205]

Nach Hirsau, dem im 9. Jahrhundert gegründeten Benediktinerkloster im Schwarzwald, das nur kurze Zeit bestanden hat und 1049 durch die Grafen von Calw (s. Sindelfingen, S. 56) wiedererrichtet wurde, kam im Jahr 1069 als Abt Wilhelm, ein Prior aus dem Kloster St. Emmeram in Regensburg. Er führte die Cluniacenser-Regel ein, die später, etwas verändert, als Hirsauer Regel bis nach Erfurt und Magdeburg, in die Steiermark und nach Kärnten hinein wirkte.[206]

In den Altartiteln von Hirsau erscheinen außer den hl. Emmeram und Martin keine fränkischen Heiligen. In den Verzeichnissen der in diese Altäre gelegten Reliquien von 30 Heiligen sind jedoch auch die des hl. Willibrord von Echternach und der hl. Radegundis, Königin von Franken, genannt.[207]

Interessant ist es, daß die im Spätmittelalter weit verbreitete und vielfach erweiterte „Legenda Aurea" des Genueser Erzbischofs Jacobus de Voragine, verfaßt zwischen 1263 bis 1273, die hl. Radegunde zwar nicht nennt, aber in einer Legende „Von Sanct Elisabeth" die aus der Geschichte der ehemaligen Landgräfin von Thüringen bekannte „Jungfrau Hildegundis mit den schönen Haaren" als „Radegundis" wiedergibt.[208]

In Erfurt hat sich eine Handschrift aus der ersten Hälfte des 10. Jahrhunderts in einem Sammelband erhalten, die ein Kalender beinhaltet. Es soll auf die Kölner Diözese zurückgehen, was aber – wohl mit Recht – umstritten ist. Jedenfalls ist darin zum 13. August Radegunde von Poitiers eingetragen, was für das zeitgenössische Köln aber einmalig wäre.[209]

2.6.1.1 Mühlberg, Kreis Gotha

Die einzige noch bestehende alte Kultstätte im heutigen Thüringen, zugleich die älteste überhaupt, soweit man das beurteilen kann, befindet sich auf der Mühlburg in Mühlberg, Kreis Gotha. Eine Volksburg, die zu einer Kette von Wallburgen gehörte, die im Mittelalter zur Verteidigung des Kernlandes Thüringens angelegt worden waren. Die Mühlburg, eine der „Drei Gleichen", wird 704 zum ersten Mal genannt. Die Radegundekapelle befindet sich innerhalb des südlichen Ringwalls am Hang. In den dreißiger Jahren wurden bei Ausgrabungen die Grundmauern dieser Kapelle freigelegt. Sie bilden ein Rechteck von 5,50 x 15,0 m mit einer dem Eingang gegenüberliegenden Apsis. Einige Säulenkapitelle sind noch erkennbar. Diese Kapelle ist wahrscheinlich von den ersten christlichen Grundherren der Gegend errichtet worden, den Mönchen von Echternach, spätestens aber zur Zeit Ottos I. In Willibrords Testament von 726, in dem er seine thüringischen Besitzungen dem Kloster Echternach schenkt, wird eine möglicherweise mit Mühlberg gleichzusetzende Kirche genannt: „ecclesiam aliquam quae est constructa in villa Mulnaim quae Araride vocatur". Nachdem Mühlberg später zu unbekanntem Zeitpunkt an Hersfeld gelangt war und nach einer größeren Überlieferungslücke, wurde gegen 1130 die Burgen Gleichen und Mühlburg mit Seeberg und Breidenride dem Erzbischof Adalbert I. von Mainz geschenkt. Der 1140 erscheinende Meinhard I. von Mühlberg, ein Edelfreier, hat die Radegundiskapelle neu errichtet. Auf der Burg saßen damals sechs Burgmannen, die die territorialpolitischen Interessen des Erzbischofs wahrnahmen. Östlich vor der Burg lag eine Michaelskapelle, deren Gründungszeit unbekannt ist. Sie wird 1353 genannt. Die Radegundekapelle wird nach ihrem Neubau nicht mehr erwähnt.[210]

Seit einigen Jahren hat sich die Kirchengemeinde von Mühlberg dieser Stätte angenommen.[211] Am Sonntag, der dem 13. August am nächsten liegt, steigt eine Prozession, „der ökumenische Weg" genannt, den steilen Waldpfad über verschiedene Stationen hinauf zur Mühlburg. Am 13. August 1987 wurde feierlich ein Gedenkstein innerhalb der Grundmauern der ehemaligen Kapelle errichtet, um an die 1400. Wiederkehr von Radegundes Tod zu erinnern. Der Stein trägt die Inschrift:

„um 518. Radegunde von Thüringen.
Frieden durch Versöhnung
† 13.8.587 Poitiers Frankreich. Dieser Stein wurde zur Erinnerung
an die 1400. Wiederkehr des Todestages der Heiligen im Bereich
der ehemaligen Radegundiskapelle gesetzt.
AG. Mühlburg/Kirchengemeinde."

Eine große Anzahl Sänger und Musiker haben an dem Fest teilgenommen. Sie ließen unter anderem die Hymne von Venantius Fortunatus „Vexilla Regis prodeunt" erklingen in der Vertonung von Anton Bruckner.[212] Das Signet aller Radegundeveranstaltungen in Mühlberg ist ein als Lebensbaum gestaltetes Kreuz.

Aus der Tabelle der Kultstätten (siehe S. 244f) wird ersichtlich, daß die Radegundeverehrung häufig mit einem Wasserkult in Verbindung steht (siehe auch Kap. 3.3). Auf der Mühlburg ist nichts von einer Quelle bekannt. Es gibt allerdings am Fuß des Berges, am westlichen Ende des Ortes, eine stark sprudelnde Karstquelle, „Der Spring", die bis zu 2000 l glasklares Wasser von + 8 Grad C in der Minute liefert. Im 16./17. Jahrhundert versorgte sie die sieben Mühlen des Ortes mit Wasser. Es kommt vor, daß „der Spring" wochen- oder monatelang nicht fließt. Die Daten dieser unerklärlichen Anomalie lassen sich bis ins Mittelalter zurückverfolgen.[213] Man kann sich fragen, ob dieses seltene Phänomen in vorprotestantischer Zeit nicht unter den Schutz eines Heiligen – vielleicht der hl. Radegunde – gestellt war.

2.6.1.2 Wandersleben, Kreis Gotha

1944/45 kam eine große Menge Flüchtlinge aus den katholischen Ostgebieten in den vorwiegend protestantischen Kreis Gotha. Ein geistliches Zentrum wurde für sie in Wandersleben am Ufer der Apfelstedt (Nebenflüßchen der Gera) errichtet und am 5. März 1951 durch den Erfurter Generalvikar Dr. Josef Freusberg, den späteren Weihbischof, benediziert unter dem Patrozinium Radegunde.[214] Die schwarz gebeizte Baracke ist eingeteilt in einen Kapellenraum, eine geräumige Sakristei und eine Hausmeisterwohnung. Die Kapelle, 6,40 x 6,40 m, durchzogen von den tragenden Dachbalken, möbliert mit einem Altartisch, einem Lesepult und einem Harmonium, ist wohlgepflegt und blumengeschmückt. Ein Teppich von 1,60 x 1,60 m in Kreuzstichstickerei hängt an der Wand links des Altars. Er ist in den fünfziger Jahren im Ursulinenkloster zu Erfurt gestickt worden zum Schmuck der Rückwand der Kapelle des dortigen Seminars. Als dieses nach Magdeburg verlegt wurde, liehen die Ursulinen den Teppich der Wanderslebener Kapelle.

Auf ockerfarbigem Grund stellt die Stickerei links Radegunde mit Heiligenschein dar, gekrönt mit einem Diadem, das ihren schwarzen Schleier zurückhält. Ein langer brauner Mantel und ein schwarz-weißes Kleid lassen nur ihre Fußspitzen sehen. Sie hält das Reliquiar des Heiligen Kreuzes in Händen. Von fünf Nonnen umgeben, die ihr kaum bis an die Hüfte reichen, steht sie in einer von fünf Türmen gekrönten Mauer, ihrem Kloster. Aus seinem Tor fließen blaue Wellen zur Mitte des Teppichs. Dessen rechter Teil trägt die Stickerei der hl. Elisabeth, die zwei Kindern Brot austeilt.[215]

Im Vorraum der Kapelle hängt ein 1972 von Reiter gemaltes Bild. Eine jugendliche Radegunde im Nonnengewand steht vor der besonnten Landschaft Wanderslebens. Die Krone liegt zu ihren Füßen.

In dieser Barackenkapelle wird die Messe an jedem zweiten Sonntag von einem Pfarrer aus Gotha gefeiert. Das Allerheiligste wird nicht mehr ständig in der Kapelle aufbewahrt, wie in der Anfangszeit. Die früher so zahlreich besuchten Gottesdienste finden nun in kleinerem Kreis statt, und der

Pfarrer bringt die Meßgeräte aus Gotha mit. Die Katholiken der Gemeinde nehmen an der Wallfahrt zur Mühlburg teil. Ansonsten gibt es keine spezielle Verehrung der hl. Radegunde. Wandersleben gehörte von 1947 bis 1959 zur katholischen Pfarrei Gotha, seither zu Neudietendorf.[216]

2.6.1.3 Helfta, Kreis Mansfeld/Eisleben *er Land*

Eine in nachreformatorischer Zeit verfallene und vollkommen verschwundene Radegundekirche wird in der Literatur genannt, und ihre frühere Lage ist heimatverbundenen Eislebenern noch bekannt.[217]

Ende des 9. Jahrhunderts war die Helphideburg (Helfta) wie die Mühlburg Teil der Militärsiedlungen der Franken, die das Land gegen die Slawen verteidigten. In der Gewann „Die große Klaus", wahrscheinlich auf Resten eines älteren Gebäudes, hat Kaiser Otto I. eine Pfalz errichten lassen und in der nahegelegenen Gewann „Die kleine Klaus" eine Radegunde geweihte Kirche. 1986 hat Dr. Donat von der Akademie der Wissenschaften in Berlin (Ost) Ausgrabungen vorgenommen, die die Lage der Kaiserpfalz bestätigten. Im Gelände der „kleinen Klaus" wurde nicht gegraben. Da es dort unter dem Gewicht schwerer Ackermaschinen öfters zu Einstürzen unterirdischer Räume gekommen ist, wurde das Gelände mit Obstbäumen bepflanzt. Otto Marschall[218] hat 1966 und 1967 bei Begehungen 21 Fragmente von Töpferware des 6. Jahrhunderts und 71 Fragmente des 11.–12. Jahrhunderts gefunden (Inv.-Nr. 66/67 und 67/44).

Die Kirche St. Radegunde wurde von Bischof Bernhard von Halberstadt geweiht und hatte wahrscheinlich „eine Vorgängerin höheren Alters".[219] Sie stand auf dem Berghang südlich des Ortes, dort, wo die Gewann „Die kleine Klaus" von der Eisenbahnlinie Halle–Kassel durchquert wird. Sie erhielt später als Mitpatronin die hl. Gertrud von Nivelles. Im 11. Jahrhundert war Helfta der Sitz der Erzpriester des Archidiakonats Osterbrunn des Bistums Halberstadt. Außer der Kirche St. Radegunde/St. Gertrud gab es noch die Kirchen St. Rupert und St. Georg sowie im Königshof die Kirche St. Gumpert.[220] In der Mitte des 13. Jahrhunderts wurde das Zisterzienserinnenkloster von Helfta die Wiege der deutschen Mystik unter der berühmten Äbtissin Gertrud von Hackeborn der Großen und Mechthild von Magdeburg.

In Eisleben, 5 km nördlich von Helfta, wurde der 1300. Todestag Radegundes am 13. August 1887 feierlich begangen. Der Historiker Dr. Hermann Größler hielt eine viel beachtete Ansprache, die sogar in Poitiers von Abbé Briand zitiert wurde.[221]

2.6.1.4 Oberweißbach

In der Literatur[222] ist eine weitere, heute angeblich verschwundene Kirche genannt, die der hl. Radegunde geweiht war. Ein Besuch in Oberweißbach am 6. November 1992 zeigte jedoch, daß sie noch vorhanden ist. Die Kapelle wurde 1950/52 von den katholischen, in Oberweißbach ansässig gewordenen Flüchtlingen aus dem Sudetenland gebaut. Der Besitzer des Gasthauses „Zur Schänke" verpachtete ihnen dazu sein von neun hohen Kastanien und Linden bestandenes Gelände neben der evangelischen Dorfkirche.

Seit etwa 50 bis 70 Jahren wird Radegunde als zweite Patronin Thüringens neben der hl. Elisabeth betrachtet. Deshalb wählte man diese Heilige zur Patronin der Kapelle, die in Selbsthilfe aus einer verfallenen Kegelbahn erbaut wurde. Weihbischof Dr. Josef Freusberg von Erfurt konsekrierte sie am 14. Oktober 1962.[223]

Sie trägt einen breiten, achteckigen hölzernen Turmaufbau, in dem ein Zimmer für kleinere Veranstaltungen mit einer bescheidenen Bücherei Platz hat. In dem durch zwei große Fenster erhellten Kapellensaal finden auf acht voneinander durch den Mittelgang getrennten Bankreihen 100 Gläubige Platz. Den Altar schmückt ein kupfernes, in Emailarbeit verziertes, etwa 0,5 m hohes Kreuz, ausgeführt von einem Goldschmied aus Arnstadt. Auf der einen Seite zeigt es den auferstandenen Christus vor der Sonne. Die andere Seite trägt auf dunklem Grund eine Christusfigur, die die Trauer der Karwoche ausdrückt.

Gegenüber dem Eingang hängt ein Wandteppich aus Filz, 1,20 m hoch, 0,60 m breit, hergestellt in den fünfziger Jahren im Ursulinenkloster in Erfurt. Auf einem Hintergrund aus verschiedenen Grautönen steht die hl. Radegunde in hellviolettem Kleid, um das sich der dunkelviolette Mantel herumlegt, als bilde er zwei Flügel. Rechts unten sind Brot und ein Krug abgebildet. Links oben über ihrem Haupt ist ein Medaillon mit der Krone.

Die Kapelle ist eine Filiale von Bad Blankenburg; seit 1979 wird sie von Rudolfstadt-Schwarza aus versehen. Jeden zweiten Sonntag wird hier die Messe gefeiert. Der 13. August, an dem die Kapelle auch eingeweiht wurde, wird alljährlich festlich begangen.

Auf dem eingezäunten Gelände steht ein barackenähnliches Haus, in dem Jugendgruppen übernachten können. Als müßte es für die hl. Radegunde auch in moderner Zeit so sein, fehlt das Wasser nicht: ein etwa 12 m tiefer alter Brunnen befindet sich in unmittelbarer Nähe der Kapelle.

2.6.1.5 Das nordmainische Unterfranken

Die beiden Kultstätten dieses Gebiets liegen im Tal der Wern, einem rechten Nebenfluß des Main, der das Maindreieck in ost-westlicher Linie durchquert. Ihr kleines Tal durchbricht die Berge Unterfrankens (340 m Höhe) und wurde schon in alten Zeiten als Durchgangsstraße benützt. Zogen die Echternacher Mönche den Fluß entlang? Über Wern, Main, Rhein und Mosel führte ein direkter Weg nach Trier und Echternach . . .

2.6.1.6 Gössenheim, Landkreis Main-Spessart

Gozenseim war, wie Arnstadt in Thüringen, eine Enklave von Echternach. 781/82 erwarb das Kloster hier eine große Domäne mit Höfen, Feldern, Wiesen, 33 Sklaven mit ihren Häusern und Erträgen aller Art.[224] Ein Besitz dieser Bedeutung hat wahrscheinlich die Gegend des nur 10 km entfernten Müdesheim mit eingeschlossen. 970 ging Gössenheim von Echternach an Fulda über.[225]

In Gössenheim wird 1157 eine Basilika erwähnt. Als 1342 in der über der Ansiedlung liegenden Burg Homburg an der Wern eine Kapelle gebaut wurde, wohnten ein Priester und ein Benefiziat im Tal bei der Bergmühle von Gössenheim und versahen wahrscheinlich auch den Dienst in der „Basilika", die damals zur Pfarrei Eussenheim gehörte. Am 23. September 1363 wurde Gössenheim mit Sachsenheim, Wernfeld und Adelsberg eine selbständige Pfarrgemeinde unter dem Patrozinium der hl. Radegunde. Die Basilika wurde erweitert und am 17. August 1393 geweiht. Die Kirchweihe feierte laut einem Pfarregister der Scherenbergzeit (1466–1495)[226] Gössenheim am Sonntag nach Mariä Himmelfahrt. Die Kirchenpatronin wurde in derselben Quelle folgendermaßen charakterisiert: „Patrona ecclesiae Gossenheym est Sancta Radegundis, vidua egregia, regis Bertharii filia et uxor regis Lotharii de regione Lothring[orum] originem duxit, ubi multis adhuc hodie claret miraculis", also als eine hervorragende Witwe, Tochter des Königs Berthar und Gemahlin des Königs Lothar von Lothringen, wo sie bis zum heutigen Tag durch viele Wunder erstrahlt.[227] In jedem der folgenden Jahrhunderte, bis 1650, wurden Erweiterungen angefügt und der Turm wurde um zwei Etagen erhöht. Zwei weitere Kirchweihen sind überliefert: 10. September 1614 und 24. Mai 1737. Während des 19. Jahrhunderts verfiel das Gebäude so, daß seit 1850 von Restaurierung gesprochen wurde. Als es 1960 endlich dazu kam, war außer dem Turm nicht mehr viel zu retten, die Pfarrkirche St. Radegund erstand in modernisierter Form wieder.[228] Die Pläne fertigte Regierungsbaumeister Michael Niedermeier,

Würzburg. Weihbischof Alfons Kempf konsekrierte das erweiterte und erneuerte Gotteshaus am 20. Juni 1960.[229]

Große moderne Glasfenster werfen ihr Licht in den breiten, weiß gekalkten Kirchenraum mit der holzverschalten Decke. Der Blick wird von einer vergoldeten Statue (1812) der hl. Radegunde angezogen. Etwa 1,50 m hoch, steht sie auf einer Halbsäule an der Wand, links des Altarraums. Die Heilige ist königlich gekleidet, ein Schleier fällt auf die linke Schulter. Sie ist gekrönt und hält in der rechten Hand ein langes Kreuz, in der linken ein Buch, das sie auf die Schulter eines vor ihr stehenden Kindes stützt. Das Kind hebt die Hand und schaut der Heiligen in die Augen. Jährlich am Sonntag, der dem 13. August folgt, wird eine feierliche Messe zu Ehren der hl. Radegunde gelesen.[230]

1982 wurde in der Gemarkung Gössenheim ein neuer, vom Würzburger Künstler Wolfgang Finger geschaffener Bildstock aufgestellt (Kosten 24.000 DM). Er zeigt in Stein die heilige Ordensfrau Radegunde, umgeben von zwei hilfesuchenden Gestalten. Die links vor ihr kauernde schließt sie in die Arme.[231]

2.6.1.7 Müdesheim, Landkreis Main-Spessart

Die Radegundekapelle von Müdesheim befindet sich in einem Gehölz auf halber Höhe eines zur Wern abfallenden Abhangs, dem Holzberg, dort wo früher der alte Weg durch das Tal zum Hochplateau anstieg. An dieser Stelle vermutete Georg Spath eine alte, längst verschwundene Herberge.

Wir haben schon auf die frühe Besiedlung der Gegend durch thüringisches Volkstum hingewiesen, wie sie durch die Ausgrabungen von Zeuzleben, 10 km östlich von Müdesheim, erneut bestätigt wurde. 889 wird Besitz am Ort an die Abtei Fulda geschenkt, ebenso im 10. Jahrhundert.[232] Zu den Zehntherren des Dorfes zählten neben dem ehemaligen Ortsadel auch der Dompropst zu Würzburg, die Zisterzienserinnenklöster Himmelspforten und Schönau, die Benediktinerinnenabtei St. Afra, die Prämonstratenserabtei Oberzell und die Karthause Engelgarten, alle in oder bei Würzburg.[233].

Die Waldkapelle wird zum ersten Mal 1595 in einem Salbuch des fürstbischöflichen Amtes Arnstein genannt, wo sie als „St. Ottilien-Kirche" oder volkstümlich als „Hadels-Kirche" erscheint. Die mündliche Überlieferung spricht jedoch immer von einer Radegundekapelle. Ein Meßregister von Müdesheim, Ende des 16. Jahrhunderts zur Zeit des Fürstbischofs Julius Echter von Würzburg erstellt, nennt die Wallfahrt des Nachmittags von Mariä Himmelfahrt (15. August) „zur Kapelle der heiligen Radegunde". Am

Altar war die Historie der hl. Radegundis gemalt. Alle späteren Dokumente bestätigen diesen Namen.[234] Der Heimatforscher Eugen Schmitt erklärte die Erwähnung der hl. Odilie in bezug auf die Kapelle mit Berufung auf den Schulrat Georg Spath folgendermaßen, „daß die heiligen Haine als Sitz germanischer Göttinnen verchristlicht wurden und so unter anderem als ‚Holzkirchen' oder ‚Hadelskirchen' weiter bestanden". Allerdings war die um 1600 beschriebene Kirche bereits aus Stein erbaut. Der Ausdruck „Holzkirche" kommt jedoch vermutlich vom „Holzberg".[235]

Die Lage der Kapelle entspricht vollkommen der von Spath vermuteten Beschreibung heidnischer Haine, umso mehr, als früher eine heilige Quelle in der Nähe des Kapellengebäudes floß, „eines Vierecks von 14 Fuß Seitenlänge und 10 Fuß Höhe" (Arnstein 1660). Um 1850 herum erinnerte sich ein alter Mann aus Müdesheim noch an die Quelle, die damals schon versiegt war. Dem Volksglauben nach fließt sie aber weiter irgendwo unterirdisch. Kranke machten Wallfahrten zu ihr, man badete kranke Kinder darin. Es wurde auch erzählt, daß die Neugeborenen aus dieser Quelle kämen. Im Salbuch von 1595 heißt es, diese Praktiken seien „seit undenklichen Zeiten" so gehandhabt worden. Hans Dünninger[236] glaubte, daß es der Quelle wegen eine Verwechslung zwischen Odilie und Radegunde gegeben habe, weil ihm die Verbindung zwischen Radegunde und Quellkulten unbekannt war.

Die Kapelle war nach dem Dreißigjährigen Krieg zerfallen und wurde 1681 restauriert und um ein Langhaus vergrößert von einem Wohltäter, Johann Burchard. 1660 war das Altarbild mit zwei Seitenflügeln „mit einer Tür versehen". Auf ihm war die Geschichte Radegundes dargestellt. Der neue Hochaltar mit dem Bild der Kirchenpatronin entstand nach 1700. Das Altarbild wurde wohl unzutreffend von Eugen Schmitt dem Maler Peter Herrlein zugeschrieben. Radegunde wird dabei als Ordensfrau dargestellt, hält in der Linken die Kreuzpartikel, in der Rechten das Evangelienbuch, Krone, königliches Wappen und Äbtissinnenstab liegen zu ihren Füßen, daneben eine Bußgeißel auf einem Tisch, eine Kanne und Brot dabei.[237]

Im Volke wurde die Kapelle sehr geschätzt, wenn man einem Brief des Pfarrers von 1716 glauben darf. Er zählt die Spenden auf, die in Form von Geld, Wachs, Hühnern, Eiern, Butter usw. für die „Holzkirche" eingingen. 1595 besaß die Kapelle Wiesengrundstücke auf Reuchelsheimer und Heugrumbacher Markung. 1685 gab Hans Sauer der Alte 10 Gulden (fl) von einem verkauften Gaden an die Radegundekirche. 1761 hatte sie ein Kapital von 547 fl, 1 Pfund 21 Pfg. mit jährlichen Zinseinnahmen von 27 fl.[238]

Am 4. August 1797 gewährte Papst Pius VI. der Kirche von Müdesheim einen Ablaß von sieben Jahren für das Fest der hl. Radegunde bzw. den

Sonntag nach Mariä Himmelfahrt. Die folgenden Päpste erneuerten den Ablaß, zuletzt Pius XI. 1926.[239] Dadurch stieg die Beteiligung an der schon vor 1595 bekannten Wallfahrt stark an. Zwischen 1681 und 1795 lag ihr Höhepunkt. Im 19. Jahrhundert wurden allgemein die Wallfahrten durch staatliche Anordnungen zurückgedrängt.[240] Im diözesanen Schematismus von 1834 heißt es: „Zur Pfarrei Müdesheim gehört auch die nahe auf einem Berge liegende Radegundis-Kapelle, in welcher das Jahr über verschiedene Gottesdienste abgehalten werden. Diese Kapelle soll ihr Entstehen von Hermann von Thüringen, dem Vater der heil. Radegundis haben. Der gemeinen Sage nach, und wie man sich auch beim Anblicke der Kapelle überzeugen kann, stand der Chor weit eher, als die übrige Hälfte, welche erst ein Ortsnachbar von Reuchelheim, Hans Burkard, im Jahre 1681, wie aus einer am Eingange angebrachten Inschrift zu entnehmen ist, erbauen ließ."[241]

1845 hat ein Urenkel des ersten Wohltäters, Jakob Klüspies aus Würzburg, die Inneneinrichtung der Kapelle erneuert, wie auf einer Sandsteintafel über der Tür vermerkt ist. Durch größere Spenden konnte der Waldweg zur Kapelle mit Kreuzwegstationen von einem Bildhauer aus Karlstadt versehen werden.[242] Während des deutsch-deutschen Bruderkrieges 1866 gelobten nämlich die Einwohner von Müdesheim, einen Kreuzweg zu errichten, wenn Gott, auf die Fürsprache der hl. Maria und der hl. Radegundis, der „Schutzfrau des Dorfes", Gemeinde und Flur vor dem Krieg, besonders vor den damals feindlichen preußischen Truppen bewahrte. 1872/73 wurde dieser Kreuzweg errichtet und eingeweiht.[243]

Bei einem Besuch am 16. Oktober 1988 fanden wir die unter Denkmalschutz stehende Kapelle unter Bäumen versteckt. Eine Lourdesgrotte und eine steinerne Kreuzigungsszene schmücken den Platz vor dem Eingang. 1960 ist die Kapelle restauriert worden. Die beiden Seitenaltäre wurden entfernt, den Hochaltar erneuerte der Kirchenmaler Stock aus Sendelbach. Das Schieferdach ist noch in gutem Zustand, Mauern und Verputz sind erneuerungsbedürftig. Die Statue, ein Gnadenbild der hl. Radegunde, als Benediktinerin gekleidet, einen Krug in der linken Hand, in der rechten ein Brot, das sie einer knienden Gestalt mit nacktem Oberkörper reicht, befindet sich noch dort. Die sonstige Inneneinrichtung der Kapelle – vor allem die Figuren von Johannes dem Täufer und dem Evangelisten – ist in der Müdesheimer Pfarrkirche deponiert worden, um Diebstahl zu vermeiden. Stamminger spricht 1881 von zahlreichen Ex-voto seitlich des Altars. Diese Votivgaben und Weihebilder sind durch eine „Renovierung" 1960 verschwunden.[244]

Es finden immer noch Gottesdienste statt.[245] Wenn der 13. August nicht auf einen Sonntag fällt, wird das Fest der hl. Radegunde an dem auf Mariä

Himmelfahrt folgenden Sonntag gefeiert. Eine feierliche Messe wird in der Pfarrkirche gelesen. Am Vorabend jedes 13. August wird eine Messe in der Kapelle gefeiert. Dort werden auch Messen an den Bittagen gelesen, und manchmal findet eine Hochzeit statt sowie Vespergottesdienste, besonders im Mai. Der 13. August bzw. der darauffolgende Sonntag ist für Müdesheim „Der dicke Tag", das Kirchweihfest.[246]

1986 berichtete im Pfarrbrief der damalige Kaplan Engelbert Braun, eine Frau habe ihm erzählt, daß früher am Radegundistag ein Kranz aus grünen Weinranken von den hiesigen Weinbergen der St. Radegundisfigur an ihrem Festtag umgelegt worden sei.[247]

Eine alte Legende, die auch Abbé Briand[248] bekannt war, besagt, daß Radegunde sich im Werntal bei Müdesheim ausgeruht habe, als Chlotar sie nach dem Thüringer Krieg von 531 nach Soissons mitnahm.

Fälschlicherweise deutet Johannes Walterscheid die heilige Dienstmagd Radegundis als Patronin zu Müdesheim.[249]

Die Pfarrkirche von Müdesheim

Die erste Kirche am Ort stand schon 1319.[250] Zur Pfarrgemeinde Müdesheim gehören die Filiale Reuchelheim, die Dörfer Dattensoll, Marbach und Taubermühle sowie der Hof Ebenroth. Radegunde ist nicht nur Patronin der Waldkapelle, sondern der ganzen Gemeinde Müdesheim, die Pfarrkirche aber ist St. Markus und St. Ulrich geweiht. Dort ist der Altar links des Chores ein Radegundealtar. Sein Bild in goldenem Barockrahmen zeigt eine theatrale Architektur, in deren Mitte Radegunde auf Wolken steht, von Putten umgeben. Sie ist gekrönt, die Haare fallen ihr bis zu den Schultern. Weiß gekleidet hält sie in der linken Hand ein Kreuz und streckt einer knienden Gestalt den Zipfel eines langen Gewandes hin, das über ihrem linken Unterarm hängt. Im Vordergrund der Szene erhellen sich die Wolken, und unter den Füßen der Heiligen erkennt man die Landschaft von Müdesheim mit seinen waldigen Hängen und der Radegundekapelle.

Außer diesem Altar befindet sich in der Pfarrkirche noch eine vergoldete, um 1750 datierte Statue Radegundes im Rokokostil, etwa 1,50 m hoch, auf einer Wandkonsole in der rechten Seitenkapelle. Sie ist barhäuptig, hält die linke Hand auf dem Herzen.[251] Der linke nackte Fuß tritt auf eine Krone. Rechts hält sie ein kleines Buch. Die kürzlich restaurierte, reich geschmückte Pfarrkirche steht unter Denkmalschutz und ist durch ein Alarmsystem gesichert.

2.6.1.8 Würzburg

Es gibt in Würzburg keine eigene Radegunde geweihte Stätte, aber ihr Andenken wird gepflegt.

In Fulda, dessen exemte Benediktinerabtei territorial ehemals im Bistum Würzburg lag, wurde laut einem Kalendar des 12. Jahrhunderts der heiligen „Radegunde von Thüringen, Königin von Westfranken" am 12. August gedacht. Heute noch ist – allerdings jetzt nach allgemeinem Brauch am 13. August – ihr dort ein nicht gebotener Gedenktag gewidmet.[252]

1740 erschien in der Druckerei Nikolaus Rausch zu Würzburg anonym – offensichtlich aber von einem Ordensgeistlichen – eine Biographie mit dem barocken panegyrischen Titel: „Tugend- und Ehren-Cron womit die zu Erffurth gebohrene Thüringische Prinzeßin und Fränckische Königin, die Heilige Radegundis, sowohl in dieser Welt durch ihr heiliges Leben und seeliges Sterben, als auch dort in der ewig triumphierenden Kirch von ihrem himmlischen Bräutigam Christo Jesu gecrönet worden, etc. von einem, der Gott in seinen Heiligen zu loben suchet".[253]

In dem repräsentativen Band „Franconia Sancta. Das Leben der Heiligen und Seligen des Frankenlandes dem katholischen Volke erzählt von J. B. Stamminger"[254] wird die hl. Radegundis gewürdigt mit ausführlicher Darstellung ihrer Kapelle bei Müdesheim.

Auch der Band „Fränkische Glaubenszeugen. Lebensbilder fränkischer Heiliger, Helfer und Glaubenszeugen"[255] führt unsere Heilige an.

Der Hochchor des Domes wurde 1988 unter Beteiligung vieler Künstler grundlegend neugestaltet und mit einem Figurenzyklus der heiligen Glaubenszeugen Frankens ausgestattet. Unter ihnen befindet sich an der Nordwand Radegunde als bekrönte Schutzmantelheilige, neben der hl. Immina († 750), der Tochter Hedens II. (Hetan), deren Berufung zum Ordensleben in Würzburg auf dem Marienberg[256] möglicherweise durch die Predigt Willibrords geweckt wurde. Die Radegundis-Figur schuf der Münchener Bildhauer Hubert Elsässer.[257]

In der St. Burkhardkirche zu Würzburg befindet sich ein Bild aus der Zeit des Historismus, das Radegunde im Ordensgewand darstellt. Sie ist gekrönt und trägt den Heiligenschein. Auf dem Herzen hält sie ein Kreuz, in der rechten Hand ein Szepter. Zu ihren Füßen steht ein Krug. Bemalt hat die Blendarkaden des Gestühls an der Nordwand der Kirche 1952 Karl Manninger.[258]

2.6.1.9 Bamberg
Beitrag von E. Soder v. Güldenstubbe

Eine besonders ausgeprägte Verehrung der hl. Radegunde in Stadt und Bistum Bamberg ist nicht erkennbar. Aber ganz unbeachtet blieb sie auch nicht. Eine gewisse Verbindung zur Lebensgeschichte der Thüringerin besteht darin, daß das Hochstift Bamberg 1066 Burgscheidungen aus dem Besitz des Klosters Hersfeld übernahm. Burgscheidungen (Kreis Nebra, Bez. Halle, siehe Karte S. 247) gilt, obwohl archäologische Nachweise davon bisher nicht erbracht werden konnten, als Ort der thüringischen Königspfalz, wo Radegunde zur Zeit des Krieges der Merowinger 531 bei ihrem Onkel Hermenefred lebte (siehe S. 14f). In Burgscheidungen soll die Entscheidungsschlacht stattgefunden haben, und von hier aus wurde Radegunde in Chlotars Reich entführt.[259]

Den rechten Altar im Ostchor des Bamberger Domes weihte Erzbischof Hartwig von Salzburg fünf Heiligen, darunter Emmeram von Regensburg. Der Altar enthält u. a. Reliquien des hl. Briccius und des hl. Burkard von Würzburg. Der Altar vor der Krypta – den Bischof Anastasius von Ungarn konsekrierte – war den Heiligen Hilarius von Poitiers, Remigius und Vedastus von Arras geweiht.[260]

Diese fränkischen Heiligen, besonders die aus Poitiers stammenden Emmeram und Hilarius, hätten Radegunde in Bamberg den Boden bereiten können. Statt dessen finden wir nur wenige Hinweise auf sie.

In zwei Kalendaren des 11. und 12. Jahrhunderts steht ihr Gedenktag verzeichnet, wenngleich zu verschiedenen Terminen: Im Kalendar, das in einem Bamberger Missale enthalten ist und im beginnenden 11. Jahrhundert in der altbayrischen Benediktinerabtei Seeon geschrieben wurde, steht ihr Fest am 11. August. Ihr voran steht der Martyrer St. Tiburtius. Später kam der Codex über Paderborn nach Trier.[261]

In einer Sammelhandschrift, die wohl im frühen 12. Jahrhundert entstand, ist neben chronikalen, biblischen, musikalischen und mathematischen Aufzeichnungen ein Kalendar enthalten, das Walter Brandmüller der Benediktiner-Abtei St. Michael in Bamberg zuweisen konnte. Bemerkenswert ist, daß dieser Festtagskalender nicht mehr – wie die Abtei anfangs – durch Fulda geprägt scheint, sondern möglicherweise durch die monastische Reformbewegung von Cluny. Abt Ekkebert, der 1071 durch Bischof Hermann von Bamberg auf den St. Michaelsberg berufen wurde, war ein exponierter Vertreter dieser Richtung. Ihm ist sicher auch der Eintrag von „Radagundae reginae" [sc. dies] im Michaelsberger Kalendar zu verdanken. Hier fällt ihr Gedenktag auf den 13. August. Ihr voran stehen St. Hippolyt, der Martyrer mit seinen Gefährten, der Martyrer Cassian und der Bekenner Wigbert.[262] In den jüngeren Bamberger Kalendaren fehlt sie hingegen wieder.

Als Bischof Otto der Heilige 1122 in Bamberg die St. Leonhardskapelle auf dem Kirchhof des Chorherrenstiftes zu St. Jakob weihte, legte er unter vielen anderen auch eine Reliquie der heiligen „Radagunde" ein.[263]

Der gelehrte Fürstbischof Lupold von Bebenburg, vorher ein einfluß-reicher Domherr in Würzburg, hatte um 1340 in einem seiner Werke fünf heilige Königinnen, nämlich Radegunde, Mathilde, Edith, Adelheid und Kunigunde, in ihrer Bedeutung für die christliche Religion gewür-digt.[264]

2.6.2 Bayern

Auf dem Gebiet des heutigen Altbayern, Teil der römischen Provinzen Raetia I und II und Noricum ripense, gab es hie und da kleine römische christliche Zentren. Municipium Juvavum, Salzburg, war eines davon, am Schnittpunkt wichtiger Straßen gelegen. Ob es schon Bischofssitz war, läßt sich nicht mehr feststellen. Nach Mitte des 6. Jahrhunderts durchwander-ten die arianischen Langobarden auf ihrem Weg nach Italien das Land. Nach ihrem Abzug mußte das Kirchenwesen neu organisiert werden. Das römische Christentum scheint sich nur in der Oberschicht erhalten zu haben, während das übrige Bayern bis zum Anfang des 8. Jahrhunderts einer frühen, nicht näher bestimmbaren Mischform von Religiosität verhaf-tet blieb, durchsetzt von Einflüssen christlicher Elemente.

Die Hauptmasse der gegen Ende des 5. Jahrhunderts eingewanderten Bayern war zwar heidnisch, doch hatten sie schon längst vor ihrer Wande-rung, wahrscheinlich durch Vermittlung der Goten, den Arianismus des Bischofs von Sardica, Bonosius, kennengelernt. Durch die in Rätien ansäs-sig gewordenen römischen Kolonisten hörten sie mehr vom christlichen Geist. Dennoch waren Missionsunternehmungen von Mailand und Aqui-leja nicht vorwärtsgekommen. Erfolgreicher, wenn auch unsystematisch waren die Missionen irischer Mönche aus Luxeuil, die Kolumban auf Bit-ten Chlotars II. (613–628) nach Bayern schickte: Eustasius und Agilus.[265] Marin, Annian, Monus und andere folgten. Waren sie auch ihrer Herkunft nach Iren wie Kolumban – Bauereis geht ihren irischen Bräuchen und ihrer irischen Art der Missionierung als episcopi vagantes nach –, soll den-noch nicht vergessen werden, daß sie zunächst im Frankenreich der Mero-winger gewirkt hatten. Kolumban hatte für seine Tätigkeit rasch die Unter-stützung König Sigiberts II. und der merowingischen Oberschicht gefun-den, und die Impulse, die er für den religiösen Aufstieg der Bevölkerung des

Merowingerreiches gab[266], können nicht einseitig geblieben sein: auch er und seine Gefährten lernten fränkisches Geistesgut kennen und trugen es weiter.

In einer Pastoralinstruktion von 716 prangerte Papst Gregor II. (715–731) heidnische Praktiken an und verbot: Götzenopfer, Traum- und Zeichendeuterei, Zauber- und Beschwörungsformeln, Totenopfer, Verkauf von Amuletten, „Teufelskünste mit dem Pferd", Tierverhexungen, Genuß des Fleisches von Tieropfern usw.[267]

Vor allem warnte der Papst vor dem Arianismus, der anscheinend in Bayern weiterhin seine Anhänger hatte, die schwer zu beeinflussen waren. Die Sippenverbände waren nicht nur Geschlechtsverbände, sondern von den Priestern unabhängige Kultusgemeinschaften. Wie man vorher den Göttern Tempel gebaut hatte, fuhr man fort, Haustempel zu errichten[268], ein Brauch, der in das gerade in Bayern blühende Eigenkirchenwesen überging.[269]

Da wir annehmen, daß die Radegundekirchen vorwiegend als Eigenkirchen entstanden sind, deren Standortwahl (Wald, Quelle) an vorchristliche Kultorte erinnert, soll auf diese heidnisch-arianische, von Sippenkultur geprägte Grundstruktur des Landes ausdrücklich hingewiesen werden.

Die Mittelpunktstellung Bayerns im christlichen Europa zwischen dem lateinischen und dem germanischen Kulturkreis erleichterte die Berührung mit „entartetem oder verblaßtem, wenn auch nicht immer häretischem Christentum".[270]

Den Zusammenhang mit dem Osten verraten gewisse, 716 ebenfalls kritisierte Praktiken, wie die Speisesatzungen oder die Duldung verheirateter Priester. Manche andere Beziehungen zu Griechenland und dem Orient sind durch archäologische Funde belegt. Griechische Worte und Wortendungen finden sich in den bayerischen Synodaltexten des 8. Jahrhunderts. Die bayerischen Wochentagsbezeichnungen „Ertag" und „Pfinztag" sind gotisch-griechischen Ursprungs.[271] Auch aus Byzanz konnte die Kenntnis Radegundes nach Bayern dringen. Hatte nicht ihr Vetter Amalafrid eine hohe Stellung am byzantinischen Hofe innegehabt? Hatte es nicht einige Kontakte und Gesandtschaften zwischen den Merowingerhöfen und Byzanz gegeben, darunter diejenige, der Justinian II. die Kreuzpartikel für Radegundes Kloster anvertraute?

Bonifatius, ausgestattet mit der kanonischen Sendung von Rom, machte es sich zur Aufgabe, römische Ordnung in dieses frei wuchernde Christentum zu bringen. Er organisierte die bayrische Kirchenprovinz und schuf im Anschluß an die iroschottischen Mittelpunktklöster 739 die bischöflichen Kirchen von Freising, Passau, Regensburg und Salzburg. Pfarreien wurden errichtet und so die religiösen Gemeinschaften der Sippenverbände

77

gesprengt. Gegen Ende des 8. Jahrhunderts ist die bayrische Kirche ein vollendeter Organismus in hierarchischer Einheit mit Rom.

Indes waren auch im 8. Jahrhundert Liturgie und Ritus noch vom gallischen Franken geprägt. Das verraten vor allem die an Marienfesten und am Fest des hl. Martin eigens gebrauchten Benediktionen.[272] Viele andere Missionare hatten am Aufbau der Kirchenprovinz mitgewirkt. Sie kamen hauptsächlich aus Franken. Einer der ersten, der etwa 722 nach Freising kam, war Korbinian. Sein Vater, der Gallofranke Waltekis, stammte wahrscheinlich aus der Pariser Gegend, manche Historiker sagen aus Melun. St. Amand kam aus Aquitanien, St. Erhard aus Narbonne, und St. Emmeram war um 673 bekannt als Bischof von Poitiers, wahrscheinlich ein Wanderbischof, ehe er nach Bayern kam. Er gründete ein Kloster in Regensburg, das seinen Namen trägt. 980 wurden durch den hl. Bischof Wolfgang sechs Altäre in der Krypta geweiht. Einer von ihnen enthielt eine Reliquie unserer Heiligen.[273] Abt war damals Ramwold, der aus St. Maximin in Trier kam und von der Reformbewegung von Gorze beeinflußt war. Soweit bekannt, wurde fast gleichzeitig mit Freising auf deutschem Boden in St. Emmeram das Radegundisfest in einem liturgischen Kalender aufgezeichnet, und zwar um 993/94 im sogenannten Sacramentarium des hl. Wolfgang.[274]

Im umfangreichen Reliquienschatz der Abtei Benediktbeuern fehlte auch nicht St. Radegundis.[275] Ebenso lag dort eine Handschrift mit den beiden Viten der Heiligen.[276]

In den mittelalterlichen bayerischen Kalendarien, deren ältestes 957–994 aus Freising stammt, sind zwar zum überwiegenden Teil Heilige aus dem altrömischen Bereich enthalten, sie hingen aber durch Überführung ihrer Reliquien mit deutschen und fränkischen Kirchen zusammen. Einige Heilige der britisch-angelsächsischen Kirche kommen vor, weit mehr aber wurden gallisch-fränkische Heilige aufgenommen. Anton Lechner führt mehr als dreißig davon an, darunter Radegunde.[277]

Die landesherrliche Gewalt der Agilolfinger war zwar mit der kirchlichen verflochten, doch deutlich unter fränkischer, austrasischer Autorität, gegen die sich die Herzöge erfolglos aufzulehnen versuchten. Zöllner[278] gibt den Beweis für deren burgundische Abstammung. Die Spur einer Familienverbindung mit dem Haus der Merowinger wird verstärkt durch die Namensverwandtschaft, dieses äußere Zeichen der Zusammengehörigkeit germanischer Sippen.

Wir finden bei den Agilolfingern häufig Vornamen, die die Silbe Theo enthalten: Theodolinde, Theodo, Theodebert, Theodebald und andere. Sie erinnern uns an Chlodwigs Sohn Theuderich und dessen Nachkommen Theudebert und Theudebald. Nicht allein die Sippenverwandtschaft, sondern auch die politische Lage band die Bayern an Austrasien: Die bayerischen Herzöge waren anfangs nicht unabhängig, sondern wirkten im Auftrag des Königs Dagobert.[279] Unter Karl Martell, der seine Macht in Bayern geltend machte, wurden sie sogar wieder zu Vasallen.[280]

Die kirchliche Verflechtung des Fürstenhauses war zwar vom Papsttum nicht unabhängig, wie die Romfahrt Herzog Theodos zeigt, doch bestanden auch in diesem Bereich fränkische Familienbande. Einer der genannten Missionare aus Luxeuil hieß Agilus. Nach Paul Diacre[281] – „Agilulf rex, qui et Ago est appellatus" – wäre das eine Abkürzung von Agilulf. Bauerreis[282] nimmt an, daß dieser Mönch ein naher Verwandter des Herzogshauses war.

Karl der Große ließ durch Papst Leo III. von den vier bayerischen Bischofssitzen Salzburg 798 zur Metropole erheben, wo der ihm befreundete Bischof Arn (785–821) die enge Bindung Bayerns an das Frankenreich garantierte. Salzburg erhielt den großartigen politischen Auftrag, nach Osten bis an die Raab, nach Süden bis zur Drau die den Slawen entrissenen Länder der Ostmark zu missionieren und zu kolonisieren. Gleichzeitig deutet die Stärkung Salzburgs durch seine Wahl zur Metropole auf den Willen hin, den Einfluß Aquilejas zugunsten des fränkischen zurückzudrängen.[283] Das Patriarchat Aquilejas war mit orientalischen und lombardischen Elementen durchsetzt und strebte in jener Zeit danach, sich in das südöstliche Bayern hinein auszudehnen.

Der Arbeit Salzburgs und seiner Suffraganbistümer, evtl. auch Freisings, verdanken wir das Entstehen der Radegundestätten in den heute zu Österreich gehörenden Gebieten. Angehörige bayerischer Sippen trugen südlich der Donau das Ihre dazu bei. Im heutigen Altbayern selbst ist jedoch, wie wir sehen werden, nur eine einzige Radegunde geweihte Kultstätte bis heute erhalten geblieben.

Eine einschneidende Unterbrechung dieser Traditionen machte in der ersten Hälfte des 10. Jahrhunderts vieles unwiederbringlich zunichte. Das Land südlich der Donau bis zum Lech wurde jahrzehntelang von den Ungarnstürmen verwüstet, ehe Otto I. und Bischof Ulrich von Augsburg sie 955 siegreich abwehrten. Als endlich die letzten wilden Horden sich in die Ungarische Tiefebene zurückgezogen hatten und von König Stefan christianisiert und befriedet worden waren, vollzog sich der Wiederaufbau der Donauländer unter veränderten Voraussetzungen. In der zweiten Hälfte des 10. Jahrhunderts hatte das römische Kaiserreich deutscher Nation sich längst von dem Reichsteil gelöst, der seit 987 unter Hugues Capet zu Frankreich geworden war. Die für die Verbreitung des Radegundekultes günstige Epoche scheint beendet. Es wird schwieriger, bei dem Mangel an Dokumenten, Geistesströmungen aufzuzeigen, die zu Kirchengründungen mit ihrem Weihetitel führen konnten. Jetzt werden vor allem Familienbindungen verwandter thüringisch-bayerisch-langobardischer Sippen zu Trägern der Radegundetradition.

2.6.2.1 Freising

Leopold Schmidt (1956) erwähnt wiederholt Freising (z. B. pp. 19, 29, 35, 37, 41) als Ausgangspunkt der Radegundeverehrung, die durch Freisings Kolonisierung über Innichen, die Täler von Drau und Gail nach Kärnten und über die Besitzungen von Lack in die Krain gedrungen sei. Jan van der Straeten schließt sich in seiner Kritik der Arbeit L. Schmidts dieser Annahme an.[284] Herr Prälat Dr. Sigmund Benker vom Erzbistum München-Freising[285] lehnt jede Hypothese einer von Freising ausgegangenen Radegundisverehrung ab und spricht von ungewissen, widerlegbaren Vermutungen.

Beim Studium der Geschichte des Hochstifts Freising stößt man jedoch auf zahlreiche Beziehungen einerseits zum fränkischen Geistesgut und andererseits zu den Familien des südöstlichen Karantanien, wo noch heute mehrere Radegundiskultstätten existieren.

Wir stehen vor der Alternative, diese Beziehungen zu einer Radegundisverehrung entweder als unwirksam abzutun oder einen Mangel an entsprechenden Dokumenten anzunehmen.

Für eine weiterführende Diskussion ist es unerläßlich, unsere Forschungsergebnisse festzuhalten.

Die Annahme Schmidts einer von Freising ausstrahlenden Radegundeverehrung stützt sich im wesentlichen darauf, daß im Freisinger Missale mit Kalendarium (CLM 6421) aus der Zeit des Bischofs Abraham (957–994) das Fest der hl. Radegunde am I. Idus des August (13. 8.) als „sanctae Radegundae reginae in Aquitania" eingetragen ist. Auch in der an das Kalendarium anschließenden Litanei kommt Radegunde vor, ebenso in einem Freisinger Brevier aus dem 13.–14. Jahrhundert (CLM 11013). Ab dann fehlt diese Eintragung in Freising.[286]

Da sich weder in Freising selbst noch in den zur Diözese Freising gehörigen Kirchen die mindeste Spur einer Radegundeverehrung erhalten hat – kein Patrozinium, kein ihr geweihter Altar, kein Bildnis sind mir bekannt geworden –, scheint die alleinige Nennung unserer Heiligen in zwei mittelalterlichen Schriften ein etwas schwacher Beweis für einen Freisinger Radegundekult.

Die einzige noch bestehende Radegundekultstätte Altbayerns, Gars am Inn, und die erloschene von Ranoldsberg sowie das von der geistigen Entwicklung her dazugehörige St. Radegund im österreichischen Innviertel gehörten nämlich zum historischen Einflußgebiet der Erzdiözese Salzburg. Jedoch bestanden Rechtsbeziehungen zum Hochstift Freising, denn allein aus dem Bezirksamt Wasserburg, in dem Gars lag, sind noch 22 Traditionsurkunden Freisings vorhanden. Sie haben Tauschhandlungen oder Schenkungen von verschiedenen Örtlichkeiten zum Inhalt und wurden zwischen den Jahren 769 und 1098 in der Amtszeit von 10 Bischöfen (von Arbeo bis Meginward) ausgestellt. Eine, Nr. 258, stammt aus Gars selbst: Am 16. Juli 807 begeben sich Rumolt und seine Brüder ihrer Ansprüche auf die Schenkungen ihrer Vorfahren zu Attel, Pfarrdorf, ehemaliges Bezirksamt Wasserburg, „actum ad Caroz monasterium XVII kalendas augusti indictione XIII anno VII imperii domni nostri Karoli magni imperatoris".[287]

Aus dem ehemaligen Bezirksamt Mühldorf, zu dem Ranoldsberg gehörte, liegen 13 solche Traditionsurkunden Freisings aus den Jahren 772 bis 1130 vor.[288] In der Urkunde Nr. 805 aus den Jahren 857–864 heißt es: „Bischof Anno tauscht von dem Edlen Meginheri gegen Liegenschaften zu Ober- (oder Unter)reith solche zu Doetzkirchen." Doetzkirchen ist eine Einöde, die zur Gemeinde Ranoldsberg, Bezirksamt Mühldorf, gehört. Unter den Zeugen ist ein Ratolt.

Wahrscheinlich sind in der Schwedenzeit Handschriften aus dem bischöflichen Archiv in Freising entwendet und später von Herzog August dem Jüngeren von Braunschweig-Wolfenbüttel angekauft worden. Sie sind als Codex C bekannt.[289]

Cod. C f. 44 Nr. 1513 beginnt mit der Einleitung Bitteraufs: „Remoldesperge = Ranoldsberg Pfarrdorf, Withelingen = Witzling Gemeinde und Pfarrei Ranoldsberg Bezirksamt Mühldorf (. . .) 1098–1104." Darin machen sechs genannte Personen die Schenkung „super altare sancte Marie Frisinge pro remedio anime sue parentumque suorum . . ." Unter den Zeugen zeichnet ein Dietrich de Remoldesperge.[290] Somit kann man durchaus von einer gewissen Bindung beider Radegundeorte an Freising sprechen.

Eine ähnliche „eigentumslose Nähe" ist in den Radegundelandschaften des nördlichen und östlichen Niederösterreich, Kärntens und der Krain festzustellen. Hier hatte Freising im Mittelalter Besitz in nächster Nähe vieler Radegundeorte (siehe S. 97, 110, 144f), ohne daß diese selbst Freising gehört hätten.

In dem Missale mit Kalendarium aus dem 11. Jahrhundert (CLM 11004) der Erzdiözese Salzburg[291] fehlt Radegunde zwar, aber in einem ehemals dem Stift St. Peter in Salzburg gehörigen Kalendarium des 14. Jahrhunderts (CLM 15955) ist Radegunde am 13. August eingetragen.[292] Ebenso kommt „Radegundis virgo" am 13. August in einem Kalendarium aus dem 15. Jahrhundert des Klosters St. Nikolaus in Passau vor.[293] Auch

Passau missionierte im Osten, zeitweise im Wetteifer mit Salzburg. Die Radegundestätten im Weinviertel liegen im ehemaligen Passauer Bistumsgebiet.

Im Augsburger Breviarium und Kalendarium (CLM 3908) aus dem 13. und 14. Jahrhundert, „einem der wichtigsten der Augsburger Diözese"[294], ebenso wie in einem Klosterkalendarium aus dem 12.–13. Jahrhundert (CLM 3900) der gleichen Diözese fehlt sie, obwohl man den Namen der bei Augsburg 1290 geborenen Dienstmagd Radegunde hätte erwarten können, die manchmal mit der Königin verwechselt wird und die man ebenfalls am 13. August feierte.[295]

Das Freisinger Kalendarium (CLM 6421) gewinnt für unsere Problemstellung an Wert durch sein hohes Alter. Außerdem war Freising seit seiner Gründung dem Frankenreich eingegliedert, und seine frühen Bischöfe entstammten der Huosi-Sippe. Beides sind Kriterien für die Kenntnis Radegundes.

Zur Zeit der Ankunft Korbinians, der nach zwei wahrscheinlich der Legende angehörenden Romreisen[296] im Jahre 722 Freising erreichte, befand sich dort nur die Herzogsburg Grimoalds. Daneben baute Korbinian eine Wohnung und ein bezeichnenderweise dem hl. Martin geweihtes Oratorium, dessen Patrozinium bald auf den hl. Benedikt übertragen wurde.[297] Das von Korbinian 739 gegründete Kloster wurde später von Bonifatius zum Bistumssitz bestimmt.

Das Ziel des großen Organisators Bonifatius war es, die Kirchenprovinz Bayern in vollkommener Einheit mit Rom nach kanonischem Recht unter die päpstliche Hierarchie einzuordnen und auch die liturgische Einheit mit Rom durchzusetzen.[298] In diesen Frühzeiten des Katholizismus hatte Bonifatius gegen das Heidentum und den Arianismus zu kämpfen und witterte überall Häresien. Seit im Jahre 738 Papst Gregor III. die Bayern vor der Lehre „umherziehender Briten" (venientium Brettonum) gewarnt hatte, waren die Iren und Schotten der Irrlehre verdächtig, und Korbinian wurde fälschlich zu diesen Missionaren gezählt.[299] Eine von der Herzogin Piltrude überlieferte Äußerung, die Korbinian als „brittanorum origine ortus"[300] bezeichnet, ließ noch Bruno Krusch[301] an der inzwischen durch die Forschung belegten gallischen Abstammung Korbinians aus Arpajon an der Orge bei Melun zweifeln.[302]

Kannte Piltrude die römisch-irischen Streitfragen? Bonifatius kannte sie. Ist es, wie Michael Hartig vermutet, seinem Betreiben zuzuschreiben, daß der Korbinianskult lokal so beschränkt blieb?

„Die agilulfingische Kirchenpolitik ... bewegte sich in einer dem Bistum Freising feindlichen Richtung."[303] Der letzte Agilolfinger und seine Gemahlin entfremdeten sogar dem Bistum viele Kirchen. Erst 816 gelang es Bischof Hitto, einige Ansprüche des Bistums durchzusetzen. Karl der Große betrieb endlich eine den Bischöfen Bayerns freundlichere Politik.

Wenn Bonifatius von seiner Treue zu Rom geleitet wurde, wird er auch gegen die starken Einflüsse des merowingischen Franken gekämpft haben, mit dessen Reichs-Episkopat er in Hader lag. Nicht nur der Korbinianskult mußte unterdrückt werden, zumal hier auch noch sein persönlicher Ehrgeiz mitgespielt haben könnte, den vom Papst sofort zum Bischof geweihten Laien Korbinian in Roms Gunst auszustechen. Nein, auch das Martinspatrozinium mußte aus Freising verschwinden. Wir werden die Verknüpfung zwischen dem Martinskult und dem Radegundekult noch behandeln (siehe S. 182f).

Von daher kann die Frage aufgeworfen werden, ob das Fehlen von Radegundestätten in der Diözese Freising nicht auf dieser ursprünglichen Weichenstellung beruht, denn an fränkischen, die Radegundeverehrung fördernden Einflüssen aus dem Westen fehlte es nicht.

Durch sorgfältige Quellenanalyse hat Josef Schlecht[304] nachgewiesen, daß Clm 6298 der Freisinger Domkapitelsbibliothek vom hl. Caesarius von Arles stammt. Es ist unter Bischof Erimbert (739–748), dem Bruder Korbinians, entstanden und war nachgewiesenermaßen lange im praktischen Gebrauch der Freisinger Geistlichkeit. Radegunde hatte im Kloster Sainte-Croix die Regel des Caesarius eingeführt. Freising und Poitiers schöpften aus der gleichen Quelle!

Beim Studium der Traditionen des Hochstifts der Jahre 744–1283 konnte Bitterauf aus den Zeit- und Ortsangaben der Urkunden das Itinerar der von Ort zu Ort wandernden Bischöfe feststellen. Für das Dokument Nr. 374 vom 10. April 817 liegt zwischen dem ersten und dem zweiten Teil (reversus vero coepit) eine Reise des Bischofs Hitto nach Tours.[305]

In Freisings Liturgie lebten das ganze Mittelalter hindurch Elemente der gallikanischen Liturgie fort.[306] Daraus erklären sich verschiedene Eigenheiten, z. B. der versus alleluiaticus, die für die Sonntage nach Pfingsten vorkommende Benennung der Postcommunio als „benedictio ad complendum" und anderes. Mitte des 10. Jahrhunderts kommen, von Limoges beeinflußt, die dramatischen Osterspiele auf und finden neben Frankreich in Bayern ihre hauptsächliche Heimstätte.[307] Aus Freising werden verschiedene geistliche Mysterienspiele des Mittelalters überliefert.[308] Hier kommt die selten in Deutschland gespielte, aus Frankreich stammende Magdalenenszene vor, und das Rachelspiel (Ordo Rachelis), ebenfalls aus Frankreich stammend, wird in Freising als einzigem deutschen Ort aufgeführt am Tag der Unschuldigen Kinder. Seine einleitenden Verse dogmatischen Inhalts gehen auf Berengar von Tours (zwischen 1054 und 1079) zurück. Otto

Ursprung[309] nimmt an, daß Freising das Rachelspiel „auf dem Wege direkter Verbindung" von Tours bezogen hat.

Mehrfach haben wir schon darauf hingewiesen, daß der Radegundekult sich nicht nur aus der kirchlich-liturgischen Wurzel nährte, sondern daß die genealogische eine mindestens ebenso große Rolle spielte. Die Sippenverwandtschaft der Thüringer, Langobarden und Bayern untereinander hat ein schier unentwirrbares Geflecht von Familienzugehörigkeiten hervorgebracht, deren Spuren bei dem Mangel an Dokumenten heute meist nur noch aus der germanischen Namensverwandtschaft abzulesen sind.

In der alten, der bayerischen Herzogsfamilie an Rang kaum nachstehenden Adelssippe der Huosi kommen immer wieder Rad-Namen vor, als Zeichen der Verbindung nicht nur zu den Thüringern im allgemeinen, sondern zu Radegunde. In seiner Arbeit über das Burgenland hat Leopold Schmidt[310] dieses Phänomen so ausführlich abgehandelt, daß wir hier nicht näher darauf einzugehen brauchen und die Zugehörigkeit Radegundes und der Huosi zur gleichen Sippe als erwiesen ansehen dürfen.

Wenn der Radegundekult wirklich von Freising aus nach Kärnten und in die Krain gedrungen sein sollte, obwohl er in der Diözese selbst nicht vorkommt, dann wäre das den Huosi-Bischöfen zu verdanken.

Wie in den entsprechenden Kapiteln noch begründet wird, sollte diese Behauptung jedoch eher anders formuliert werden: Den mit den Radegundelandschaften Kärntens und der Krain familiär verbundenen Freisinger Huosi-Bischöfen verdanken wir die Erhaltung jener uralten Kultstätten. Hubert Strzewitzek[311] bezeichnet die Huosi als „titellose Edelfreie", „genealogiae" genannt. Der Freisinger Bischofsstuhl ist seit Arbeo (764) bis zum Tod Bischof Arnolds (883) ohne Unterbrechung nacheinander von sechs Huosiern besetzt. Sie stammen aus der Gegend zwischen Amper und Lech und saßen vornehmlich in den Tälern der Glonn, Ilm und Paar.[312] Während sie im Gefolge Herzog Tassilos nach Südosten vordrangen, verschwägerten sie sich mit den Quanti.

Bis zum Investiturstreit hat der König in keinem der bayerischen Bistümer ein direktes Ernennungsrecht ausgeübt. Freising hatte sogar das Privileg der freien Wahl. Dabei zeichnet sich die Verwandtschaftspolitik der Huosi deutlich ab. Neffen und Vettern werden als Diakone genannt und durch Schenkungen versorgt. Jedoch sind mit der Dreiteilung Oheime – Brüder – Neffen noch nicht alle geistlichen Personen des Geschlechts erfaßt. Nachgeborene Söhne und Töchter wurden für den geistlichen Stand bestimmt und waren durch Generationen in geistlichen Anstalten vertreten. Man geht nicht fehl, anzunehmen, daß von der Mitte des 8. bis Ende des 9. Jahrhunderts die Huosi im Bistum Freising stark vertreten waren und daß sie das Andenken ihrer Verwandten Radegunde pflegten, leider ohne mehr Spuren davon zu hinterlassen als das Kalendarium und die Litanei CLM 6421.

Dieses Kalendarium mit Radegundeeintragung wurde unter Bischof Abraham (957–994) geschrieben. Mehrere Forscher haben sich mit der Abstammung dieses 15. Bischofs von Freising beschäftigt. Er scheint aus einem Grafengeschlecht des Sundgaus zu stammen, also in einer Radegundelandschaft beheimatet gewesen zu sein, wie noch einige weitere Freisinger Bischöfe außer den Huosi.

So verdichten sich die Fäden, die sich von der Kärnten-Krainer Radegundeverehrung nach Freising spinnen lassen, ohne daß damit unser Rätsel gelöst wäre.

2.6.2.2 Gars am Inn

Zwischen Mühldorf und Wasserburg, auf einer Terrasse oberhalb des linken Innufers liegen Kloster und Kirche von Gars. Die Ansiedlung ist keltischen Ursprungs (garadh = Umzäunung) und wurde im frühen Mittelalter garoz oder garze genannt.

764 gab Herzog Tassilo III. einem Salzburger Kleriker namens Boso die Erlaubnis, beim Ort Garoz eine Zelle zu Ehren des hl. Petrus zu erbauen. Vier Jahre später übergab Tassilo diese Anlage an das Kloster St. Peter in Salzburg. Bis 1817 verblieb Gars im Bereich der Erzdiözese Salzburg.

807 wird ein „monasterium Garoz" erwähnt, das um 900 durch Rodungen und Schenkungen etwa 20 Kirchen, Gutshöfe und Baulichkeiten umfaßte.

Von den Ungarneinfällen wurde Gars weitgehend verschont. 1025 bekam die Kaiserinwitwe Kunigunde durch Tauschvertrag die Höfe Gars, Aschau, Stadel und Ampfing.

Unter dem Erzbischof Konrad (1106–1147) wird das Kloster in ein Stift der Augustiner-Chorherren umgewandelt.

Der Neubau einer in dieser Zeit errichteten romanischen Kirche wird 1107 zunächst unter das alleinige Patrozinium der hl. Radegundis gestellt.[313]

1128 wird erstmals der doppelte Titel Mariä Himmelfahrt und St. Radegund in einer Schenkungsurkunde erwähnt.

Das Stift wurde nun Mittelpunkt eines Kirchensprengels mit rund 60 Pfarr- und Nebenkirchen.

Die Annahme Leopold Schmidts[314], daß das Kloster eine Reliquie Radegundes besitze, beruht vielleicht auf einem Mißverständnis. In einer Schenkungsurkunde des Erzbischofs Konrad von Salzburg von etwa 1137 ist zu lesen: „super reliquias sanctae Mariae et sanctae Radegundis in loco qui dicitur". Pater Bernhard Ebermann[315] führt aus, daß dieser Text nichts anderes besagen will als „super altare sanctae Mariae et sanctae Radegundis". Primär-Reliquien der Jungfrau Maria wären mit der Glaubensüberzeugung, daß die Gottesmutter mit Leib und Seele in den Himmel aufgenommen wurde, nicht vereinbar. Wohl aber gab es Gegenstände, die mit Maria in Zusammenhang gebracht und als Erinnerungsstücke verehrt wurden.[316] Die Kirche von Gars habe – nach P. Ebermann – bis 1675 keinerlei Reliquie besessen, was allerdings unglaubwürdig ist. Zu diesem Zeitpunkt wurden die Gebeine des hl. Märtyrers Felix, von Rom kommend, mit großer Feierlichkeit in Gars empfangen, einer der sogenannten Heiligenleiber, meist den römischen Katakombengräbern entnommen, wie sie in der Barockzeit so beliebt wurden.[317]

In dem barocken Neubau der Kirche, der nach den Verwüstungen des 30jährigen Krieges von Propst Athanasius Peitlhauser durchgeführt wurde, befinden sich mehrere Radegundekultobjekte.[318]

Der Radegundealtar ist der erste rechte Seitenaltar. Er wurde am 10. April 1710 aufgerichtet. Eine reiche Säulenarchitektur in Weiß und Gold trägt den vielfach verkröpften Giebel. Er enthielt zunächst ein Gemälde von M. W. Strohvogel von 1643, das Radegunde gekrönt in reichem höfischen Gewande, kniend vor einem gemauerten Brunnen, zeigt. Sie wäscht einem alten kranken Mann die Füße. Andere Kranke drängen herzu. Im Hintergrund werden Arme von Mägden gespeist. Dieses Gemälde lehnt im Kirchenraum an der Wand.

Das heutige Altarbild wurde 1805 von Johann Jakob Dorner gemalt.[319] Es zeigt Radegunde stehend, gekrönt, in höfischem Gewand vor einer Säulenarchitektur. Fünf Kranke, teils stehend, teils kniend, umgeben die Heilige, die mit der linken Hand einer Frau Brot reicht. Im Deckengemälde von 1712 erscheint Radegunde, wie sie von den oströmischen Gesandten die Kreuzesreliquie entgegennimmt.

Von großem Interesse ist die 1,52 x 1,67 m messende, in 12 Felder unterteilte Votivtafel, die dem Radegundealtar gegenüber hängt und auf der 1669 die Wundertaten gemalt wurden, die Gott auf Fürsprache der hl. Radegunde gewirkt hat, nach den 200 Jahre älteren Aufzeichnungen von Propst Johannes III. Stockhamer (1469–1494).

In jedem Feld erscheint die hl. Radegunde im Gewand der Augustinerinnen gemalt, mit Krone und Kreuz auf einer Wolke thronend. Pater Ebermann[320] schreibt dazu, dieser Irrtum sei daraus zu erklären, daß die späteren Augustiner den Bischof Caesarius von Arles, nach dessen Regel das Kloster in Poitiers lebte, als einen der Ihren angesehen hätten. Auf den Votivbildern nimmt die hl. Radegunde mit ausgestreckten Armen oder vor der Brust gefalteten Händen an dem Geschehen Anteil, um dessen wunderbare Wendung sie angefleht wird. Außer auf Bild 3 und 7 thront zu ihrer Rechten die Gottesmutter auf einer anderen Wolke.

Das erste Bild der Tafel gibt einen interessanten Hinweis auf den Stand der Radegundeverehrung in Bayern um die Mitte des 15. Jahrhunderts, eben der Zeit, als Propst Johannes III. es sich angelegen sein ließ, die Erinnerungen an die Wundertaten rund um Gars aufzuschreiben. Sein Text lautet: „Die durchleichtig und Hochgeborne Fürstin F. Amelia aus Sachsen damalen Herztogen Ludouico in underm Bayrn A 1450 vermählt, fölt einmale in ein solche Kranckheit und ohnmacht das sye etliche Stundt ganzt unwissent und Sprachloß dalage, sobald sye aber in das gottshaus Gars zu u[nsrer] l[ieben] f[rau] und St. Radegund mit dem guldenen rockh, den sie antrueg, verlobet worden, ist sie von stundt an zu ihr selbst auch zur röd [= Rede, Sprache] und völliger gesundtheit khomen, auch nachmalene das gelibt [= Gelübde] volzohen."

Wer war Amelia von Sachsen? Sie heiratete 1452 Ludwig IX. den Reichen, der 1450 Herzog geworden war, Gründer der Universität Ingolstadt. Er war 1417 in Burghausen geboren worden, also in einer Radegundelandschaft. Burghausen liegt nahe St. Radegund im Innviertel und nicht weit von Gars und Ranoldsberg. Wenn seine sächsische Gemahlin in Not zur hl. Radegunde betete, muß sie deren Verehrung in Bayern kennengelernt haben.[321] Hier zeichnet sich eine andere Verbindung ab, die wiederum Rückwirkungen auf den Radegundekult gehabt haben könnte. Ludwig IX. ist ein Cousin zweiten Grades von Isabeau, der Tochter seines Großonkels Stephan III. Isabeau de Bavière (1371–1435) heiratete nach Frankreich, wo sie den Radegundekult wiederfand.[322] Pflegte sie ihn? Jedenfalls ist ihr Sohn Karl VII., den Jeanne d'Arc zur Königskrönung nach Reims führte, als großer Verehrer Radegundes bekannt. Seiner im August 1428 geborenen Tochter gab er den Namen Radegonde und verlobte sie durch einen Vertrag von 1430 mit Sigismund (geb. 1427). Aber die Capetingerin Radegonde starb 1444, ohne Sigismund geheiratet zu haben. Karl VII. ordnete am 12. August 1450 allgemeine Prozessionen und Dankesmessen in allen Städten Frankreichs an, denn er schrieb der hl. Radegunde die endgültige Befreiung seines Landes von den Engländern zu. Davon wird man in Bayern gehört haben. Es war das Jahr, als Amelia von Sachsen ihren güldenen Rock nach Gars gab. Auch mag Propst Johannes III. durch diese Nachrichten aus Frankreich dazu angeregt worden sein, die Wunder der hl. Radegunde aufzuzeichnen. Es ist aber auch möglich, daß Ludwig IX. über seine fromme Mutter, Margarethe von Österreich, die ihren Sohn in Burghausen aufzog, die Radegundeverehrung kennengelernt und an seine Gemahlin Amelia weitergegeben hat.[323]

Zur Erinnerung an „die Restaurierung der Stifts- und Pfarrkirche zu Gars am Inn 1934" ist ein Gedenkblatt herausgegeben worden. Es stellt Radegunde im Nonnengewand dar, vor einer Waldlandschaft mit Stift und Kirche von Gars stehend. Mit beiden Händen drückt sie ein Kreuz an ihre Brust. Rechts zu ihren Füßen liegen Krone und Szepter. Links oben erscheint eine andere Krone in den Wolken und sendet Strahlen zu der Heiligen herab, die mit dem Strahlenkranz um ihr Haupt verschmelzen. In dem Text auf der Rückseite heißt es, Radegunde sei nach der Trennung von Chlotar zunächst „in die Waldeinsamkeit gegangen", bevor sie ihr Kloster gründete. Das Wappen des Klosters Gars (3 Rehklauen) wird merkwürdigerweise mit ihr in Verbindung gebracht, die „eine große Natur- und Tierfreundin war und im Walde immer von einem Reh begleitet wurde" (belegt seit 1500).

Das Fest der hl. Radegunde wird in Gars immer am 13. August gefeiert. Zur Feier des 1400. Jahrestages, 1987, hat Pater B. Ebermann eine fünfseitige Schrift über die Geschichte Radegundes veröffentlicht. Er äußert darin die Ansicht, daß die Radegundeverehrung durch den Bayernapostel Emmeram ins Land gebracht wurde.

Eine weitere Eigentümlichkeit von Gars wird uns später noch beschäftigen und sei hier einstweilen nur vermerkt. Im Bereich des Klostergartens kreuzen sich 18 Wasseradern, und viele Quellen treten im umliegenden Wald aus.[324] Eine davon, weniger als 1 km von der Kirche entfernt, ist dem hl. Ulrich geweiht. Eine Kapelle ist darüber erbaut. Das Stadtwappen von Gars enthält eine schlängelnde Natter, und ein „Natternweg" genannter Pfad führt unterhalb des Klostergartens am Inn entlang.

2.6.2.3 Ranoldsberg, Gemeinde Buchbach, Kreis Mühldorf

Die Pfarrkirche von Ranoldsberg liegt auf einem Hügel mitten in Wiesen und Wäldern. Dokumente über ihren Ursprung haben sich nicht erhalten. Der Ort stellt neben Buchbach den nordwestlichen Ausläufer des alten Erzbistums Salzburg im Bereich des Archidiakonats Gars dar.

Im Liber censualium (1098–1104), heute in Wolfenbüttel, wird ein Dietrich von Remoldesperge genannt. Hat er eine Eigenkirche errichtet? Die erste bekannte Urkunde stammt von 1383, die bereits das Marienpatrozinium belegt.[325]

1503 wurde die Kirche dem Kloster von Gars angegliedert und 300 Jahre lang von den Augustiner-Chorherren versehen. Das benachbarte Chorherrenstift Au hatte Stefanskirchen und Ranoldsberg gegen die Pfarrei Pürten getauscht.[326]

1507 hat der Weihbischof von Salzburg, Nikolaus von Hippo, die Kirche nach einem Umbau in spätgotischem Stil neu konsekriert. Die drei Altäre waren der Jungfrau Maria (BMV), speziell dem Gedächtnis ihrer Aufnahme in den Himmel, der hl. Radegunde und der hl. Margarethe geweiht.

Im 15. Jahrhundert hatte eine Wallfahrt zur „Muttergottes von Ranoldsberg" begonnen. Zur Zeit der Gegenreformation wurde sie so beliebt, daß drei Chorherren aus Gars ständig anwesend waren, um sie zu betreuen.[327] Heute gibt es kaum noch Erinnerungen daran. Noch 1880 war Ranoldsberg Filiale der Pfarrei Stefanskirchen.[328]

Der heutige Pfarrer von Buchbach, Otto Steinberger[329], der Ranoldsberg mitbetreut, hat im Pfarrarchiv kein Anzeichen dafür gefunden, daß es nach dem barocken Umbau der Kirche 1723 weiterhin einen Radegundealtar gegeben hat, aber er nimmt es an. 1883 wurde die Kirche wieder restauriert und die Seitenaltäre wechselten ihr Patrozinium: St. Josef und St. Johannes. Auf einem von ihnen stand als Assistenzfigur eine Radegunde mit einem Wolf zu ihren Füßen. Diese beiden Altäre sind 1965 entfernt worden, und seitdem gibt es keine Spur einer Radegundeverehrung mehr in Ranoldsberg. Radegunde ist durch eine hl. Notburga ersetzt worden, die als heilige Bäuerin der Bevölkerung besser bekannt ist, meint Pfarrer Steinberger.

2.6.3   Innviertel

Lange Zeit war das Innviertel ein Zankapfel zwischen Bayern und Österreich, bis es schließlich 1779 endgültig an Österreich fiel. Die Radegundeverehrung im Innviertel ist jedoch älter als das Habsburgerreich, und da der Ort St. Radegund, der uns interessiert, unmittelbar an der Salzach liegt, die hier die Grenze bildet, kaum 50 km entfernt von Gars und Ranoldsberg, ist man versucht, von den letzten Zeugen einer bayerischen Radegundelandschaft zu sprechen, die das Innviertel einschloß.

Es gibt im Innviertel Spuren aus der Römerzeit. Die christliche Mission ging von Bayern aus und war hier wie dort vom gallo-fränkischen Geist getragen.

Im Jahre der Absetzung des zu mächtig gewordenen Bayernherzogs Tassilo III. (788) errichtete Ludwig der Deutsche eine Pfalz in Ranshofen.

Die Martinsverehrung war im Innviertel sehr verbreitet. Mehrere Pfarrkirchen tragen sein Patrozinium: Braunau, Diersbach, Handenberg, Mehrnbach, Munderfing, Schildorn, St. Martin, Suben und Weng. In St. Georgen an der Mattig und in Aspach sind Seitenaltäre St. Martin von Tours geweiht. In Auerbach ist der andere große Merowingerheilige, St. Remigius, Patron der Kirche, und auf dem Altar (von 1827) ist Chlodwigs Taufe dargestellt.

Früher schon als nach Gars kamen die Augustiner-Chorherren nach Reichersberg (1084), dann nach Suben (1126). Reichersberg am Inn war eine Stiftung des Ehepaares Wernher und Dietburga; Suben fundierte Tuta von Formbach-Neuburg.[330]

2.6.3.1 St. Radegund im Innviertel

Leopold Schmidt[331] zählt drei Radegundeheiligtümer im Innviertel auf: St. Radegund im Mattigau, St. Radegund im Bezirk Wildshut und Werfenau. Es handelt sich um einen Irrtum. Der Mattigau und Wildshut sind identisch. Die Werfenau ist ein heute verlassener Weiler, der dazugehörte. Max Vanesa datiert die dortige Radegundeverehrung ins 8. Jahrhundert.[332]

St. Radegund, Markt und Dekanat Ostermiething, hat ca. 670 Einwohner.[333] Die heutige Pfarrkirche hatte schon im 14. Jahrhundert einen Vorläufer. 1372 machten der bayerische Herzog Stephan sowie seine Söhne Friedrich und Johann eine Schenkung für eine tägliche Messe „an die St. Radegundis-Kapelle im Weilhart bei der Etenau".[334] Herzog Stephan ist übrigens der Vater der späteren Königin Isabeau von Frankreich, die im Kapitel „Gars" erwähnt wurde. Diese Schenkung ist ein weiteres Anzeichen für die im bayerischen Herzogshaus gepflegte Radegundeverehrung.

Weilhart ist der Name des Forstes, der die ganze Gegend bedeckt. Die Schenkung betrug 100 Pfennig für Kerzen und für die Konstruktion der Kirche mit Überschreibung des Baugrundes.[335] Diese erste Kapelle wurde im 15. Jahrhundert vergrößert und am 15. April 1422 vom Bischof Engelmar von Chiemsee geweiht.[336] Das Dokument befindet sich im Pfarrarchiv. Die Kirche wurde vom Zisterzienserkloster von Raitenhaslach betreut. 1782 wurde die Pfarrgemeinde unabhängig. Ein Friedhof wurde eingerichtet. Die erste Taufe war 1788. Bis zum Jahre 1800 war ein Zisterzienserpater Pfarrer der Gemeinde, seitdem versehen weltliche Pfarrer das Amt. Die Pfarrei liegt im Bistum Linz.[337]

Die reizende, sehr gepflegte gotische Kirche inmitten ihres Friedhofs steht am bewaldeten Hang etwas unterhalb des Schulhauses in völligem Frieden.[338] Eines der schmiedeeisernen Kreuze trägt den Namen des Kriegsdienstverweigerers Franz Jägerstätter. Er wurde zum Märtyrer seiner mutigen Haltung und ist weithin bekannt und verehrt. An seinem blumengeschmückten Grab vorbei tritt man in die Kirche ein.[339] Das Schiff ist von gotischem Netzwerk überwölbt. Im Chor, im Auszug des barocken Altars von 1770 befindet sich oberhalb einer Nachbildung des Gnadenbildes von Altötting die einzige sichtbare Erinnerung an Radegunde: ein Gemälde in barockem Rahmen, das sie in majestätischer Haltung in einem weit ausgeschnittenen roten, hermelinverzierten Mantel zeigt. Mahnend, mit erhobenem Zeigefinger, die Krone auf dem unverschleierten Haupt, gleicht sie eher einer Kaiserin aus dem Habsburgerhaus.[340] Dafür zeugten von ihr einige Glocken im Kirchtum. Die große Glocke, gegossen von Franz Oberascher in Salzburg 1911, zeigte Maria mit dem Jesuskind und die Kirchenpatronin St. Radegund mit der Krone auf dem Haupt und einem Kreuz in der Hand. Die mittlere Glocke, gegossen 1790 in Burghausen von Johann Georg Stecher[341], trägt im Schriftband St. Radegund mit dem Schwert sowie St. Donatus mit Schwert und Palme. In den sechs Kronbogen sind kleine Frauenköpfe modelliert. Das spätere Geläut, gegossen nach der kriegsbedingten Enteignung 1917 durch Franz Oberascher, Salzburg 1922, stiftete der Passionsspielverein St. Radegund. Die große Glocke trägt wieder das Bild der Kirchenpatronin sowie St. Maria mit dem Jesuskind und ein Kreuz mit Dornenkranz und Nägeln.[342]

Vor dem Schulhaus steht eine Pestsäule mit vierkantigem Aufsatz. Eines der Heiligenbilder stellt Radegunde in einer Wolke dar, über der Landschaft des Dorfes schwebend. Über der Tür des Pfarrhauses ist ein modernes Mosaik von 1950 eingelassen. In bunten Farben zeigt es eine gekrönte hl. Radegunde.

Es gibt sonst keine besondere Radegundeverehrung mehr, keine feierliche Messe am 13. August, keine Wallfahrt.[343]

2.6.3.2 Das Heilbrünnl von Werfenau[344]

Auf halber Höhe des zur Salzach abfallenden Hanges entspringt das Heilbrünnl. Seine Lage erinnert an die „Holzkirche" in Müdesheim. Leopold Schmidt[345] sprach noch von einem über der Quelle erbauten Hüttchen. Seitdem ist es renoviert und aus Stein aufgeführt worden, schiefergedeckt mit einem Glockentürmchen. Das Dach überragt einen Vorraum mit seitlichen Bänken. Direkt unter dem Altar entspringt die Quelle in daumendickem Strahl. Früher wurde diese „Holzkirche" von Wallfahrern besucht. Die Pilger opferten Eisenstücke und machten aus zwei Stöckchen ein Kreuz, indem sie das eine Stück durch einen Spalt des anderen schoben. Ich fand ein solches Kreuzchen auf der Bank liegen. Auch an anderen Heilquellen wurden solche Gebilde ins Wasser geworfen.[346]

Der Radegundekult ist heute vergessen. Die Kapelle ist der Gottesmutter von Altötting geweiht. Eine Nachbildung der Gnadenstatue steht auf dem Altar.

Auf einem schmalen Waldweg erreicht man das Heilbrünnl von St. Radegund aus in eineinhalb Stunden. Der Weg ist beschildert, auch ist er den

Einheimischen bekannt. Auf der Plattform vor der Kapelle laden Bänke und Tische zum Verweilen ein. Vom Kloster Raitenhaslach, direkt gegenüber, ertönt die Glocke, sonst ist alles still. Da das ehemalige Salzburger Eigenkloster zu Raitenhaslach auch Obermiething seelsorglich betreute, ist vielleicht anzunehmen, daß die Zisterzienser von Raitenhaslach die Radegundeverehrung gefördert haben.[347]

2.6.4 Niederösterreich nördlich der Donau: Wald- und Weinviertel

Die „Viertel" (siehe auch „Innviertel") bezeichnen Verwaltungseinheiten ohne Bezug zu früheren adeligen Herrschern des Gebietes. Das Weinviertel, nördlich von Wien, zwischen Donau und March, ist eine Aufschüttungsfläche des Tertiärmeeres und der darin mündenden Urflüsse. Der Alpenzug setzt sich hier in Inselbergen (Leiserberge, Staatzer- und Falkensteiner Klippen, Pollauer Berge) zu den Beskiden fort. Die Flüsse und die an ihren Ufern auf den Höhen angelegten Burgen bildeten Wehrlinien zum Schutz gegen Slaweneinfälle aus dem böhmischen Raum.

Das „Eggenburger Meer" (Miozän), in dem Gebiet, wo heute beide „Viertel" aneinandergrenzen, ist paläontologisch von höchster Bedeutung. Jungsteinzeitliche Grab- und Gerätefunde, Idole und „Schätze" sowie bronzezeitliche Abschnittsbefestigungen (Schiltern, Limberg), latène- und völkerwanderungszeitliche Siedlungsreste sind Zeugnisse der frühesten Bewohner dieser Gegend.

Die Frühgeschichte des Gebietes ist von den Wanderungen der Markomannen und Quaden bestimmt. Die Streifzüge der Awaren sind durch archäologische Funde im Raum Eggenburg belegt. Awarenringe genannte Befestigungen gab es an der Mündung des Flusses Kamp und am Rande des Wienerwaldes. Slawen drangen seit der Abwanderung der Langobarden in den Donauraum ein. Sie gaben hier kein unbedeutendes Zwischenspiel, sondern hatten bis zum 11./12. Jahrhundert an der Geschichte des Gebietes maßgeblichen Anteil.[348]

Seit der Mitte des 6. Jahrhunderts hatten sich verschiedene Stämme und „Restgermanen" aus Boiohaemum (Böhmen) im Donauraum zum Stammverband der Baiovarii zusammengeschlossen. Seit dem letzten Viertel des 7. Jahrhunderts schoben sie sich gegen Osten vor.[349]

Über die Anfänge der deutschen Kolonisation des Donauraums östlich der Enns überwiegt in den Diskussionen der Forscher die archäologisch untermauerte Ansicht, daß sie keinesfalls vorkarolingisch gewesen sein kann. Sie stieß jedenfalls nicht in einen leeren Raum vor. Slawische Besiedlungen lassen sich an Fluß- und Ortsnamen vom 7. Jahrhundert an nachweisen: Thaya, Taffa, Krems, Jauerling, Ostrong usw. Es gibt archäologische Hinweise auf die Anwesenheit von Slawen im nördlichen Niederösterreich ab der Mitte des 6. Jahrhunderts. Drei Brandbestattungen mit Gefäßen des „Prager Typus" sind in Rohrendorf bei Krems, in Stein an der Donau und in Hohenau an der March gefunden worden. Die geringe Tiefe der Gräber und die unscheinbaren Beigaben lassen den Schluß zu, daß andere beim Pflügen und bei Bauarbeiten zerstört wurden.[350]

Zu Beginn des 8. Jahrhunderts bildete die Enns die Grenze zwischen der bayerischen und der awarischen Einflußsphäre, doch auch westlich dieses Flusses lebten Slawen, die den Bayern tributpflichtig waren. Slawische Burgwälle gibt es u. a. in Burgstall bei Kronsegg, Thunau, Burgwall Heidenstatt bei Limberg, bei Eggenburg und in der Nähe des Zusammenflusses von Thaya und Pulkau und dem von Thaya und Iglau.

Es scheint, daß die fränkische Verwaltung dieser Gebiete die älteren slawischen Organisationsformen benützte. Aus den slawischen Gauen – Zupas – wurden allmählich die fränkischen Vikariate. Schriftliche Quellen bezeugen, daß die Slawen im Gebiet der Mark gesellschaftlich vollkommen gleichberechtigt mit den neu hinzugekommenen Bayern und der anderen Bevölkerung lebten und im Verlaufe der Zeit in ihnen aufgingen.[351]

Die Funde aus den slawischen Gräberfeldern Niederösterreichs des 8. Jahrhunderts und zu Beginn des 9. Jahrhunderts[352] zeigen, neben typischen Waffen und Schmuck, gleichartiges Beigabengut: Rinderstirnzapfen, Tierknochen als Reste reichlicher Fleischgaben und zahlreiche Eierschalen. Daraus wird ersichtlich, daß die slawisch-awarische Mischbevölkerung zu dieser Zeit nichtchristlichen Riten anhing. Nachdem die fränkisch-bayerische Christianisierung allmählich von Westen aus vorangetrieben wurde, zeugen die archäologisch nachweisbaren zahlreichen Kirchenbauten mit den sie umgebenden Friedhöfen vom Aufbau einer Pfarrorganisation. Die alten Gräberfelder wurden aufgegeben.

Im 9. Jahrhundert hatte es trotz jahrzehntelanger Kämpfe zwischen dem Ostfränkischen Reich und den slawischen Staaten wenig Veränderung gegeben, und das gegen Ende des 9. Jahrhunderts erstarkende Fürstenhaus der Přzemysliden in Innerböhmen festigte noch die Lage der slawischen Siedler im Gebiet nördlich der Donau. Deutsche Siedlungen hatten sich eng an die slawischen Siedlungen angeschlossen, waren in karolingischer Zeit auf das Tal der Donau und den Unterlauf ihrer Nebenflüsse beschränkt geblieben und beim Ansturm der Magyaren aufgegeben worden. Erst nach dem Sieg über die Ungarn 955 setzte die Kolonisation gezielt ein. Viele slawische Ortsnamen wurden eingedeutscht, Einwanderer kamen aus Salzburg und Passau. Ortsnamen auf -schlag und -reith, ab dem 12. Jahrhundert auch -gschwendt, bezeichnen die Stationen ihrer Landnahme im Waldviertel.[353] Damit war die Einwanderung slawischer Kolonisten von Norden her nicht abgeschnitten. Erst sehr spät trat das Bedürfnis nach einer festen Trennungslinie auf. Die Grenzziehung durch Kaiser Friedrich I. Barbarossa gilt bis heute! Zu ihrer Sicherung wurden die Thayaburgen im 11./12. Jahrhundert von den Markgrafen angelegt. In Rassingdorf erscheint noch Mitte des 12. Jahrhunderts ein Ratine sclavus als Zeuge eines Traditionsaktes, und in der Reihe der mittelalterlichen Äbte des Klosters Zwettl steht der slawische Name Bohuslaus (regierte 1248–1258).[354] Diese Abtei war 1138 durch Hadmar I. von Kuenring fundiert worden.

Die christliche Missionstätigkeit im Gebiet des Wald- und Weinviertels und bis in das Gebiet der Mährer hinein begann, wie die deutsche Kolonisierung, erst nach der Niederwerfung der Awaren. Fränkische, besonders wohl bayerische Missionsgruppen passierten das Gebiet nördlich der Donau auf dem Weg nach Osten in das aufstrebende Mährerreich. Ingeborg Friesinger[355] hat dies anhand von vier kleinen Bleikreuzen nachgewiesen, die alle aus derselben Gußform stammen. Sie sind gleichschenkelig, 4,2 cm hoch mit Korpusdarstellung. Man kann annehmen, daß es sich um Taufgeschenke handelt, die von den Missionaren überreicht wurden. Die Fundorte Thunau, Bernhardsthal, Dolní Věstonice (Unterwisternitz) und Mikulčice (Tschechien) markieren ihren Weg aus dem Donautal über die Kampstraße in das Gebiet der Mährer. Die chronologische Stellung dieser Fundstücke liegt eindeutig vor dem Beginn der byzantinischen Mission (863) durch die Brüder Cyrill und Method, die außerdem von seiten des bayerischen Episkopats mit allen Mitteln bekämpft wurde.

Ein Hinweis dafür, daß das Gebiet nördlich der Donau im dauernden Einfluß der bayerischen Kirche blieb, ist 902/03 die Schenkung des vir venerabilis Josef, eines Slawen, an Bischof Waldo von Freising.[356] Herwig Friesinger[357], der seit 1965 auf der Schanze und der Holzwiese in Thunau, Marktgemeinde Gars am Kamp, eine über Spuren aus dem Spätneolithikum und dem 1.–4. Jahrhundert angelegte umfangreiche frühmittelalterliche Burganlage ausgrub, die Ende des 9. Jahrhunderts ein Zentralort des Gebietes war, sieht diesen Josef als Landesherrn, im Range eines Fürsten, denn der Freisinger Bischof nahm die Schenkung persönlich entgegen, begleitet von seinem Vogt Engilhart. Ein Teil der Zeugen sind durch slawische oder biblische Namen als Slawen ausgewiesen.

Innerhalb der Anlage sind Reste einer Holzkirche und einer 9 x 6,80 m großen steinernen Kirche mit halbrunder Apsis entdeckt worden.

Schon Josefs Vorfahren müssen christlich gewesen sein, denn sie hatten bereits eine Schenkung an Freising an demselben Ort gemacht, die Josef nun anläßlich seiner neuerlichen Schenkung wiederholte. Daß die Schenkung des Slawenfürsten Kozel an Freising im Jahre 861 (siehe Burgenland) auch etwa zu jener Zeit erfolgte, wirft ein Licht auf die Politik des Bistums im 9. Jahrhundert, das neben Salzburg und Passau sich Verdienste in der Slawenmission erwarb.

Bei der Erforschung der Radegundelandschaften wird uns immer wieder die Tatsache beunruhigen, daß sie, ehe die deutsche Kolonisation massiv einsetzte, von Slawen bewohnt waren, die dem Christentum zumindest in ihrer Oberschicht gewonnen waren. Wenn unsere Annahme zutrifft, daß die Radegundeverehrung älter ist, als die spärlichen Dokumente zu bezeugen scheinen, muß sie zur Zeit der Missionierung ins Land gekommen sein. Die Frage, ob nur von Westen oder auch von Osten, zwingt uns, beide Seiten zu beobachten, auch wenn keine schlüssige Antwort gefunden werden kann.

Von Westen kamen der Thüringer Sippe nahestehende Adelige. 976 wird erstmals ein Marchio Luitpoldus urkundlich genannt, der aus einem im Freisinger Raum begüterten Geschlecht stammte, wo ein Graf Luitpold von 806–842 eine Grafschaft verwaltete.[358] In weiblicher Linie bestanden Beziehungen zu den Karolingern und Welfen. Die Bezeichnung „Babenberger", die den neuen Markgrafen nun gegeben wurde, findet sich erstmals in einer Nachricht bei Otto von Freising, dem Sohn des Markgrafen Leopold III., der sein väterliches Geschlecht von einem *nobilissimus francorum comes* abstammen läßt mit Hauptsitz auf dem heutigen Domberg zu Bamberg.

Durch Bodenfunde ist belegt, daß die Bamberger Gegend seit der Jungsteinzeit dauernd besiedelt war. Die Ausdehnung des Thüringerreiches bis nach Bamberg kann durch reichhaltige Funde gerade aus dem 5. Jahrhundert bewiesen werden, so daß die späteren Ehen der Babenberger mit sächsischen und thüringischen Adelsgeschlechtern deren enge Verbundenheit mit Radegundes Heimat nur noch verstärkten.[359] 906 waren die älteren Babenberger in ihrer engeren Heimat den Konradinern unterlegen, deren Führer, der spätere König Konrad I. (911–919), nun eine herzogliche Stellung einnimmt.[360] Daraus erklärt sich Luitpolds Herkommen „aus der Freisinger Gegend", wohin seine Familie abgedrängt worden war.

Als Kaiser Heinrich III. 1041 Frieden mit Böhmen schloß und der Fluß Thaya als Nordgrenze der *marchia Boemia* beiderseits der Pulkau bestätigt wurde, begann die von Mitte bis gegen Ende des 11. Jahrhunderts dauernde Periode des eigentlichen Siedlungsausbaues und der herrschaftlichen Organisation des Wald- und Weinviertels.[361]

Aus den thüringischen Beziehungen der Babenberger erklärt sich auch die Herkunft des Geschlechts der Kuenring. Nach der im 13. Jahrhundert von Zwettl aus verbreiteten Legende, die im 15. Jahrhundert in den „Klosterneuburger Tafeln" auftaucht, sei ein Azzo dem Markgrafen Leopold im Kampf gegen die Böhmen zu Hilfe gekommen und zum Marschall ernannt worden. Azzo († 1100), von Hezzmannswiesen-Gobatsburg, erscheint urkundlich im Jahre 1057 anläßlich einer Schenkung, die Kaiser Heinrich IV. „auf Bitten seiner Mutter Agnes sowie der beiden Markgrafen Wilhelm von Thüringen und Ernst von der Ostmark an einen gewissen Azzo" machte.[362] Diese Azzmannswiesen sind die heutige Ortschaft Kuenring selbst.

In Urkunden taucht Azzo als erster Ministeriale des Markgrafen auf. Die Veste Gobatsburg bei Eggenburg blieb bis Ende des 12. Jahrhunderts in ununterbrochenem Besitz seiner Nachkommen, die sehr zahlreich geworden waren und mehrere Zweige bildeten. Sie hatten sich, berichtet die Reimchronik von Zwettl (Font. I C III), den gemeinsamen Namen Chuenring gewählt, der ihre hohe Abkunft und ihre Verwandtschaft mit den Babenbergern und anderen ersten Familien des Landes erweisen sollte. Friess[363] nennt ihre Genealogie „schwer zu enträtseln". Für unsere Radegundeforschung möge es genügen, die verwandtschaftlichen Beziehungen sowohl der Babenberger als auch der Kuenringer zu den Thüringern aufgezeigt zu haben. Die germanische Namensverwandtschaft über die Silbe „rad" weist bei den Kuenringern noch besonders darauf hin.

Ein Enkel des Azzo, Rapoto von Schönberg († 1176) nennt seinen Sohn ebenfalls Rapoto. Auch ein weiterer Enkel, Otto von Gobatsburg-Purchartsdorf († 1183), hat einen Sohn Rapoto. Ein anderer Verwandter Rapoto war 1159 Abt des Klosters Zwettl. Unter dem „ansehnlichen Gefolge steirischer Edler", die 1193 den gefangenen Richard Löwenherz nach Regensburg brachten, befanden sich Hadmar von Kuenring und sein Blutsverwandter Rapoto von Falkenberg. Eine Urkunde vom 7. März 1259[364] verfügt, daß die Burg Rapotenstein an Frau Bertha von Eggenburg zurückgegeben werden muß. Rapotenstein war im 12. Jahrhundert wahrscheinlich von Rapoto von Kuenring-Schönberg († 1176) erbaut worden. 1787 wurden hier die beiden Kirchengrüfte auf Regierungsbefehl geöffnet und 14 Kupfersärge daraus entfernt und umgegossen.[365]

In seiner „Topographie der verödeten Kirchen und Kapellen im Viertel ober dem Manhartsberg" nennt Alois Plesser[366] unter den, wenn nicht von den Hussiten, so im 17.–19. Jahrhundert entweihten und aufgelassenen 212 Kirchen keine, die Radegunde geweiht war. Allerdings gibt er von vielen, besonders von den 56 verödeten Schloßkapellen kein Patrozinium an. Als die Kuenringer, Besitzer vieler Schlösser, 1350 gestürzt wurden, gingen ihre Besitzungen an andere Geschlechter über, und eine mögliche Radegundetradition brach ab.

Andere Zeichen weisen auf eine solche hin. Freising erwarb viel Besitz am südlichen Donauufer. Es hatte Waidhofen an der Ybbs mit zwei Pfarrdörfern. Die Herrschaft Ulmerfeld[367] (Bezirk Amstetten) war ihm 996 durch Kaiser Otto III. geschenkt worden. In der Wachau erhielt es von Kaiser Konrad II. Mautern geschenkt, dazu Alarn (Ollern) und Weißkirchen.[368] Am nördlichen Donauufer bei Aggsbach befand sich eine Freisinger Besitzung.[369] Gerold von Paingen übergab zu Beginn des 12. Jahrhunderts „Tale et utrumque Suuarzhah" dem Bischof Heinrich von Freising (1098–1137). Das eine Schwarzach heißt jetzt Münichreut und liegt nördlich von Maria Taferl.[370]

Rings umgeben von Freisinger Besitzungen befindet sich die Pfarre Els, die ursprünglich zur Mutterkirche Meisling, ab 1124 zur Pfarre Kottes gehörte und in der ersten Hälfte des 14. Jahrhunderts urkundlich als Pfarre genannt wurde. Nach dem Gedenkbuch soll diese Pfarre anfangs St. Radigund geheißen haben. Der einzige Beleg dazu ist eine Kirchenrechnung von 1680 mit Titel „Kürchenraittung St. Radigunta Pfahr Kürchen in Markht Elss 1680". In dieser Kirchenrechnung heißt es jedoch „dies Gotteshaus ist dem heil. Bangrazi geweiht".[371] So scheint das Radegundepatrozinium schon damals nur noch in der Erinnerung weitergelebt zu haben. Die Pfarrei Els liegt im St. Pöltener Dekanat Spitz im „Viertel ober dem Manhartsberg".[372]

Bischof Heinrich von Freising kaufte um 1130 oder 1135 ein freies Gut zu Ebersdorf und „Grie" (Gemeindebezirk Persenbeug, Bezirkshauptmannschaft Amstetten), oberhalb Weitenegg, gegenüber von Melk am nördlichen Donauufer.[373]

Anton Gutmandlsberger[374] hat das erste Trauungsbuch, 1635, von Ebersdorf, Post Weitenegg, ausgewertet und nennt bei 347 Trauungen drei Bräute mit dem sonst so seltenen Vornamen Radegund. Auch wenn diese nach Ebersdorf eingeheiratet haben sollten, deutet der Name doch auf eine gewisse damals noch lebendige Radegundetradition in dieser Gegend hin.

Aus dem Benediktinerstift Melk – einer Tochtergründung von Lambach – ist keine Radegundeverehrung bekannt. Auch in den älteren Kalendaren wird unsere Heilige nicht genannt. Im „Breviarium Benedictinum Mellicense"[375] ist für den 13. August bereits das Fest des hl. Hippolyt (siehe S. 196) vorgesehen, wie auch in allen neueren Kalendaren. Im Kalendar, das für die Bereiche der Melker Reform (ab 1418) verbindlich war, kommt die hl. Radegunde nicht vor.[376]

Demnach können die Spuren einer Verehrung in der Wachau und den nördlich anschließenden Gebieten, wo das Benediktinerstift Besitzungen hatte, nicht nach Melk weisen.

In einer österreichischen Sammlung von Heiligenviten, die oft als „Pronunciamentum" bezeichnet wurde, nach dem Vorschlag der Gelehrten

Walter Jaroschka und Alfred Wendehorst aber besser als „Legendarium Austriacum minus" zu charakterisieren ist, steht auch St. Radegunde. Handschriften dieser Sammlung sind bekannt geworden aus den Stiftsbibliotheken vom Schottenkloster Wien (15. Jh.), von den Abteien Klosterneuburg (14./15. Jh.), Heiligenkreuz (15. Jh.), Melk (14. Jh.) und Zwettl. Aus der Abtei Mondsee stammt der Codex 2907 saec. XIV., der heute in der Wiener Nationalbibliothek liegt. In der Staatsbibliothek München dagegen befindet sich der Codex Clm 5620, der aus dem bayerischen Augustiner-Chorherrenstift Dießen am Ammersee stammt (15. Jh.); Clm 11 449 dagegen kommt aus dem Stift Polling (15. Jh.). Zwei weitere Münchener Exemplare entstanden in Seemannshausen und in Tegernsee, beide im 15. Jahrhundert. Weitere Verbreitung ist anzunehmen.[377]

Das wohl zwischen 1452 und 1485 kompilierte vierbändige Kreuzensteiner Legendar in der Bibliothek der niederösterreichischen Burg Kreuzenstein enthält eine Vita „Radegundis de regione Turingia", die ihre Vorlage in dem erwähnten „Legendarium Austriacum minus" besitzt.[378]

2.6.4.1 Eggenburg im Weinviertel

Es handelt sich hier um einen uralten Kultort.[379] Selbst Kenner des Weinviertels wissen kaum noch, daß die hl. Radegunde in Eggenburg verehrt wurde. Der Ort liegt an einer der ältesten Handelsstraßen, was auf seine Kolonisierung in frühesten Zeiten verweist. Eine Schenkungsurkunde von 1002 erwähnt ausdrücklich eine Besiedlung der Gegend, zählt Kirchen und Mühlen auf, ohne deren Namen zu nennen. Daraus ist auf eine Fortdauer der germanischen oder slawischen Siedlungen zu schließen, die die Ungarnstürme überdauerten. Sie waren weiterhin christlich geblieben und verehrten die Heiligen, deren Kult die ersten fränkischen Missionare aus Aquitanien eingeführt hatten. Wenn Radegunde auch vergessen ist, so gibt es doch heute noch Martinskirchen im näheren Umkreis von Eggenburg, in Weitersfeld (20 km nordwestlich) und in Sitzendorf (15 km südöstlich).

Egino, ein Verwandter des Radpot, des Markgrafen vom Burgenland, wird als Gründer Eggenburgs genannt. Auch ist die Stammburg der Kuenringer nicht weit. Die alte Bluts- und Namensverwandtschaft hat hier wiederum gewirkt: eine Quelle und eine Feldgemarkung trugen noch im vorigen Jahrhundert den Namen Radegunt oder dessen Abkürzung „Radian". Er läßt sich durch Jahrhunderte zurückverfolgen. Im Kopialbuch von 1535 ist der Verkauf von Feldern „bey sant Radigunt" für den 13. Juli 1343 eingetragen. 1583 und 1591 wird die „breiten bei Sant Radigunt" genannt.[380] Im 16. Jahrhundert war rings um die Quelle St. Radegund die Begräbnisstätte der Selbstmörder. 1709 findet man eine Erwähnung des „Radian-holz". 1717 schloß der Pfarrer von Eggenburg einen Vertrag mit der Stadt-verwaltung ab über die Konstruktion einer Wasserleitung von den Quellen des „Radian" zur Stadt und zum Pfarrhaus. Die alten Kataster der Stadt, deren letzter 1766 begonnen wurde, enthalten stets den Flurnamen Rade-gunt (sic) in verschiedener Schreibweise. Im neuen Kataster von 1882 kommt kein Heiligenname mehr vor. Die Gewann heißt jetzt „Am Krem-serfeld". Der neue Name der Quelle, „Florianibrünnl", scheint sich jedoch noch nicht soweit eingebürgert zu haben, um im Kataster genannt zu werden.

St. Florian, der „Feuerlöscher", wurde hier ganz besonders verehrt in der Zeit zwischen 1766 und 1882, während der Quell- und Gewannname St. Radegund verschwand: mehrere heftige Feuersbrünste wüteten in Eggenburg, besonders 1808, 1858 und 1859. Sie legten die Stadt in Schutt und Asche.

Wie sieht es heute an der Radegundequelle aus?[381] Wenn man von Eggen-burg aus die Straße nach Kuenring fährt, findet man nach etwa 2 km vom Marktplatz ab gerechnet linker Hand ein grünes Haus, „Dreimäderlhaus" genannt. Hier zweigt links ein Feldweg ab, der eine kleine Schlucht entlang, an drei Häusern links vorbei, zur Hochfläche „Am Kremserfeld", früher „Im Radegund", führt. Oben biegt man nach rechts ab, fährt etwa 200 m am Feld entlang bis an das nächste Gehölz. Es bedeckt ein nach rechts abfallen-des Gelände. Nesseln und Dornenranken wollen den Eintritt verwehren. Auf gut Glück dringt man vor und entdeckt am Hang ein kleines schmuck-loses Kapellengebäude, zementverputzt, mit der verwitterten Aufschrift „Florianibrünnl". Ein Farbdruck des Feuerpatrons in der Nische bestätigt es, und die unter dem Gebäude gefaßte Quelle unterstreicht es: wir stehen auf einer uralten Verehrungsstätte der hl. Radegunde. Unter dem Gestrüpp ist nichts von den längst verfallenen Selbstmördergräbern zu sehen.

Der nahegelegene Flecken Rodingersdorf bei Siegmundsherberg wurde in der Diözese St. Pölten[382] noch Ende des 14. Jahrhunderts als Pfarre Radigerstorf (Radigastorf, Radigarstorff) geführt, dann „nach Eggenburg einverleibt, auf einen Priester gestiftet, aber seit drei Jahren unbesetzt".

Die Kirche war St. Gilgen geweiht, also Ägidius, dem Frankenheiligen, einem der Vierzehn Nothelfer. Es gibt dort auch eine Laurentiuskirche.

Weitere Nennungen: „1325 an unser vrawn tag als si geparen wart (8. Sept.) verkaufte Meinhard von Pulkau dem Ulrich von Meyssawe eine Gülte zu Radigestorf." 1538, am 3. Januar, belehnt Graf Julius von Hardegg . . . mit einigen Lehensstücken, unter anderem zu Radingerstorf.

Man darf wohl Prof. Brunner[383] Recht geben, der in diesem Namen ein ehemaliges „Radegundisdorf" sieht. Im Pfarrgebiet Pfaffendorf besteht heute noch die Kirche St. Radegund in Peigarten (s. d.), und in der Gegend gemahnen einige andere alte Namen an Radegunde: Radlbrun bei Ziersdorf; Radelsdorf, das ein Georg von Windten 1452 bei einer Teilung erhält; Ravelsbach bei Maissau; Ragelsdorf bei Peigarten.

2.6.4.2 Peigarten im Pulkautal[384]

Der Ort ist aus drei Ansiedlungen zusammengewachsen, die sich früher am sagenumwobenen Schloßberg, um die Kirche und um die Mühle gruppierten. Er besteht heute aus einem Meierhof und 37 Bauernhäusern. 1141 wurde er als Bigartin[385] genannt.

Die erste Urkunde über die Kirche in Peigarten, Filiale von Pfaffendorf, ist ein Schreiben des Bischofs Wernhard von Passau vom 6. Mai 1289, wo „dem gleichen Vikar" befohlen wird, die Kirche und die Gemeinde von Peigarten „nach alter Art" zu verwalten. Diese Formulierung unterstellt, daß Kirche und Gemeinde schon lange bestanden.

Das Gebiet der Gemeinde Pfaffendorf mit Peigarten gehörte im 11. Jahrhundert Wolfger von Nalb, einem Untergebenen des Passauer Bischofs. Er übertrug seinen Besitz an das Stift Göttweig (gegründet 1083).[386] Bischof Altmann von Passau scheint Beziehungen zu den Kuenringern gehabt zu haben. Prof. Brunner nimmt an, daß er ein Verwandter dieser Familie thüringischen Ursprungs gewesen ist.

Wahrscheinlich ist die Kirche von Peigarten um das Jahr 1100 als Eigenkirche errichtet worden von einem Angehörigen der Kuenringer. Bischof Altmann von Passau weihte auch die Kirche zu Hecmannswiesen des Azzo von Gobelsburg, des ersten Kuenringers. Die Stammburg Kuenring liegt nicht weit entfernt von Peigarten. Sie ist nun zerfallen.

Das älteste Dokument über Peigarten bestätigt 1141 das Recht der Zehntzahlung, das Bischof Reginbert, Grundherr von Peigarten, der Gemeinde von Groß zubilligt.

Das Gebäude der Filialkirche St. Radegundis ist in recht gutem Zustand. Es war früher mehrfach durch aufsteigende Nässe beschädigt worden. Im Frühjahr 1990 wurde eine Sanierung der Grundmauern vorgenommen. Adalbert Klaar hat dazu einen Plan gezeichnet, aus dem hervorgeht, daß die Kirche in romanischer Zeit aus Bruchsteinen aufgeführt worden war. Sie war 11,56 m lang und 5,90 m breit mit geradem Chorabschluß ohne Apsis von 4,80 m Länge und 5,46 m Breite. Als um 1430 der Turm von den Hussiten zerstört worden war, wurde noch in gotischer Zeit in der Nordostecke zwischen Schiff und Chor ein neuer Turm angebaut. Im Barock wurden die kleinen romanischen Fenster der Süd- und Nordwand des Schiffes zugemauert und durch je ein größeres ersetzt. Eine Vorhalle von 3,20 m Länge, 4,12 m Breite und 3,25 m Höhe wurde auf der Westseite angefügt. Die Kirche ist von einem Friedhof umgeben, dessen Ost-West-Mauer 23,50 m lang ist.

Auf dem Hauptaltar sieht man das Altarbild mit der Aufschrift „S. Radegundis". Die Heilige ist wie eine Benediktinerin gekleidet, gekrönt und hat einen Heiligenschein. In der linken Hand hält sie ein offenes Buch. Mit der Rechten, die ein Kreuz hält, erteilt sie einem knienden Bettler den Segen. Im Hintergrund sieht man klösterliche Gebäude mit einem kleinen Glockenturm. Ausführung und Rahmen sind barock.

Vor etwa 50 Jahren wurde in der Kirche noch jede Woche eine Schulmesse gefeiert.[387] Jetzt werden gelegentlich noch Messen oder Totenmessen gehalten. Der 12. August ist der Kirchtag der Gemeinde, er wird stets mit einer Messe eingeleitet.

Der Lauf des Pulkaubaches ist vor etwa 50 Jahren begradigt worden. Er floß in Ost-West-Richtung an der Südseite der Kirche entlang. Eine Quelle unter deren Grundmauern mündete hier in den Bach und bildete ein kleines Bassin, wo die Kinder gerne zum Baden hinkamen. Im Weinviertel herrscht ein trockenes Klima. Durch Drainagearbeiten hat sich der Grundwasserspiegel gesenkt, und die Quelle ist versiegt. Die angrenzende Feldried heißt heute noch „Bründlacker". Es scheint sich hier um eine der heiligen Radegunde geweihte Quelle gehandelt zu haben, über oder neben der die Kirche erbaut wurde. Auch die Lage an der alten, über die Höhe führenden Straße Peigarten–Pfaffendorf ist typisch. Die Pfaffendorfer Kirche St. Georg erhebt sich auf einer kleinen Anhöhe, etwa 2 km von St. Radegund entfernt und genau in deren verlängerter Ost-West-Achse. Sie war zeitweise protestantisch, während Peigarten immer katholisch blieb.

Als ich die Kirche am 14. April 1994 besichtigte, wurde sie gerade innen restauriert. Die Archäologen des österreichischen Bundesdenkmalamtes arbeiteten seit Februar 1994 daran, die Fundamente zu untersuchen, war doch die Trockenlegung eine einmalige Gelegenheit, eine Bestätigung für die Annahme zu suchen, daß es sich hier um eine Eigenkirche handelte. Es wurden jedoch keine Adelsgräber gefunden, nur einige Kindergräber kamen unter der barocken Vorhalle zutage. OSR Lutz vermutet, daß sie aus der Zeit vor deren Anbau stammen, als Kinderbestattungen dicht an der Kirchenmauer vorgenommen worden waren. Man entdeckte einige Münzen, die noch untersucht werden, sowie einen Glockenschwengel mit Teilen einer Glocke. Eine weitere Peigartener Glocke, gegossen 1622 von Simon Selner (Dm 48,5 cm, Gewicht 70 kg), befindet sich im Glockenmuseum Josef Pfundner Wien (Inv. Nr 55W).

Da der Innenverputz des Gebäudes zur Zeit vollständig abgeklopft ist, waren die Quader des Mauerwerks aus in der Gegend anstehendem

Sandstein sichtbar. Eine mit Backsteinen durchgeführte Reparatur rund um den Durchgang zum Chor und bis hinauf zu der flachen Holzdecke muß wegen der erwähnten Zerstörung des alten Turms durch die Hussiten nötig geworden sein.

Die Legende von der Erbauung der Kirche gehört zu den Schleiersagen.[388] L. Schmidt (siehe „Großhöflein") datiert sie in eine Zeit vor 1100. „Als das Gebiet zwischen Schloßberg und der Pfaffendorfer Kirche vor vielen Jahren überflutet war, lebte in dem Schlosse ein mächtiger Graf mit einer jungen Gemahlin. Eines Tages, als sie zur Pfaffendorfer Kirche fuhren, entriß ein mächtiger Windstoß der Gräfin den Schleier. Man gelobte, dort eine Kirche bauen zu lassen, wo der Schleier gefunden würde. Gelegentlich einer Bärenjagd fand man ihn im Dickicht des Waldes. Die neue Kirche wurde zu Ehren der Stifterin, welche Radegund hieß, nun auch der hl. Radegund geweiht."

2.6.4.3 Hohenruppersdorf im Weinviertel[389]

Großenzersdorf, östlich von Wien, 20 km südwestlich von Gänserndorf, zu dessen Bezirkshauptmannschaft Hohenruppersdorf gehört, wurde 1025 durch Gütertausch von Freising erworben.[390] Kirchlich gehörte die Pfarrei früher zur Diözese Passau, heute zur Erzdiözese Wien.[391]

Im Ortsnamensbuch[392] wird der Ort „Ruprechtsdorf" seit 1171 in verschiedenen, vom Personennamen Hruodperht abgeleiteten Namensformen genannt.

Karl Lechner[393] betont, daß in den nördlich der Donau gelegenen Landesvierteln von Niederösterreich das Martinspatrozinium überaus häufig ist, vom südlichen Marchfeld bis über Mistelbach und Staatz hinaus. Einen Großteil davon legt er eindeutig für die erste Hälfte des 11. Jahrhunderts fest. An dem „überaus alten" Radegundepatrozinium in Hohenruppersdorf meint er die „Wahrscheinlichkeit der Rückführung in das 9. oder 10. Jahrhundert zu erkennen".

Gewisse Beziehungen zwischen dem Benediktinerstift Melk und den beiden Radegundeorten Hohenruppersdorf und Matzendorf (siehe S. 116) scheinen aus den wenigen zerstreuten Dokumenten auf. Am 19. Juni 1178 wird ein Streit zwischen den Äbten Heinrich von Heiligenkreuz und Konrad von Melk dadurch beigelegt, daß die Heiligenkreuzer für die Freiheit von gedachten Zehenten, welche sie seit beinahe 40 Jahren, gestützt auf ein Privilegium von Papst Innozenz II. von 1139, nicht entrichtet hatten, den Melkern zur Befriedigung unter anderem zwei Huben zu Rouprehtsdorf abzutreten hatten.[394] Hohenruppersdorf wurde mit seiner Mutterpfarrei Stillfried 1327 durch Herzog Friedrich den Schönen der von ihm gestifteten Kartause Mauerbach übergeben. Spätestens 1347 war Hohenruppersdorf selbständige Pfarrei. Der Prior von Mauerbach blieb bis zur Klosteraufhebung Patronatsherr der Pfarrei.[395]

Vom hochgelegenen Marktplatz führte ein Steig, der älteren Einwohnern noch bekannt ist, von der Kirche hinunter zu einer vor etwa 40 Jahren versiegten Quelle. Bei Erdbewegungen wurden unter Aufschüttungen Mauerreste entdeckt, die an eine Wehrfunktion der ersten Kirche denken lassen. Die Anlage hatte die Form einer karolingischen Pfalz mit Ecktürmen.[396] Josef Schrems hat nach Abmessungen an Ort und Stelle und aufgrund schriftlicher Unterlagen Skizzen davon angefertigt.

Man nimmt an, daß die erste romanische Kirche bereits der hl. Radegunde geweiht war. Ihre Grundmauern, „die Gruft" genannt, befinden sich unter der jetzigen Kirche, die das dritte Gebäude am gleichen Platz ist. Karl Berthold hat in seinem Heimatbuch vorgeschlagen, die „Gruft" zu einer Radegundekapelle auszubauen.

Das Radegundepatrozinium ist für die gotische Kirche urkundlich belegt. Das jetzige dritte Kirchengebäude von 1790 ist Heilig-Kreuz geweiht, worin K. Berthold einen Zusammenhang mit Sainte-Croix in Poitiers sieht. Auch von dem Wappenzeichen des Marktes nehmen er sowie Pfarrer M. Motz an, daß es nicht „ein stilisiertes ‚H‘, den Anfangsbuchstaben von Hohenruppersdorf oder Habsburg darstellt, sondern auf ein fränkisches Wappenzeichen, die Lilie, zurückreicht und damit auch mit der hl. Radegunde zusammenhängt."

In der Kirche ist der südliche Seitenaltar mit einem Altarbild geschmückt, das eine „schön weißgekleidete" Radegunde zeigt, die nach Aussagen von Frau Strobl der Kaiserin Maria Theresia (1740–1780) ähnlich sieht.[397]

Pfarrer Schiefelner (1951–1962) hat das Gewölbe der Kirche mit einem Fresko ausschmücken lassen, das die brennende Hohenruppersdorfer Kirche darstellt, die durch die russische Armee 1945 in Brand geschossen wurde. Die hl. Radegunde, weiß gekleidet mit braunem Überwurf, kniet darüber und fleht die Gottesmutter um Schutz an. In den Wolken unter der Heiligen hält ein Engelchen die Krone.

Das Kirchweihfest am Sonntag, der dem 13. August folgt, ist heute die einzige an Radegunde erinnernde Veranstaltung.

Im Dehio-Handbuch[398] ist der nördlich der Pfarrkirche befindliche ehemalige Karner erwähnt und ein ursprünglich als Seitenaltar in der Radegundekapelle dienendes Sandstein-Relief als Vesperbild, flankiert von den Heiligen Helena und Radegunde (1511).

Im Heimatbuch 1987[399] sind die Häuser der Marktgemeinde und deren Besitzer aufgeführt. Die 281 älteren Häuser, deren Urkunden für manche bis in die erste Hälfte des 16. Jahrhunderts zurückreichen, gehörten zeitweise Frauen mit dem Vornamen Radegunde, die zusammen mit ihrem Ehemann oder auch allein als Besitzerinnen angeführt sind:

Im 18. Jahrhundert von 1700–1795: 19

Im 19. Jahrhundert von 1805–1890: 5

148 Häuser sind in Hohenruppersdorf seit Ende des vorigen Jahrhunderts dazugebaut worden. Unter deren Besitzern gibt es keine Radegunde mehr.

2.6.5 Burgenland und Ost-Niederösterreich

Leopold Schmidt hat 1956 den Radegundekult im Burgenland so eingehend erforscht, daß es auf den ersten Blick scheint, als sei dem nichts hinzuzufügen. Stellt man jedoch die lokale Situation in den geschichtlichen Zusammenhang des weit nach Osten offenen Raumes zwischen den Kulturen, trägt Schmidts einfache Erklärung der Radegundepatrozinien als Folge der Gründung von Eigenkirchen im 9. Jahrhundert durch vermeintlich mit den Thüringern versippte Geschlechter den komplizierten Verhältnissen dieses dunklen Zeitalters nicht genügend Rechnung. Auch stellen neuere Forschungen (siehe S. 112) Schmidts Denkansatz in Frage.

Um in die Geschichte der Entstehung der Radegundekultlandschaften, die „in der romanischen Zeit, im 11. und 12. Jahrhundert schon feststehen und offenbar nicht mehr bereichert werden"[400], tiefer einzudringen, als die wenigen und wahrscheinlich nicht der Erstzeit angehörenden Dokumente erlauben, müssen wir auch für Burgenland und Ost-Niederösterreich die Religions- und Besiedlungsgeschichte zu erfassen versuchen und wollen nicht vergessen, daß die auf Radegunde übertragenen Quell- und Steinkulte in früheste Zeiten verweisen.

Von einer ersten vagen Christianisierung aus Römerzeiten zwischen Alpen und Donau haben sich einige christliche Inseln erhalten, die vermutlich noch zu Beginn der fränkisch-bayerischen Missionierung und Kolonisierung bestanden. Von daher scheint es nicht unmöglich, daß auch das Gebiet Burgenland und Ost-Niederösterreich, wo an allen Radegundeorten römische Funde gemacht wurden, schon früh mit der neuen Religion in Berührung kam.

Das Bistum Aquileja galt als Gründung des Evangelisten Markus. Seine Ausstrahlung hat sich nicht, wie in späteren Zeiten, auf das Gebiet südlich der Drau beschränkt. Ein gepflegtes römisches Straßennetz durchzog die Oststeiermark und das Burgenland, wo das hier ausgebeutete Eisenerz als wichtigste Ware über Großhöflein und Fischau zu den Handelszentren gebracht wurde und der Reichtum des Nordens über die Bernsteinstraße herankam, die unter Tiberius (14–37) zur römischen Heerstraße ausgebaut wurde.[401] Nicht nur Waren wurden über diese Straßen weitergetragen, sondern auch Gedanken. Die Bevölkerung bestand aus Gruppen verschiedener germanischer Stämme, die fast gleichzeitig mit den Römern hier zu siedeln begannen. Um das Jahr 10 n. Chr. waren an der Donau Römer und Markomannen aufeinandergetroffen. Diese sind im Raum des Leithagebirges schon seit 50 n. Chr. durch Grabsteine nachgewiesen.[402] In der ersten Hälfte des 4. Jahrhunderts lebte im Burgenland ein beträchtlicher germanischer Bevölkerungsanteil. Die markomannische Königin Fritigil war zum katholischen Christentum übergetreten.[403]

Germanen und Römer sogen die Elemente der Vorbevölkerung auf und hatten sich besonders mit keltischem Geistesgut auseinanderzusetzen. Die aus Spanien zwischen 2000 und 1800 v. Chr. eingewanderten Glockenbecherleute waren zwischen 1800 und 1200 v. Chr. von Illyrern und Kelten verdrängt worden, die noch unter römischer Herrschaft fortlebten und erst allmählich mit der übrigen Bevölkerung verschmolzen. Eine Unzahl keltischer Hügelgräber, nicht nur im Bereich der südlichen und östlichen Ausläufer der „Buckligen Welt", sondern auch im Wiener Becken, sowie die Kultanlage in der Nähe von Habich (siehe S. 125) zeugen von ihnen. Carnuntum ist nach den keltischen Karnern benannt, Sabaria (Martinsberg) ist ein Name keltischen Ursprungs.

Das Gebiet wurde nun von den Römern in die Verwaltungsbezirke Unter- und Oberpannonien gegliedert, die im Raum Burgenland–Steiermark aneinandergrenzten. Eine von den Kelten überkommene Verehrung der Quellen, die germanischen Glaubensvorstellungen nicht fremd war, konnte nahtlos von den Römern übernommen werden, die den Quellnymphen in Österreich an mehreren Orten nachgewiesene Verehrung zollten. Aus dem uns besonders interessierenden Gegenden wären Petronell-Carnuntum, Winden am Neusiedler See, Mannersdorf, Lichtenwörth, Purbach und Breitenbrunn im Burgenland zu nennen.[404]

Am deutlichsten zeigt das Relief von Mannersdorf am Leithagebirge (siehe S. 114) die Verschmelzung der römischen mit der alten keltischen Nymphenverehrung. Vor allem im östlichen pannonischen Raum wurde eine illyrische Sonderform der Nymphen verehrt, die Silvanae oder Waldnymphen, die in der Dreizahl auftraten, angeführt von einem männlichen Wesen Silvanus silvester, der Züge des Merkur trägt und Ersatz für den illyrischen Hirtengott Vidasus ist, der wiederum mit Pan verschmilzt. Der Beweis dafür, daß auch die Kelten die Silvanae-Nymphen hochschätzten, ist ein von dem Kelten Troucisa den Silvani geweihter Altar, gefunden in Enzersdorf an der Fischa (Bezirk Bruck a. d. Leitha).[405]

Eine Radegundeverehrung an ehemaligen Nymphenkultstätten ist nicht selten. Im folgenden wird jeweils darauf hingewiesen. Es ist nicht feststellbar, inwieweit die Ankunft der Hunnen diese Traditionen störte. Die von ihnen verursachten Völkerbewegungen brachten neue Zuschübe, aber die vorhandenen Elemente wurden nie völlig beseitigt.[406] Nach dem Ende der hunnischen Herrschaft erhielten die Goten von den Römern Pannonien mit vielen Städten von Syrmis bis Vindomina zugewiesen, und wenigstens bis zur Karolingerzeit haben die uns namentlich bekannten Römerorte des burgenländischen Raumes fortbestanden.[407]

Im Jahre 526 wanderten die Langobarden ein. Ihr nur 42 Jahre dauernder Aufenthalt in Pannonien[408] hat Zeugnisse hinterlassen, die die Radegundeforschung unmittelbar interessieren. István Bóna[409] weist auf die thüringischen Elemente innerhalb der Langobarden hin, die Ausgrabungen der Gräberfelder von Vörs, Kajdacs, Tamási, Máza, Mohács und Kádárta ans Licht brachten. Ihnen ist eine eigenartige Doppelheit charakteristisch. Handgemachte Töpfe des Typs der Elbe-Gegend und thüringische Zangenkopffibeln kommen nebeneinander vor. In Tamási wurden bei den in Holzsärgen Bestatteten sowohl betreffs des anthropologischen Typs als auch der Funde thüringische Eigenarten beobachtet. „Dies ist auch nicht überraschend, schreibt I. Bóna, denn der langobardische dux von Turin, der spätere König Alachis, war ein Thuringus. Seine Familie flüchtete wahrscheinlich nach dem Fall Thüringens im Jahre 531 zu den Langobarden und gewiß nicht allein. Auch die thüringischen Familienbeziehungen der langobardischen Könige Wacho und Audoin sind wohlbekannt."[410]

Nach dem Abzug der Langobarden war ihr Einfluß in Pannonien nicht erloschen. Sie hatten das Gebiet den Awaren überlassen unter der Bedingung, daß es ihnen innerhalb von 200 Jahren freistehe, nach Belieben wieder nach Pannonien zurückzukehren.[411] Das erklärt auch einen interessanten archäologischen Befund: In den genannten Gräberfeldern wechseln dichter liegende Bestattungen mit größeren leeren Flecken. Das Gräberfeld von Kádárta liefert den glücklichen Beweis dafür, daß diese leeren Flächen für die im Jahre 568 nach Italien ausgezogenen Familienmitglieder reserviert waren. Durch Ausgrabungen ist die gemeinsame Siedlungsfortdauer bis mindestens ins 6. Jahrhundert feststellbar.[412] Die Funde von Stinkenbrunn und Nikitsch[413] lassen keinen Zweifel daran, daß auch im 7. Jahrhundert noch Gruppen von Langobarden im Burgenland lebten, die begonnen hatten, sich mit den Awaren zu vermischen.

Die Awaren blieben also in teils freundlichem, teils feindlichem Austausch mit den Langobarden und deren thüringischen Elementen. Diese Traditionen können ihnen ebensowohl von der verbliebenen Vorbevölkerung vermittelt worden sein als auch durch direkte politische Kontakte.

War es doch der Langobardenkönig Alboin, der den Awarenkagan Bajan 566 zum Kriegsbündnis aufforderte und ihn zum Feldzug gegen die Gepiden bewog![414] Paulus Diaconus erzählt von fortwährenden awarischen Einfällen in Oberitalien, besonders in Friaul, in den Jahren um 600. Langobardische Kriegsgefangene, Frauen, Männer und Kinder, wurden nach Pannonien, ihre alte Heimat, verschleppt[415] und verstärkten dort den Anteil der Restgermanen.

Von zwei Seiten her wurde christliches Gedankengut an die Awaren herangetragen. Seit ihrem Erscheinen in Pannonien standen sie in enger Berührung mit den Byzantinern, deren Einfluß auf die schamanistischen Praktiken der Reiternomaden nicht ausblieb. Menander[416] erwähnt verschiedentlich „Geschenke" der Byzantiner an die Awaren als Anzeichen für einen beginnenden Kulturaustausch und schildert, wie der Kagan seinen nach stammestümlichen Riten vollzogenen Schwur, Sirmium nicht anzugreifen, durch einen Kniefall vor der vom Bischof gehaltenen Bibel und mit einem Schwur bei Gott bekräftigte.

In den Fürstengräbern von Kiskörös sind der Frau und der Tochter des awarischen Fürsten Kreuze umgehängt.[417]

Nachrichten über Radegunde hätten in die Ostmark also schon vor dem Eintreffen westlicher Missionare auf dem Weg über Byzanz hereinkommen können, mit dem die Merowinger sowie die Awaren in reger diplomatischer Verbindung standen und wo ihr Vetter Amalafrid in Heeresdiensten stand und für den Kaiser die Landesgrenze bei Sirmium verteidigte (siehe auch Kap. Bayern).

Sirmium, heute Mala Mitrovica genannt, die größte Stadt Pannoniens, in alter Zeit von den keltischen Tauriskern angelegt, war als Verkehrsknotenpunkt seit der frühen Kaiserzeit von Bedeutung und wurde zur Operationsbasis im Krieg gegen die Draker und andere Völker an der Donau. Bei der Teilung zwischen Gratian und Theodosius fiel Sirmium an das Westreich und kam nach langen Kämpfen 582 in den Besitz der Awaren.[418] Die „Insel Sirmium" zwischen Save und Donau hatte dank ihres Ansehens und ihrer Lage eine hervorragende Stellung eingenommen. Die von hier aus geleistete Missionsarbeit hatte bis in den Raum des späteren Wien gezielt.

Der Fall Sirmiums bezeichnet das Ende der spätantiken Periode in der Geschichte dieser Stadt, doch scheint sie auch im awarischen Staatsverband ihre außergewöhnliche Stellung behalten zu haben[419], und nichts deutet auf ein Ende ihrer geistlichen Ausstrahlung hin. Noch Ende des 9. Jahrhunderts führte Rom das Recht der Kurie auf die pannonische Diözese auf die alten Rechte Sirmiums zurück.[420]

Andererseits hatten die Awaren Berührung mit den christlichen Franken, diesen westlichen Traditionsträgern des Wissens um Radegunde. Zwei

Kriege, 562 und 566, in dem von den Franken verteidigten Thüringen, wobei Sigibert I. in ihre Gefangenschaft geriet, brachten sie der Heimat Radegundes noch zu deren Lebzeiten nahe.

Der hl. Emmeram war in die Donauländer gekommen mit der ausgesprochenen Absicht, die Awaren zu bekehren. Es gibt im Awarenland auch Spuren des Wirkens des hl. Willibald († 781), eines in Monte Cassino ausgebildeten Benediktiners englischer Abstammung und Bischofs von Eichstätt.

Eine Kirche, deren Gründung auf sein Wirken zurückgeführt wird, ist in Marz bei Mattersdorf festgestellt worden. Bei einer kanonischen Visitation im Jahre 1651 soll sie als 900 Jahre alt bezeichnet worden sein, wie Adolf Mohl 1930 dem burgenländischen Heimat- und Naturschutzverein (IV,2) mitteilte.

Eine andere Willibaldkirche in Nyalka-Nelkau bei Martinsberg wird 1102 erwähnt, eine dritte 1250 in Ravazd-Roc unweit davon. Demnach scheint es Ansätze einer vorkarolingischen Christianisierung im Umkreis des uralten, später Martinsberg genannten keltischen Heiligtums Sabaria unter Bezugnahme auf den Bischof von Eichstätt, der als solcher auch den Franken nahestand, gegeben zu haben.[421]

Schon 795 nahm der Awarenführer Tudun das Christentum an[422], und 805 erwähnen die Reichsannalen einen christlichen Awarenkagan Theodor. Sein Nachfolger Abraham empfing 805 die christliche Taufe an der Fischa[423] (super Fiskaha). Von da an hört man nicht mehr viel von den Awaren. 822 erscheinen noch ihre Gesandten bei Ludwig dem Frommen, der selbständige Awarengau dürfte aber damals schon aufgelöst worden sein. 860 wird noch davon gesprochen, daß die christliche Religion in awarischer Sprache gelehrt wird. 889 liest man von einer Awareneinöde.[424] Auch wurden awarische Grablegen nach 800 selten weiter benutzt.

Wenn der politisch bestimmende Anteil der Bevölkerung des Raumes Burgenland–Ost-Niederösterreich fast 250 Jahre lang awarisch gewesen ist, so wird er doch zahlenmäßig von dem der Slawen übertroffen. Hier wie auch in den südlicheren Radegundegebieten haben die Slawen eine prägendere und länger nachwirkende Rolle gespielt. Die Einflüsse dieses friedliebenden Volkes sind weniger spektakulär als die Übergriffe der hunnischen, awarischen und ungarischen Eroberer. Allerdings gibt es zu denken, daß aus den von Slawen wenig berührten Gebieten Österreichs keine Radegundekultstätten bekannt sind. Die Vermutung drängt sich auf, daß hier ein Zusammenhang bestehen könnte. Sie wird in Kärnten und Krain (siehe S. 142/160) neue Nahrung erhalten, ohne ihre schlüssige Antwort zu finden.

Die Slawen waren seit der Zeit um 500 an der unteren Donau erschienen. Das muß nach Fritze (p. 499ff) mit dem Zusammenbruch des Attila-Reiches in Zusammenhang stehen und nicht mit dem Erscheinen der Awaren, die 557 an den nordöstlichen Grenzen des oströmischen Reiches auftauchten. Sie brachten die sozial wenig organisierten bäuerlichen Slawen unter ihre Abhängigkeit. Die Fredegar-Chronik (Mitte 7. Jahrhundert), bestätigt von der Nestor-Chronik (11. Jahrhundert), spricht sogar von harter Unterdrückung. Awaren und Slawen waren aber miteinander in differenzierterer Weise als nur durch das Verhältnis vor Herrscher und Unterworfenen verbunden.[425]

Die Awaren haben ihren Herrschaftsbereich kontinuierlich erweitert, indem sie bereits angesessene slawische Verbände (wie in Rumänien, Böhmen, Mähren, Westslowakei) ihrer Herrschaft unterstellten, andererseits in noch nicht slawisch besiedelte Gebiete slawische Gruppen vorschoben[426], die so an die Donau nach Niederösterreich, an die Drau und die Ostalpen gelangten.

Als die Awaren 626 durch ihre schwere Niederlage vor Konstantinopel geschwächt waren, kam es zu einem großen Slawenaufstand, dessen Zentrum im Westen des Awarenreiches nach Fritze (p. 519) vor allem im Wiener Becken, im Marchfeld und in der ungarischen Tiefebene anzunehmen ist. Es gibt nachweisbare Handels- und erschließbare politische Beziehungen zwischen dem Frankenreich und dem slawischen Aufstandsgebiet. Als Folge dieses Aufstandes konnte der fränkische Kaufmann Samo, vermutlich aus Sens (Dep. Yonne), das erste Slawenreich der Geschichte errichten. Man hat vermutet, daß er als fränkischer Agent zu den Aufständischen geschickt worden war. „Die genaue Art und Weise seines Vorgehens gegen die Awaren, seine ‚utilitas' für die Slawen, all das sind bis heute ungelöste Rätsel."[427] Die Ausdehnung des Samo-Reiches ist stark umstritten. Es soll von der Saale bis an die mittlere Donau, von den Sudeten bis an die Ostalpen gereicht haben. Der burgenländische Raum war vielleicht sein Kernstück. Nach Meinung Öttingers[428] war Wien sein Mittelpunkt. Andere Forscher sehen das Zentrum des Samo-Reiches in Ostfranken (Kunstmann) oder in Kärnten. Der böhmisch-mährische Raum wird aber sicher dazugehört haben.[429] Samo wurde zum König gewählt, behauptete sich gegen einen vereinigten fränkisch-langobardischen Angriff und brachte 631/32 dem Frankenkönig Dagobert I. eine empfindliche Niederlage bei. Wenn auch missionarische Tätigkeiten in Samos Reich nicht erwähnt werden, so muß dieser bemerkenswerte, möglicherweise am merowingischen Hof bekannte „Kaufmann" aus der Stadt Sens katholisch gewesen sein. Er wird nicht ohne Gefolgsleute zu den Slawen gekommen sein, auch ist anzunehmen, daß weitere Franken zu ihm stießen. Sie können Nachrichten über Radegunde ins Land gebracht haben.

So setzte sich die Bevölkerung der Radegundegebiete Ost-Niederösterreichs und Burgenlands beim Eintreffen der Karolinger 796 aus einem nicht näher analysierbaren Gemisch von Langobarden mit anderen Restgermanen, Awaren und Slawen zusammen. Vergeblich wäre es, über ihre Religiosität etwas aussagen zu wollen (siehe auch Kap. Bayern). Wir haben aber versucht aufzuzeigen, aus welchen Quellen sie sich nährte und daß man von einer natürlich gewachsenen Bereitschaft sprechen kann, gerade Radegunde als christliche Erbin alter Glaubenstraditionen einzusetzen.

Nach Tassilos III. Sturz 788 führte Karl der Große dessen Expansionspolitik im Südosten fort. Als 796 die Awaren besiegt und bis hinter die Theiß zurückgedrängt waren, wurde Unterpannonien dem Reich einverleibt und zunächst mit der Provinz Bayern vereinigt. Die einheimischen awarisch-slawischen Fürsten wurden vorerst belassen, bis Karl der Große 803 die Slawenmission an Salzburg übertrug und im Ostland einen Grenzgrafen einsetzte, womit er es von Bayern trennte und zu einer eigenen Präfektur machte.[430]

Zwischen Carnu(n)tum und Steinamanger erstreckte sich ein Klientelstaat der Awaren.[431] Ihr westlicher Siedlungsbereich ging bis in die Bucklige Welt im östlichen Niederösterreich. Historiker haben die sogenannte Awarengrenze auf die Linie Fuchsriegel, Kulmariegel, Königsberg, Sonnberg, Kaltenberg festgelegt.[432]

Priwina, der 836 in der Kirche des hl. Martin zu Traismauer, Besitz des Salzburger Erzbischofs, getauft worden war, und sein Sohn Kozel regierten das Awarengebiet von Mosapurc (Moosburg) aus. Spuren einer Freisinger Einflußnahme sind hier dokumentarisch nachweisbar.[433] Am 21. März 861 übergab Kozel „comes de sclauis nomine Chezul" ein Gebiet am Plattensee „cum territoriis et vineis pratis et silvis" an Freising, „in capsam sancte Marie firmiter tradidit ut eius temporibus inconvulsam permaneat ad Frisingam, ubi electus dei Corbinianus corpore quiescit". Diese Tradition ist zu Regensburg unterzeichnet worden. Kozel befand sich also in nächster Nähe Freisings, von wo er nicht ohne Eindrücke vom fränkischen Missionierungsgeist in seinen Staat, die heutige Radegundelandschaft, zurückgekehrt sein wird.

Seit Mitte des 8. Jahrhunderts scheint die Durchdringung des bayerischen Raums durch Vertreter einflußreicher fränkischer Adelsgeschlechter systematisch durchgeführt und der bayerische Adel ins fränkische Lager gezogen worden zu sein. Das mächtige Geschlecht der Huosi stand auf seiten des Kaisers und war vielleicht sogar mit den Karolingern verwandt.

Die ersten Präfekten des Ostlandes nach des Kaisers Schwager Gerold, Graman, Otachar, Goteram u. a. sind uns aus Freisinger Urkunden bekannt. Sie stammten vorwiegend aus bayerischen Geschlechtern, hatten verwandtschaftliche Beziehungen zu den Huosi, öfters auch zu burgundischen Sippen, was sie noch stärker an fränkisch-austrasische Traditionen band.

Im geistlichen Bereich war Abt Fulrad von St. Denis der Hauptvertreter der fränkischen Politik gewesen.[434] Sein Einfluß wirkte noch lange nach in den neueingegliederten Gebieten Bayerns und des Ostlandes, wo sich nach und nach die Beziehungen der großen Adelsgeschlechter zu verschiedenen Bistümern und Klöstern auszuwirken begannen. Fulda und Salzburg wären hier zu nennen, während Passau und Freising in der ersten Zeit noch ziemlich im Hintergrund standen.[435]

Die Missionierung hielt mit der Germanisierung des Raumes Schritt. In einer Urkunde von 830 legte Ludwig der Fromme die Grenze zwischen den Diözesen Salzburg und Passau entlang der Spratzbäche fest, die unweit des Radegundeortes Kaltenberg entspringen, also etwa auf der ehemaligen Awarengrenze. Die Kirchengründungen der karolingischen Ostmark erfolgten entlang der alten Römerstraßen und manchmal auf den Trümmern römischer Kultstätten, die vielleicht schon christlich gewesen sind, wie für Habich und Pilgersdorf (siehe S. 124/131) vermutet wird.

Bei der Frage nach der Radegundeverehrung stößt man immer wieder auf das Patrozinium des großen fränkischen Reichsheiligen Martin, das auch im Burgenland und in Ost-Niederösterreich nie in der näheren Umgebung der Radegundekirchen fehlt und im frühen Mittelalter unzweifelhaft auf fränkische Traditionen zurückgeführt werden kann.

Die Häufung der Martinspatrozinien am Oberlauf der Isen, dem Stammesgebiet der Sippe des Graman, eines der ersten Präfekten im Ostland und Verwandten des Erzbischofs Arno von Salzburg, spricht z. B. für die frankenfreundliche Haltung dieser Familie ebenso wie für ihre Verwandtschaftsbande mit den Huosiern, den Gründern sämtlicher Martinspatrozinien der Agilolfingerzeit in der Freisinger Diözese.

Bei allem Einfluß, den die Huosi nachweislich direkt oder indirekt auf die Ostkolonisation nahmen, und trotz ihrer vielfach bewiesenen Frankenfreundlichkeit und ihrer thüringischen Sippenzugehörigkeit fehlt bisher ein schlüssiger Beweis ihrer Urheberschaft der Radegundepatrozinien. Leopold Schmidt glaubte ihn durch die Namensverwandtschaft Radbods[436] erbringen zu können, aber Radbod war kein Huosier.[437]

Unter Ludwig dem Deutschen hatte seit 828 der zweite Abschnitt der Entwicklung der karolingischen Ostmark begonnen. Es setzte eine intensivere Kolonisations- und Siedlungstätigkeit ein. Allenthalben wurden die Ämter fränkischen Grafen verliehen. Mit Graf Radbod stellte Ludwig 833 einen Mann seines Vertrauens an die Spitze des Ostlandes, eine überragende Persönlichkeit, und gab diesem Präfekten gleichzeitig die Verwaltung Oberpannoniens, während Rihheri die zweite pannonische Grafschaft mit Zentrum Steinamanger verwalten sollte.

Über den Verwandtenkreis Radbods unterrichtet eine Freisinger Urkunde von 869 bezüglich einer Schenkung der „sancti-monia" Peretcunda, die verschiedenen Besitz in die Hand des Freisinger Vogtes Kaganhardus an das Domstift zu Freising überschrieb.[438] Der betreffende Besitz zu Pitten war Fridarat und dessen Tochter Peretcunda von Radbod hinterlassen worden.

Hundt[439] hat dieser Urkunde und einer Verzichtserklärung in Tandern 849 entnommen, daß die Grafen Kundhari und Fridarat Söhne Radbods gewesen seien und Managold und Peretcunda seine Enkel und daß dieser zu den Huosiern zu rechnen sei. Mehrere Forscher, darunter Carl Plank[440] und Leopold Schmidt[441], folgten dieser These. Mitterauer (a.a.O. p. 92 ff) überprüft nun deren Beweisführung. Er stellt fest, daß Fridarat zwar verwandt, aber älter ist als Radbod, vielleicht ein Bruder, und daß auch Manago in Urkunden früher genannt wird als sein angeblicher Großvater. Peretcunda, die Tochter Fridarats, die von Freising Lehen u. a. in Langenpettenbach, einem alten Zentrum der Huosi, erhielt, wird durch diese und andere Besitzurkunden zweifelsfrei als den Huosiern verbunden ausgewiesen, scheint aber mit diesem Geschlecht nur durch ihren Gatten unbekannten Namens verbunden gewesen zu sein. „Venerabilis matrona" genannt, hat sie wohl erst als Witwe den Schleier genommen. E. Zöllner[442] hat darauf aufmerksam gemacht, daß die Namen Radbod und Kundhari gemeinsam im mittelfriesischen Grafenhaus vorkommen.

Der Bischof Radbot von Utrecht (900–917) soll seinen Namen von seiner Mutter nach deren at[t]avus, dem Friesenkönig Ratbodo, erhalten haben.[443]

In einer Urkunde, in der 837 Radbod in Gegenwart des Königs sein Eigen in Tulln (Niederösterreich) an St. Emmeram in Regensburg vermacht, sieht Mitterauer eine weitere Spur. Unter den Zeugen steht Radbods Neffe Managold und ein Ermfrid.

Diesen trifft man 843 in Verdun wieder, wo er zur Zeit des berühmten Vertragsabschlusses an der Spitze einer „Et isti sunt Friesoni vasalli dominici" überschriebenen Gruppe für eine Schenkung an Freising zeugt, wobei des Präfekten Radbod Neffe Managold unter den Zeugen aus bayerischem Adel genannt wird. An zweiter Stelle nach Ermfrid steht in diesem Dokument ein friesischer Kronvasall Waldker, dessen Name ein Sohn des friesischen Grafen Gerulf II. trägt, der seinerseits wieder der Vater eines Radbod war.[444]

Aus der Siedlungsgeschichte sind friesische Siedler bekannt, die in dem ostfränkischen Raum und bis in die Gegend von Regensburg angetroffen werden.[445] Im Donaugau konnnten Spuren der Familie Radbods festgestellt werden.

Eine andere Spur führt vom Präfekten Radbod nach Fulda, wo 874 ein Streit um Zehente im Worms-, Rhein-, Main-, Lahn- und Saalgau sowie im Grabfeld, in Hessen und in der Wetterau geregelt wurde. Friderat und Manegolt tauchten dabei auf.

In dieser Gegend kommt auch der Name Radbod mehrfach vor in einem Personenkreis, der Bindungen zum südöstlichen Grenzland hatte.[446]

Somit fehlt jeder Anhaltspunkt für eine bayerische Herkunft der Familie des Präfekten Radbod, geschweige denn für eine Verwandtschaft mit den Huosiern. Mitterauer schließt aus der Fuldaer Spur darauf, daß Radbod höchstwahrscheinlich einer fränkischen Familie entstammte und daß sein Name von jenem Geschlecht übernommen wurde, dessen Ahnherr der letzte heidnische König des Friesenstammes gewesen war.

Fragen wir für die Radegundepatrozinien der karolingischen Ostmark nach einer möglichen Urheberschaft des Präfekten Radbod, so erscheint Bischof Willibrord, der große Friesenmissionar, der zeitweilig in Thüringen tätig war, als die geistliche Persönlichkeit, die die Kenntnis der heiligen Radegunde an Radbods Familie vermittelt haben könnte (siehe Kap. Thüringen). Warum sollte nicht die Namensverwandtschaft auch ohne Sippenzugehörigkeit zur besonderen Verehrung der heiligen Radegunde geführt haben?

Als die seit den Jahren 881–885 stattfindenden kriegerischen Auseinandersetzungen mit den Ungarn[447] sich 907 zum „Ungarnsturm" ausweiteten, hatte die Karolingerzeit im Burgenland und in Ost-Niederösterreich kaum länger als ein Jahrhundert gedauert. „Drei wirkende Generationen" erkennt Schmidt[448], die das Land zu einer Mark machten, es dann festigten und verwalteten, wobei die Grafen große Macht gewannen, die sich schließlich zur Hybris steigern konnte und in Rivalitätskämpfen verfiel, ähnlich dem gleichzeitigen Niedergang des Reiches der letzten Karolinger.

Es kann nicht allein die mittlere und erfolgreichste dieser drei Generationen gewesen sein, die dem Radegundekult seine Form gab und aus dem Nichts eine Verehrung schuf, die bis heute anhält. Die ersten Missionare können es aber gewesen sein, die uralte heilig gewesene Stätten verchristlichten. Das Burgenland hat sich seine Zugehörigkeit zu Österreich nach 1918 hart erkämpft. Das hat den Blick diesseits der Grenze für die germanisch-fränkische Vergangenheit des Landes ebenso geschärft, wie es auf magyarischer Seite dazu geführt hat, die Katastrophentheorie und damit die im 10. Jahrhundert erfolgte Einführung neuer Besitzverhältnis im Grenzraum zu verstärken. Die neuere Forschung[449] ist zu der Ansicht gelangt, daß die Zerstörungen durch die Ungarn nicht das Ausmaß hatten, das ihrem Schrecken entsprach. Auch aus den ungarischen Annalen der Jahre 900–915 geht hervor, daß, von den Tributen abgesehen, die pannonische Bevölkerung mit ihren Slawen und den eingewanderten bayerischen Bauern ziemlich ungestört unter den Eindringlingen weiterlebte und weiterarbeitete.[450] Demgemäß wäre zu vermuten, daß auch die materiellen Zerstörungen nicht das dem Schlagwort vom Ungarnsturm entsprechende Ausmaß hatten und daß manche der abseits gelegenen Radegundekirchlein überdauerten und nicht neu erbaut, sondern nur restauriert worden sind in der Zeit, aus der ihre ersten schriftlichen Dokumente stammen.

Im niederösterreichischen Gloggnitz, in dem Tal am westlichen Abhang der Buckligen Welt, starb 1496 eine Radegundis Stuppeck.[451]

2.6.5.1 Mannersdorf am Leithagebirge

Mannersdorf[452] liegt am Fuß des westlichen Hanges des Leithagebirges. Wie Großhöflein, an dessen östlichem Hang, gehörte es zum Bistum Raab, heute liegt es im Erzbistum Wien.[453] An den Ausläufern des Wienerwaldes, der das hier beginnende Wiener Becken im Westen begrenzt, schräg gegenüber von Mannersdorf, wissen wir den Radegundeort Matzendorf.

Den Hang des Leithagebirges entlang reihten sich zur Römerzeit mehrere Villen, dort wo Seitentäler Bäche heranführten oder Quellen austraten. Die Nutzung der heute ein modernes Thermalbad speisenden schwefelhaltigen Quelle von Mannersdorf geht auf die Römerzeit zurück und läßt an ein römisches Quellheiligtum denken, wo ein Fanum zum Heilbad gehörte. Die Verehrung von Nymphen ist durch den Fund eines Reliefs belegt. Mit der Darstellung von drei Silvanae, den Waldnymphen pannonischer Prägung, ist es der wichtigste Fund dieser Art in Österreich und beweist, daß die Mannersdorfer Quelle heilende Funktionen hatte, wie es dem heilbringenden, friedenstiftenden Wesen der Nymphen entsprach.[454]

Die Dreizahl und die Identifizierung des nackten, rechts stehenden Mannes durch die Inschrift „Silvanis silves (tribus)" zeigt den illyrisch-keltischen Typ dieser Verehrung.

In der Tat ist neben zahlreichen römischen Funden auch der eines Keltenfriedhofs gemacht worden. Etwa 1 km vor Mannersdorf, im Gelände der Donatikapelle, ist er in jüngerer Zeit ausgegraben worden. Im 6. und 7. Jahrhundert kann das Gebiet der Domäne der Awaren und ihrer slawischen Hilfsvölker zugerechnet werden. Seine Christianisierung ist in das Jahrhundert der karolingischen Ostmark anzusetzen. Die fränkischen Patro-

zinien sowohl der auf einer Anhöhe von ihrem Friedhof umgebenen Pfarrkirche St. Martin wie der 300 m nördlich davon gelegenen Radegundekapelle sprechen dafür. Letztere wird allerdings erst 1340 genannt, als, wie
auf dem Gedenkstein zu lesen, „reaedificata est haec capella in honore
S. Radegundae tempore plebani ioannis possonis" und der gelähmte Herzog
Albrecht II. vom nahen Laxenburg zur Badekur herüberkam.

Die Sage der Entdeckung der Heilquelle scheint jedoch uralte Glaubenstraditionen anzudeuten: Ein verwundeter Hirsch habe sich in ihrem Wasser
gebadet und sei genesen. Im germanisch-keltisch-slawischen und griechischen Glauben hatte der Hirsch eine wichtige Stellung.[455] Artemis verwandelte sich in eine Hirschkuh; der Kelte Cernunnos war hirschköpfig; die
Königsgottheit der Goten fuhr mit Hirschen daher, außerdem ist er das
Göttertier der Ostgermanen. In Begleitung einer Jungfrau erscheint der
Hirsch an heiligen Orten. Auch ist er ein chthonisches Wesen, Führer in die
Unterwelt, Seelen- und Schatztier. Vollends wird man an gewisse in Teil III
ausgeführte, mit Radegundelegenden verknüpfte Aspekte denken, wenn
man von einer Schlangenjungfrau hört, die auf einem Hirsch reitet. Aus
der Völkerwanderungszeit, als Pannonien die verschiedensten Bewohner
kannte, stammen Sagen von Hirschen an Quellen und Heilbrunnen (siehe
auch die Rehfüße des Wappens von Gars, S. 88).

Die unserer Ansicht nach womöglich schon vorkarolingische Verehrung
einer Vorläufergestalt der Radegunde ist in Mannersdorf überlagert oder
wiederbelebt worden von der Geschichte einer Habsburger Prinzessin
Radegunde, die als Klosterfrau Badhaus und Wallfahrt gestiftet habe. Anna
Coreth (1959) hat die Politik des vorjosefinischen Kaiserhauses aufgezeigt,
Persönlichkeiten der Habsburgerfamilie mit dem katholischen Heiligenkult
verschmelzen zu lassen. Maria Theresia (1740–1780) kam selbst das eine
oder andere Mal nach Mannersdorf. Ihr barockes Schloß unweit der Radegundekapelle steht auf dem zweiten Mannersdorfer Quellhorizont und
damit vermutlich auch auf römischer Vorbesiedlung.

Die in der zweiten Hälfte des 17. Jahrhunderts großartig erneuerte
Bade- und Kapellenanlage ist 1786 entweiht und anderer Verwendung
zugeführt worden. Die Gebäude um den langen rechteckigen Hof, dessen
eine Schmalseite die Fassade der Kapelle einnimmt, hatten zuletzt bis in die
dreißiger Jahre der Fabrik Kornetis gedient, die vor allem Frauen bei der
Herstellung von Litzen und Uniformzierrat beschäftigte. Seitdem sind die
zwei Stockwerke hohen Gebäude in kleine Wohnungen aufgeteilt.

Zum Portal der von einem zwiebelgekrönten Mittelturm überhöhten
Fassade der Kapelle führen mehrere Stufen. Der Dreieckgiebel ist von je
zwei rechts und links des Portals aufsteigenden Pilastern gehalten. Nichts,
es sei denn der abblätternde gelbe Verputz, läßt ahnen, welche Enttäu-

schung hinter der Holztür wartet, wenn endlich ihr Schlüssel gefunden ist. Drei Betonpfeiler halten eine niedrige moderne Zwischendecke. Nur zehn wenig erhabene Vorsprünge an den roh verputzten Wänden lassen die Form ehemaliger Pfeiler erkennen. Links der Tür ein Weihwasserbecken. Auf einer Marmortafel wird mit eingemeißelter lateinischer Inschrift die Geschichte der Kapelle erzählt. In der rechten unteren Ecke ist der Kopf des Hirsches zu sehen, in der linken ein in vier Felder geteiltes Wappen. Gleich hinter dem Portal tritt man auf die Bohlen, die die Quelle bedecken. 1,50 m unter dem Fußboden steht das lauwarme Wasser.

Im Hof des beschriebenen Gebäudes fallen zwei nebeneinander liegende Kanaldeckel auf. Unter dem nördlichen fließt das klare Wasser der Quelle, aus der Kapelle kommend, dicht unter der Oberfläche, läuft über zu dem Kanal unter dem anderen Deckel, der es weiterleitet zu dem modernen Thermalbad, das etwa 100 m außerhalb des ehemaligen Badegebäudes in jüngster Zeit errichtet wurde und stark frequentiert wird von Gästen aus der weiteren Umgebung.

Der gewölbte, „Rittersaal" genannte Raum im zweiten Stockwerk über dem Erdgeschoßrest der Kapelle soll früher deren Deckengewölbe gewesen sein. Seine Veränderungen durch neue Fenster (etwa Anfang des 20. Jahrhunderts) und eine etwa gleichzeitige Ausmalung erschweren es, den einstigen architektonischen Sachverhalt zu erkennen.

Wie ein bebilderter Druck aussagt, ist im „Christmonate 1772" das Wasser der Mannersdorfer Quelle von dem „Wienerischen Professor Herrn von Cranz und Herrn Flor. Prosky" analysiert worden. Die Herren stellten u. a. „Selenitsalz und Sedlitzer Bittersalz zu 10 Gran bez. 12 Gran auf zwey Pfunde fest" und empfahlen das Wasser als abführend und reinigend, lindernd für mehr als zwanzig Leiden, darunter „allzugroßer Traurigkeit" und „den Mutterzuständen".

2.6.5.2 Matzendorf

Das Dorf[456] liegt an der Piesting bei Leobersdorf, am westlichen Rand des Steinfelds, Gerichtsbezirk Wiener Neustadt. Die Leobersdorfer Pfarrchronik wurde 1809 vom Feuer vernichtet, und die Schulchronik wird erst seit 1880 geführt, deshalb sind die Überlieferungen aus Matzendorf dürftig. Die Matzendorfer Pfarrchronik (1782–1814), die auch Dokumente in Abschriften anführt, ist die einzige geschichtliche Quelle.

Die ältesten Namensformen des Dorfes sind den jetzigen gleich. Mit großer Wahrscheinlichkeit ist der Name des Dorfes von der alten Ritterfamilie Matzo herzuleiten, wenn diese auch niemals ihren Sitz hier selbst aufgeschlagen haben dürfte, sondern vielmehr auf der verschwundenen Veste Rohr bei Baden wohnte und auch im Marchfeld begütert war.[457] Keiblinger[458] vermutet, daß das 1371 erstmals in einer Urkunde auftauchende Dorf gegen Ende des 12. Jahrhunderts entstanden ist. Da das Geschlecht der Matzo im ersten Viertel des 14. Jahrhunderts erloschen zu sein scheint, wird auch Matzendorf in die Zeit der Blüte dieser Familie zurückreichen.

Schon seit alter Zeit war hier Stift Melk begütert. Eine Urkunde von 1439 besagt, daß das Benediktinerstift auch zu Matzendorf und Steinabrückl Getreidezehenten hatte.[459] Die Abtei besaß daneben für die St. Martinspfarrei Leobersdorf das Patronatsrecht. Matzendorf war Filiale der ursprünglich zum Bistum Passau gehörigen Pfarrei.[460] Heute liegt die St. Radegundiskirche im Erzbistum Wien.[461]

Keiblinger berichtet: „Nach der Aussage alter Leute zu Matzendorf, die sie noch gesehen haben, war sie von kleinem Umfange, was auch die im jetzigen pfarrlichen Gottesacker von Matzendorf noch wohl erkennbaren Grundfesten beweisen, und mit einem schlechten hölzernen Thürmchen ohne Glocken versehen, weil diese auf einem hölzernen Thurme zu Matzendorf hingen und dort zum Gebeth- und Wetterläuten dienten. Die unansehnliche Kirche hatte zwei Eingänge – den Haupteingang, dem Gitterthore des Freithofes gegenüber, mit einem hölzernen Vorhäuschen, und eine Seitenthüre gegen die Haidmühle. Die kleine Sakristei hinter dem Hochaltar war ein jüngerer Zubau."

Diese Kirche fiel dem Entweihungsbefehl Josefs II. zum Opfer. Leopold Schmidt[462] beschreibt sie als „Hoadlkirchel" außerhalb des Ortes, nahe einem Sumpf gelegen, eine Eigenkirche ohne pfarrliche Rechte, zu der aber Wallfahrten kamen und die schon im 14. Jahrhundert bestanden hatte.

E. Amon[463] hat dafür keinen urkundlichen Beleg finden können. Eine Sage erzählt, das Hoadlkirchel sei von einem französischen General erbaut worden zum Dank für eine gewonnene Schlacht und seine wunderbare Errettung aus dem nahegelegenen Sumpf. Es ist nicht zu klären, welche Schlacht gemeint sein könnte. 1532 brachte das kaiserliche Heer, in dem auch französische Offiziere dienten, den Türken bei Leobersdorf eine Niederlage bei.

Eine zweite Sage erzählt von einem Schimmel, der sich in die Radegundekirche verirrt habe, keinen Ausweg fand und dort verhungerte. „Schimmelkirchen" gibt es mehrere im bayerisch-österreichischen Gebiet.[464] Eine Wallfahrt mit Umrittbrauch, meist zu St. Leonhardi üblich, gab es in St. Radegund im Innviertel.[465]

Jedenfalls gehörte Matzendorf im 16. Jahrhundert zu Sollenau, im 17. Jahrhundert war es Filiale von Leobersdorf, das sich 1311 (oder 1312) von der Mutterpfarre Traiskirchen losgetrennt hatte. 1783 wurde Matzendorf zur Lokalkaplanei erhoben und dem Stift Melk inkorporiert, das heute noch dort Patronatsrechte besitzt. Melk, das eine Tochtergründung des St. Adalbero-Klosters Lambach war, fundiert durch Markgraf Leopold III. den Heiligen 1189, galt in der Ostmark als erstes Reformkloster der Richtung von Gorze in Lothringen. Melk initiierte auch das Patrozinium der Matzendorfer Filialkapelle zu Hölles, die dem irischen Pilger St. Koloman geweiht ist.[466] Es besaß jedoch Matzendorf seit alters eine eigene Kirche mit Friedhof, worin die Verstorbenen von Matzendorf und Steinabrückl beerdigt wurden.[467]

Höchst unsicher ist die Angabe, daß sich im Pfarrarchiv zu Enzesfeld ein alter Stiftungsbrief in Kopie aus dem Jahre 1383 befände, den Ulrich von Wallsee für die Kapelle zu Lindabrunn ausstellte und die von einem Grundstück, gelegen bei Sankt Radegund, sprechen soll. Keiblinger (a.a.O. p. 647) erklärt diese Nachricht für sehr unwahrscheinlich, glaubt aber dennoch, daß St. Radegund über das Jahr 1532 hinaufreichte.

Die Filialkirche Matzendorf lag inmitten ihres Friedhofs. Einmal jährlich wurde vom Leobersdorfer Pfarrer ein öffentlicher Gottesdienst gehalten. Als Matzendorf 1783 von der Pfarre Leobersdorf abgetrennt und zur Localie gemacht worden war, wurde das schon baufällige Hoadlkirchel bald entweiht. Ein Teil seiner Steine wurde zum Bau der neuen Kirche mit der Jahreszahl MDCCLXXXVI [1786] verwendet, und die letzten Bautrümmer verschwanden zwischen 1830 und 1837.

Die neue Kirche wurde 1787 von Dechant Karl Benedino, Pfarrer von Enzesfeld, zu Ehren der hl. Radegunde benediziert, also das mittelalterliche Patrozinium beibehalten. Sie ist eine barocke Saalkirche „josefinischen Stils" mit einer Einturmfassade.

Das ursprüngliche Altarbild wurde vor 1787 von Matthäus Mutz dem Älteren, einem gebürtigen Passauer, aus Baden bei Wien[468] direkt an die Wand gemalt, 1977 freigelegt. Es zeigt die hl. Radegunde in Nonnentracht, mit der Krone über dem Haupt. 1857 malte Johann Höfel aus Wien[469] auf Leinwand ein neues Altarbild, das über das ursprüngliche Wandgemälde gehängt wurde. Auch dieses stellt Radegunde dar in der Ordenstracht der Benediktinerinnen. An der Altarwand befinden sich zwei Holzstatuen, die den hl. Sebastian und den hl. Rochus darstellen (Pest in Matzendorf: 1679). Über dem Seitenaltar ist ein Marienbild von 1800 befestigt, eine Kopie nach Carlo Dolce.

Etwa 3 km südlich von Matzendorf befindet sich das seit 1244 genannte Dorf Steinabrückl (früher Gerichtsbezirk Wiener Neustadt), wo der Flurname „St. Radigund auf der Wiltpruck" 1514 und 1525 aktenkundig ist.[470]

2.6.5.3 Großhöflein

Die St. Radegundis-Kapelle in Großhöflein, Diözese Eisenstadt, ist im Privatbesitz von Dr. Abraham und bildet einen Teil seines Hauses, des sogenannten Pleiningerhauses, Hauptstraße 3.

Sie ist mit einem abgewalmten Satteldach gedeckt. Der quadratische Bau geht in der Höhe des Stockes in fünf Seiten eines mit Stichkappen überwölbten Achteckes über.

Der Bau stammt aus der zweiten Hälfte des 18. Jahrhunderts, und ein Chronogramm über der Seitentür „1808" zeigt, daß er damals restauriert wurde. 1988/89 ist die Kapelle erneut sorgfältig restauriert und saniert worden mit Hilfe des Österreichischen Denkmalamtes und der Regierung von Burgenland.[471] Von der schwefelhaltigen Quelle unterhalb der Grundmauern steigt immer wieder Nässe in die Mauern auf, die schlecht trocknen können, da die Kapelle sich an das ansteigende Gelände anlehnt.

Wenn 1956, zu Leopold Schmidts Zeiten (p. 6), die Fresken über dem Hauptaltar „verwittert und der besondere Gegenstand, die Taufe der Heiligen, kaum mehr erkennbar" war, so schreibt Dr. Abraham 1990, daß diese Fresken von mehreren Schichten Tünche gereinigt wurden und daß man in den Ecken der Kapelle andere alte Fresken entdeckt hat. Sie stellen Kapitelle in Scheinarchitektur und Mascarons dar. Man hat auch zwei Fenster mit romanischem Bogen entdeckt. Eines hinter dem Hauptaltar, das andere neben dem Eingang über dem Weihwasserbecken. Dr. Abraham nimmt deshalb an, daß sich der ursprüngliche Eingang früher an anderer Stelle befand.

Der Hauptaltar wird von einem plastischen Mariengnadenbild in einer Glasvitrine eingenommen, die man bei der letzten Restaurierung nicht geöffnet hat. Dagegen wurden die stark beschädigten vier Engelskulpturen und der Schrein des Corpus Christi teilweise durch Kopien ersetzt.

Das Protokoll einer kirchenamtlichen Visitation von 1641 besagt, daß die Kapelle einen Turm mit Glocke hatte und im Inneren ein hölzernes Bild des hl. Salvator. 1659 wird ein Marienbild erwähnt, 1674 eine Marienstatue und eine hölzerne Kanzel.[472]

Noch heute wird einmal jährlich eine Messe in der Kapelle gefeiert, am 23. April. Das war das Patronatsfest der Angestellten der Herrschaft Großhöflein, der sogenannten „Kleinhäusler", die am Berghang oberhalb der Kapelle einige Felder bebauten. Am 23. April „wechselten sie den Dienst". Während der Fronleichnamsprozession dient die Kapelle als vierte Station. Andere Formen eines Radegundekultes sind nicht mehr üblich. Eine kleine Straße nahe der Kapelle heißt Radegundisgasse.[473]

Jahrhundertelang stand die Kapelle mit der unter ihr entspringenden Quelle in Verbindung. Das Badhaus war im 15. Jahrhundert der Herrschaft Forchtenstein verpflichtet. 1529 wurde die Kapelle von den Türken zerstört.

Aus der Diözese St. Pölten wird von einer Trennung der Pfründen Eisgarn, Dobersberg und Raabs vom 27. Januar 1621 berichtet, bei der einer der Bewerber „Der Kommendator Paulus Gerrylius ab Alto in Ebenfurt (war), dessen Eltern die Pfarrkirche in Neusiedl am See renoviert und welcher die Kirche St. Radegund in Gross-Höflein erbaut hatte . . ." Zu dieser Notiz paßt die Überlieferung nicht so recht, die besagt, daß Fürst Nikolaus Esterházy die Kirche 1639 wiederherstellen ließ. Jedenfalls trennte 1690 Fürst Paul Esterházy das Badehaus von der Kapelle, die mit dem Pleiningerhaus zusammengebaut wurde. Das Heilbad, das reichlichen Wasserzustrom durch Röhren erhielt, ließ er so glänzend herrichten, daß sein Hof und seine zahlreichen internationalen Gäste es mit Vorliebe benützten und die Radegundis-Quelle weit berühmt wurde.[474] Das Fürstenhaus besitzt heute noch das Patronatsrecht über die Pfarrei.[475]

Die mittelalterliche Kapelle, das sacellum S. Radegundis, wird von der Lokalgeschichte der Zeit um 1000 zugeschrieben, als der ungarische König Stephan der Heilige regierte. Nur das Patrozinium deutet darauf hin, daß die Kapelle alt und vielleicht noch älter ist und sogar auf die Karolingerzeit zurückgeht. Besonders die Tatsache, daß es in dieser Gegend noch mehrere andere Radegundeorte gibt, scheint eine Bestätigung dieser Ansicht zu sein.

Höflein erscheint 1153 unter der entstellten, aber offensichtlich deutschen Form „Heulichin".[476] Auch das Patrozinium der Pfarrkirche, St. Johannes der Täufer, zeugt von hohem Alter.

Am 23. April 1993 um 19 Uhr konnte ich an der hl. Messe in der Radegundiskapelle[477] teilnehmen, die Herr Pfarrer Hans Haider mit vier Ministrantinnen zelebrierte, wobei der Persönlichkeit der hl. Radegunde und ihrer Verdienste gedacht wurde. Etwa 30–40 meist ältere Frauen waren herbeigekommen. Herr und Frau Dr. Abraham wohnten der Feier vom oberen Stockwerk ihres Hauses bei, wo dafür ein Fenster vorgesehen ist.

Der Vizearchidiakon Johann Mayenbrunn berichtet 1613, daß in der Kapelle eine steinerne Radegundestatue sei, der der Kopf abgeschlagen ist. Eine Wanderlegende haftete an dieser Statue: Sie sei an einen anderen Ort gebracht worden und unverzüglich zurückgekehrt.[478]

Eine weitere Legende, wie sie auch anderswo bekannt ist, berichtet von weißgekleideten Geistern, die am Vorabend des Allerseelentages aus dem nahen Friedhof kamen, in die Kapelle hereingingen und nach kurzer Zeit zum Friedhof zurückschwebten. Die Einbindung des Radegundeheiligtums in die örtliche Sage scheint bedeutsam.

Es bleibt noch die Bruderschaft des 15. Jahrhunderts „Radegundis-Zöch, anders Gotts-Leichnams-Zöch oder Radigunde" zu erwähnen, eine Fronleichnams-Bruderschaft, wie sie in jener Zeit in mehreren größeren Orten (Wien, St. Stephan; Krems; Eisenstadt usw.) bestand. In Großhöflein ist sie ein Beweis des kulturellen Lebens um das Radegundeheiligtum. Die heutige Nutzung der Kapelle zu Fronleichnam scheint eine letzte Erinnerung daran zu sein. Die Bruderschaft unterhielt die Kapelle von den Einkünften ihrer Grundstücke, die nach den Türkenkriegen verlorengingen, vor allem dadurch, daß viele Einwohner der Reformation anhingen und die Bruderschaft später nicht wieder auflebte.

2.6.5.4 Katzelsdorf an der Leitha[479]

Die Pfarrei gehört heute zum Erzbistum Wien.[480] Katzelsdorf hat zwei Kirchen, von denen die zum Kloster gehörende Radegundekirche die offizielle Pfarrkirche ist. Das heute erhaltene Gebäude ist gotisch. Es wurde vom Hofarchitekten Friedrichs III. erbaut, 1462 eingeweiht und ist die größte der Radegundekirchen der Gegend. Weil sie etwa 2 km außerhalb des Dorfzentrums liegt, wird dort nur sonntags die Messe gefeiert. Das Kirchweihfest findet am 12. August statt.[481]

Alle anderen Zeremonien finden in der Dorfkirche St. Laurentius statt, einem einfachen romanischen Bau, 1944 durch Bomben zerstört, 1958 neu aufgebaut. Der Turm, auf einem römischen Wachtturm erbaut, war erhalten geblieben. Eine Römerstraße führte hier das Rosaliengebirge entlang.

Zwischen dem Dorf und den ersten Anhöhen, wo heute ein Villengebiet entsteht, ist durch zahlreiche Funde eine römische Veteranensiedlung festgestellt worden. Wahrscheinlich haben sich im 4. Jahrhundert auch Markomannenfürsten und ihre Leute hier niedergelassen.[482] Ein Grabstein der „Strubilo Scalleonis lib"[483] zeugt davon. Im nahen Lichtenwörth saß ein Trudus, ein Gutsherr, der einen quadischen Königsnamen trug.[484] Hier, etwa 6 km nördlich von Katzelsdorf, an der Leitha, wurde 1958 ein römischer Reliefrest gefunden[485], auf dem neben Herakles zwei Nymphen abgebildet sind in einer Szene, die auf Tod und nahe Erlösung hinweist und wahrscheinlich einen Grabbau schmückte.[486]

Ein Kazilo oder Kezilo hat schließlich dem Dorf seinen Namen hinterlassen. Das Schloß Katzelsdorf wird 1183 erstmals erwähnt. 1230 heißt der Ort Chezilinesdorf. Es ist zu vermuten, daß Chezilo niemand anders ist als Kozel (Chezilo), Priwinas Sohn, oder ein naher Verwandter. In Karantanien gab es eine angesehene Familie, in der der Name Chezilo-Kazilin mehrfach vorkam. Es ist denkbar, daß die Mutter Chezilo-Kozels diesem Geschlecht angehörte.[487] Oskar Mitis[488] schreibt: „Es liegt die Annahme nahe, daß Priwinas oder Kozels (Chezilos) Frau aus einem mächtigen deutschen Geschlecht stammte."

Priwina und Chezilo-Kozel herrschten in Mosapurc über den Klientelstaat. Chezilo bewies seine Zuneigung zu der von Bayern bekämpften slawischen Liturgie damit, daß er trotz seiner Funktion als fränkischer „comes" und der Zugehörigkeit seines Gebietes zu Salzburg in Mosapurc die Brüder Method und Konstantin (Cyrill) beherbergte, sie Priester weihen ließ und ein slawisches Ausbildungszentrum errichtete.[489] Vor dem Jahre 859 übergab Chezilo dem Regensburger Stift St. Emmeram den ehemaligen Besitz eines Gundpoldus, drei nicht eindeutig identifizierte Orte im Burgenland.[490] Im Jahre 1074 wurde ein Teil des ungarisch gewordenen Burgenlands wieder dem Reich unterstellt, und Freising erhielt 100 Höfe im Bereich von Bruck an der Leitha „. . . und so von der Leitha bis zu dem Ort, der die Grenze ist zwischen Litaha und Vertowe".[491] Die wesentliche Übereinstimmung mit der Chezilo-Schenkung ist klar.[492] Zwischen ihr und Katzelsdorf liegt nur das Leithagebirge, dessen Wildbann ausdrücklich von der Schenkung ausgenommen war.

Der oft genannte Presbyter Dominicus – er hatte in Unterpannonien den gleichen Rang wie ein Graf in Oberpannonien[493] – wirkte seit 837 in der bischöflichen Kanzlei in Regensburg. 840 gehörte er zum Kanzleipersonal Ludwigs des Deutschen und war, nachdem er das Gut Brunnaron erhalten hatte, in der Heidenmission und am Hof des in Zalavar-Moosburg residierenden Priwina tätig.

1230 gehört das Dorf den Grafen von Pfannberg[494], einem steirischen Geschlecht, das um 1185 am Schöckel, südöstlich von Pfannberg-Peggau, Dorf und Kirche St. Radegund gründete. Sie haben den Ort Chezilinesdorf 1298 verkauft. Schmidt[495] nimmt an, daß die Kirche seit der Pfannberger Zeit der hl. Radegunde geweiht war. 1462 gründete der Herr von Pitten und Eichbühel, Johann Sigismund von Weißpriach, für die Franziskaner-Minoriten ein Kloster und eine der hl. Radegunde geweihte Kirche, die nach Auflösung 1785 von den Redemptoristen 1857 übernommen wurden.

Auf dem Hügelvorsprung, der heute von dem Redemptoristenkloster und Internat eingenommen wird, sind beim Ausbaggern des Schwimmbads Funde um eine jungsteinzeitliche Kochstelle gemacht worden. Beim Bau der Turnhalle wurden Slawengräber aus dem 8. Jahrhundert aufgedeckt. Gugitz[496] ist der Meinung, daß das Franziskanerkloster auf einem alten Quellheiligtum mit Wallfahrt errichtet wurde. Die Franziskaner pflegten nicht die Verehrung der „Benediktinernonne". Placidius Herzog, Historiker des Franziskanerordens, hat 1730 die Überlieferung von einer der heiligen Radegunde geweihten Quelle aufgeschrieben. Die Franziskaner haben im 15. Jahrhundert diese starke Quelle in der Prest, etwa 200 m oberhalb des Klosters, angezapft und mit Holzrohren herangeleitet. Sie läuft heute noch.[497]

Die 1462 eingeweihte Radegundekirche hat ein Kreuzrippengewölbe, zwei frühbarocke Seitenkapellen, aber keine Erinnerung an ihre heilige Patronin. Die erste Radegundekapelle, die heutige Annakapelle, innerhalb des Klostergebäudes, stammt von 1360, vor den Franziskanern. Die früher stark frequentierte Wallfahrt besteht noch: im September kommen Pilger aus Neudörfl zu „Maria Heil der Kranken".

An der Straße unterhalb der Kirche befindet sich ein vierter Bildstock, merkwürdigerweise mit der „Hl. Radegund, Jungfrau und Dienstmagd", abgebildet, wie sie von zwei Wölfen angefallen wird.

Katzelsdorf kann somit als typischer Radegundeort angesehen werden: Quelle, Römerstraße, Wallfahrt und römische Vorbevölkerung. Interessant sind auch hier die nicht näher zu ergründenden Beziehungen zu den Slawen.

2.6.5.5 Unterloisdorf

In Unterloisdorf steht eine Filialkirche St. Radegunde der Pfarrei Mannersdorf an der Rabnitz, Diözese Eisenstadt.[498] Mannersdorf, damals Meynhardt genannt, erhielt die Marktrechte vor 1200. Seine Pfarrkirche ist urkundlich seit 1239 bekannt; sie ist der Heiligsten Dreifaltigkeit geweiht.

Unterloisdorf wurde sehr wahrscheinlich wie die anderen Flecken und Dörfer des Rabnitztales in der Karolingerzeit gegründet. In seiner Kirche St. Radegunde, die 1775 etwa 1 km westlich der vorherigen am Ortsrand erbaut wurde, von ihrem ebenfalls neuen Friedhof durch die Straße Mannersdorf–Oberpullendorf getrennt, wird jeden Sonntag die Eucharistie gefeiert. Der barocke, 1952 renovierte Innenraum ist durch ein Deckengemälde geschmückt, auf dem die hl. Radegunde mit Ordensfrauen und anderen Gestalten zu sehen ist. Das Altarblatt des Hauptaltars stellt die gekrönte Radegunde dar. Sie ist von Engeln umkreist, deren einer das Kreuz trägt. In der linken unteren Ecke ist ein Sainte-Croix darstellendes Klostergebäude abgebildet, in der rechten Ecke Radegunde auf ihrem Sterbelager, umgeben von zwei Nonnen und lichten Gestalten.[499]

Das Kirchweihfest findet am 12. August oder am darauffolgenden Sonntag statt. Andere Kulthandlungen oder Wallfahrten gibt es heute nicht mehr.[500]

Die Gemeinde erscheint 1225 erstmalig in den Urkunden, als ein „großes Privilegium" an die Zisterzienser von Heiligenkreuz an das Kloster Marienberg in Tirol gegeben wurde. 1225 war die Kirche von Unterloisdorf der hl. Agathe geweiht. Es läßt sich nicht mehr feststellen, ob sie eine Stiftspfarre von Klostermarienberg gewesen ist.[501] In einer deutschen Kopie der Urkunde heißt es, das Patrozinium sei im Laufe des Mittelalters auf die heilige Radegunde übertragen worden, vor 1508, also vor den Türkenkriegen und den Reformationswirren.

Die Anlage der ursprünglichen Kirche von Unterloisdorf ist an einem mit noch schwach sichtbarem Wall umgebenen Geviert von ca. 40 x 20 m erkennbar.[502] Eine kleine Annakapelle von 1822 steht hier inmitten dünner Pappeln und Gestrüpp, das den ehemaligen Friedhof überwuchert, der sich deutlich aus den umliegenden Feldern heraushebt. Er liegt auf einer Bodenwelle, die nach Westen und Norden zu den Rabnitzwiesen hin abfällt. Karl Ulbrich[503] hat den Unterloisdorfer „Tabor", einen mittelalterlichen befestigten Platz, wie es im Burgenland mehrere gibt, an der Stelle „des aufgelassenen Friedhofes, etwa 500 m nördlich der Tabormühle" zu lokalisieren versucht, also an der Stelle der Wallanlage um die Annakapelle. Von dieser Annahme kam er zwar später aufgrund einer kartographischen Darstellung von 1822 ab, sie unterstreicht jedoch den Charakter einer Wehrkirche, den die erste Kirche gehabt zu haben scheint. Harald Prickler[504], der diese Planskizze des Tabor beschreibt, weist auf die bedeutende Lage des nahen Mannersdorf an der Kreuzung alter Straßen hin und auf die Tradierung des romanischen Bergnamens Lochamunt. Auf der Skizze trägt die Bodenerhebung die Bezeichnung „das ist die yberhech aines angelegen puehels, ungefarlich von der befastigung aines gemainen valkanatlschues dauan" (= etwa 350 m).

2.6.5.6 Kirchschlag – Habich

Habich liegt bei Kirchschlag in der Buckligen Welt (Niederösterreich) und gehört zur Erzdiözese Wien.[505] Die zuständige Pfarrei für Habich ist Bad Schönau im Gebirge. Dort besitzt die Patronatsrechte das oberösterreichische Chorherrenstift Reichersberg.[506]

Die kleine Radegundekapelle (3 x 4 m) ist baulich in gutem Zustand. Zweimal im Jahr wird dort die Messe gefeiert, zu einem Ablaß am Tag vor Christi Himmelfahrt und am 12. August, mit Kirtag, Feuerwehrfest und großer Beteiligung.[507]

In Habich befand sich früher eine andere, sehr alte Radegunde geweihte Kirche, erbaut auf antiken Resten. Das Gebiet war in römischer Zeit dicht besiedelt. Auch in den nahegelegenen Orten Hochneukirchen, Züggen und Ofenegg wurden römische Funde gemacht. Spuren der noch älteren keltischen Kultur sind bei Krumbach, 8 km nordwestlich von Habich, sichtbar: ein Steinkreis aus 10 Granitblöcken und weitere Steine einer keltischen Kultanlage.[508]

860 machte König Ludwig dem Erzstift von Salzburg eine Schenkung, zu der eine „ecclesia Minigonis" gehörte, die ein Vierteljahrhundert vorher dem Presbyter Dominicus geschenkt worden war, daher der Name. Ehe die Ausgrabungen von 1975 und 1980 in Pilgersdorf (siehe S. 131) eine Sachlage ergaben, hatte die Frühgeschichtsforschung[509] die Kirche von Habich für diese ecclesia Minigonis gehalten. Weiterhin gilt aber Habich für karolingisch. Der Habicher Bauer, Maler und Dichter Johann Ritter (1868–1937) hat eine Schilderung beider Habicher Kirchen hinterlassen.[510] Er schreibt (p. 86ff), daß die erste Radegundekirche auch „Zum heiligen Brunnen" genannt wurde und daß er in der Pfarrchronik von Schönau (Bad Schönau) ein altes Pergament von 1471 gesehen habe, worin „der Bischof von Graz die erste heilige Messe in der Kirche zur heil. Radegundis zu lesen bewilligt habe".

Nach Karl Lechner[511] handelt es sich hier um einen vielfach nachgesprochenen Irrtum. Es existieren zwei Urkunden in Bad Schönau. Die eine ist am 11. Juni 1471 von Michael, Bischof von Petena (Istrien)[512], in Wiener Neustadt für unsere Kapelle ausgestellt worden und ist ein Ablaßbrief (40 Tage) für alle „Pönitenten" an bestimmten Feiertagen, darunter dem Tag der hl. Radegunde („ac ipsius capelle dedicacionis et patrone festivitatibus"). Hieraus ist ersichtlich, daß es sich um eine ältere, weithin bekannte Kirche handelte, die einen großen Zuzug von Gläubigen hatte.

Mit der zweiten Urkunde vom 26. August 1478 erteilte der päpstliche Legat in Deutschland, Bischof Alexander von Forli, in Graz für die capella Sancte Radigundis in parrochia Schonhaw die Erlaubnis, neben zwei noch nicht konsekrierten Altären auf einem altare portabile [= tragbarer Altarstein] die Messe zu lesen. Alle Pönitenten erhielten zu den üblichen Bedingungen einen Ablaß von 100 Tagen gewährt, die diese Kapelle am Tage ihrer Weihe und den drei größten Marienfesten sowie am Tag der hl. Katharina besuchten.

1784 wurde die Habicher Kirche nach dem Dekret Josefs II. vom 13. März 1783 entweiht und 1787 „um fünf Gulden Münz" den Habichern verkauft. Sie stand leer, bis der Schuster Josef Seiberl sie 1803 erwarb, wonach sie im Volksmund das Kireischusterhäusl hieß. Es ist das Haus Nr. 5, wenig oberhalb der Straße Kirchschlag–Bernstein. Über verschiedene Nachkommen kam das Gebäude 1923 an Georg Öhl, dessen Tochter mich am 19. April 1993 in ihre Küche eintreten ließ, um mir die starken, heute weiß-blau getünchten Mauern zu zeigen: das war die Apsis der alten Kirche. Im angrenzenden Kuhstall gehen sie weiter, und dort ist auch das Sims eines alten Fensters erhalten.

Johann Ritter (p. 87) berichtet: „Als im Jahre 1895 der alte Schusternazl einen Keller unter seiner Stube ausgrub, fand er Gerippe und Totenschädel sowie den Bruchteil eines Marmorsteins mit eingemeißelter Inschrift. Ebenfalls ein gelber Sandstein eingemauert, darauf Dreieck und Rad gemeiselt sind. Den Marmorstein mit Inschrift verwendeten die Leute zu einer Stufe." Johann Ritter hat eine Zeichnung dieser beiden heute verschwundenen römischen Steine hinterlassen und erinnert sich, als Schuljunge Reste der Ruinen gezeichnet zu haben, die später als Straßenschotter verwendet wurden.

Georg Öhl fand 1926 beim Anbau einer Stube in 2 m Tiefe mehrere Skelette. Ein Jahr später beim Bau einer Wasserleitung im Hof kamen erneut zwei Gerippe mit vollständigem Gebiß zum Vorschein. Die Eigentümer haben sich leider bis heute geweigert, archäologische Grabungen zu gestatten.

Adalbert Klaar hat durch eine bautechnische Untersuchung festgestellt, daß man beim Anbau an die halbkreisförmige Apside im Keller des Neubaus auf deren Maueransatz auf den gewachsenen Fels gestoßen ist. Im Dachraum kann man noch den halbkreisförmigen Chorbogen sehen, dessen Höhe ab dem Stubenboden 2,90 m beträgt. Das heutige Wohn- und Stallgebäude von 7,25 x 10,25 m war das ehemalige Langhaus.[513]

„Etwa 150 Schritte von der alten Kirche war das Heiligenbrunnenkreuz, wo früher eine eiskalte Quelle im untern Gewölbe entsprang." Beides fiel dem Straßenbau zum Opfer, und nur der Flurname Heiligenbrunngraben ist geblieben. So ist auch diese Stelle „radegundetypisch": römisch und wahrscheinlich auch keltisch besiedelt, mit Quellverehrung, Straßen- und Grenznähe. Die Kirchschlager Berge der alten Waldmark bildeten die Dreiländerecke an der burgenländischen, ungarischen und oststeirischen Grenze. Auf der anderen Seite des Talgrundes von Habich verlief zu Ritters Zeit die ungarische Grenze. Lebhafter Ochsenschmuggel, an dem auch Ritters Vater beteiligt war, ging über Habich. „Etwas besonderes hat es doch bei der alten Kirche", schreibt Ritter p. 88 und spricht von der eigentümlichen Blitzgefahr in deren nächster Umgebung. Auch eine Hexengeschichte weiß er von dort, und Errettung aus Türkengefahr geschah durch inbrünstiges Gebet in der Radegundekirche.

Die uralte Radegundeverehrung war in Habich so verwurzelt, daß Josefs II. Entweihungsbefehl ihr nichts anhaben konnte. 1850 taten sich die vier am Hang oben wohnenden Großbauern zusammen und errichteten zwischen ihren Gehöften eine Radegundekapelle. Johann Ritter, des einen

Sohn, schildert sie uns (p. 96): „Durchgehendes Steinmaterial auch das Gewölbe. Ein Barockaltar, zwei Heiligenstatuen, eine unbefleckte Empfängnisstatue, sowie ein Altarbild, die heilige Radegundis darstellend, ein sehr altes, wertvolles Gemälde. Ein Glockenturm mit zwei wohlgestimmten Glocken."

Ritter macht zum Radegundebild keine näheren Angaben. Stammte es aus der alten Habicher Kapelle und war nach der Entweihung nach Schönau ausgelagert worden, von wo es 1850 zurückkam? Roman Lechner vermutet hingegen, es handle sich um das alte Kaltenberger Altarblatt. Es zeigt die gekrönte Benediktinerin, leicht nach rechts zu einem Altar gewandt, auf den sie einen Lederbeutel mit Geschmeide zu Füßen eines Kruzifixes gelegt hat. In der linken Hand hält sie eine Kette, die sie als Befreierin Gefangener ausweist. Das Klostergebäude links im Hintergrund soll wohl an Sainte-Croix denken lassen, ist aber durch seinen Zwiebelturm als einheimisches Bauwerk anzusprechen. Vielleicht gelänge durch seine Identifizierung die Klärung der Herkunftsfrage. „Jeden Samstagabend und Sonntagnachmittag wurde hier der Rosenkranz in Gemeinschaft gebetet. Das Läuten drei Mal täglich hatte alljährlich ein anderer der vier Bauern zu besorgen. Um einen Kirtag-Gottesdienst am 12. August zu haben, zahlten sie zu einer Stiftung einen bestimmten Betrag zusammen." Johann Ritter hat diese Kapelle später selbst mit einigen zarten Fresken geschmückt: je zwei Quadrate mit Glaubenssymbolen auf den beiden Jochbögen sowie rechts und links vom Eingang den gekreuzigten und den auferstandenen Christus.

Der Radegundenstein bei Kirchschlag

Nicht weit von dem Habicher Quellkult (siehe S. 126) trifft man in Kirchschlag auf einen sicherlich ebenso alten Steinkult, der in christlicher Zeit ebenfalls auf die hl. Radegunde übertragen wurde. Der Felsblock liegt dicht an der alten Römerstraße via Magna (als Wanderweg beschildert), die auch Grenze zwischen den Grafschaften des Radpod und Rihhar bildete und der der Radegundenstein 844 ebenfalls als Grenzstein diente.[514] Die zahlreichen Römerfunde in der Gegend und das „Bündel alter Höhenwege" (Lechner) weisen auf weitgestreute Besiedlung hin, worüber man sich heute wundert. Es ist jedoch bekannt, daß „Gebiete, die im 9. Jahrhundert stark besiedelt waren, später wieder ‚verwalden' konnten und erst seit dem 12. Jahrhundert frisch besiedelt wurden".[515]

Die Grenzfunktion des Felsblocks blieb im Wandel der Zeiten erhalten. Im Jahre 1596 hat eine Kommission die Grenzen der Herrschaften Kirchschlag-Krumbach und Bernstein festgelegt: Die Grenze geht von Deutsch-Lembach über den Radegundenstein, Czorholz etc. nach Kogl.[516] Auf der ältesten Karte der Gegend, der sogenannten Walter'schen Grenzkarte zwischen Ungarn und Niederösterreich vom Jahre 1754/55[517], ist ein Grenzstein genannt, der die beiden ungarischen Komitate Ödenburg und Eisenburg und die Herrschaft Kirchschlag scheidet und von dem aus die Grenze „neben einem sehr großen Felsen (der Radicunt genannt)" hinunter zum und durch den Zöbernbach nach Steinbach usw. verläuft. Sie geht dann „unweit der österreichischen Radicunda Capellen" (von Habich) einen Berg hinauf „bis zur Scheidung der Herrschaften Krumbach und Kirchschlag".

Zwischen Habich und Steinbach, an der heutigen Grenze zwischen Niederösterreich und Burgenland, steht also der 20 m hohe sagenumwobene Steinblock, der Radegundenstein.[518] Auch im Böhmischen gibt es einen Radegundenstein, genannt Radelstein. Tödlich wirkt die Berührung des schwarzen Wassers an seinem Fuße. An heißen Tagen kommt dichter Nebel aus ihm hervor, und daraus entstehen Hagel und Unwetter.[519] Aus Frankreich sind mehrere Radegundensteine bekannt. Als Beispiel sei an den Spurstein Pas-de-Dieu in der Radegundekirche zu Poitiers erinnert.

In Kirchschlag[520] wird von dem Radegundenstein zunächst eine der üblichen Teufelssagen erzählt: Krebse hätten Sand aus dem Zöbernbach auf den Berghang getragen, damit die Teufel sich dort diesen steinernen Sitz erbauen konnten, von dem sie Steine auf etwaige nächtliche Passanten herabwarfen. Die andere Sage ist jüngeren Datums und läßt einen türkischen Befehlshaber „Rudi" den Stein als Ausguck benutzen. Als ihm seine Mahlzeit, eine gebratene Gans, dort hinauf gehievt wurde, schossen die Verteidiger der Burg Kirchschlag sie ihm vom Teller. Aus „Rudi-Gans-Stein" sei dann „Radegundenstein" geworden, der dank dieser sehr jungen Volksetymologie die Erinnerung an unsere Heilige wachhielt, ehe die entweihte Habicher Kapelle neu erbaut wurde und der Kult wieder auflebte.

Zur Zeit der Kämpfe zwischen dem Böhmenkönig Ottokar I. und dem Ungarnkönig Bela IV. spielte Kirchschlag eine bedeutende Rolle. Seine bereits mächtig ausgebaute Burg[521] war im Besitz der Kuenringer und wurde 1250 und 1253 belagert und erobert, worauf letztere Sage anspielt. Die Kuenringer, denen die Burg bis zum Ende des 15. Jahrhunderts gehörte, scheinen in ihrem Stammgebiet (siehe Kap. Weinviertel) eine Radegundetradition gekannt zu haben und werden auch hier dieser Verehrung im Gebiet zwischen Pilgersdorf und Habich bis Kaltenberg (Grenzpunkt der Kirchschlager Herrschaft) wohlgesinnt gewesen sein.

Daß es sich bei dem manchmal verballhornten Namen (Radicunt, Rudigung) wirklich um unsere Radegunde handelt, wird durch eine der oft er-

128

wähnten Verbindungen zu einem Martinspatrozinium bestätigt. Gegenüber dem Radegundenstein in einem kleinen Tälchen befindet sich nämlich ein „Martinibrünnl" mit einer Kapelle, die am ersten Sonntag im Mai von Kirchschlag prozessionsweise besucht wird.[522] Bruno Schimetschek sieht in dem Priester Dominicus (Minigo) den Urheber der Weihe des alten Teufelsfelsens zu einem Radegundenstein.

Die Namensentwicklung des Zöbernbaches über „Savaria", wie die gleichnamige, später Steinamanger genannte Stadt, die er durchfließt, zunächst in das slawische „Soborja" zum althochdeutschen „Sewira" zeigt, daß nach den Römern hier und in der Bucklingen Welt Slawen siedelten, an die andere Orts- und Flußnamen wie Edlitz, Feistritz, Rabnitz u. a. erinnern. Dies sei hier, nach Schimetschek, angeführt als Beitrag zu dem Problem möglicher Beziehungen der Slawen zum Radegundekult.

2.6.5.7 Kaltenberg bei Lichtenegg

Kaltenberg in der Bucklingen Welt gehörte zum Amt Lichtenegg in der Herrschaft Kirchschlag[523], Niederösterreich, Erzdiözese Wien. Lichtenegg ist die zuständige Pfarrei. Die Wallfahrts-Kapelle, seit 1879 Maria Schnee genannt, steht weithin sichtbar auf einem die umliegenden Hügel dominierenden, nach allen Seiten hin abfallenden und tief unten von dem westlichen und dem östlichen Quellzufluß des Spratzbaches eingerahmten Höhenrücken, der auch Lichtenegg mit seiner Wehrkirche trägt (770 m Seehöhe).

Diese Lage kann radegundetypisch genannt werden wegen des Wassers und der nahen Grenze. Der Hügel bedeckt das ausgedehnte Quellgebiet der Spratz. Die Trasse der heutigen Landesstraße verläuft auf der Wasserscheide zwischen beiden Spratzzuflüssen.

Kaltenberg scheint immer Grenzgebiet gewesen zu sein. Hier zog die „Awarengrenze" entlang, hier wurde im Mittelalter die Diözesangrenze zwischen Salzburg und Passau festgelegt. 1503 taucht in einem Dokument der Kirchschlager Herrschaft die Grenzbezeichnung „Kaltenberg bei der Kapelle" auf. Die Kapelle wird 1503 genannt, und ihre Entwicklung läßt sich ab 1614 im Urbar der Herrschaft Thomasberg geschlossen verfolgen. 1631 verzeichnet Pfarrer Johann Hayden erstmalig Einnahmen von der Filialkirche Sankt Radegundis. Roman Lechner[524] ist überzeugt, daß sie mindestens 100 Jahre vorher, wenn nicht schon im 9. Jahrhundert bestanden hat. Die Benediktinerklöster Mattsee und Kremsmünster hatten südöstlich von Kaltenberg großen Besitz, Schenkungen aus der Zeit Herzog Tassilos und König Karlmanns. Damit verbindet sich die Christianisierung der

Gegend. In diesem Grenzgebiet der Diözesen kamen die Reichersberger Augustiner-Chorherren, ein Passauer Eigenkloster, zu großem Einfluß. Auch heute noch haben sie die Patronatsrechte der Pfarrei Lichtenegg, die das Patrozinium von St. Jakobus dem Älteren trägt.[525] Wie in Gars (siehe S. 85) wird Radegunde in einem ehemaligen Augustiner-Chorherrenstift verehrt. Sie könnte auch durch sie nach Kaltenberg gelangt sein.

Es drängt sich jedoch die Frage auf, ob die später auf sie übertragene Verehrung nicht schon in vorchristlichen Zeiten bestanden hat. Wie beim Heiligen Wasser in Kainach (siehe S. 138) spricht die Landschaft hier eine eindringliche Sprache. Die umliegenden Berge haben gewisse Forscher interessiert, die ihrer Position zu Kaltenberg bei bestimmtem Sonnenstand im Jahresablauf Bedeutung beimaßen. Flurbezeichnungen „Rotes Kreuz" wurden zu Deutungen herangezogen.[526] Die keltische Besiedlung ist durch Plinius den Älteren († 79 n. Chr.) verbrieft, der „die Bucklige Welt" an der Grenze Noricums als „deserta Boiorum" bezeichnet. Die keltischen Boier waren zwischen 500 und 400 v. Chr. in das illyrisch-keltisch besiedelte Burgenland eingedrungen.[527]

Die Kultstätte von Krumbach mit ihrem Steinkreis zeugt von uraltem keltischen Brauchtum. Die heute noch gebräuchliche volkstümliche Bezeichnung der Bewohner der Buckligen Welt, „Pregner", scheint von der romanischen Form des 9. Jahrhunderts „bregnarium" zu kommen, die als Bezeichnung der Gegenden galt.[528]

Kaltenberg war eine stark frequentierte Wallfahrtskirche, in der die Heiligen Radegunde und Oswald (siehe S. 196) verehrt wurden. Ex-Voto in Form von Wachsfiguren von Tieren und menschlichen Gliedmaßen wurden geopfert.[529] Auch gab es eine Statue der Maria lactans. Erst ab 1756 ist eine Verehrung der Muttergottes festzustellen. In diesem Jahr verlieh Papst Benedikt XIV. einen Ablaßbrief, und Maria Theresia schenkte der Kirche eine Kreuzpartikel, die heute noch verwendet wird. Es ist das Entstehungsjahr der Gnadenstatue Maria Schnee, 75 cm hoch, aus Lindenholz, vollplastisch und gefaßt.

Der Topograph Schweickart von Sickingen hat auf seiner Landkarte von Niederösterreich das Aussehen der alten Filialkirche vor ihrem Neubau 1879 festgehalten. Es war ein Steinbau mit hölzernem Turmaufsatz und Schindeleindeckung und bot Platz für 50 bis 100 Personen. Die Sakristei galt als der älteste Teil der Kirche und war wohl ihre Vorläuferin, die Urkirche. Sie hatte ein Steingewölbe. Alle Inventare betonen ihr hohes Alter und erwähnen die Besonderheit des Steinbaus.

1782 verordnete Josef II. die Schließung dieser Kirche, die bald verfiel und deren Reste in den nordwestlich, nahe des heutigen Gebäudes gelegenen Bauernhof eingebaut wurden. Laut einer Vermögensbeschreibung aus dem Jahre 1847 hatte den Hochaltar ein Altarblatt mit einer Darstellung der hl. Radegunde geschmückt. Sein Verbleib ist ungewiß. Über dem Tabernakel befand sich das Standbild der Gottesmutter, flankiert von vier Engeln sowie von Statuen der Heiligen Johann von Nepomuk, Aloisius, Patrizius und Oswald.

Der Neubau von 1879 ist 30 m lang und 15 m breit mit zwei 35 m hohen Türmen. Die Statue des hl. Oswald steht heute auf dem rechten Seitenaltar, der dem hl. Augustinus, dem geistlichen Vater der Augustiner-Chorherren, geweiht ist. So mag man diesen sowie die Kreuzpartikel als letzte Zeichen werten, die den Kenner an die ehemalige Radegundeverehrung erinnern.

Von den sechs (früher neun) noch immer stark frequentierten Wallfahrten, die aus dem Umkreis von alters her nach Kaltenberg, heute zu Maria Schnee, ursprünglich aber zur hl. Radegunde kommen, ist die von Lichtenegg die erste im Jahr. Sie findet am Markustag, dem 24. April, statt (siehe S. 193). Unter anderem wallfahren auch die Gläubigen aus Krumbach.

Der Kaltenberger Kirtag wird am 5. August gefeiert, dem Tag sowohl von Maria Schnee als auch des hl. Oswald. Merkwürdigerweise findet alljährlich am Oktavtag noch ein „Nachkirtag" statt, eine Woche später , also am Radegundetag, dem 13. August.

2.6.5.8 Pilgersdorf

An der gleichen alten Römerstraße, an der sich der Radegundenstein befindet und die von Kirchschlag den Zöbernbach entlang an Lockenhaus (römisch-christliche Reste) vorbeiführt bis nach Steinamanger-Sabaria, liegt Pilgersdorf.[530] Diese Pfarrei gehört zum Bistum Eisenstadt; die Fürsten Esterházy üben die Patronatsrechte aus.[531]

Als 1975 in Pilgersorf eine 30 m lange Saalkirche der Karolingerzeit entdeckt wurde, entschied sich der niederösterreichische Landesarchivdirektor Lechner dazu, in diesem Gotteshaus die langgesuchte Kirche des Priesters Dominicus zu sehen, die er vordem in Habich (siehe S. 125) vermutete. 860 hatte König Ludwig dem Erzstift von Salzburg eine Schenkung gemacht, zu der eine „ecclesia Minigonis" gehörte. Ein Vierteljahrhundert vorher, 844, war dem Presbyter Dominicus vom Kleriker Ratpero der Besitz Brunnaron iuxta rivolum sevira (= Zöbern) geschenkt worden. Die Diskussion um diese ecclesia Minigonis riß unter den Historikern nicht ab. Einige, darunter L. Schmidt und Lechner, sahen sie in der Kirche von Habich. Ebenso strittig war die Identität des Ortes Brunnaron, in dem manche des etymologischen Gleichklangs wegen Lebenbrunn sehen wollten, das aber erst im 15. Jahrhundert als Holzfällersiedlung gegründet worden war. Heute gilt Pilgersdorf als „Brunnaron".[532]

Dr. Karl Kaus, einer der Ausgräber von Pilgersdorf[533], schreibt: „Schon der Ortsname Brunnaron, der soviel wie ‚bei den Quellen oder Brunnen' bedeutet, trifft auf den alten Kirchhügel von Pilgersdorf genau zu. Denn rund um ihn gab es bis zu ihrer Trockenlegung im Zuge der Ortskanalisierung drei sehr alte und wasserreiche Brunnen. Ferner liegt Pilgersdorf, zum Unterschied von allen anderen für Brunnaron gehaltenen Ortschaften, tatsächlich am Zöbernbach und die Grenze zwischen den Grafschaften des Radbod und Rihhar verläuft knapp östlich des Ortes entlang der ‚via Magna' – der großen Straße, die von Güns gegen den Radegundisstein führt. Auch die Siedlungsform des Ortes Pilgersdorf spricht für sehr hohes Alter der Ortschaft. Die unregelmäßigen Baublöcke und Grundparzellen um den alten Kirchenhügel entsprechen am ehesten einer Siedlungsform, die als Kirchsiedlung anzusprechen ist und die ebenfalls für die Karolingerzeit typisch erscheint."

Die Änderung des Namens in Pilgersdorf, 1225 erstmals als „villa Pylgrim" in einer Urkunde des ungarischen Königs Andreas II. genannt, wird erklärt aus der Zerstörung der karolingischen Kirche Brunnarons im Ungarnsturm und einer Neugründung der Pfarre von den Güssinger Grafen, die im 12. Jahrhundert noch 16 andere Pfarren in der Gegend errichteten.[534]

„Diese neue, jetzt noch bestehende Kirche von Pilgersdorf geht nämlich aufgrund ihres Baualters auf das frühe 14. Jahrhundert zurück, wurde also offensichtlich statt der älteren zerstörten Kirche – allerdings nicht mehr an derselben Stelle wie vorher, sondern 300 m weiter südlich erbaut. Zum Bau verwendete man aber die Mauersteine der zerstörten Kirche."[535]

Herr Oberschulrat i. R. Josef Wiesinger, der örtliche Heimatforscher, der 25 Jahre in dem abgerissenen Schulhaus gewohnt hatte, ohne von den archäologischen Schätzen unter seinen Füßen zu ahnen, führte mich am 20. April 1993 freundlich und kompetent zur Grabungsstelle.

Auf dem ehemaligen Schulhügel gibt eine von der Burgenländischen Landesregierung aufgestellte Tafel mit Lageskizze Auskunft über die Funde: „Von der großen romanischen Pilgersdorfer Kirche sind heute noch das Altarfundament, das mächtige Mauerwerk der Nordhälfte des Altarraumes, der Ansatz der Nordmauer des Kirchenschiffs und ein Rest der Südmauer erhalten. (. . .) Im 1. Jahrhundert nach Chr. befand sich auf dem Hügel, wo später die Kirche errichtet wurde, ein kleiner römischer Friedhof. (. . .) Um 1200 kam es zur Errichtung der romanischen Kirche. Das Schalenmauerwerk mit Eckquaderung ist 1,8 m dick, die Fundamentmauern sind 2,5 m stark. Auf einem der gut scharierten Quadersteine ist noch ein Steinmetzzeichen zu sehen. Das Kirchenschiff war etwa 23 m lang und 14 m breit. Der im Osten angesetzte Chorturm maß 9 x 9 m. Das Portal befand sich in der Südmauer. (...) Dieser Bau ging durch Brand zugrunde, vermutlich 1289 im Zuge der Güssinger Fehde. (...) Seine Fundamente wurden vergessen. Im 16. und 17. Jahrhundert wurde hier ein evangelischer Friedhof angelegt (...), von dem 1875 und 1580 36 Gräber freigelegt wurden. (...) Um 1800 baute man auf den romanischen Mauern und den Gräbern die erste Pilgersdorfer Schule. 1928 beim Bau des zweiten Schulhauses wurden Skelette entdeckt und Teile des romanischen Mauerwerks abgebrochen."

Der Landesarchivdirektor Karl Lechner, der bei der Grabung zugegen war, vermutet, daß schon die karolingische Kirche der hl. Radegunde geweiht war. Die Ausrichtung des Altarsteines nach dem Punkt, wo die Sonne am 13. August aufgeht, soll den Beweis dazu liefern.[536]

5 m vor der Ostmauer des Gebäudes befindet sich ein Brunnen, der genutzt wurde, solange die Schule hier stand, und der auch heute noch Wasser führt. Es spricht nicht gegen Lechners Annahme einer karolingischen Radegundekirche, daß die heutige Kirche von Pilgersdorf dem hl. Ägidius geweiht ist. Im Gegenteil. Die heutige Kirche hat einen anderen Standort, 300 m südlich, führt aber mit ihrem Patrozinium die fränkischen Traditionen der Martins- und Ägidiuskirchen fort, wie sie sich öfters in Radegunden-Nähe befinden.

2.6.6   **Steiermark**

Die heutige Steiermark deckt sich mit einem großen Teil der römischen Provinz Noricum, dem Land zwischen Rätien und Pannonien, vom Inn bis zum Wienerwald und von der Donau bis zur Drau, das im Jahre 16 v. Chr. von den Römern besetzt wurde. Der Verlauf des „Cetius" als Grenze zwischen Noricum und Pannonien, wie Ptolemaios[537] den von der ungarischen Ebene aus sichtbaren Gebirgsstreifen nennt, wird von Forschern leicht unterschiedlich interpretiert, alle stimmen aber mit einer Zugslinie vom Kahlenberg bis zur Save überein.[538] Wenn auch diese Hochrücken des Cetius nicht während der ganzen Römerzeit als feste Grenzlinie angenommen werden dürfen – im 3. Jahrhundert rückte z. B. die Provinz Italia nach Oberpannonien vor –, so ist sie doch bedeutend für unsere Forschung. Die heutigen Radegundkirchen befinden sich nämlich im Bereich dieser uralten Grenzlinien, wo man in ihnen eine christliche Fortsetzung heidnischer, grenzschützender Vorgängerkulte vermuten kann.

Von der frühchristlichen Missionstätigkeit, Aquilejas vom Süden, Sirmiums von Osten her, künden Reste von 16 römisch-christlichen Kirchen im Raum Karantanien, darunter die spätrömische Bischofskirche Aguntum (Lienz), der Bischofssitz mit Friedhofskirche in Teurnia (St. Peter im Holz),

Kirchen am Hemmaberg (Globasnitz), Duel, Grazerkogel, Ulrichsberg. Celeia (Cilli, Celje) und Lauriacum (Lorch an der Enns), wo der hl. Florian 304 starb, waren ebenfalls Bischofssitze.

Mit der Zerstörung der spätantiken Siedlungen bei der Einwanderung der Slawen um 600 n. Chr. (siehe Kap. Burgenland werden auch die christlichen Einflüsse unterbunden. Ein Rückfall ins Heidentum ist von verschiedenen Forschern für diese Zeit festgestellt worden.

Es ist nicht anzunehmen, daß es bereits damals Anfänge einer Radegundeverehrung gegeben hatte, kamen fränkische Einflüsse doch erst im 8. Jahrhundert mit der neuen intensivierten, von Bayern ausgehenden Mission zum Tragen. Es sei denn, Slawen hätten dabei eine Rolle gespielt. Das von Karl dem Großen 788 dem Reich angeschlossene Karantanien umfaßte nur den nördlichen und westlichen Teil der späteren Steiermark, während das Reich der Awaren mit dem Fürstentum Priwinas und seines Sohnes Kozel sowie dem Fürstentum der Liudewit, Ratimir und Brazlawo sich weiterhin über das östliche Gebiet der Raab, der unteren Mur und Drau erstreckte[539], von woher die Zusammensetzung der Bevölkerung nachhaltig beeinflußt wurde. Wie wir gleich hören werden, wurde durch frischen Zustrom slawischer Einwanderer zu Beginn der Neuzeit das slawische Bevölkerungselement verstärkt.

Zu der Zeit, in der durch bayerisch-fränkische Missionare die Kenntnis Radegundes vermutlich ins Land gebracht wurde, war Karantanien noch mit Italien verbunden, und die Ansprüche des Patriarchats von Aquileja gegen das Erzbistum Salzburg waren noch nicht ausgetragen, obwohl schon Pippin 796 den nördlichen Teil von Unterpannonien dem Bischof Arno von Salzburg übertragen und Karl der Große die Drau zur Südgrenze gegen Aquileja bestimmt hatte, während die Diözese Passau 829 von Ludwig dem Deutschen bis an die beiden Spratzbäche erweitert worden war.[540]

Der Begriff „Steiermark" taucht erst seit 1080 auf, als die seit Ende des 10. Jahrhunderts nach den Einfällen der Magyaren selbständiger werdenden Marken Karantaniens auf das Geschlecht der Otakare übergingen, die in Steyr an der Enns Markgrafen waren und ihr Gebiet durch Heirat erweitert hatten.[541] Als die Grafschaft Pütten (Pitten) 1158 durch Erbe an Otakar III. fiel, hatte die Steiermark fast die heutigen Grenzen. Allerdings lagen innerhalb dieses Gebiets zahlreiche Besitzungen von weit entfernten Kirchenfürsten: Salzburg, Aquileja, Bamberg, Freising, Brixen. König Heinrich II. ließ 1007 zu Bamberg zwei Urkunden ausfertigen, in denen „nostri predium Chatsa" und „nostri iuris predia Uueliza et Linta", also Katsch, Wölz und Lind, in das Eigentum des Freisinger Bistums übergeben wurden. Dieser Freisinger Besitz ist jedoch von den drei steiermärkischen Radegundestätten zu weit entfernt, als daß eine Beziehung abgeleitet werden könnte.

1180 wurde die Steiermark ein von Bayern unabhängiges Herzogtum und stand nun unmittelbar unter Kaiser und Reich, bis es 1192 beim Tod Ottokars IV. fest mit Österreich vereint wurde.[542]

Die Bevölkerung der Steiermark ist stark slawisch geprägt. Nach der norisch-römischen Epoche, aus der sich auch Ortsnamen keltischen Ursprungs erhalten haben[543], begann seit dem 6. Jahrhundert die Slaweninvasion in das Ostalpengebiet. Aus den Flußtälern und Niederungen wurde die Vorbevölkerung in die Hochtäler und steilen Alpen abgedrängt. Etwa seßhaft gebliebene Bewohner und deren Ortsnamen wurden slawisiert. Der „Alpenslawe" oder „Karantanier" breitete sich bis an die Drauquellen im Tiroler Pustertal, nördlich der Enns und über den Pyhrnpaß nach Oberösterreich sowie jenseits des Semmerings ins heutige Niederösterreich hinein aus. Vom Slawenreich des aus Sens (Frankreich) stammenden Samo war schon die Rede (siehe Kap. Burgenland).[544]

Durch die Einfälle der Osmanen, die zwischen 1396 und 1683 die Steiermark 26mal schwer verwüsteten[545], wurden Serben aus ihrem Anfang des 16. Jahrhunderts noch kompakten Wohngebiet zwischen Drau und Save nach Westen gedrängt, und es entstanden in der Steiermark mehrere Serbenansiedlungen, z. B. an der Mur, im Draufeld, am östlichen Abhang des Bacherngebirges usw. „Die Steiermärker hätten jene Kolonisten am liebsten des Landes verwiesen. Die Deputierten aus Kärnten und Krain waren aber für ihre Beibehaltung."[546] Die Serben erwarben Grundbesitz. 1574 erhob Kaiser Maximilian II. einen Woywoden und seine Brüder in den Reichs-Adelsstand. So hat die inzwischen assimilierte frühmittelalterliche Slawenbevölkerung zu Beginn der Neuzeit neuen Zuzug erhalten, der das slawische Element der Steiermark verstärkte. Im Kapitel über den Namen Radegunde (siehe S. 175ff) werden die zahlreichen slawischen Rad-Namen des Ostalpengebiets für Personen und geographische Begriffe angeführt und erneut ein möglicher östlicher Einfluß auf die Radegundeverehrung diskutiert. Auch später taucht unsere Heilige als Namenspatronin auf: Radegunde von Arberg hatte in erster Ehe Christoph I. von Liechtenstein zu Murau in der Steiermark geheiratet, der Ende 1504 verstarb. In zweiter Ehe war sie verheiratet mit Christoph von Schärffenberg.[547]

2.6.6.1 Hartmannsdorf[548]

Die Hauptpfarre der Gegend, Riegersburg, wird erstmals 1138 genannt, das Vikariat Hartmannsdorf 1232. Abbé Briand[549] vermerkt, daß die heutige Kirche an Stelle einer früheren Vikariatskapelle erbaut und 1885 restauriert wurde. Pfarrer A. Reichl schreibt[550], daß die Kirche von Anfang an der heiligen Radegunde geweiht war und es heute noch ist.[551] Zuständig ist das Bistum Graz-Seckau.

Das Gemälde des Hauptaltars ist immer noch an seinem Platz auf dem barocken Altar, flankiert von vergoldeten Statuen, rechts Herz-Jesu, links der hl. Franziskus. Zwei goldene Engel knien beiderseits des Tabernakels, und die Statuen der hl. Petrus und Paulus stehen zur Seite des Gemäldes. Es zeigt Radegunde, an deren rechter Seite ein Wolf hervorspringt. Die Krone liegt links zu ihren Füßen.

Ein Bildstock auf dem Schloßberg trägt, 1980 von Huszar über eine ehemalige Pestgedenktafel gemalt, die gekrönte Radegunde mit Wolf. Am St. Nepomuk-Bildstock neben der Kirche ist eine moderne Radegundeskulptur in der rechten Nische. Von Wölfen flankiert hält sie einen Krug in der Rechten. Jeden Sonntag, der dem 13. August vorangeht, findet eine feierliche Prozession statt, und am 13. August ist der Anbetungstag der Gemeinde. Fünf bis sechs Frauen der Gemeinde tragen den Vornamen Radegunde. Sieben Radegunden, geboren zwischen 1875 und 1908, wird auf Grabsteinen gedacht. Es gibt in Hartmannsdorf eine „Holzkirche", eine Kapelle, die über einer reichlich fließenden Quelle errichtet ist. Sie ist dem hl. Ulrich geweiht. Zwei Prozessionen gehen zu dieser Kapelle, am Markustag (25. April) und am Mittwoch der Rogationen [= Bittage].

Das 1988 entworfene Wappen des Marktes Hartmannsdorf zeigt in vier Feldern: auf Blau Krone und Äbtissinnenstab, auf Weiß je einen blauen Wolfskopf.

2.6.6.2 St. Radegund am Schöckel (Schöggl) bei Graz[552]

Der Hochschöckel (1446 m), ein markanter, weithin sichtbarer Berg etwa 15 km nördlich von Graz, „war noch vor 200 Jahren recht unwirtlich und sehr dünn besiedelt mit nur wenigen einsamen Bauernhäusern. Dichte Urwälder bedeckten die Höhen."[553] An seinem Südfuß, 741 m hoch, liegt der Ort St. Radegund. Zwei Flüßchen entspringen nahe St. Radegund: Eines fließt nach Graz zu, wo es in die Mur mündet, das andere mündet in die Raab. Die beiden letzteren waren im Lauf des Mittelalters streckenweise Grenzflüsse. Viele kalte Quellen entspringen hier und veranlaßten den Wundarzt August Demelius, nach 1830 die Kaltwasserheilanstalt zu gründen, durch die das abgelegene Dorf zum Kurort wurde. „Das Große Österreich Reisebuch"[554] führt die Entstehung des Ortes auf die erste karolingische Besiedlung zurück. Nach Carl Plank[555] hat der Pfannberger Graf Otto von Graz, aus der Sippe der hl. Hemma, 1186 die Kultstätte gegründet. Nach der von Gugitz[556] überlieferten Tradition sollen sich im 12. Jahrhundert Waldbrüder dort oben an einer Quelle niedergelassen und eine Kapelle oder Einsiedelei errichtet haben.

Die Lage dieses Radegundeheiligtums ist nicht nur wegen seiner Quelle typisch, sondern es liegt auch auf einer Grenze, der oben erwähnten römischen Grenzlinie des „Cetius", deren Verlauf Mayer[557] über Weiz bis zum Schöckel annimmt. Nach Abbé Briand[558] sollen die Waldbrüder des Schökkel aus Thüringen gekommen sein und ein Bildnis der hl. Radegunde als ihren einzigen Besitz mitgebracht haben. In dieser abgelegenen Gegend wäre es nicht unmöglich, daß sich ein heidnischer Quellbrauch bis zum Eintreffen der Waldbrüder erhalten hat.

1256 versuchte Papst Alexander VI. den Zusammenschluß der verschiedenen Eremitengruppen zum Orden der Augustiner-Eremiten, die z. B. auch ein Kloster in Graz hatten. Daneben erhielt sich aber weiter das Eremitenleben, das keinen ordensrechtlichen Formen unterworfen war. Außer Terziaren der Bettelorden gab es da die sogenannten Waldbrüder. Sie unterstanden einem „Altvater" und wurden 1686 in der Freisinger Kongregation zusammengefaßt.

Zu der Einsiedelei am Schöckel hat sich bald eine Wallfahrt entwickelt. Heute ist an der Quelle die erste Station eines bemerkenswert schönen Kalvarienberges. An Stelle der Waldbrüderkapelle wurde 1186 eine Kirche errichtet und in gotischer Zeit vergrößert. Seit 1295 ist sie Pfarrkirche.[559] Sie wurde kürzlich innen und außen gründlich renoviert. Auf dem Foto, das Abbé Briand veröffentlicht[560], trägt der Turm einen zwiebelförmigen Abschluß. Er wurde in Spitzform restauriert. Briand beschreibt ein Gemälde mit der Szene, wo Radegunde vor St. Medardus kniet, um von ihm die Weihe zu empfangen. Es befindet sich über dem Südportal und zeigt Radegunde im Königsgewand vor dem Bischof kniend. Die Krone liegt auf einem Kissen zu ihren Füßen. Unter den zahlreichen Hofleuten, die die Kirche füllen, entdeckt man König Chlotar auf einer Empore, eine Auslegung, die der Überlieferung nicht entspricht (siehe Teil I). Sehr eindrucksvoll ist ein großes Gemälde links der Kanzel an der Nordwand. Wilhelm Helfer aus Graz hat hier 1907 Radegundes Haferwunder gemalt, die einzige uns bekannt gewordene Darstellung dieses Ereignisses. Radegunde, als Nonne gekleidet, kniet vor einem lebensgroßen Kruzifix, das sich eng an einen Laubbaum und dessen Wurzeln lehnt. Auf der rechten Hälfte des Gemäldes und bis zum Horizont wogt ein reifes Haferfeld. Als sei dieses Wunder die Erfahrung gewesen, die Radegunde endgültig in der völligen Hingabe an Christus bestärkte, reicht sie ihm mit ausgestreckten Armen die Krone hin.

Der reichgeschnitzte vergoldete Hauptaltar, der in den gotischen Chor eingepaßt ist, trägt über dem Tabernakel, von Engeln flankiert, die Statue der gekrönten hl. Radegunde in königlichem Gewand. An ihrer rechten

Seite lugt ein Wolf hervor. Rechts und links des Tabernakels erzählen farbig angelegte Reliefs auf Goldgrund aus dem Leben Radegundes. Links reicht sie ihre Krone Christus, der sie segnet; rechts die Szene ihres Todes, in Grau angelegt. Von einer Mitschwester gestützt, ruht sie auf ihrem Lager, ein Kreuz in Händen. Eine zweite Nonne, das Gesicht mit den Händen bedeckt, kniet vor ihr. So ist dieser Altar ausschließlich Radegunde gewidmet, weder Maria noch eine andere Heiligengestalt begleiten die Königin.

Der 13. August ist Kirchtag. Er wird heute am darauffolgenden Sonntag gefeiert, verbunden mit einem Volksfest und unter großer Beteiligung. Auf den Grabsteinen des Friedhofes wird keiner Frau mit Vornamen Radegunde gedacht.

Das am Gemeindehaus angebrachte moderne Wappen von St. Radegund am Schöckel zeigt im oberen Feld auf Goldgrund zwei schwarze, nach links blickende Wolfsköpfe mit gefletschten Zähnen. Im unteren Feld, auf rotem Grund, steht eine goldene Badebütte.

Die Pfarrei liegt im Bistum Graz-Seckau. Früher zählte sie zur Erzdiözese Salzburg. Das Besetzungsrecht aber hatte damals schon der Bischof von Seckau inne. Die Pfarre „auf dem Schekl" wird im Wappenbuch des Kaisers Friedrich III. (1445–1448 angelegt) dort unter den Lehenspfarreien des Königs aufgezählt.[561]

2.6.6.3 St. Radegund am Heiligen Wasser, Pfarrei Kainach, Bistum Graz-Seckau[562]

Dort, wo der Fluß Kainach aus den Bergen tritt, nach Osten biegt und der Mur zufließt, sind Spuren einer ersten Besiedlung aus der Zeit vor 25.000 Jahren am Zigöllerkogel bei Köflach gefunden worden. Im Neolithikum gab es Siedlungsplätze am Heiligen Berg zwischen Voitsberg und Bärnbach im oberen Kainachtal. Die Römer fanden im Jahre 14/15 v. Chr. in Noricum eine keltische Bevölkerung vor. Die Quelle, die heute „Heiliges Wasser" heißt, sprudelte, als sie in Gallmannsegg einen Marmorsteinbruch betrieben und in einer Steinmetzstätte römische Handwerker arbeiteten. Römische Kultstätten sind bekannt als „Heidentempel" bei Köflach und am Ausgang des Kainachtals auf dem Heiligen Berg, auf dem bei Grabungen 1975/76 Funde vom Neolithikum über die Hallstattzeit bis zur Römerzeit geborgen wurden.[563] Es handelt sich um eine der 15 Höhensiedlungen der „Mitteldanubischen Gruppe". Der Bericht von Walter Kainz über den Kirchweihtag[564] am Pfingstmontag auf dem Heiligen Berg, „Zapfenkirtag" (Zapfen hier = Penis), läßt an einen uralten Phalluskult denken. Der Pinienzapfen aber galt in der Antike auch als Symbol des ewigen Fortlebens.

Es ist für die vorchristliche Situation des Heiligen Wassers in Gallmannsegg interessant zu bedenken, wie sehr das Gebiet kultisch damals erschlos-
sen war. Wie die Kelten Gottheiten an Quellen verehrten, so verehrten die
Römer dort Nymphen. Die starke Quelle in Gallmannsegg kann ihrer Aufmerksamkeit nicht entgangen sein, aber die Dokumente schweigen, bis
1669 die Kapelle erbaut wurde[565], weil, so heißt es auf der Votivtafel, ein
Bauer dort auf dem Weg nach Kainach in einem Baum „neben dem Brün-
lein eine Statur der heiligen Radigunde" gefunden habe, „wobei viele durch
Waschung der Augen und Leibesglieder Heilung gefunden". Woher wußte
er, daß die Statue Radegunde darstelle und daß das Wasser Heilkräfte habe?

Das Gebiet des oberen Kainachtals gehört seit ihrer Gründung 1076 der
Abtei St. Lambrecht. Diese liegt zwar in der Steiermark, aber an der Grenze
zu Kärnten. Der Abt besaß bischöfliche Rechte und den Fürstenrang.[566] Es
war den Benediktinern von den Eppensteinern geschenkt worden. Der
Eppensteiner Adalbero, Herzog von Kärnten, hatte im Jahre 1000 von
Kaiser Otto III. „100 Hufen Landes nach freier Wahl in seiner Mark" als
Geschenk erhalten (Urkunde in Quedlinburg ausgestellt). Benedikt Plank
OSB[567] vermutete, daß der Besitz des Stiftes St. Lambrecht um Piber und
in der sonstigen Umgebung auf diese Schenkung zurückgeht.

Die Eppensteiner waren im 10. Jahrhundert in Bayern begütert, wenngleich vielleicht fränkischer Herkunft. Ursprünglich Markward geheißen,
wurden sie bald nach der Burg Eppenstein bei Weißkirchen benannt. Sie
leisteten ihren Beitrag zur Kolonisation im Südosten und standen in der
Gunst Kaiser Heinrichs II. Nach dessen Tod nahm ihre Macht ab aufgrund
gemeinsamer Erbansprüche der verwandten Familien: Zwei Töchter Herzog Hermanns III. von Schwaben hatten durch ihre Ehen mit Adalbero von
Eppenstein bzw. Kaiser Konrad II. diese zu Schwägern gemacht. 1035
wurde Herzog Adalbero unter Anschuldigung des Hochverrats abgesetzt
und verbannt, nach dem Scheitern eines bewaffneten Widerstands, bei
dem Wilhelm von Sann (Gemahl der hl. Hemma) getötet wurde. Die
Eppensteiner konnten jedoch ihr Allodialgut behaupten, erlangten allmählich ihre alte Macht zurück, bis sie Anfang des 12. Jahrhunderts ausstarben.

Es gab mehrere Eppensteiner Eigenkirchen, denen 1066 von Erzbischof
Gebhard von Salzburg pfarrliche Rechte verliehen worden waren. Einige
von ihnen waren dem hl. Lambert geweiht († 705), einem, wie Karl Bosl
sagen würde, typischen Adelsheiligen.

1103, als Heinrich III. von Eppenstein sah, daß er keine Nachkommen
haben würde, schenkte er diese Eigenkirchen der von seiner Familie
gegründeten Abtei St. Lambrecht, die damals auch „den Fluß Kainach mit
allem Drum und Dran" bekam. So ging das Heilige Wasser in Stiftsbesitz
über. Neue Rodungen im Kainachtal sind 1202 urkundlich erwähnt. Es gibt

jedoch keine Urkunde darüber, ob eine Verehrung der hl. Radegunde hier bestanden habe. Die Lage ist aber auch abgesehen von der Quelle „radegundetypisch". Grenznah: Noch heute verläuft die Grenze des Pfarrsprengels von Kainach auf der Höhe hinter dem Heiligen Wasser. Straßennah: Eine im Mittelalter sehr befahrene Straße durch das Kainachtal nach Obersteiermark wurde um Voitsberg von starken Wehranlagen abgesperrt und das Tal entlang von Edelhöfen, dem Turm zu Kainach und von der Burg Hauenstein im Almengebiet geschützt.[568]

Während der keltischen Vorbesiedlung, während der Geschäftigkeit um den römischen Marmorsteinbruch, in der Eppensteiner und in der St. Lambrechter Zeit sprudelte die Quelle, aber erst in der Mitte des 17. Jahrhunderts soll sie der hl. Radegunde geweiht worden sein. Warum ihr, deren Ausstrahlung längst an andere Heilige übergegangen war, im Einflußgebiet des Stiftes zumal an dessen Wallfahrtsstätte Mariazell? Es war die Zeit der Gegenreformation. Die Protestanten hatten sich in der Steiermark stark ausgebreitet, ehe Kaiser Ferdinand II. sie des Landes verwies. Die römisch-katholische Kirche verstärkte nun allenthalben die Zeichen ihrer geistigen Macht. Die Anziehungskraft des Heiligen Wassers in Gallmannsegg bei Kainach hatte wahrscheinlich seit Jahrtausenden nicht nachgelassen. Es war jetzt die Zeit gekommen, es unter kirchliche Obhut zu stellen.

Es bleibt die Frage: Warum Radegunde? Die fränkische Herkunft der Eppensteiner, ihre enge Bindung an den Bamberger Förderer, Kaiser Heinrich II. aus dem sächsischen Haus der Ottonen, der nicht nur in St. Lambrecht, sondern mit seiner Gemahlin Kunigunde auch in Bad St. Leonhard verehrt wird, ziehen eine Linie zu den Thüringern. Bamberg, dessen durch das heilige Kaiserpaar fundiertes Bistum in Kärnten und in der Krain begütert war, gehörte, wie u. a. Bodenfunde bewiesen haben, einst zum Thüringer Reich. Auch die Eppensteiner waren mutmaßlich fränkischer Herkunft, vielleicht sogar mit den Huosi versippt. Letztere Sippe, der Leopold Schmidt eine zu bedeutende Rolle in der Radegundekultverbreitung beimißt (siehe S. 111ff), übte dennoch einen erheblichen Einfluß im Südosten des Reiches aus, war mit den Thüringern und wohl sogar mit dem Kaiser verwandt. Trotz der Überbewertung einiger älterer Forscher ist der starke Einfluß germanischer Sippenbindungen als solcher nicht zu leugnen.

Zu der Frage nach der persönlichen Verbundenheit eines Eigenkirchengründers zu Radegunde gesellen sich in dieser Bergeinsamkeit ganz natürlich die Fragen nach dem genius loci aus keltisch-römischer Vergangenheit, nach den Sagen von Schlangen und weißen Frauen, die in der Gegend viel erzählt werden.[569] Wenden wir uns jedoch dem heutigen Stand der Dinge zu.

Die (abgeschritten) etwa 20 m lange Kapelle mit Turm steht hoch am Hang des Lukaskogels (1118 m). Unmittelbar davor, unter einem offenen Dach, ist der Brunnen, dessen Wasser aus den Wunden Christi einer farbig gefaßten Statue des hl. Gnadenstuhls (Ende 18. Jahrhundert) zu fließen hatte, jetzt aber, vielleicht wegen Frostgefahr, aus einem Betonrohr nahe davor austritt, wobei die Stromrichtung zeigt, daß es unter der Kapelle seinen Ursprung hat oder zumindest dort durchfließt. Nachdem die Kirchentür mit den zwei riesigen Schlüsseln geöffnet ist, befinden wir uns in einem dreijochigen hohen Raum mit Kreuzgratgewölbe. Der Hochaltar, aus dem zweiten Viertel des 18. Jahrhunderts aus der Werkstätte Balthasar Prandtstätters, trägt die farbig gefaßte Radegundestatue in weltlicher Kleidung mit Szepter und Krone. Es soll die gleiche sein, die der Bauer damals fand.

Ein großes Gemälde erzählt in vier Bildern die Entstehungsgeschichte der Kapelle und zeigt fünf weitere Bilder heilspendender Quellen aus dem Neuen Testament.

Es finden in der Kapelle einige Messen statt: am Oster- und am Pfingstmontag, am 15. August und am Augustinisonntag (nächst dem 28. August). Im Herbst ist eine Haltermesse. Hie und da gibt es eine Wallfahrt.[570]

2.6.6.4 Graz
Beitrag von E. Soder v. Güldenstubbe

Im Eggenbergerspital zu Graz war der mittlere und vorderste Altar der Spitalskapelle zu Ehren aller Heiligen sowie den Heiligen Nikolaus und Radegund geweiht. Auf diesem Altar stiftete 1494 der kaiserliche Rat Georg Gossenbrot, Pfleger zu Ehrenberg im Bistum Augsburg, im Auftrag seines verstorbenen Schwiegervaters Balthasar Eggenberger eine Kaplanei, die Erzbischof Leonhard von Salzburg am 27. August 1497 bestätigte. Wir gehen sicher nicht fehl, wenn wir in der Bewidmung des besagten Altares den Einfluß der Radegund Eggenberger vermuten, die die Ehefrau jenes Balthasar gewesen war und die ihrerseits selbst letztwillig 1494 eine weitere Kaplanei in der Allerheiligenkapelle des Grazer Spitals errichten ließ.[571]

Die Eggenberger, aus Radkersburg stammend, wurden Bürger zu Graz, später geadelt, schließlich zu Freiherren und Fürsten ernannt, hatten eine ihrer Stammmütter in jener Radegund, einer Tochter des Christoph Seidennater, Ratsherr zu Graz, die 1444 Balthasar Eggenberger zu Algersdorf, Münzmeister zu Graz, Laibach und St. Veit, geehelicht hatte. Eine ihrer Töchter, die den Georg Gossenbrot heiratete, trug ebenfalls den Taufnamen Radegunde. Deren Nichte, eine Tochter des Christoph Eggenberger, Bürger

zu Augsburg, und der Ursula Langenmantel vom Sparren, genannt Radaue-
rin, erhielt gleichfalls den Taufnamen Radegunde, verstorben 1559. Sie
hatte den Augsburger Patrizier Erasmus Herwarth zum Ehemann.[572]

2.6.7 Kärnten

Im Ostalpengebiet, wo seit der Jungsteinzeit Siedlungen nachgewiesen
sind, entstand um 200 v. Chr. das keltische Königreich Noricum, dessen
Mittelpunkt auf dem Magdalensberg (nordöstlich von Klagenfurt) ausgegraben wurde. Früh setzten Handelsbeziehungen zwischen Kelten und
Römern ein, und als diese im Jahr 15 v. Chr. das norische Königreich be-
setzten, machten sie den Magdalensberg ihrerseits zum Vorort ihrer Okku-
pationsverwaltung.[573] Zweihundert Jahre lang hat also die keltische Religion in diesem Raum den Glauben der Einwohner bestimmt, hat die religiösen Vorstellungen der illyrischen Vorbevölkerung assimiliert und noch
weit in die Römerzeit und die Anfänge der Christianisierung hinein fortge-
wirkt. Wie wir schon für Burgenland und Steiermark (siehe S. 104ff /
S. 133ff) festgestellt haben, waren keltische Naturgottheiten die Vorgängerinnen an den später verchristlichten Stätten, deren ortsgebundene Ausstrahlung auf Radegunde überging. Die keltische Gaugöttin Isis Noreia hat
in der hl. Hemma ihre Überlieferungsträgerin gefunden.[574] Von Hemma
wird noch ausführlicher gesprochen (siehe S. 154 / S. 204).

Die 16 frühchristlichen Kirchen in Karantanien, deren Reihe 343 n. Chr.
mit den Bischofssitzen Teurnia und Virunum begann, sind schon genannt
worden (siehe S. 133).

Kirchlich gehörten beide Provinzen Noricums zur Diözese Pannonien,
deren Episkopalkirche Sirmium, die Hauptstadt Illyriens, bis zu ihrer Zerstörung 582 war (siehe S. 107ff). Um die Mitte des 6. Jahrhunderts war
Binnennoricum sogar eine kurze Zeit unter byzantinischer Abhängigkeit.

Der Einfluß der mit den Thüringern verschwägerten Langobarden war
nicht mit deren Durchzug um 568 nach Oberitalien zu Ende. Ihre Stellung-
nahme auf der Synode von Grado 606 für einen schismatischen Patriarchen
von Aquileja fand sie auf seiten der in Noricum amtierenden Bischöfe. Dieser Sachlage ist es zu verdanken, daß sich das Langobardenreich in Kärnten rasch gegen Norden und zeitweilig bis in den Herzraum Kärntens aus-
dehnen konnte.[575] Ob die beiden Radegundestätten in Oberitalien noch auf
langobardischen Einfluß zurückgehen, ist ungeklärt. Größler[576] nennt eine
ehemalige, in ein Theater umgewandelte Radegundekapelle nahe dem
Mailänder Dom in der heute noch so benannten Via Santa Radeconda.
Schmidt[577] erwähnt, daß die hl. Radegunde in Mailand am 11. August

gefeiert wird. Größler (a. a. O.) und Briand[578] nennen Sterna Nijwa. Nach Auskunft des Österreichischen Ost- und Südosteuropa-Instituts in Wien vom 20. Dezember 1990 handelt es sich wahrscheinlich um den Ort Sterna, 11 km östlich von Buje (Istrien).

Als dann um 600 Slawen nach Kärnten einwanderten, entstand in religiöser Beziehung eine Situation, wie sie ausführlich im Kapitel Burgenland geschildert ist, mit der vermuteten Affinität zum Namen Radegunde, wenn nicht sogar mit einer über Byzanz–Sirmium vermittelten Kenntnis dieser Heiligen.

Die österreichischen Historiker stimmen darin überein, die mittelalterliche Geschichte Kärntens mit der Entstehung des slawischen Fürstentums Karantanien einsetzen zu lassen. Es stand in gewisser Verbindung mit dem großen Slawenreich Samos (siehe S. 109).[579] Zur Zeit der Bedrängung durch die Awaren um 740 geriet es in Abhängigkeit zum Frankenreich und wurde Bayern staatsrechtlich angegliedert. Damit nahm das Bistum Salzburg seine Missionstätigkeit im Südostalpengebiet auf[580], und bald wurden die älteren Rechte Aquilejas durch Karl den Großen auf das Gebiet südlich der Drau beschränkt. Slawische Fürsten regierten jedoch in Karantanien bis 828, ehe sie durch fränkische Grenzgrafen ersetzt wurden.

Als das Vordringen der Magyaren die salzburgische Missionstätigkeit in Pannonien unterband, konzentrierte sich das Erzstift auf Karantanien und trieb hier den Ausbau des Pfarrnetzes voran. Wenn auch der bayerische und fränkische Adel mehr und mehr Besitzungen im Lande erwarb, gab es weiterhin einen slawisch-karantanischen Hochadel, der jedoch anfing, germanische und biblische Namen zu führen, und dann für die Quellenforschung nicht mehr greifbar ist.[581] Die Familie der hl. Hemma (siehe S. 154) ist ein Beispiel der Verschmelzung slawischen und deutschen Adels zu einer neuen Führungsschicht.

Bereits 976 entsteht ein selbständiges Herzogtum Kärnten, das zunächst die Steiermark umfaßt und bis Oberitalien ausgreift. Den beschriebenen Bevölkerungsverhältnissen entsprechend dient ihm kein Stamm als feste Grundlage, sondern es handelt sich um ein Amtsherzogtum, in dem die Herzöge wechseln und kein Geschlecht Wurzel schlagen oder Macht ansammeln kann, bis es 1335 Österreich angegliedert wird.[582]

Zu diesen unklaren Verhältnissen in der obersten politischen Schicht gesellen sich andere weltliche Machtbestrebungen der Hochadeligen, wie der Aribonen, der Meginharde und der Rapotonen (Ra-Name!). Machtkomplexe bilden die Grafen von Andechs-Meranien aus der Huosi-Sippe und die Grafen von Görz, die so gut wie unabhängig im oberen Drautal sitzen. Vermutlich stammen zwei Freisinger Bischöfe aus dieser Familie, Joseph (748–764) und Abraham (957–994).[583]

Noch unübersichtlicher verzahnt sind die geistlichen Herrschaften. Das Gebiet von Karantanien war durch den Beschluß dreier Päpste dem Erzbistum Salzburg zugeteilt worden. Dessen geistliche Herrschaft blieb bis ins 20. Jahrhundert hinein erhalten.[584] Daneben stattete Heinrich II. sein Bistum Bamberg mit Kärntner Königsgut aus und verschaffte ihm große Bedeutung. Mit Villach und St. Veit hatte es Schlüsselpositionen. Die Bischöfe von Brixen (Säben) besaßen Enklaven in Kärnten. Das Bistum Freising versuchte seit 769 von Innichen (San Candido) aus Fuß zu fassen, erwarb im 9. und 10. Jahrhundert über das Gailtal- und Draugebiet verstreut viel weltlichen Besitz und hatte eine Enklave in der Krain um Bischoflack.[585]

Sieben der acht Kärntner Radegundeorte liegen nahe diesen durch die Lesach nach Westen verlängerten Flußtälern. Von keinem ist der Gründer bekannt. Es wird sich meist um Eigenkirchen gehandelt haben, wie es bei dem nachgewiesenermaßen von der Gräfin Hemma gegründeten achten Ort bei Hohenfeld der Fall ist. Merkwürdig ist jedoch, daß Freisinger Besitz von keinem der Radegundeorte weit entfernt ist, Ruden gehörte sogar dazu.

Ein kurzer Überblick, basierend auf den Forschungen Zahnbrechers, wird das klarmachen. Wir untersuchen die genannten Täler in Stromrichtung und finden zuerst St. Radegund im Lesachtal. Heute führt die Karnische Dolomitenstraße das Gailbach- und Gailtal entlang, Innichen und die Freisinger Orte Kartitsch, Obertilliach und Untertilliach verbindend. Letzteres ist von St. Radegund im Lesachtal nur 9 km entfernt.

Die nächste Radegundestätte auf Freisinger Gebiet liegt an der Gailmündung bei Villach, Techanting. Hier zwischen dem Faaker See mit dem freisingischen Kratschach (*Ra*-tazach), dem Ossiacher und dem Wörther See nennt das Urbarialverzeichnis von 1150 fünfzehn Orte des Hochstifts. Dessen Kolonisation hatte hier schon vor 822 bei Maria Wörth begonnen.[586]

Der zweite Radegundeort dieser freisingisch durchsetzten Gegend ist Radweg, das rund umgeben von Freisinger Besitz zwischen Feldkirchen und Moosburg nahe der Bundesstraße 95 liegt. Die 1150 als freisingisch genannten Orte Witsch, Faning und Tigring befinden sich 5–10 km östlich von Radweg, Techelsberg und Köstenberg liegen ebensoweit westlich.

Schon 822 meldet eine Urkunde vom 10. Juli, daß das Gebiet zwischen Trixen und Griffen dem Kloster Innichen und damit Freising gehört. Griffen, kaum 10 km nordöstlich von Völkermarkt, liegt am Wölfnitzbach, den die Burg Weißenegg überragt (Gorentschach gehört in ihren Herrschaftsbereich) und der nicht weit von Ruden in die Drau mündet.

Weltlicher Besitz, einige Huben hier, einige Huben dort, ist nicht gleichbedeutend mit einem Filialen gründenden Kloster. Aber obwohl die Gegenden, in denen Freising begütert war, den Diözesen Salzburg, Aquileja, Passau und Brixen gehörten, besaß Freising hier das Patronatsrecht auf die meisten seiner Kirchen. Der Bischof von Freising wird auch der geistlichen Loyalität seiner Wirtschafts- und Verwaltungsbeamten sicher gewesen sein. Die Vogteien waren der Angelpunkt des Verhältnisses zwischen kirchlicher und landesherrlicher Gewalt.[587] Wenn der Vogt sich auch oft über den Bischof zu erheben wagte, so stand er doch in gewisser Weise unter ihm und durfte z. B. ohne seinen Konsens keine Burgen erbauen. Die freisingischen Besitzungen waren in viele Amtsbezirke eingeteilt, in „officia" [= Ämter] und „predia" [= Güter]. Ruden wird von Zahnbrecher (p. 79) als den „officia vel predia" der Krain zugehörig genannt. Die Vögte befehligten „officiales, schephones" (Schöffen) „decimatores" (Zehenner), „precones" (Herolde), „scheregen" (Häscher) usw. bis hin zu den „vigiles" (Wächtern) und „janitores" (Türhütern) und den „clavigeri" (Schlüsselbewahrern) der bischöflichen Städte. Welche Spuren hat diese durchorganisierte Verwaltung wohl hinterlassen?

Das Hochstift Freising hat seine Streubesitzungen in Kärnten nicht lange behaupten können. Seine Vögte, aber auch die Grafen von Görz erwarben sie oder eigneten sie sich gewaltsam an.[588] Im 12. Jahrhundert rundete das Bistum Bamberg sein Gebiet durch Übernahme der Burg Griffen mit ihrem Umland ab.

Freisings Einfluß kann also nur bis zum Hochmittelalter wirksam gewesen sein, allerdings einer entscheidenden Zeit in der Missionierung des karantanischen Völkergemischs.

Leopold Schmidt stellt fest, daß Freisinger Spezial-Devotionen in Kärnten lange nachgelebt haben. Das vielumstrittene St. Athanasen bei Berg im Drautal hat sich als Kultstätte des hl. Nonosus erwiesen, dessen steinernes Grabmal in der Krypta des Freisinger Domes steht und berühmt deswegen ist, weil man durch das Hochgrab kriechen kann[589], ein sogenannter Durchkriechbrauch, wie der volkskundliche Terminus lautet. Gugitz[590] behandelt den Nonosuskult, der ursprünglich vom Freising'schen St. Peter im Holz (Teurnia) ausging. Ein Ablaßbrief von 1470 bezeugt, daß Nonosus in Teurnia „begraben worden war", was bedeutet, daß es dort Reliquien von ihm gab. Auf einer in St. Peter im Holz noch 1615 vorhandenen Bildtafel hieß es „sanctus Nonosus episcopus est hoc in loco sepultus". Seine Reliquien wurden durch Bischof Nitker (1039–1052) nach Freising überführt, wo er als Zweitpatron neben dem hl. Korbinian verehrt wird. Man kann also den anfänglich in Kärnten verbreiteten, dann aber – „ich weiß nicht aus welchen Gründen", sagt Gugitz – abgekommenen Nonosuskult durchaus Freisings Hauspolitik zuschreiben und fragen, ob sein Einschlafen mit dem Machtverlust Freisings in Kärnten zusammenhängt. Ähnlich könnte es mit dem Radegundekult gegangen sein, der, wie wir vermuten, teilweise durch den jüngeren Hemmakult ersetzt wurde (siehe S. 205).

Vieles in der Geschichte Freisings deutet darauf hin, daß im Mittelalter fränkischer Geist im Hochstift herrschte (siehe S. 83ff). Der heilige Martin, dessen Kultstätten in Frankreich so häufig einem St. Radegund benachbart sind und den L. Schmidt geradezu als Leitfigur der Verehrung fränkischer Heiliger ansieht, fehlt auch in der Umgebung der Kärntner Stätten nicht. Er ist in Kärnten überhaupt sehr verbreitet, zählt man dort doch 84 Darstellungen des hl. Martin allein auf Bildstöcken. Während aus dem Lesachtal keine Martinskirche bekannt ist, steht etwa 10 km von Techanting entfernt die gotische Martinskirche im Freisinger Ort Rosegg (Ra-sa). Das 1137 erwähnte St. Martin, heute Stadtteil von Villach, ist am rechten Drauufer nahe der heutigen Eisenbahnbrücke, wo früher mutmaßlich die Römerstraße den Fluß überquerte und sich nach Gummern, Lansach und Teurnia bei St. Peter im Holz (alle drei freisingisch) fortsetzte.[591]

Aus der Umgebung von Radweg ist die nächstgelegene Martinskirche bei dem freisingischen Ort Techelsberg. Dann ein St. Martin 6 km südlich von Radweg und ebenso weit nordnordöstlich bei Glanegg (1136 genannt) sowie in Klein-St.Veit 3 km nordöstlich von Radweg. Zwei weitere sind Feldkirchen und Himmelberg (1060 und 1076 erwähnt).

In Ponfeld, bei dem freisingischen Tigring, wird die Pfarrkirche St. Martin zwischen 1193 und 1220 genannt. Innerhalb des Freisinger Besitzes von Griffen und Trixen, 4 km von Ruden und Gorentschach entfernt, auf der Straße nach Völkermarkt, ist am Wallersberg eine romanische Martinskirche. 4 km nordöstlich von Eis gibt es ein St. Martin, ebenso ein Fischering.[592]

Rund um das St. Radegund der hl. Hemma bei Hohenfeld gibt es Martinskirchen in Feistritz (1131), St. Martin am Krappfeld (991 und 1023), St. Martin am Silberberg (1285), Kraßnitz (1131) und Dobritsch (gotisch).

Unsere Bemühungen, die Hypothese einer Freisinger Beteiligung oder eines Einflusses an den Gründungen der Radegundekirchen über die genannten Anhaltspunkte hinaus zu stützen, blieben erfolglos, nachdem auch das Archiv des Bischöflichen Gurker Ordinariats in Klagenfurt[593] die These Schmidts für Kärnten als „kaum zutreffend, um nicht zu sagen unwahrscheinlich" bezeichnete.

Noch viel weniger lassen sich die heidnischen Vorgängerkulte der Quellheiligtümer ermitteln, und es muß offen bleiben, welche Hypothese der allgemeinen Geschichtsauffassung am nächsten kommt. Wir tragen hier nur unsere Beobachtungen zusammen und geben damit Denkanstöße.

2.6.7.1 St. Radegund im Lesachtal

Westlich von St. Lorenzen führt die Straße abwärts, um eine bewaldete Schlucht zu überqueren, in der ein Wildwasser rauscht: der Radegundgraben. Aus dieser romantischen Wildnis am Aufstieg der Straße nach Wiesen[594] grüßt das hölzerne Türmchen der alten Radegundiskapelle, im Volksmund „Rodigang" genannt. Ihr Ursprung ist unbekannt, sie gilt jedoch als älteste Kirche des Lesachtales. Nach den Unterlagen im Pfarrarchiv von St. Lorenzen[595] soll sie 1058 gegründet worden sein. Wahrscheinlich ging eine Holzkirche dem Steinbau voran. Tiefenbacher[596] nennt die beiden möglichen Ursprünge eines Radegundekultes in diesem abgelegenen Tal. In der Schlucht nahe der Kapelle finden sich Spuren von archäologisch nicht datierten Gräben, die wahrscheinlich der Eisenerzgewinnung gedient haben. Errichteten die Bergleute die Kapelle? Tiefenbacher neigt mehr zur zweiten Hypothese: Bezeichnungen wie Römerweg, Römerstein, Frohn, Gosta lassen römische Besiedlung vermuten. In römischer Zeit führte der Weg vom Lavanter Kirchhügel (Aguntum) hier über den Radegundgraben, das Frohntal entlang und erreichte über das Ofnerjoch (Origonipaß) die Ebene Oberitaliens. Im Mittelalter blieb diese Nord-Süd-Verbindung Handels- und Schmuggelweg. Dort, wo er die das Lesachtal nützende Ost-West-Passage kreuzte, befindet sich die Kapelle, ein Straßenheiligtum, nahe der Grenze zwischen Kärnten und Tirol, eine Lage, wie sie mehreren Radegundekultstätten eigen ist.

Im Mittelalter hielten sich Arme und Bettler gerne an solchen Kreuzungen auf und warteten auf Almosen. So findet man die Schutzheiligen der Armen, Laurentius und Radegunde, entlang alter Handelsstraßen. Hier im oberen Lesachtal sind sie nahe beieinander.

Die ersten Berichte über „St. Radegund im Lesach an der Wies" stammen von 1370 und 1375. St. Radegund mit den Flecken Wiesen, Perg und Frohn gehörte 1594 den Franziskanern von Maria Luggau und ab 1628 wieder zum Vikariat St. Lorenzen. 1635 wird eine „Radegundbruggen" erwähnt, die von den Einwohnern der genannten Flecken unterhalten werden mußte. In den Protokollen der kirchlichen Visitationen des 17. und 18. Jahrhunderts wird St. Radegund oft genannt.

Der Überlieferung nach soll die Kapelle zuerst eine Holzkirche gewesen sein, die später aus den im Bachbett zu Hauf liegenden Tuffsteinen neu errichtet wurde. Das heutige Gebäude ist spätgotisch, zweite Häfte des 15. Jahrhunderts, im Mauerwerk älter, 3/8-Schluß mit dreikantigen Streben, Lanzettfenster. Im Westen fügt sich ein einfacher Portalvorbau in Schiffbreite an. Der Innenraum ist dreijochig, mit Netzrippengewölbe. Eingezogener spitzbogiger Triumphbogen, im Chor Netzrippengewölbe über Runddiensten.[597]

Der Altar aus dem 18. Jahrhundert ist holzgeschnitzt mit reichem vergoldetem Knorpelwerkdekor. Außer begleitenden Engeln sieht man die Heiligen Michael und Georg (Drachentöter!).[598]

Von einem Schrein umgeben steht die hl. Radegunde ungekrönt in Nonnenkleidung, hält in der linken Hand ein Buch, rechts einen Laib Brot, als Symbole der geistigen und der leiblichen Nahrung.

1932 ist eine holzgeschnitzte gekreuzigte Kümmernis, 17. Jahrhundert, nach Klagenfurt in das Diözesanmuseum gekommen. Es ist die Darstellung einer bärtigen Jungfrau in langem bauschigem Gewand, eine Königskrone auf dem Haupt und goldene Pantoffeln an den Füßen.[599] Diese legendarisch ausgeschmückte Darstellung kommt eigentlich von dem Cruzifixus, der mit einem langen Gewand an das Kreuz genagelt worden war. Später mißdeuteten viele das in der angegebenen Weise (Volto Santo). Ebenso gelangten nach Klagenfurt zwei Schnitzbüsten der Heiligen Augustinus und Nikolaus.

Die Wände der Kapelle waren mit Fresken verziert, die 1882 unter Verputz verschwanden und bei dem Versuch, sie freizulegen, 1952 beschädigt wurden. Nur das große Fresko von 1510 des hl. Christophorus auf der südlichen Außenmauer ist noch gut erhalten.

Zweimal hat die Kapelle ihre Glocken eingebüßt, die in den Weltkriegen eingeschmolzen wurden. 1952 wurden zwei neue Glocken zu Ehren der alten Patrone geweiht: die größere der hl. Radegunde, die andere den „Wetterheiligen" Johannes und Paul.

Ehemals lebte ein Küster in einem kleinen Häuschen südlich der Kapelle, der „Klampererkeusche", die aber nach einem Brand 1891 nicht wieder aufgebaut wurde.

Viele Wallfahrten gingen früher zur Kapelle. Radegunde wurde als Brotmutter verehrt.[600] Die Pilger kamen nicht nur aus dem Lesachtal, sondern bis aus Tirol. Die Meßordnung von 1754 berichtet, daß die Einwohner von Luggau gewöhnlich jeden Sonntagmorgen von Himmelfahrt bis zur letzten Ernte um 6 Uhr zur Kapelle pilgerten, ehe sie in die Pfarrkirche zur Messe gingen. Seit 1671 war der 13. August kirchlicher Feiertag mit Prozession nach St. Radegund.

An den Tagen der Heiligen Johannes (24. Juni) und Paul (26. Juni) machten die Gemeinden von Liesing, St. Lorenzen, Luggau und Tilliach gemeinsam Wallfahrten mit dem Kreuz zur Kapelle. 1768 wurde wegen einer Epidemie ein jährlicher Kreuzgang in Villgrat gelobt und bis 1875 aufrechterhalten. Eine andere Prozession wurde bis 1880 am 15. Juni, dem St.-Veits-Tag, von Strassen bei Sillian nach der Radegunde-Kapelle gemacht. Nur die Männer nahmen daran teil. Jeder trug einen Laib Brot, der hinterher den Armen in St. Lorenzen gegeben wurde.

Am Karfreitag wallfahrten die Einwohner von Luggau und St. Lorenzen zur Kapelle. Aus jedem Haus schleppte ein männlicher Bewohner, der Bauer, sein Sohn oder der Knecht, ein schweres Holzkreuz von etwa 50 kg. So stiegen sie den Radegundgraben hinauf. Die drei Fälle Christi auf dem Kreuzweg wurden dabei symbolisch dargestellt. An der Kapelle angekommen, lehnte man die Kreuze an die Mauer, betete und ging zur Pfarrkirche zurück, wo die Messe gehalten wurde. So hielt man es bis zum ersten Weltkrieg. Seitdem geht die Karfreitagsprozession ohne Kreuze.

In den sechziger Jahren war die Kapelle noch dreimal im Jahr für die Prozessionen geöffnet, besonders am 13. August. Seit dem Bau der Straße, die oberhalb der Kapelle mit der großen Radegundbrücke den Graben überspannt, wird diese seltener aufgesucht.

Um die 1400-Jahr-Feier 1987 würdig gestalten zu können, wurde die Kapelle restauriert. Es ist gelungen, die Fresken freizulegen: Anbetung, stehende Heilige und Engel aus dem 14. oder 15. Jahrhundert. Alte Geldstücke wurden gefunden. Am 13. August 1987 hat der Bischof der Diözese Kärnten, Dr. Egon Kapellari, die Kapelle feierlich geweiht im Beisein des Landeshauptmanns von Kärnten, Leopold Wagner. Aus allen benachbarten Dörfern waren Prozessionen gekommen. Der Tag wurde zum Fest für das ganze Lesachtal.

1992 sind ausgedehnte Grabungen im Gelände der Kirche in Gang gekommen, wobei sich gezeigt hat, daß dicht neben dem Gebäude reichlich Wasser vorhanden ist.[601] Haben wir es auch hier mit einem ursprünglichen Quellheiligtum zu tun? Schmidt[602] nennt das Bauernbad von Wiesen als Radegundis-Stätte und Quellwallfahrt und vergleicht es mit den Bädern von Großhöflein und Mannersdorf. Wiesen mit seinem Tuffbad liegt allerdings noch im Radegunder Graben, aber 3 km höher am Hang. Von einer Radegundeverehrung war von dort nichts zu erfahren.

2.6.7.2 Kötschach

Kötschach hieß um 1308 Choetsawe. In aquileischen Schriften wurde der Ort als Cathesia und ähnlich bezeichnet.[603] In einer Urkunde vor 1399[604] wird eine St.-Radegund-Kirche genannt, für die sich die Bewohner von Kötschach einsetzen. So ist zu vermuten, daß diese in oder unweit von Kötschach stand. Knapp nennt Mandorf, Pfarre St. Daniel, als diesen Ort. Dieses St. Radegund kommt auch 1594 in den Akten vor.[605] 1603[606] wird eine Örtlichkeit „Plon ob St. Radegund" erwähnt.

Daß es sich nicht um St. Radegund im Lesachtal handelt, beweist der Zusatz, daß sie in der Herrschaft Goldenstein lag.[607] Diese Kirche scheint eine Vorläuferin der heutigen Kötschacher Kirche gewesen zu sein. Durch den Bau der prächtigen Frauenkirche in Kötschach 1452 verlor nämlich die ältere St.-Radegund-Kirche ihre Bedeutung und verschwand mit der Zeit vollkommen. Die neue Kirche war, wie St. Lorenzen, zunächst eine Filiale von St. Daniel.

2.6.7.3 Techanting

Techanting, politischer Bezirk Villach-Land, ist ein Haufendorf der Gemeinde Finkenstein, westlich von Latschach ob dem Faaker See an der Bundesstraße 85. Früher führte hier in einer Entfernung von 6 km die römische Hauptstraße vorbei. Eine römische Nebenstraße verlief nahe Techanting, vermutlich sogar direkt durch Untertechanting. Jedenfalls fand man zwei römische Grabsteine etwas abseits der alten Ortskerne, Stellen, deren Flurnamen „Bracinia" lauten. Wolfgang Schnabl[608] teilt dazu mit, daß man diesen Namen von Grad = Burg ableiten könne und daß der so bezeichnete Weg unter einem kleinen Hügel vorbeiführt. Südlich davon werden auf einem Feld angeblich immer wieder römische Münzen gefunden. Außerdem wurde berichtet, daß am späteren Fundort der Grabsteine geisterhafte Lichter zu sehen wären. Die Slowenen sagten „ucj bvazijo", was etwa mit „Lichter schleifen, schleichen, kriechen" übersetzt werden kann.

Der Kärntner Herzog Bernhard wollte diesen alten Weg erneuern lassen, um die Monopolstellung Villachs zu umgehen. Wegen des bambergischen Villach hatte der Herzog keinen freien Zugang zum Kanaltal und weiter nach Italien. Sein Vorhaben scheiterte jedoch endgültig 1227.

Für ein Radegundeheiligtum bietet Techanting ideale Voraussetzungen. Außer den Bächen und Quellen, von denen noch die Rede sein wird, sind hier die wichtigen Straßen, die Grenze zwischen Kärnten und Krain, die seit eh und je von den Karawanken gebildet wurde.

1990 feierte die Pfarre St. Stephan-Finkenstein ihr 650-Jahr-Jubiläum. Aus diesem Anlaß wurde auch der Geschichte der Kirche St. Radegund in Techanting genauer nachgegangen.[609] Der Name Techanting hat ursprünglich nicht, wie Klebel[610] vermutet, mit einem Dechanten zu tun. Das Kärntner Ortsnamensbuch erklärt ihn aus dem windischen Tehance Zgornje, nämlich „Der Ort der Bergbewohner". Windisch mundartlich hieß es Gorince. Es ist der volksetymologische Anschluß an das mundartliche Techant, der Klebel irreführte.

Techanting war noch bis etwa vor dem ersten Weltkrieg ein windisches Dorf. Heute wird windisch nur noch von älteren Personen und wenig jungen Leuten gesprochen. „Bergbewohner" mahnt an die Bergbauvergangenheit des Ortes Techanting, wo (nach Canaval) in den Karawanken Kupfer-erze abgebaut wurden und es 30 Knappenhäuser gegeben habe.

Daran erinnert zwar heute kaum noch etwas, doch möchten wir nicht versäumen, darauf hinzuweisen, daß auch die Radegundekirche bei Ruden in dem Gorentschacher Bergbaugebiet (Silber) liegt und daß bei der Frage nach der Herkunft der St.-Radegund-Kapelle im Lesachtal von Tiefenbacher auf die Reste einer Eisenerzausbeutung hingewiesen wird. Die Radegunde-orte im Burgenland im Umkreis von Eisenstadt sind ein Gebiet der Erzaus-beutung von der Römerzeit an.

Helfta im Mansfeldischen Bergbaugebiet Eisleben-Mansfeld hat eine ähn-liche Vergangenheit. Das Kapitel (siehe S. 175ff) über den Namen Rade-gunde gibt dazu Denkanstöße.

Die Lage der Kirche in Techanting[611] zeigt Radegunde als typische Quell- und Wasserheilige. Im alten Ortskern steht die Kirche deutlich höher als die Basis der sie umgebenden Häuser und ist von Bächen umflossen. Direkt nördlich des Gebäudes fließt die Bistrica = der Feistritzbach, in den auf Kirchenhöhe eine Quelle mündet. Ein gefaßter Wildbach, der Suchabach, und ein drittes Bächlein führten am 22. Oktober 1993 reichlich Wasser. In den ältesten Plänen sind keine Brücken verzeichnet. Rundherum, in ver-schiedenen Abständen von der Kirche, treten weitere Quellen aus.

Heute ist der Ort derart gewachsen, daß er die Kirche ganz umgibt. Eine Ansichtskarte aus den fünfziger Jahren läßt aber noch ihre ursprüngliche Situation als eines der letzten Gebäude der Ortschaft gegen Nordwesten hin erkennen.

Die Kirche wird erstmals 1567 erwähnt, im Urbar der Pfarre St. Stephan, Finkenstein.[612] Weder über ihre Erbauung noch über den Bauherrn ist etwas bekannt. Die Herrschaft Finkenstein, zu der die Kirche gehört, un-terstand seit ca. 1335 dem Landesherrn, der Burghauptleute einsetzte. In der josefinischen Reform sollte die Radegundekirche aufgehoben werden, aber die Bauern wehrten sich erfolgreich dagegen (16. Oktober 1793).

In dem barockisierten Gebäude findet man noch gotische Elemente, zumal den originalen eingezogenen Chor, einjochig mit ⅜-Schluß. Das Langhaus wurde nach einem Brand 1844 von Grund auf neu gebaut „mit einer neuen festen Wölbung des Mittelschiffes, sowie mit zweien neuen Altären, deren ersterer das gemahlte Bildniß des h. Martyrers Florian, und letzterer das der schmerzhaften Gottesmutter Maria trägt".[613] Die Neu-weihe fand am 30. August 1846 statt.

1991 wird der Bauzustand als gut bezeichnet. Die Außenfassade soll in den nächsten Jahren erneuert werden. Ein Bild am einzigen Seitenaltar ist die letzte Erinnerung an die hl. Radegunde. Es befindet sich im Giebelfeld, flankiert von den geschnitzten Heiligen Lukas und Johannes und zeigt

Radegunde in schwarzer Ordenstracht, die Hände vor der Brust gekreuzt, in einem vor ihr auf einem Tisch aufgeschlagenen Buch lesend. Ein Stand-Kruzifix steht neben dem Buch. Seit 1857 heißt die Kirche in der Pfarrchronik wieder eindeutig St. Radegund. Nach einem Brand von 1844 schien das Patrozinium unklar. Elisabeth, Notburga, Bartholomäus und Florian werden erwähnt. Heute gibt es jedoch „einen zaghaften Versuch, an die Radegundeverehrung anzuknüpfen" (Wolfgang Schnabl). Der Kirchtag wird am letzten Sonntag im August gefeiert, was wie der Abglanz eines Radegundefestes erscheint. Es gibt heute (1991) noch zwei Prozessionen von einem Feldkreuz aus zur Radegundekirche: eine Bittprozession am Dienstag vor Fronleichnam und eine Florianiprozession am 4. Mai. In den Agendarien von 1844–1848 ist noch von einer dritten Prozession die Rede. Sie ging am Bartholomäustag von der Radegundekirche aus auf den Kanzianiberg, ca. eine Gehstunde. St. Radegund war neben der Pfarrkirche sehr beliebt für Eheschließungen.

2.6.7.4 Radweg[614]

Die Gemeinde Radweg liegt auf einer Hochfläche, von der aus man eine weite Landschaft überblickt. Aus etwa zwanzig anderen Dörfern hört man den Glockenklang der Kirchen bis herauf zur Radegundekirche.[615]

Der Name Radweg lautete slowenisch Radovce oder Radovice: „Gegend des Rada" oder „gerne begangene Gegend" (siehe S. 178ff). 1134 taucht die deutsche Namensform Radwich auf.[616]

Die Kirche ist das vierte Gebäude, das seit dem Mittelalter hier an gleicher Stelle errichtet wurde. Das erste war romanisch und wurde wahrscheinlich vom Domstift in Gurk gegründet als Filiale von Tigring. Der Prior von Gurk hatte das Konfirmationsrecht in Radweg mindestens seit dem 14. Jahrhundert. Sein erster Pfarrer Gotscalcus wird 1251 genannt in Verbindung mit einem Streit um den Zehnten von Tigring.

Zu Anfang war die Radweger Kirche St. Vinzenz dem Märtyrer geweiht. Noch vor 1390 taucht das Patrozinium der heiligen Radegunde auf. Weder die Reformation des 16. Jahrhunderts noch die Epidemien der Pest, der Pocken oder der Cholera, die so stark in den Nachbargemeinden wüteten, berührten Radweg.[617] Nach den Reformen des Kaisers Josef II. wurden die Filialen von Knasweg und Sittich zu Radweg eingemeindet. Die Pfarre gehörte vormals zur Erzdiözese Salzburg, 1786 kam sie zum Bistum Gurk.[618]

Das Gebäude ist (abgeschritten) 18,5 m lang, wobei der Chor (Breite 3 m) durch eine, und nach 3,5 m durch weitere zwei Stufen erhöht ist, also etwa 45 cm höher liegt als das Schiff (Breite 5 m). Der Kirchturm ist, wie ein Gedenkstein von 1897 in seinem Untergeschoß angibt, von dem Patronatsherrn Zeno Graf von Goess erbaut worden. Die Kirche steht, vom Friedhof umgeben, auf einer ummauerten Anhöhe, zu der sechs Stufen hinaufführen.

Bei der Restaurierung der Kirche 1985 hat man im Sockel des Altars ein tönernes Gefäß entdeckt. Sein Deckel trägt das Wappen eines Bischofs Werner. Dieser Werner war von 1305–1317 Bischof von Lavant, bekannt als Wohltäter des Domes St. Andreas. Dieses Reliquiar ist zusammen mit einer seine Entdeckung vermerkenden Urkunde wieder unter dem Altar eingemauert worden.[619] Damals wurde der Hauptaltar durch einen früheren Seitenaltar ersetzt, und das Altarbild der hl. Radegunde wurde an die seitliche Wand gehängt. Es ist 1950 von Günter Kraus (1930–1987) gemalt worden im Auftrag von Pfarrer Tremesberger. Radegunde ist als jugendliche Königin mit Krone dargestellt. Ein weiter Mantel bedeckt ihr Haupt und wird durch eine runde Fibel auf der Brust gehalten. Sie streckt den linken Arm aus und nimmt die Kirche von Radweg in ihren Schutz. Das durch eine Kordel gehaltene Gewand fällt in breiten Falten auf ihre Füße. In der rechten Hand hält sie eine große, mit Äpfeln, Birnen und fünf Scheiben Brot gefüllte Schüssel. Unter ihren Füßen erstreckt sich die Landschaft von Radweg mit den Alpen am Horizont.

Auf einer Seite des Schiffes sind die Plastiken dreier gekrönter Heiliger angebracht, zwei davon mit aufgeschlagenem Buch. Die Angabe darüber im Dehio-Kunstdenkmälerband ist unklar: „3 weibliche Heilige um 1520, Hl. Radegund (?) 17. Jahrhundert. Der derzeitige Pfarrherr ist überzeugt davon, daß es sich um Radegunde handelt."[620]

Bis 1958, solange Pfarrer Tremesberger im Amt war, fand das Kirchweihfest am 13. August statt mit einer Prozession durch das Dorf. Es ist seitdem in Vergessenheit geraten und wird am 15. August gleichzeitig mit dem Feuerwehrfest gefeiert.

Eine reichlich fließende Quelle, die der hl. Radegunde geweiht war, trat früher vor dem Chor der Kirche aus. Ihr Wasser wurde „Die Tränen der hl. Radegunde" genannt. Eine Sage berichtet[621], daß die Dorfbewohner hier ihr Wasser holten bis zu dem Tag, als zwei alte Weiber Streit anfingen, sich in die Haare kriegten, zusammen in die Quelle fielen und ertranken. In dem Augenblick versiegte die Quelle. Große Trauer herrschte im Dorf. Indessen hütete ein reines junges Mädchen die Herde im großen Gemeindewald und sah, wie die Schafe sich in einem Kreis zusammenstellten, mit den Köpfen nach innen. Sie lief hinzu und sah eine Quelle, die dort früher nicht gewesen war. An der Oberfläche des Wassers schwebte das Bild Radegundes, so wie es in der Kirche dargestellt war. Die verschwundenen

„Tränen Radegundes" waren also 100 m unterhalb des Dorfes im Wald wieder ausgetreten und fließen dort noch heute.

Wahrscheinlich haben wir es hier ebenfalls mit einer ursprünglichen „Holzkirche" zu tun, die über einer vorchristlichen heiligen Quelle erbaut und in romanischer Zeit durch einen Steinbau ersetzt wurde. Vielleicht hängt das zwischenzeitliche Patrozinium St. Vinzenz mit dem Versiegen der Quelle zusammen? Ist der Prior von Gurk, der seit dem 14. Jahrhundert das Konfirmationsrecht in Radweg hatte, der Initiator des neuerlichen Patroziniumswechsels vor 1391, der Radegunde wieder in ihre Rechte einsetzte? Das gäbe eine Verbindung zum Dom von Gurk mit einer von der hl. Hemma gepflegten Radegundeverehrung.

2.6.7.5 Gurk

Der Name (Gurcen) ist keltischen Ursprungs. Er ist für den Fluß seit 831 und für den Ort seit 864 belegt. Bereits in der Römerzeit gab es im Bereich des heutigen Bistums zwei Bistümer: Teurnia (Tiburnia) und Virunum.

Gräfin Hemma von Friesach-Zeltschach ließ in Gurk 1043 ein Kloster für Benediktinerinnen bauen, das sie überreich mit Dotationsgütern versah. Aus diesem Kapital konnte Erzbischof Gebhard von Salzburg 1072 das Bistum Gurk errichten.

Die Persönlichkeit der Hemma ist so aufschlußreich für die Radegundeverehrung, daß es unerläßlich ist, einen Blick auf ihre Verwandtschaftsverhältnisse zu werfen. Die neuere Forschung[622] setzt den Zeitpunkt ihrer Geburt um das Jahr 1000 an und nennt gewisse Eintragungen in Verbrüderungsbüchern, die Hemma zumindest in weiblicher Linie von den bayerischen Luitpoldingern abstammen lassen, wodurch sie mit Kaiser Heinrich II. über dessen Großmutter, die Luitpolderin Judith, verwandt war. Der Kaiser hat diese Verwandtschaft noch im Jahre 1016 betont.[623]

Die Freien von Zeltschach und Glödnitz bildeten mit Hemmas Blutsverwandtem Askuin ihre engere Familie.[624] Aus ihnen ging das Geschlecht der Grafen von Pfannberg hervor, die die Ortschaft Katzelsdorf (siehe S. 121) mit der Radegundekirche besaßen. Der Pfannberger Otto von Graz hat 1186 das Radegundeheiligtum am Schöckel (siehe S. 136) gegründet. Hemma selbst gründete die Radegundekirche in Hohenfeld (siehe S. 155). Auf ihren ältesten Vorfahr Zwentibold, den Großmährer, geht der Gurker Besitz von Grades zurück, wo im Filialkirchlein Maria Höfl Radegunde auf einer Wandmalerei dargestellt ist (siehe S. 157). Die heute verschwundene Radegundekapelle auf Schloß Saager (siehe S. 157) steht ebenfalls in Beziehung zu Gurk, desgleichen Radweg (siehe S. 152).

Auch in Hemmas Dom zu Gurk befindet sich eine letzte Spur von Rade-gundeverehrung. Neben dem Eingang zur Vorhalle (Nordseite) ist ein mit drei Heiligenpaaren geschmücktes Glasfenster von 1340, das 1886 nach einem Brand erneuert und neu zusammengesetzt wurde. Es sind darge-stellt: Andreas – Caecilia; Gregor – Radegunt (sic); Zacharias – Elisabeth. Ein viertes Paar, Briccius – Barbara, ist bei dem Brand von 1808 verloren-gegangen und durch Ornamentscheiben ersetzt.

In Drahtzug bei Gurk zeigt ein modern gestalteter Bildstock[625] eine sit-zende Radegunde in Benediktinertracht mit Äbtissinnenstab und der Krone zu ihren Füßen, rechts und links je ein Wolf. Ein schönes Beispiel der Ver-schmelzung mit der Dienstmagdlegende.

Dürfen wir nach dem Zusammentragen dieser auf Hemma zentrierten Radegundenachweise noch einmal auf die Hypothese eines Freisinger Einflusses auf die Radegundeverehrung zurückkommen? Im 14. und im 15. Jahrhundert gab es dokumentierte Verbindungen zwischen Gurk und Freising. Drei Freisinger Bischöfe waren zunächst Bischöfe von Gurk. Paul von Jägerndorf wurde 1351 von Papst Clemens VI. mit Gurk providiert und kam 1359 nach Freising.[626] Konrad von Hebenstreit stammte aus der Umgebung von Windischgraz, dem der Radegundeort Stari Trg (Alten-markt) benachbart ist. Von 1402–1411 war er Bischof von Gurk, ehe er 1411–1412 Bischof von Freising wurde.[627] Sixtus von Tannberg wurde 1470 zum Bischof von Gurk gewählt, mußte aber 1472 verzichten und bekam den Freisinger Stuhl.[628]

2.6.7.6 Hohenfeld bei Zwischenwässern[629]

Hohenfeld, römisch Matuacaium, gehört zur Katastralgemeinde St. Geor-gen. St. Radegund ist eine Eigenkirche der Gräfin Hemma von Friesach-Zeltschach und gelangte durch sie an das Bistum Gurk. Dessen Bischof Kon-rad I. schenkte 1343 – bezeichnenderweise am 12. August, dem Vorabend des Radegundefestes – die Kirche dem Kollegiatkapitel St. Nikolai in Straß-burg.[630] Bischof Gerold von Gurk verwendete die reichen Güter der Pfarre zur Errichtung des Kollegiatkapitels St. Nikolai in Straßburg und beließ an der Kirche nur so viel, wie zum Unterhalt eines Vikars notwendig war.[631]

Gräfin Hemma hat 1043 für ihre Eigenkirche das Tauf- und Begräbnis-recht sowie den Zehent von Erzbischof Balduin von Salzburg ertauscht.[632] Als Pfarre genannt wird Hohenfeld 1249.

Die Kirche scheint 1131 noch in Abhängigkeit von der Mutterkirche Lieding gestanden zu haben. Ihr erster urkundlich erwähnter Pfarrer ist Perchtoldus, Sekretär des Herzogs Bernhard von Kärnten.[633]

Im Jahre 1482 mußten sich in der Kirche St. Radegund die 200 Gurktaler Bauern, die Bischof Lorenz III. zum Kampfe aufgerufen hatte, den Ungarn ergeben.[634]

1722 wird Hohenfeld selbständige Pfarre. 1780 ließ Fürstbischof Graf Auersperg von Gurk in Zwischenwässern einen frühklassizistischen Schloßbau namens Böckstein errichten.[635] 1945 haben Bomben die Kirche schwer beschädigt. Seitdem wurde sie wiederhergestellt und das Langhaus mit einer Holzdecke (1946) versehen.

Im spätgotischen Sakristeiturm ebenso wie am Stufenportal (12. Jahrhundert) sind romanische Reste erhalten. Die Vorhalle (19. Jahrhundert) sowie das Chorquadrat geben dem mittelgroßen Gebäude die Prägung. Es ist von einer etwa 1,50 m hohen Mauer umgeben, innerhalb derer sich früher der Friedhof befand.

Das Altarblatt des Hochaltars von der Mitte des 18. Jahrhunderts zeigt die hl. Radegunde in Benediktinerinnentracht. Die Geste ihrer ausgebreiteten Hände, als wolle sie sagen: „Siehe mein Werk", umfaßt ein klösterliches Gebäude und einige Gegenstände, die unsere Aufmerksamkeit anziehen: Eine geöffnete Bibel, deren lateinischer Text die ersten Zeilen des 42. Psalms deutlich wiedergibt: „Wie der Hirsch schreit nach frischem Wasser". In Mannersdorf (siehe S. 114) gibt es eine Hirschlegende. Stift Gars (siehe S. 85) trägt Rehfüße im Wappen. Wasser ist an fast all ihren Verehrungsstätten Radegunde zugeordnet.

Neben der Bibel, gestützt an eine leuchtend blaue Kugel, lehnt das Szepter und darüber gestülpt die Krone. Die Kugel ist als unser Planet Erde anzusehen, blau, wie von den Astronauten beschrieben. Zusammen mit Krone und Szepter versinnbildlicht sie alles Weltliche, Macht und Herrschaft, worauf Radegunde verzichtete. Den Blick erhoben, schaut sie zur in Wolken thronenden Madonna, die ihr den Jesusknaben zureicht. Zwei Puttoköpfe blicken von rechts oben auf die Szene. Im Giebelmedaillon steht der Name Radegunde zu lesen und darüber ein Bild des hl. Thaddäus. Das goldgerahmte Gemälde ist flankiert von Heiligenstatuen. Links der hl. Oswald mit Krone und Raben, rechts der hl. Antonius, der Eremit.

Der 13. August wird alljährlich mit einer Messe gefeiert.

Westlich von Zwischenwässern steht ein Bildstock, in dessen Ostnische eine Malerei der hl. Radegunde mit dem Wolf zu sehen ist.[636] Im Süden St. Christophorus, im Westen St. Georg, im Norden St. Florian. Solche Viernischenbildstöcke auf Weggabelungen dienten als Wegweiser. Die Heiligendarstellungen wiesen auf die in dieser Richtung gelegene Kirche hin, indem sie deren jeweiligen Patron vor Augen stellten.

2.6.7.7 Maria Höfl / Grades

Westlich von Friesach steht einsam am Wege neben einem Bauernhof diese Filialkirche, ein kleiner gotischer kreuzrippengewölbter Bau. Langhaus 15. Jahrhundert, Seitenschiffe 17. Jahrhundert.[637] Im Chor, der in fünf Seiten des Achtecks schließt, sieht man etwas verwischte schablonierte Wandmalereien dreier heiliger Frauen, identifizierbar durch die Schrift zu ihren Häupten: Hl. Apollonia, Katharina und Radegunde.[638]

Radegunde, ohne Krone, in rotem Gewand und grünem Mantel, hält das Modell einer großen zweitürmigen Kirche, auf das sie mit der rechten Hand zeigt. Dieses Kirchenmodell ähnelt stark dem Dom zu Gurk ohne seinen heutigen barocken Turmaufbau. Lautete die Schrift nicht eindeutig „Radegunde", würde man die Gestalt für die Stifterin Hemma halten.

Grades war eine bischöfliche Gurker Herrschaft, die auf eine 898 von Kaiser Arnulf an Hemmas Vorfahr Zwentibold II. gemachte, über Hemma an Gurk gelangte Schenkung zurückgeht.[639] So ahnen wir in der Wandmalerei eine letzte, dahinschwindende Spur einer geistigen Hemma-Radegunde-Verbindung.

2.6.7.8 Schloß Saager bei Grafenstein

Im Kärntner Landesarchiv, im Bestand der Pfarregister, wird von einem Vergleich berichtet, der 1332 zwischen dem Pfarrer Hans Talberger und dem salzburgischen Vikar Wilhelm Metnitzer getroffen wurde über die Kapelle zu „Zäger beim Turm, da das hl. Kreuz ragt und sand Radegund".[640]

Wahrscheinlich sind damit zwei Kapellen gemeint: Hl. Kreuz (bedeutsam in Verbindung mit der hl. Radegunde!), woraus später die heute noch existierende Filialkirche St. Anna wurde, und die Burgkapelle St. Radegund.

Für die folgenden Jahre fehlt jegliche kirchliche Nachricht aus Schloß Saager. 1729 stiftete dann Constancia von Metnitz, geb. Freiin von Kemeter, 3000 fl. für einen Hausgeistlichen.[641] Professor Hoke[642] teilte uns dazu mit, daß diese Kirche ursprünglich aus einem einzigen Turm bestand, in dem sich eine von einem Mönch des Klosters Viktring betreute Kapelle befand. Es sei wohl möglich, daß dies die Radegundekapelle gewesen ist, so lange, bis ein der hl. Anna geweihtes Kirchenschiff angebaut und im Turm die Sakristei eingerichtet wurde.

Im späteren Schloß-Zubau befand sich eine Kapelle im Nordturm, ohne architektonisches Zeichen und nur aus mündlicher Überlieferung bekannt.

In den Gewölben des Südturms des Schlosses hatte der Viktringer Mönch eine Wohnung, in der bei der Renovierung von 1962–1974 keine Zeichen sakraler Art gefunden wurden.

Schloß Saager liegt im Pfarrsprengel von Grafenstein, das zwischen 1135 und 1143 erstmalig genannt wurde.[643]

Die Pfarrkirche St. Stephan in Grafenstein ist eine adelige Eigenkirche. Sie wurde von den Eltern des Dietmar von Lungau gegründet. Das Patronat lag bei dem Kapitel von Gurk, was in Hinblick auf den Ursprung einer Radegundeverehrung unter dem Einfluß des Bistums Gurk bedenkenswert scheint. Unter Hemmas Vorfahren aus der großmährischen Linie gibt es drei Dietmare, darunter einen Bruder Zwentibolds I. und einen Vetter von Imma.[644] Ob Verwandtschaft mit dem Lungauer besteht, konnte nicht erhellt werden.

2.6.7.9 St. Radegund in „Gorentschach"

Es handelt sich um eine Filialkirche der Gemeinde Ruden, Bezirkshauptmannschaft Völkermarkt.[645] Gorentschach ist heute ein räumlicher Oberbegriff für die (von Westen nach Osten) liegenden Orte St. Nikolai, Untermitterdorf, St. Radegund, Eis und Wunderstätten.

Obwohl die Bezeichnung Gorentschach keine offizielle Ortsbezeichnung in Österreich mehr ist, führt die Pfarre den Stempel Gorentschach als Bezeichnung für den Kirchensprengel, und die „Austria Sacra"[646] nennt noch 1962 eine „Pfarre Gorentschach des hl. Nikolai, Diözese einst Salzburg, 1786 Lavant, 1859 Gurk". Aus dieser Sachlage erklärt sich die Zurechnung St. Radegunds in der Literatur entweder zu Ruden[647] oder zu Eis[648] oder gar zu Gorentschach.[649]

Im Zusammenhang mit der bisher ungelösten Frage einer Freisinger Urheberschaft der Radegundeverehrung scheint es von Bedeutung, auf das Alter der Nikolaikirche hinzuweisen. Graf Engelbert schenkte das „predium Gorinsig" am 1. Mai 1091 dem ersten Abt von St. Paul, Wecelin. Das Patronat hatte das Landkapitel Völkermarkt, die Vogtei stand der Herrschaft Weißenegg zu, die auf einer Burg nordwestlich von Ruden saß.[650] 1292 hat das Freisinger Kloster Griffen durch Kauf „weitere Güter auf dem Gorensfeld" erworben.[651] Um 1400 begegnen uns in Gorentschach die Grafen von Cilli als Grundeigner[652], ein mit der hl. Hemma verwandtes Geschlecht, dem der Freisinger Bischof Hermann (1412–1421) sowie die Gemahlin des Kaisers Sigismund entstammten.[653]

Die Kirche St. Radegund hatte St. Martin im Granitztal unterstanden und wurde 1760 St. Nikolai in Gorentschach inkorporiert. 1787, in josefinischer Zeit, wurde sie erneut St. Nikolai zugewiesen. Die Kirche St. Radegund betreute damals 37 Familien und besaß einen eigenen Friedhof. 1811 gehörte die Kuratie Gorentschach mit St. Radegund zur Stiftsherrschaft von St. Paul.

In der ersten Kunde von St. Radegund (29. November 1213) geht es um einen Streit zwischen Abt Ulrich von St. Paul und dem Archidiakon Chunrad von Völkermarkt um die drei Kapellen St. Radegund in Gorentschach, St. Koloman und Pustritz. St. Radegund wird in dieser Urkunde als „Gorensch inferior" bezeichnet. Abt Hieronymus Marchstaller verweist ihre Existenz in das Jahr 1091 zurück und sagt darüber im Urbar von 1638[654]: „Disse Khürch ist mitsambt den underthanen im Amt Eyss von dem ersten Stüfter Engelberto und seinen sünen zu dem Gotteshaus sct. Paul gestifft und ist ain Freykürch und nit aigentliche ain Filial- oder Zuekürch auf sct. Mörtin. Ist geweicht in der Ehr der hl. Junckfrawen und Khinigin Radigundis und weill sy sct. Mörtin nachent gelegen, also ist sy auf sct. Mörtin deputiert."

Das hier genannte Jahr der Gründung, 1091, ist das gleiche, in dem auch Ruden erstmalig genannt wurde.

Die heutige Kirche ist im 17. Jahrhundert auf den Resten eines romanischen Gebäudes mit einem Turm aus dem 15. Jahrhundert erbaut worden. Eine Inschrift auf der Südseite besagt: „Hanc D[ivae] Radegundis Ecclesiam a fundamentis ampliando aedificavit Philippus Abbas S. Pauli anno 1668." Das bezieht sich auf einen Umbau oder eine Erweiterung der Kirche unter Abt Philipp Rottenhäusler.

Die Kirche steht deutlich erhöht auf einem mauerumgebenen ansteigenden Gelände. Innerhalb der Mauer liegt der Friedhof. Beim Umbau 1907 wurden auch die Altäre restauriert. Der Hochaltar mit Opfergangsportalen stammt aus dem ersten Viertel des 18. Jahrhunderts. Eine Figur der hl. Radegunde schmückt ihn. In schwarzer Nonnentracht, den Schleier von einem Reif gehalten, stützt sie mit der linken Hand ein geschlossenes Buch, auf dem die Krone liegt, und hält in der rechten einen Stab. Diese im bogenförmigen Mittelfeld stehende Figur ist von je einer halb so großen Heiligen flankiert, links Barbara, rechts Katharina. Weiter außen links die Heiligen Stephan und Petrus, rechts Laurentius und Paulus. Im Giebelfeld eine Maria der sieben Schmerzen und darüber, freistehend, der hl. Oswald mit Krone, Stab und Raben.

Eine Prozessionsfahne, von der auch die Kärntner Kirchenzeitung (19. Januar 1992) berichtet, zeigt die hl. Radegunde im schwarzen Nonnengewand mit dem Äbtissinnenstab in der linken Hand. Im Hintergrund ist ein Klostergebäude abgebildet (Sainte-Croix?), und links von der Heiligen liegt die Krone auf einem Tisch mit barock geschwungenen Beinen.

Dieses Bild ist restauriert und die Fahne in Klagenfurt erneuert worden, wie das darüber geschriebene „19 St. Radegunda, ora pro nobis! 66" beweist.

An der Straße E 66 bei der Abzweigung nach St. Radegund steht ein Bildstock, der 1963 von Jerina, einem fleißigen Kärntner Bildstockmaler, ausgemalt worden war und 1989 von J. Stefan erneuert wurde. Er trägt in seinem nördlichen, zur Kirche weisenden Feld eine hl. Radegunde, die, wie auf dem Hauptaltar, Buch und Krone mit der linken Hand stützt.

Der Mesner, Herr Eduard Hirm, berichtete am 26. Oktober 1993, daß, seit die Pfarre St. Nikolai verwaist ist, in St. Radegund nur jeden zweiten Sonntag im Monat eine Messe gelesen wird. Am zweiten Sonntag im August, also um den 13., ist der Kirchtag. Früher hat es eine Wallfahrt am Antonius-Tag (17. Januar) aus dem Granitztal über den Berg nach St. Radegund gegeben. Der rechte Seitenaltar der Kirche ist dem Eremiten St. Antonius geweiht. Auf der Rückseite der Prozessionsfahne steht „St. Antoni erem. ora pro nobis".

Es lebt im Nachbardorf noch eine Frau namens Radegunde Quinz und eine andere Radegunde in Untermitterdorf. Auf den durchwegs neueren Grabsteinen des Friedhofs war kein Radegunde-Vorname zu finden.

2.6.8 Krain

Zur Krain gehört heute das Gebiet Sloweniens, das von den Karawanken im Norden bis zur oberen Kulpa sowie vom Ternovaner Wald im Westen bis zum Uskokengebirge reicht. Die Karawanken bildeten im Mittelalter keine Grenze. Es gab schon in ältesten Zeiten Verbindungswege, die von den östlichen Alpenländern zur Adria führten und das Aufblühen der Städte begünstigten.

Wie in Kärnten lebten auch hier Kelten, denen die Römer eine bemerkenswerte Autonomie gestatteten, bis Kaiser Claudius 45 n. Chr. ihren König absetzte. Seit dem späten 1. Jahrhundert v. Chr. gehörte dieser römische Landesteil zur Provinz Pannonia und vom späten 5. Jahrhundert an zu den Diözesen Italia pannonaria und Illyricum. In Emona (Laibach, Ljubljana) verzweigte sich die Römerstraße, westlich über Save, Drau, Mur, Enns nach Lauriacum an der Donau, und östlich nach Poetovio, Savaria, Scarbantia zur Donau. Ein anderes kulturell hochstehendes Zentrum war das Municipium Claudia Celeia (Cilli), wo Reste zweier großer Bäder, Kanalisation, Bauteile eines Schlosses sowie zwei frühchristliche Basiliken des 4. und 5. Jahrhunderts ausgegraben wurden. Der Patriarch Hermagoras von Aquileja soll in Emona seit 51 n. Chr. das Christentum gepredigt haben.

Andere verlegen seine Lebenszeit in das 3. Jahrhundert. Wichtig ist nur das Zeugnis der frühen Christianisierung der Gegend. Ein anderer sagenhafter Kirchenmann soll in der zweiten Hälfte des 3. Jahrhunderts in der Krain gewirkt haben: Victorinus. Man hielt ihn lange für einen Bischof von Poitou in Frankreich (Pictaviensis). Wenn hier auch eine Verwechslung mit Pettau (Petavionensis) vermutet wird, ist die gedankliche Verbindung zu Radegundes Poitiers doch interessant.[655] 452 zerstörten die Hunnen Emona und Cilli. Letzteres wurde erst wieder unter den Grafen von Cilli, Nachkommen der Sanntaler, zum Landesmittelpunkt.

Auch in die Krain wanderten die Slawen im 6. Jahrhundert ein und blieben als Slowenen immer ein Hauptbestandteil der Bevölkerung. Die Langobarden, deren Macht bis nach Kärnten hineinreichte, wurden 773/74 von Karl dem Großen unterworfen und ihr Reich mit dem fränkischen vereinigt. Die fränkischen Einflüsse wurden noch stärker, seit 788 die Macht Bayerns und sein Vordrängen nach Osten durch die Absetzung Tassilos III. gebrochen wurde.

Einer der Wege nach Italien führte durch die Krain und wurde von Kaufleuten und Pilgern benutzt. Deutsche Kaiser zogen durch das von Karl dem Großen wiederaufgebaute Laibach: Otto I. 961, Heinrich V. 1115.

Im 7. und 8. Jahrhundert war die Krain ein Teil von Carantana. Karl der Große schlug das Gebiet einer Grafschaft der neu gebildeten Mark Friaul zu. 820 taucht der Name Carniola auf. Im Jahre 973 ist die ottonische Mark Craina marchia belegt mit dem Hauptort Krainburg (Kranj). Deutsche Adelsgeschlechter wanderten in das Gebiet ein und zogen deutsche Bauern nach sich, die durch Rodungen neues kultivierbares Land gewannen.

In dieser Zeit erwarb das Geschlecht der Grafen von Friesach hier großen Besitz und gewann rasch an Einfluß. Es fehlt an Dokumenten, um den Besitz der Grafschaft Friesach in Kärnten festzulegen, auch verliert sich die Herkunft der Familie im dunkeln. Sicher ist, daß die Grafschaft „nach 970 unter der Leitung des Grafen Ratold stand, den Jaksch wohl zu Recht als unmittelbaren Vorgänger Wilhelms II. in diesem Amt betrachtet".[656] Der Gemahl Hemmas, Wilhelm II., Markgraf an der Sann und Graf von Friesach, geboren etwa 990, war der mächtigste Mann in dem Gebiet der meisten heute noch erhaltenen Radegundestätten in Kärnten und der Krain. Die Vorliebe für diese Heilige wird auch auf den Rad-Namen (Ratold) in der Familie zurückzuführen sein. Schon der Vater Wilhelms II., Wilhelm I., war von Kaiser Otto II. in der Untersteiermark mit dem Gebiet Weitenstein (spätere Gurker Herrschaft), das an die Grafschaft Sannien (Sanntal) grenzte, beschenkt worden. Wilhelm II. selbst erhielt drei reiche kaiserliche Schenkungen und wurde durch seine Heirat mit Hemma (siehe S. 204) zum begütertsten Grundherrn in Kärnten. Seine Krainer Besitzungen lagen zwischen den Flüssen Save, Sann, Sotla und Neiring. Ein Drittel des Sanntales gehörte ihm als Eigengut.[657]

Als Wilhelm II. 1036 getötet wurde, war Hemma die Haupterbin, denn beider Söhne, Wilhelm und Hartwig, waren schon vorher erschlagen worden. Das Erbe ging dann an ihren einzigen Blutsverwandten Askuin, Hauptvogt im Kloster Gurk. Dessen Nachkommen wurden erbliche Vögte in Gurk und Markgrafen im Sanntal. Auf sie sind u. a. die Hochfreien von Krain zurückzuführen.[658] Selbst die Freien von Sannegg, seit 1341 Grafen von Cilli, sind über Askuin mit Hemma verwandt. Ein Starchand wird 1093 und 1103 als Markgraf im Sanntal genannt. Sohn und Enkel Askuins trugen diesen Namen. Auch der letzte Markgraf des Sanntals, zwischen 1122 und 1140, Günter Graf von Heunburg und von Cilli, war ein Verwandter der Gurker Stifterfamilie.[659]

1173/80 bis 1228 waren die Markgrafen von Andechs-Meran (vermutlich vom Huosi-Geschlecht abstammend) die eigentlichen Herren von Krain, deren Erben zunächst die Babenberger, die Kärntner Sponheimer (bis 1269), die Grafen von Görz (Meinhardiner) und schließlich 1335 die Habsburger wurden. In Emona, dessen Name „Laibach" 1144 zum ersten Mal auftauchte, fast gleichzeitig mit dem slowenischen Namen Luwigana, gab es eine Kommende des Deutschen Ordens.

Im Hochmittelalter hatten sich deutsche Sprachinseln herausgebildet, von denen sich die Gottschee (Kocevje) bis 1941 halten konnte.

Auch Freisinger Einflüsse müssen erneut in Erwägung gezogen werden, besaß das Bistum doch eine Enklave in der Krain. Ihr Zentrum war Bischoflack (Skofja Loka), das im Jahre 974 durch kaiserliche Schenkung an Freising kam.[660] Von der Mündung der Zeyer in die Save bis Krainburg (Kranj), wo Strafisch (Strazisce) freisingisch war, blieb dieser Fluß die Grenze der Enklave. Südlich davon reichte sie mit Zwischenwasser (Sora Medvode) und Billichgraz (Polhov Gradec) bis in die Nähe Laibachs. Zahnbrecher[661] nennt weiteren Freisinger Besitz, der, wie in Kärnten, in mehrere Gruppen zerfiel und mit Nassenfuß (nahe Radeče) und St. Kanzian (St. Janzo) sich wieder der Save näherte. Mit Lonka, Slapp, Lack an der Gurk (Krka) und anderen Ortschaften dieser Gegend scheint es, als habe Freisinger Besitz die Save nicht in östlicher Richtung überschritten. Somit liegen die Radegundeorte der Krain zwar dicht bei der Enklave, aber doch außerhalb ihrer Grenzen.

Die Legende von der Entstehung des „Krainer Freitag", einer großen, jahrhundertelang geübten Wallfahrt, läßt einen Wettstreit zwischen den Freisinger und den Sanntaler Besitzern vermuten. Frau Hemma, so wird berichtet, wollte auch in Bischoflack eine Kirche erbauen lassen, die Krainer verwiesen sie aber des Landes. Mißernten waren die Folge. Durch die Wallfahrt nach Gurk am Freitag vor Christi Himmelfahrt erlangten die Krainer Versöhnung.[662]

Von 1323 bis 1453 wurde der Freisinger Stuhl vom Papst auf dem Weg der sogenannten Provisionen vergeben. Die auf diese Weise eingesetzten Bischöfe kamen vielfach überhaupt nicht nach Freising, sondern lebten auf ihren österreichischen Besitzungen.[663]

Konrad von Hebenstreit (1411–1412) war sogar aus der Krain gebürtig, aus der Gegend von Windischgraz (Kotlje bei Slovenj Gradec). Er entstammte einem Rittergeschlecht, Ministerialen des Patriarchen von Aquileja. Altenmarkt (Stari Trg) mit seinem Radegundekult befindet sich in unmittelbarer Nähe von Windischgraz. Konrads Nachfolger im Amt, Hermann von Cilli, der von 1412 bis 1421 Bischof von Freising war, entstammte dem Geschlecht der Freien von Sannegg, das seit 1123 nachweisbar ist. Diese erwarben allmählich in blutigen Fehden alle Sanntaler Herrschaften und kauften alle großen und viele kleinere Lehensherrschaften im Sann-Sotla-Gebiet.[664] Die Sotla war der östliche Grenzfluß der Krain und mündet bei Bregand in die Save, 20 km westlich von Zagreb. Diese Region dürfte den Besitzungen Wilhelms von Sann um das Jahr 1000 entsprochen haben. Sie ist das Gebiet der Krainer Radegundeorte. In diesem Zusammenhang soll nochmals auf die von uns als geistesverwandt empfundene Hemmaverehrung (siehe S. 154ff / S. 204ff) hingewiesen werden.

Orožen[665] schreibt: „Nachdem bekannt geworden war, daß die sel. Hemma in ihrer Gruft in himmlischem Lichte erschienen sei und daß auf ihre Fürbitte leidende und unglückliche Personen wunderbare Hilfe erlangt hätten, (drang) dieser Ruf ihrer Heiligkeit … in die damals zum großen Theile dem Gurker Hochstift hörige Karantaner Mark (krajina) in das ihr, der sel. Hemma, einst eigenthümlich gewesene Gebiet an der Sotel … Ihr zu Ehren wurden zwei Kirchen erbaut, die eine zu Drachenburg am Feistritzbache im Angesicht des Peilensteins … und die andere auf dem Weinzirlberg (Vinarje, Vinarska Gora) am Südende der Pfarre Hl. Kreuz bei Rohitsch. Am 22. Mai 1487 weihte Bischof Pietro von Caorle die neue Kirche bzw. Kapelle zu Ehren der hl. Witwe Hemma."[666]

2.6.8.1 Breg bei Breznica

Die zum Teil zur Autobahn ausgebaute Straße 1a führt im nördlich von den Karawanken begrenzten Tal der Sava Dolinka nach Ljubljana (Laibach). Über eine südliche Abzweigung nahe Moste gelangt man nach Breg.[667] Das Dorf liegt im Umkreis von Bled, eine Gegend, die schon in der Zeit des Niedergangs des römischen Reiches und in altslawischer Zeit stark besiedelt war. Im Jahre 1004 übereignete Kaiser Heinrich II. dem Bistum von Brixen (Säben) Besitztümer um Bled, wobei dieser Ort zum ersten Mal erwähnt wurde.[668]

Die Filialkirche St. Radegundis in Breg ist ein kleines, gedrungenes Gebäude mit kürzlich restauriertem Ziegeldach. Die südliche Außenwand des kreuzrippenüberwölbten Chores trägt ein großes Christophorusfresko. Der Turm, nördlich zwischen Schiff und Chor, ist von einer barocken durchbrochenen Haube gekrönt. Über dem Nebenportal steht die Jahreszahl 1629 mit eingeschlossenem IHS.

Das Kirchenschiff ist (abgeschritten) ca. 6 m lang und 5 m breit, der 3/8-Chor 6 m lang und 4 m breit. Der gold, rot und blau angelegte barock geschnitzte Hauptaltar zeigt in der Mittelnische, vor einer ebenfalls geschnitzten Draperie, Radegunde in schwarzem Gewand mit goldenem Überwurf. In der linken Hand trägt sie das Modell einer Kirche (Breg?). In den schmaleren Seitennischen stehen, kleiner, links der hl. Antonius von Padua, der Franziskaner, rechts der hl. Nikolaus. Im Giebel Maria mit Kind auf der Mondsichel, flankiert von dem hl. Rochus und einem gekrönten Märtyrer sowie Engeln.

Jährlich finden zwei Messen statt: am 15. Juni, dem St.-Veits-Tag; und am 13. August, St. Radegunde.

2.6.8.2 Srednja Vas

An der Straße E 94 Kranj (Krainburg) – Ljubljana (Laibach), von der man nördlich zur Kirche bei Šenčur abbiegt, steht ein neu mit rotgestrichenem Metall überdachter Bildstock mit verwitterter Nischenbemalung. Zur Kirche gerichtet, mit unverkennbarer Abbildung dieses Gebäudes, Radegunde in hellem Gewand und braunem Mantelumhang. Mit der linken Hand zeigt sie zum Himmel, die Rechte streckt sich zu einer halb liegenden Gestalt mit nackten Armen und Beinen, in der wohl ein Bettler zu sehen ist, dem sie hilft. Innerhalb eines mauerumfriedeten Platzes stehen zwei schmucklose kleine gotische Kirchen, zwischen denen der freistehende Turm mehr als doppelt so hoch aufragt.[669]

Die größere der Kirchen ist der hl. Radegunde geweiht, aus der ersten Hälfte des 15. Jahrhunderts datiert. Im 18. Jahrhundert wurde die Holzdecke durch ein Gewölbe ersetzt und ein Chor angebaut. Fresken aus dem Jahr 1440 (entdeckt 1961) stellen die Heiligen Drei Könige und Szenen bäuerlichen Lebens dar. Die südliche Außenmauer trägt ein Bild des hl. Christophorus.

Der Innenraum ist (abgeschritten) ca. 20 m lang, wobei der ⅜-Chor mit gotischem Rippengewölbe 6,50 m lang und 4,50 m breit ist und das Schiff von dem 4 m langen Vorraum begrenzt wird, den die Orgelempore bedeckt. Auf dem Altar der Kirche steht eine Tafel mit slowenischem Text[670], der ihre Geschichte erzählt. Demnach soll die Gegend früher bewaldet gewesen sein und „bei der hl. Radegundis im Wald" geheißen haben. Eine Quelle ist heute nicht mehr vorhanden, aber eine Sage berichtet von einem See unter der Kirche, dessen Wasserrauschen man hören könne, wenn man das Ohr auf den Boden legt.

Warum es zwei benachbarte Kirchen gibt, ist ungeklärt. Auf dem Hügel hinter Srednja Vas sollen früher die Gebäude eines gräflichen Besitzes oder die Meierei eines Klosters gestanden haben. Eine der Kirchen könnte zum Kloster gehört haben, die zweite zum Dorf. Dieses ist vielleicht nach einem Türkenüberfall vom Hügel näher an den Fluß verlegt worden.

Die Gottesdienste „finden einige Male in dieser unteren Kirche statt". Der größte Feiertag ist das Kirchweihfest (leider ohne Datum genannt).

Das von elektrischen Kerzenlampen umgebene Altarbild zeigt die hl. Radegunde in schwarzer Benediktinerinnentracht mit Heiligenschein. Sie hält ein Kruzifix in den auf der Brust gekreuzten Händen. Hinter ihr sieht man das Gebäude der Kirche in der Einfriedungsmauer und weitere dörfliche Bauten. Die hl. Radegunde ist flankiert von (links) der hl. Agathe und (rechts) dem hl. Johannes.

Die obere Kirche wurde angeblich 1531 erbaut und der hl. Katharina geweiht. Ihre bemalte Holzdecke ist noch gut erhalten.

2.6.8.3 Kamnik (Stein) – Stahovica

An der Kamnik zugewandten Seite der Kaminske Alpe (Steiner oder Sanntaler Alpen) gibt es bis ins Hochgebirge hinein Spuren menschlicher Besiedlung. Der niedrigste Übergang von Kamnik ins Savinja (Sann)-Tal wurde vor dem Eintritt ins Tal der Tuhinj von Kamnik bewacht. Der Ort wird Ende des 12. Jahrhunderts erwähnt und hat Stadtrechte seit 1267.[671] Mozirje (Praßberg), erstmals im 12. Jahrhundert erwähnt, etwa 30 km nordöstlich von Kamnik, bewachte den Übergang vom Savinja (Sann)-Tal gegen Celje (Cilli). Auf der Goldingalpe in den Kaminske Alpe, oberhalb Mozirje, steht eine alte Radegundekirche (siehe S. 168), und Radegunde wird auch in der zu Kamnik gehörenden St. Primus-und-Felicianus-Kirche verehrt. Die geographische Lage und die Aufgabe der beiden alten Märkte, Kamnik und Mozirje, sind vergleichbar. Die Radegundeverehrung an einer Paßstraße ist typisch. Über die frühen Besitzer der Sanntaler Grafschaft, Wilhelm II. und

Hemma, sowie ihre Radegundeverehrung ist gesprochen worden. Sie hat sich über 1000 Jahre lang in dieser entlegenen Landschaft erhalten.

Von der turmbewehrten Stadt Kamnik an folgt man stromaufwärts dem Fluß Bistrica nach Stahovica und beginnt den Aufstieg zur Filialkirche S. Primi und Feliciani[672] hinter dem Gasthaus Orla. Bemerkenswert scheinen die Kirchenpatrone Primus und Felicianus, frühchristliche Märtyrer (9. Juni), deren Reliquien um 800 an den Wörthersee nach Maria Wörth[673] gelangten. 822 war dieser Ort freisingisch geworden. Das Kollegiatsstift zu den Heiligen Primus und Felicianus gehörte dem Hochstift Freising.[674]

In Oberburg (Gornji Grad), dem ehemaligen Gerichtsbezirk, zu dem die Goldingalpe (siehe S. 168) gehörte, gab es an der Südseite des Marktes eine Filialkirche St. Primus und Felicianus, die im Urbar 1426 genannt ist. Heute ist sie St. Florian geweiht.[675]

Oberburg war ein wichtiger Ort der Grafschaft. Die Freien von Sannegg hatten 1254 in der Stiftskirche von Oberburg einen Jahrtag für ihren Vater gestiftet. Eine weitere Sanntaler Kirche, St. Primus und Felicianus, erwähnt 1545, befand sich in Gubno, das zu St. Michael in Peilenstein gehört, wo laut Ignaz Orožen[676] die Stammburg der hl. Hemma stand.

Nach etwa 1½ Stunden, vorbei an zwei Bildstöcken, erreicht man die Kirche. Sie steht auf einem schmalen Felsplateau (892 m), neben ihr ein weiterer freistehender Turm und ein 500 Jahre altes Bauernhaus. Steil oberhalb dieser Gruppe am Wald erhebt sich eine St.-Peter-Kapelle. Das Gründungsdatum dieser uralten Wallfahrtsstätte „Cerkui Primoza in Petra nad Kamnikon" ist unbekannt. Ein frühes romanisches Gebäude ist 1459 von der gotischen zweischiffigen Kirche überbaut worden. 1507 wurde der Chor angefügt. Fresken von 1504 bedecken die Wände des Schiffes. Es handelt sich hier um einen Kärntner Kirchentyp, wie er schon vor tausend Jahren existierte.

In einem Bericht von 1856 werden alte Maße angegeben.[677] So mißt das Gebäude 16 Klafter in der Länge und 5 Klafter in der Breite (etwa 32 x 10 m). In der linken gotischen Wölbung des Schiffes steht die Jahreszahl 1472. 1850 ist die Kirche restauriert worden.

Uns interessiert, daß der linke Seitenaltar der hl. Radegunde geweiht ist. Er trägt die Jahreszahl „MDC55" (sic). Der hölzerne Altar, gold, rot und blau gefaßt, zeigt die Figur der gekrönten, königlich gekleideten hl. Radegunde in der Mittelnische. Sie hält links ein Kruzifix, rechts einen Stab. „Ad honorem dei et Reginae S. Radegundis" steht in zwei Medaillons. Radegunde ist begleitet rechts von der hl. Anna, links von der hl. Elisabeth. Über Radegunde steht beziehungsreich die hl. Helena, die Christi Kreuz aufgefunden hat, wovon eine Partikel nach Poitiers gebracht wurde. Daneben sieht man rechts die hl. Barbara und links eine gekrönte Heilige in schwarzem Nonnengewand. Auf dem Giebel des Altars steht die hl. Veronika mit dem Schweißtuch, flankiert von zwei Engeln. Daß dieser Altar somit sieben ausschließlich weibliche Heilige trägt, scheint bemerkenswert.

Am dritten Fastensonntag findet in der Kirche der hl. Primus und Felicianus eine Messe statt. Radegunde wird nicht mehr gefeiert.

2.6.8.4 Kappel (Kapla)

Dieser Radegundeort wird von Größler und Janisch[678] als bei Cilli (Celje) liegend genannt. Er wird im Fürstbistum Lavant geführt als: „St. Radegund in Kappel, zu Pfarre St. Georgen unter Tabor = Sv. Jurij pod Tabrom. Erbaut im 13. Jahrhundert. Maße: 21,03 : 6 : 6,25 m. Entfernung 2 km, Seehöhe 302 m. Dekanat Frasslau (Braslovče)." Schmutz nennt ihn „Shent-Radegund Bzk. Sanek" (Sannegg).[679]

Größler und Schmutz (a. a. O.) nennen außerdem einen Radegundeort „Srednjacko", den ersterer „bei St. Georgen" lokalisiert, letzterer in „Sentjur bei Tejarje".[680] Wir nehmen an, daß damit die Pfarre St. Georgen unter Tabor gemeint ist und Srednjacko demnach mit Kappel identisch ist. In dem am 23. Oktober 1993 aufgesuchten Šentjur bei Tejarje gab es keine Radegunde, sondern eine hl. Kunigunde.

Kapla[681] liegt direkt an der Straße E 93, etwa 15 km westlich der Ausgrabungen des großen römischen Gräberfeldes von Šempeter. An die über dem Grundriß eines griechischen Kreuzes errichtete Kirche ist der Turm im Westen angebaut. Sein mächtiger quadratischer Unterbau dürfte die ältesten Bauelemente des Gebäudes enthalten. Er ist bis auf Dachhöhe des Kirchenschiffes erhalten und von einem barocken Obergeschoß mit durchbrochener Haube zu doppelter Höhe aufgestockt.

Um in die Kirche zu gelangen, durchquert man den Turm unter einem niedrigen Rippengewölbe, dem sich die von drei Säulen getragene Orgelempore anschließt. Der ⅜-Chor ist beherrscht von dem in Weiß und Gold gefaßten Hauptaltar. Radegunde steht in seiner von zwei korinthischen Säulen betonten Mittelnische in einem stilisierten Wolkenkranz mit fünf Puttoköpfen. In weißem Gewand, hellmalvenfarbiger goldverbrämter Tunika und grünem Mantel hält sie in der rechten Hand ein Kruzifix und stützt sich links auf ein Buch. Ein weißer Schleier liegt auf ihrem Haupt, dahinter eine goldene Aureole. „Sveta Radegunda Prosi za nast" steht im Giebelmedaillon. Rechts der Säulen steht der hl. Nikolaus, links der hl. Martin. Ein Seitenaltar ist der hl. Martha, der anderen Saurochtonin, geweiht.

Der Kirchenschlüssel wird in dem großen Herrenhaus auf der gegenüberliegenden Straßenseite verwahrt. Dieses Anwesen mit Park und

Nebengebäuden haben die Eltern der heutigen Bewohner, wie gesagt wird, von einem „Baron Wittelsbach" gekauft. Mehr war darüber nicht zu erfahren. Auch von der Nutzung der Kirche wußte man nur, daß mehrere Dankesmessen gehalten werden und eine große Messe am 25. November.

2.6.8.5 St. Radegund (Sveta Radegunda) auf der Goldingalpe

Die Goldingalpe (Stare Stanealpe) oder Golte gehört zum ehemaligen Gerichtsbezirk Oberburg (Gornji Grad), das bereits 1174 erwähnt wurde. Ebenso wie Kamnik und Mozirje bewachte diese Stadt, die spätere Sommerresidenz der Bischöfe von Ljubljana (Laibach), die Übergänge in das Savinja (Sann)-Tal.

Die Golte befindet sich in den Sanntaler Alpen unterhalb des Boskowetzberges (1590 m) und ist von Mozirje (Praßberg) aus mit dem Auto auf immer schlechter werdenden Wegen zu erreichen.[682] Der ganze Abhang nördlich Mozirje heißt ab Sele, von dort an, wo die Straße nach Westen biegt, „Radegunda".

Die Kirche St. Radegund, nordöstlich von Mozirje auf der Alpe, ist eine Filialkirche und steht auf einer Hochfläche vor einem Hügel, der früher eine Burg der Grafen von Cilli (Hemma-Verwandte!) trug. Mauerreste davon sollen noch im Wald vorhanden sein. Die Kirche war zunächst dem hl. Veit geweiht. 1603 wird die Gegend noch als „Gemeinde St. Veit" erwähnt. Ein Dokument von 1631 „die 4 Decembris" besagt: „Ecclesia S Viti seu S Radegundis sub Goutmi. Habet unum altare in choro S Viti consecratum 2. s. Radegundis et 3. S. Martini."[683] 1668 hieß sie s. Viti et s. Radegundis mit dem Zusatz „. . . consecrata est ab immemorabili tempore". 1690 „Ecclesia s. Radegundis" allein und 1731 wieder „Ecclesia s. Viti seu s. Radegundis sub Goutmi". Sie wird 1915 geführt als: „S. Radegund sub Goutmi (zu St. Michael ob Praßberg = Sv. Mihael nad Mozirjem – Za bregom). Neubau 1896–1900, konsekriert 1903. Maße 18:8,05:9. Entfernung 5 km, Seehöhe 813 m, Dekanat Oberburg = Gornji grad."[684]

Ignaz Orožen berichtet, daß 1788 eine Lokalie errichtet wurde, der der obere Teil der Gemeinde St. Radegund zugeteilt und die Filialkirche St. Radegund auf der Goldingalpe aus der Pfarre Praßberg (Mozirje) dahin abgetreten wurde. Zur Gemeinde St. Radegund gehörten 12 Einzelgehöfte oder Huben.

Die Herkunft der Doppelbenennung St. Veit und St. Radegund ist ungeklärt. Orožen spricht von einer St.Veit-Kapelle neben dem spurlos verschwundenen Schloß, die „sicherlich keine andere als die dermalige Filialkirche St. Radegund" sei.

Janisch[685] berichtet noch 1885 von einem „bescheidenen kleinen Gebäude" und von einer wenige Schritte davon entfernten „kleinen Kapelle mit einem Gemälde der hl. Radegunde, wahrscheinlich vom 16. Jahrhundert. In ihrer Nordost-Ecke öffnet sich ein Loch in der Mauer nahe dem Fußboden. Es geht tief in die Erde. Niemand hat es genauer erforscht." Die Nähe des einst burggekrönten Hügels läßt an eine anderswo häufig angetroffene Topographie denken, nämlich an eine „Motte" [= Turmhügel] der Feudalzeit mit einem unterirdischen Fluchtgang. In dem besagten Loch wurden – wie die Überlieferung sagt – in früheren Zeiten Gehörgeschädigte von ihrem Leiden befreit, wenn sie den Kopf hineinsteckten. Sie sollen dann eine wunderbare Musik gehört haben. Wallfahrer kamen aus der näheren Umgebung.

Durch den Umbau von 1896–1900 ist die Lage auf der kleinen ebenen Fläche am Berghang deutlich verändert worden. Nachdem wir uns am 23. Oktober 1993 im Hof des Srebovcnik Mikek gemeldet hatten, begleitete uns der Bauer die letzten 4 km durch den Wald. Erstaunt standen wir vor der stattlichen Kirche, der ein hoher Turm – 18 m bis zur barocken Haube – vorgebaut ist, durch dessen Untergeschoß man den einschiffigen, überwölbten und mit Deckengemälden geschmückten Raum betritt.

Ebenso wie der Eingang durch den Turm erinnert auch der Hauptaltar von 1853 mit der Statue der hl. Radegunde an Kapla. Er ist in Weiß und Gold gefaßt. Je zwei korinthische Säulen flankieren die Mittelnische mit der Radegundestatue. Gekrönt, in weißem Gewand mit blau-goldenem Mantel hält sie in der linken Hand ein geschlossenes Buch. Die rechte, in Schulterhöhe, erhebt einen goldenen Stab. Im Giebelfeld der hl. Veit. Zwei Seitenaltäre, links Mariä Heimsuchung, rechts St. Martin.

Auf einer roten Prozessionsfahne ist Radegunde in blauem Kleid mit rotem Mantel, Buch und Krone vor einer Gebirgslandschaft zu sehen.

Sechsmal jährlich ist in der Kirche ein Hochamt, zu dem Pilger aus der ganzen Gegend kommen. Das erste ist am Ostersonntag, das letzte zu St. Martin (11. November). Orožen[686] spricht 1877 von einem „bedeutenden Konkurs bei der Kirche am St. Radegundistage, der aber seit einem Dezennium abgenommen hat". Heute wird eine Messe am Sonntag nach dem 15. August gefeiert. Drei Glocken von 1200, 900 und 600 kg läuten die Gottesdienste ein. Eine Wetterglocke warnt vor Gefahren.

Die von Janisch genannte „kleine Kapelle" mit dem Loch existiert nicht mehr, wenn nicht der leere Bildstock damit gemeint war, der etwa 50 m vor der Kirche steht, dort, wo der Waldweg auf die ebene Fläche mündet. Das Loch öffnet sich heute im Rasen, etwa 10 m vom Turmeingang entfernt. Es ist mit Betonbrocken verschlossen, zwischen denen warme Luft ausströmt. Der Glaube an die Heilung Gehörleidender besteht weiter.

Während die Burg der Grafen von Cilli an die hl. Hemma und die Grafen von Sann erinnert, läßt die Straßenführung an ähnliche Situationen in anderen Radegundelandschaften denken: Der Übergang durch das Mislinja-Tal und über die Paka, einen östlich an den Boskowetz anschließenden Höhenzug, war schon im Altertum bekannt. Hier verlief ein römischer und dann ein mittelalterlicher Weg, der jedoch an Bedeutung verlor, nachdem ein Durchgang durch die Drauschlucht geschaffen worden war.[687]

2.6.8.6 Altenmarkt (Stari Trg)

Sowohl Janisch und Abbé Briand als auch Größler[688] nennen diesen Ort als im Bezirk Windischgraz (Slovenj Gradec) gelegen. Das nahe Schloß Rothenthurm gilt als das Stammhaus der Fürsten und Grafen von Windischgraz.[689]

Im Fürstbistum Lavant wurde er geführt als „St. Radegund (Altenmarkt) zu St. Pankraz in Altenmarkt" = Sv. Pankracij v Staremtrgu. Vergrößert 1529. Maße 28:7:10 m, Seehöhe 813 m, im Dekanat Altenmarkt (Stari Trg).

Nahe Ožbalt überquert man die Mislinja (deutsch: Misling) und folgt ihrem linken Nebenfluß Suhodolnica, an dem das Dorf Stari Trg sich am Fuße eines Hanges erstreckt. Oberhalb davon, auf einem weiten, von einem Mäuerchen umgebenen Platz, steht die stattliche Kirche St. Radegund.[690] Ein Kreuzweg, dessen erste Station sich am Ausgang der Mauer befindet, führt den Berg hinauf nach St. Pankraz, einer Filialkirche.

Auch hier tritt man durch das Turmuntergeschoß ein, das mit Sicherheit älter ist als die Jahreszahl 1748 an der Kirche, die wohl an eine Renovierung und die barocke Ausstattung erinnert. Der von einem reichgeschnitzten Giebel mit Engelstatuen gekrönte Hauptaltar füllt die Apsis des auffallend langgestreckten Chores. Auf blauem gemaltem Hintergrund umgeben Girlanden goldener Sterne und Wolken mit zwei Puttenköpfen die Gestalt der gekrönten jugendlichen Radegunde. Sie trägt königliche goldene und grüne Gewänder, ein roter Mantel ist um ihre Arme gelegt. Sie hält ein geschlossenes Buch in der linken Hand, rechts ein Szepter. Im linken Seitenschiff befindet sich ein Marienaltar, im rechten ein dem hl. Franz Xaver geweihter Altar. Die Gemeinde betreut 2000 Pfarrangehörige. In der Kirche wird täglich eine Messe gefeiert, entweder morgens oder abends und sonntags zwei. Der 13. August ist ein großer Feiertag, an dem viele Beter herbeikommen.

2.6.8.7 St. Radegund im Markte in Sv. Lovrenc na Pohorje

Das Fürstbistum Lavant (a. a. O.) führte eine weitere Radegundestätte: nämlich „St. Radegund im Markte" (zu St. Lorenzen ob Marburg). Maße: 10:5:6,05 m. Entfernung 1,4 km. Sie liegt im Dekanat Marburg am rechten Drauufer = Maribor na desnem dravskem bregu. Diese Kirche ist identisch mit der, die Abbé Briand[691] „Sainte-Radegonde de St. Lorenzen in den Wuste (sic), Styrie, diocèse de Lavant" nennt.

Im Jahre 1091 „circa calendas Maii" erhielt das Stift St. Paul im Lavanttal von seinem Stifter Graf Engelbert von Sponheim unter anderen Gütern die Einöde oder Wüste Radimlac. Das ist die Gegend von Sv. Lovrenc (St. Lorenzen) am Bach Radolna oder Radomla, der sich durch ein enges Tal windet, ehe er etwa 6 km von Sv. Lovrenc entfernt in die Drau mündet. Nach diesem Bach wurde also im 11. Jahrhundert die ganze Gegend genannt, ehe sie den Namen Wüste (eremus slov pušava) führte. Der Pfarrort selbst wurde St. Lorenzen in der Wüste, im Walde oder auch im Winkel (Hudi kot, im bösen Winkel) genannt.

Hier zu Radomla hat Graf Engelbert ein kleines Kloster gegründet und dahin einige Mönche aus dem Stift St. Paul eingeführt. 1252 und 1255 wurde den Paulanern vom Patriarchen von Aquileja, dann durch Papst Alexander IV. „capellam s. Laurentii de Radmilach in fundo uestro constructam" bestätigt. Später ist das Kloster infolge feindlicher Einfälle aufgelassen und durch einen abteilichen Wohnsitz ersetzt worden, der mitsamt dem Pfarrhof und der Kirche von Mauern und Gräben umschlossen war. Dieser Besitz der Benediktiner wurde 1782 säkularisiert.[692]

St. Radegund[693] ist eine Filialkirche von Sv. Lovrenc und liegt etwa 300 m von der Pfarrkirche entfernt auf einer kleinen Anhöhe in den Wiesen. Um sie herum war früher ein ummauerter Friedhof, den Ignaz Orožen (a. a. O.) schon 1877 als aufgelassen vermerkt. Das Gründungsjahr ist unbekannt. 1688 wurde sie renoviert. Über dem Eingang sind Jahreszahlen von weiteren Restaurierungen vermerkt: 1868, 1905. 1868 war die mit einer Dielendecke versehene Kirche eingewölbt und am 30. August vom Kötschacher Dechant Dr. August Murko „benedicirt" worden.[694]

Das Altarblatt des rechten Seitenaltars stellt die Vierzehn Nothelfer dar, das des linken Maria. Der Hochaltar ist als Architekturwand mit je zwei korinthischen Säulen gestaltet, über die sich ein gemalter roter Baldachin breitet, dessen Mittelpartie ein schräg sitzender geflügelter hl. Michael in römischer Tracht mit Waage und Schwert ausfüllt. Darunter, in hohem goldenem, barock geschwungenem Rahmen steht die hl. Radegunde in schwarzer Ordenstracht, hält in der Linken ein Buch und darauf die Krone, in der Rechten ein Szepter. Im Hintergrund erkennt man eine Landschaft mit einem klösterlichen Gebäude.

Am 13. August und am 2. November finden Gottesdienste in St. Radegund statt. Am Palmsonntag werden hier vor der Kirche die Palmzweige geweiht. Die Gläubigen ziehen in Prozession um das Gebäude und begeben sich dann zur Messe in die Pfarrkirche Sv. Lovrenc.

2.6.8.8 Stranice

Zieht man eine Linie zwischen Maribor und Celje, findet man Stranice zu Anfang ihres südlichen Drittels an der parallel zur Autobahn verlaufenden Straße Nr. 6 nahe Slovenske Konjice zwischen den nördlichen Ausläufern der Konjicer Berge und den Pohorje-Bergen.

Am 29. Mai 1487 zog, vom Patriarchen von Aquileja geschickt, der Bischof von Caorle, Pietro, mit seinem Sekretär Paolo Santonino durch die Provinz Sannien zwischen Drau und Sotla, also durch den ehemaligen Besitz der Grafen von Sann. Die von den Türken zerstörten Kirchen und Altäre neu zu weihen war sein Auftrag. Sein Sekretär schrieb darüber ein Reisetagebuch. Dort lesen wir[695], daß der Bischof auf seinem Weg nach Vitanje „unterwegs in der Kirche S. Lorenz in Stranitzen den neuen Altar zu Ehren dieses Heiligen und zwei andere zu Ehren der sel. Maria und der hl. Radegund wieder weihte, die von den Türken verunglimpft waren".

Im Februar 1994 hat Herr Hofrat Farthofer (Villach) auf unsere Bitte hin eine Erkundungsfahrt nach Stranice unternommen. Er fand zwar die Kirche mit dem Hauptaltar St. Lorenz und dem rechten, Maria geweihten Seitenaltar, wie von Santonino beschrieben. Der linke, im 15. Jahrhundert und vorher Radegunde geweihte Altar gehörte nun, wie die Inschrift bekräftigte, der hl. Barbara. Eine telefonische Anfrage beim zuständigen Dekanat brachte die verwirrende Auskunft, daß Radegunde noch vertreten sei. Da Sprachschwierigkeiten eine weiterführende Diskussion verhinderten und an der Landesbibliothek Kärnten[696] auch keine Unterlagen über Stranice vorhanden sind, müssen wir uns auf diese Notiz beschränken, nicht ohne jedoch darauf hinzuweisen, daß hier ein weiterer Beleg aus dem Mittelalter von der Radegundeverehrung der Sanntaler Grafen spricht und daß jenseits der Pohorjer Berge, nur etwa 20 km nördlich, Sv. Lovrenc na Pohorje (siehe S. 171) die gleiche Verbindung der Heiligen mit Laurentius (Lorenz) (siehe S. 195) aufweist.

TEIL III

Volkskundliche Hintergründe der Radegundeverehrung

Die über 1400 Jahre währende Geschichte des Radegundekultes war die Grundlage der vorliegenden Untersuchung. Manche seiner Faktoren fanden eine Erklärung, vieles aber läßt sich infolge Quellenarmut mit wissenschaftlichen Hilfsmitteln nicht mehr voll ausleuchten. In dieses Dunkel der religiösen Phänomene müssen wir uns vorwagen, um dem unter der Oberfläche spürbaren Kern wenigstens etwas näherzukommen.

Die Analyse des Kultes soll Denkanstöße geben, die ein Vordringen zu anderen Ebenen des Verständnisses von Heiligkeit erlauben, in denen sich der Kult durch Verknüpfung mit älteren Kulten ausformte, seine Ausstrahlung wandelte und doch nicht aus dem kollektiven Bewußtsein verdrängt wurde.

Verschiedene Strömungen fließen hier zusammen:

Der christliche Heiligenkult.

Das politische Machtstreben des christlichen Adels.

Die Volkskultur des Mittelalters mit ihren Erinnerungen an archaische Riten.

Unter ihrer gegenseitigen Befruchtung wandelte sich die historische Radegunde zu der Gestalt, der man dort Kapellen baute, wo die einem bestimmten Orte innewohnenden Kräfte ihrer Ausstrahlung adäquat waren.

Der katholische Kult stellte in den Vordergrund die Selbsterniedrigung Radegundes um Christi willen, die Berichte über ihre strenge Askese und mystische Anbetung, besonders aber wohl ihren persönlichen Einsatz in der Pflege der Elendsten unter ihren unheilbar an Lepra erkrankten Mitmenschen. Die Kirche verbreitete die Legenden der Wunderheilungen, die schon zu Lebzeiten der Heiligen, viel mehr aber nach ihrem Tod stattgefunden haben sollen. Es sei sogar zur Erweckung Toter gekommen.

Michel Rouche analysierte in seinem Vortrag „Radegonde, une mort programmée" (R., ein geplanter Tod)[697] Textstellen aus den beiden Viten Fortunats und besonders Baudonivias und zeigte, daß Radegunde aus ihrem Tod einen Sieg über die irdische Zeit machen wollte, der als ihre spirituelle Hochzeit mit Christus eine Quelle der Freude sein sollte. Die Vision eines freudigen Todes war der Mentalität des 6. Jahrhunderts so entgegengesetzt, daß diese schier unfaßliche neue Erfahrung die Radegundeverehrung beeinflußt hat und der Heiligen das gab, was wir ihr „chthonisches Flair" nennen möchten. Es scheint in ihrem Kult immer wieder auf.

Die als das „politische Machtstreben des christlichen Adels" bezeichnete Strömung pflegte natürlich das katholische Kultgut, doch stand hier die Königin und Sippenverwandte im Vordergrund, die Adelsheilige, in der sich, nach der von S. Avit formulierten, seit der Bekehrung Chlodwigs gültigen Ansicht, das germanische Heil des Adels (*felicitas*) in die *sanctitas* gewandelt hatte.

Diese rationalen Erklärungen betreffen jedoch nur das geistliche „Kleid" Radegundes, die bunten Fäden des Gewebes, die aus der Ordenstracht wieder ein königliches Gewand machen, spann das Volk, das seine Heilige nie ohne die Krone abbildete, die hier aber auch als magische Märchenkrone gesehen werden kann.

Die vorausgegangene Erfassung der Kultorte erlaubt einen Blick von hoher Warte über jene Landschaften Mitteleuropas, in denen Radegunde verehrt wird. Von Thüringen über Bayern nach Kärnten, vom Weinviertel zum Burgenland und in die Krain ähneln sie einander in ihrer alten geheimnisvollen Beziehung zum Göttlichen, wovon Radegunde nur eine jüngere Erscheinungsform verkörpert.

An manchen dieser Orte werden wir aus den Formen der Verehrung Spuren früherer Kulte herauslesen und begreifen, daß nicht so sehr die thüringische Prinzessin gemeint war als eine archetypische Gestalt, die, als ihre früheren Erscheinungsformen nach dem Untergang ihrer Trägerkulturen verblaßten, die Züge Radegundes annahm. Es mag diese und keine andere Landschaft Rahmen und Nährboden zugleich für die heidnische und die christliche Gestalt geworden sein. Auch eine Göttin, welchen Ursprungs sie sei, trägt nur die Züge einer Vorläuferin weiter. Gerade das ist ja das Wunderbare an der Verehrung des Göttlichen, das sich im kollektiven Gedächtnis weiter und weiter vererbt, seit das Bewußtsein der Menschen zur Anbetung und Verehrung erwacht ist. Wenn hier das Wesensgleiche der verehrten archaischen und christlichen Gestalten herausgearbeitet wird, ist das kein billiges Versatzspiel. Das Gleichartige soll uns über das geschichtlich Faßbare hinausführen zum ewig Gültigen.

Aber mit dieser edlen Absicht befinden wir uns in einem Dilemma. Sollen wir die Fortdauer alter Mythen deutlich machen, von denen die Betroffenen, nämlich die heutigen Einwohner der Radegundeorte, nichts mehr ahnen? Muß unser Vorhaben nicht zu einem nostalgischen Mythenkult für Esoteriker werden?

Sollen wir uns auf die Aufzählung der Radegundeorte beschränken, ihre ältesten Dokumente anführen und die Zahl der Messen nennen, die noch am 13. August gefeiert werden? Dies war unser ursprüngliches Vorhaben. Im Laufe der Forschung drängten sich jedoch die Fragen, die in diesem Kapitel behandelt werden sollen, geradezu von selbst auf. Man kann sie nicht schon deshalb beiseite lassen, weil Antworten schwierig zu finden sind und manches unbewiesen bleiben muß.

Im Bewußtsein dieses Dilemmas wird das Folgende natürlich zu einer Gratwanderung.

3.1 Der Name Radegunde

Diese Gratwanderung beginnt schon bei dem Namen. Seine Bedeutung scheint zunächst ganz klar. Der germanische Namensteil „Rade" (Rate) wird allgemein im Sinne von „Rat", gutgemeinter Vorschlag, erklärt. Gund = Krieg. Demnach bedeutet Radegunde die Frau, die im Krieg guten Rat erteilt. Nach dem Duden Etymologie[698] gehört das altgermanische Wort, mhd. u. ahd. rat, niederländ. raad, aengl. raed, schwed. råd, zu dem gemeingermanischen Verb raten, das ursprünglich etwa „überlegen, sich etwas geistig zurechtlegen" bedeutete, dann auch „Vorsorge treffen, für etwas sorgen, vorschlagen".

An die Bedeutung „erraten, deuten" schließt sich die Bildung „Rätsel" an. Das englische to read (aengl. raedan) = lesen heißt eigentlich „(Runen) deuten".

„Rat" wurde ursprünglich im Sinne von „Mittel, die zum Lebensunterhalt notwendig sind" verwendet. In dieser Bedeutung steckt „Rat" in Vorrat und Unrat, auch in Gerät, Hausrat und Heirat.

Sehen wir uns jedoch auch das Wort „Rad" näher an. Es ist auf das deutsche und niederländische Sprachgebiet beschränkt, mit Entsprechungen in anderen indogermanischen Sprachen auf das indogermanische Roto = Rad zurückgehend, und ist eine Bildung zu der idg. Verbalwurzel ret(h) = rollen, kullern, laufen. Aus dem germanischen Sprachbereich gehören zu dieser Wurzel die zu „gerade" (urspr. schnell, behend) und wohl auch zu „rasch" gehörenden Wörter ahd. Adverb rado „schnell", gotisch Rads „leicht", aengl. raed „schnell, lebhaft, geschickt".

Die Tragweite, die einem Namen seit jeher beigemessen wurde (siehe auch Teil II), sei durch kurze Hinweise in Erinnerung gebracht. Ein Bogen spannt sich von der Bibel: „Ich habe dich bei deinem Namen gerufen, du bist mein" (Jesaja 43,1) über „nomen est omen" bis zu dem Volksmärchen „Rumpelstilzchen".[699]

Karl Schwarzfischer[700] ist den indogermanischen Wurzelformen aus der Urwurzel „ra" nachgegangen, wie sie Fick, Kluge, Walde und Walde-Hofmann[701] in ihren Werken entwickelt haben. Es zeigt sich, daß die Grundbedeutungen lärmen (lärmen, brüllen, heiser schreien, heulen, klagen, rauschen, tönen, rasseln) und rasen (kratzen, reißen, scharren, drehen, rütteln, bohren, erregen, springen, rasseln, roden, zerreiben) sich in den Erweiterungen der Urwurzel „ra" ausdrücken: rad, rat, ras, rab, rap, raf, rapf, raw, rag, rak, ram, ran.[702]

Damit eröffnet sich volkstümlichen Namensdeutungen ein weites Feld. Karl Schwarzfischer ist aufgefallen, daß die landschaftlich verschiedenen Namen der mythischen Zwerge, ob sie nun in Menschen- oder in Tiergestalt auftreten, die eine oder andere Erweiterung der Urwurzel „ra" enthalten. Sei es der Schrazel, Schratt, Ratz oder Schretzel, der Schragerl oder der Schrawaz, in allen Namen steckt „ra". Die Zwerge tragen mannigfache und deutliche Totenzüge an sich, so daß sie ebenso stark als Toten-, Ahnen- und Seelengeister wie auch als Naturgeister anzusprechen sind.[703] Die Zwerge werden im Volksglauben so menschlich geschildert, daß es sich nur um abgeschiedene Seelen der Ahnen handeln kann. Auch die Tiere, deren Gestalt sie annehmen, haben Bezug zum Totenreich. Besonders bemerkenswert ist das beim Raben in seinem schwarzen, auf die Farbe der Unterwelt deutenden Kleid. Der leichenfressende Rabe wird zum Leichen- und Totenvogel. Die Kröte ist eine der Tiergestalten, unter welchen die menschliche Seele im Volksglauben erscheint („Friedhofskröte"). Der Totenkult ist mit der Verehrung von Wachstumsmächten verbunden. Der kultisch verehrte Ahn wirkte als Fruchtbarkeitsmacht. Die den Zwerg verkörpernde Kröte ist nicht nur Toten-, sondern auch Fruchtbarkeitssymbol. Es hat sich über Altbayern, die Oberpfalz, Schwaben, Steiermark, Kärnten und Burgenland ausgebreitet. Von Kärnten aus hat der Brauch nach Jugoslawien übergegriffen und strahlte bis nach Ungarn und Mähren aus.

Sogar die Raupe (ratz, ratzel, ruga usw.) spielt im Dämonenglauben eine ähnliche Rolle, wie wir bei der Behandlung des Drachenmotivs noch näher sehen werden.

Im Mittelalter bedurfte es keiner etymologischer Studien, um den Namensteil „Rade" in seiner ganzen Breite zu verstehen. Volksglaube und junges Christentum waren sich noch nahe, in der Sprache klangen die Urformen deutlicher an als heute.

Fruchtbarkeitsmacht und Totenkult, diese Triebfedern des Volksglaubens, konnten sich um die verehrte Gestalt mit dem „Ra"-Namen festigen. Wir haben gesehen, daß die heute noch erhaltenen Radegundestätten fast ausnahmslos auf Bergabhängen, Hügeln und Hochflächen liegen. Der Volksglaube versetzte das Reich der Toten in den Berg. Der Ausspruch „in den Berg gehen" bedeutete sterben.

Die Bedeutung der Zwerge als Toten-, Ahnen- und Seelengeister konnte sich auf diesem Wege mit der großen Ahnin Radegunde verknüpfen, der Heiligen, deren Seele von Christus selbst ins Jenseits geleitet wurde, nachdem er ihr den nahen Tod angekündigt hatte.

Der zweite Namensteil „gund", Kampf, hätte zu dem volkstümlichen Verständnis von „Radegunde" als der Kämpferin gegen die ra-Dämonen führen können.

In Eggenburg (Weinviertel) wurden die Selbstmörder weit außerhalb der Stadt und der Friedhöfe im Gehölz an der Radegundequelle begraben.

Zwei Legenden aus Frankreich berichten von der Erweckung Toter durch Radegunde.[704] Sie gab einer sterbenden Nonne, deren Glieder „étoient tout pouris" ganz verfault waren, Leben und Gesundheit wieder, ebenso einem kleinen Kind, das bereits seit einigen Stunden tot war.

Auf der beschriebenen Votivtafel (1643) aus Gars ist ebenfalls von einer solchen Erweckung zu lesen: „Dem Messner zu Steinhöring ware ein Kind ertrunckhen und schon 3 stundt im Bach Eberach genant, gelögen, nachdem man es mit einer H. Mess zu u.l.f. und St. Radegundt versprochen, auch wircklich das Khindt mit sieben frauen in daß Gottshaus gebracht und auf St. Radegund Altar gelegt, ist es mit unaussprechlichem Wunder wider lebendig worden."

Das Germanisch-Indogermanische in Radegundes Namen darf nicht vergessen machen, daß das Gebiet ihrer Kultorte auch keltisch besiedelt war. Französische Erforscher der keltischen Mythologie[705] wollen aus der Homophonie der Namen Radegonde und Rigantona eine symbolische Verbindung zwischen der Heiligen und der keltischen Göttin heraushören. Linguisten der keltischen Sprache sind überzeugt, daß der Name der großen keltischen Sagengestalt Riannon, aus dem alten Rigantona entstanden, mit „Große Königin" zu übersetzen[706] und der keltischen Göttin Rigani[707] gleichzustellen ist. Rigani war Königin des Himmels, Spenderin von Fruchtbarkeit, zugleich aber auch Kriegsgöttin. Als chthonische Göttin beschützte sie die Lebenden und die Toten. Im keltischen Kalender wurde die Himmelfahrt Riganis im August (1. August?) zu Lugnasad gefeiert, einem der vier Jahresfeste, von dem wir noch hören werden. Diese „Assomption" ist auf Resten eines gallo-romanischen Tempels in Alesia dargestellt.

Rigantona pflegte sich periodisch in einen Vogel zu verwandeln, um einem alten Gemahl zu entfliehen und einem jungen Helden zu folgen.[708] J. J. Hatt[709] schreibt, daß die gallische Muttergöttin jährlich zu feststehendem Datum sich dem Himmelsgott vermählte, dann vom Himmel unter die Erde verschwand, um einem chthonischen Gott anzugehören.

Beide Forscher sind sich also einig über das Grundthema der jahreszeitlich wiederkehrenden zweifachen Hochzeit der Göttin. Radegunde verläßt ihren „alten" Gemahl Chlotar, um Jesus, dem strahlenden Helden des jungen Christentums, zu folgen. Haben die Gläubigen des Mittelalters in ihren sieben Fluchten vielleicht die letzte Spur der Verwandlung in einen Vogel sehen können?

Rigantona war eine „Pferdegöttin", das bedeutet, daß sie auf dem Symboltier Pferd die Seelen in die Unterwelt geleitete. Damit gelangt man über Anklänge, die sowohl der germanische als auch der keltisch gesehene Name hervorruft, in unmittelbare Nähe des Totenreichs, und wir meinen, einen Rest der alten Mythen erfaßt zu haben.

Aber neue Fragen tun sich bei der Betrachtung der Radegundelandschaften im Südosten unseres Gebiets auf. Kärnten, Krain, (Unter-)Steiermark und Burgenland hatten seit dem 7. Jahrhundert einen beachtlichen Anteil an slawischer Bevölkerung, die von dem keltisch-römisch-germanischen Volksteil aufgesogen wurde, zeitweise aber, zum Beispiel in den Türkenkriegen, neuen Zuzug erhielt. Techanting war noch im vorigen Jahrhundert ein rein slawisch-windisches Dorf.[710]

Seit 1919 waren die Untersteiermark und die Krain politisch mit Jugoslawien vereint, wodurch die Slawisierung deutscher Ortsnamen ausgelöst wurde. Dennoch haben sich dort Radegundestätten erhalten.

In einer Studie über die Bevölkerung des 16. Jahrhunderts[711] liest man viele slawische Personennamen, die die Silbe „Rad" enthalten: Weiblich: Raduna. Männlich: Rade, Radko, Radoslav, Radossav, Radovan, Raketa. Familiennamen: Radanovic, Radolic, Radovic, Ratkovic. Sogar ein slawischer Gott, der mit Löwenkopf dargestellt wurde, hieß Radogast.

Das Land um Wanka und Ermany (östlich von Gara und nördlich von Kis-Sehabatz) wurde als Rascia bezeichnet (noch 1572), und seine Bewohner nannte man Ratzen.

In Kärnten, Krain und Untersteiermark finden sich viele geographische Namen mit der Silbe „Rad", die an die germanische Namenssilbe erinnern, aber ebensogut etymologisch aus dem Slawischen stammen können. In der Untersteiermark gibt es die Orte Radenci, Radgona, Radomerje, Radomilje, Radomirje, Radovce. Radecova heißt ein See und ein Ort östlich von Marburg (Maribor), in dessen Nähe es einen rechten Nebenfluß der Drau namens Raddjna gibt. Bei Radlje ob Dravi (Mahrenberg) liegen der Radlberg und der Radlpaß. Es gibt ein Raduhagebirge südöstlich von Eisenkappel. In der Krain liegt Radovna am gleichnamigen Fluß bei Jesenice, nahe dem Radegundeort Breg. Auch auf österreichischer Seite gibt es teils deutsch, teils slawisch klingende „Rad"-Namen: Radsberg bei Klagenfurt; Radiga mit dem Radigaberg nördlich von Leutschach; Radisch und Radocken, beide in der Gegend von Bad Gleichenberg; schließlich Bad Radkersburg. Die Liste ist sicher unvollständig, aber lang genug, um uns zu beunruhigen.

Dank fachlicher Unterstützung[712] konnte die Bedeutung des slawischen „Rad" geklärt werden. Die Formen rad, rada, rado (masc. fem. neutr.) kommen so und ähnlich im Ukrainischen, Altrussischen, Altslawischen, im Ostromirower Evangelium, in der Supralsker Chronik, im Bulgarischen und Serbokroatischen vor. Sie bedeuten soviel wie „gern" im Slowenischen, „froh", „gern" im Tschechischen und auch im Slowenischen, Polnischen, Niedersorbischen, Obersorbischen.[713]

Man nimmt eine Verwandtschaft mit dem Angelsächsischen „rot", das „froh, freudig oder edel, edelmütig" bedeutet, an. Weiters eine Verwandtschaft mit dem Alt-Isländischen „rotask", das „sich aufklären, sich aufheitern, sich aufhellen, aufstrahlen, aufleuchten, klar werden oder lustig (fröhlich) werden" bedeutet. Verwandtschaft besteht auch mit dem Angelsächsischen „rotu" (fem.), das „Freude" bedeutet.[714]

Gegenüber diesen glaubhaften Vergleichen gibt es den Einwurf, daß „Rad" auch aus dem nicht nachgewiesenen *anda* im Mittelgriechischen kommen könnte. Ardagostos ist der Name eines slawischen Führers.[715] Neugriechisch gibt es *Ardameri*, eine Ortsbezeichnung im Bezirk Langada in Makedonien.[716] Es gibt noch einige Hinweise auf das Urslawische oder die Sprache der Wepsken (finnisch-ugrisch), dann könnte man es dem griechischen *éramai* = ich liebe, oder *eros* = Liebe zurechnen. Die Wörter radetj = froh werden; raduga = Regenbogen sind kaum davon zu trennen.

So bekommt die germanisch-keltische ratgebende Königin mit chthonischem Flair ein Lächeln der Freude über ihre strengen Züge gehaucht. Der slawische Einwanderer wird eine Freudenbotschaft aus dem Namen der Heiligen herausgehört und sich zu ihren Kultstätten hingezogen gefühlt haben.

Die slawische Religion stand der Übernahme eines Radegundekultes nicht im Wege.[717] Von ihr haben sich nur wenige Spuren in den schriftlichen Quellen altrussischer Chroniken oder den Aufzeichnungen des 11. und 12. Jahrhunderts, u. a. Thietmars von Merseburg, erhalten. Alle berichten aus christlicher Sicht. Volkskundliche und linguistische Forschungen brachten kaum konkrete Erkenntnisse. Das slawische Pantheon ist rudimentär. Es scheint Götter der Sonne, des Feuers, des Donners und einen Viehgott gegeben zu haben. Einer davon wird später als Radigast bezeichnet, wohl ein Epitheton, in dem die besprochene Silbe „ra" auftaucht. Unter den niederen Göttern gab es auch Nymphen und Nixen, die ihren Sitz in Quellen hatten.

Zwei Dämonen, deren Namen ebenfalls die Silbe „ra" enthält, Rod und Rozanica, waren in Rußland mit Schicksal, Entbindung und Ahnenkult verbunden.

Die Bekehrung der Slawen zum Christentum fand zwischen dem 9. Jahrhundert (Süd- und Westslawen), dem 10. Jahrhundert (Ostslawen) und dem 12. Jahrhundert (Ostseeslawen Deutschlands) statt.

Ein Verdacht, einstweilen noch flüchtiger als eine Hypothese, wird geweckt: Sollte die Verbreitung des Radegundekultes auch vom Osten her gefördert worden sein, auf dem Wege von Byzanz über Sirmium, von wo die Missionierung bis ins Wiener Becken ausstrahlte?

Die Ost- und die Westkirche trennten sich erst im Jahre 1004. Amalafrid, der Vetter Radegundes, stand nach seiner Flucht aus Thüringen im Dienst des Kaisers von Byzanz und kämpfte als Heerführer gegen die Gepiden im Raum von Sirmium. Zwischen Byzanz und den Merowingern gab es lebhafte Kontakte, nicht zuletzt durch die Gesandtschaft Sigiberts, die die Kreuzpartikel nach Poitiers holte.

Den westwärts wandernden Slawen kann die Rolle eines Zwischenwirtes zugefallen sein, der das Wissen von der heiligen Königin weitertrug, das schließlich in den fränkisch missionierten Gegenden bestätigt wurde. Tatsächlich ist in allen Radegundelandschaften ein mehr oder weniger großer slawischer Bevölkerungsanteil nachgewiesen (siehe Teil II), der in den westlich davon gelegenen Gegenden ebenso fehlt wie die Radegundekultstätten.

3.2   Radegunde und die Grenze

Betrachtet man die geographische Verteilung unserer Radegundeorte, stellt man fest, daß sie fast ausschließlich entlang der Ost- und Südostgrenze des mittelalterlichen Reiches liegen. Die Mühlburg in Thüringen gehörte ebenso wie die verschwundene Helphidenburg (Helfta) zum Gürtel der Wehrburgen, die das karolingische Reich gegen die Slawen schützten, so wie es die Aufgabe der Kuenringerburgen im Weinviertel gegen Böhmen war. Das Burgenland ist die letzte Bastion vor der ungarischen Tiefebene; Kärnten und die Krain mit der schon in der Römerzeit als Grenzfluß geltenden Drau sind Grenzländer schlechthin. Die Radegundelandschaft rechts und links der Salzach war lange Zeit ein Zankapfel zwischen Bayern und Österreich.

Grenzen und grenzüberschreitende Straßen wie die des Werntals, die von altersher bei Müdesheim auf die Hochebene hinaufführte, oder die Brücke über den Radegundgraben im Lesachtal sind die Orte, wo man unsere Heilige verehrte.

Eine Parallele dazu findet man schon in den ersten Besitzungen, dem „Temporel" des Klosters Sainte-Croix in Poitiers. Sie sind entlang der Grenzen der alten gallo-römischen *Civitates* gruppiert, die im allgemeinen den Ländergrenzen des Mittelalters im Loudunais gegen Anjou und Touraine oder um Chizé gegen das Saintonge entsprechen. In diesen dünn besiedelten Marken wurde durch die Errichtung der Domänen von Sainte-Croix gleichzeitig die Grenze befestigt. Die Schenkung dieser Ländereien an das Kloster kann nur durch den König selbst oder durch den jeweiligen örtlichen Grafen erfolgt sein.[718]

Es bestand in Frankreich eine uralte, heute vergessene Ost-West-Grenze im Bourbonnais, ein Limes, der zugleich die Sprachgrenze zwischen dem nördlich-fränkischen „oil" und dem romanisierten südlichen „oc" war. Forscher haben ihn in ligurische Zeit datiert. Er ist von Kelten, Galliern und Römern weiter benutzt worden. Die Toponymie der Wege, Wälder, Wasserläufe und Oppida hat die Erinnerung an diesen Limes bewahrt. Die wichtigsten Namen darunter sind keltisch: Randa und Ecorand, die von alten Kulten sprechen. Der Gott Terme und der Mars Randosatis sind durch die christlichen Heiligen St. Eloi und Ste. Radegonde ersetzt worden. Namen, die „Wassergrenze" bedeuten, sind bis heute Ingarande, Ygrande, Aquirande usw. Ste. Radegonde in Budelière (Allier) ist eines der Oppida.

Die volkstümliche Erklärung des Namens Radegonde bedient sich in dieser Gegend des Ortsdialektes, in dem „rade" (rande) die Grenze heißt und „gonde" (gouge) ein altes Wort für Furt ist.[719]

Bächtold-Stäubli[720] nennt die Grenze eine wesentliche Grundlage des menschlichen Gemeinschaftslebens, die den höchsten Schutz genießt und in der Antike ebenso geheiligt und Gegenstand kultischer Verehrung war wie im alten deutschen Recht. Grenzzeichen waren heilig und unverletzlich. So wie Kultus und Rechtspflege in ältester Zeit in enger Verbindung standen, kann man bei den Germanen einen bestimmten Grenzkult annehmen, dessen Gottheiten Donar, Wodan, Frau Holle und vielleicht auch der Mond waren.

Der Schutz der stets bedrohten Grenzen war das wichtigste Interesse der Kaiser des Heiligen Römischen Reiches Deutscher Nation. Die Ansiedlung von Wehrbauern und der Bau von Burgen stärkten die Militärmacht; der geistliche Schutz wurde den Heiligen anvertraut. St. Petrus und St. Michael waren prädestiniert zur Wächterfunktion. Immer wieder findet man an den Grenzen den Merowinger Staatsheiligen Martin und erkennt in den frühesten seiner Patrozinien gleichsam die Standarte des Herrschers und den Ausdruck königstreuer Gefolgschaft.

3.2.1 Radegunde und St. Martin

Wie schon Leopold Schmidt[721] für das Burgenland feststellte, sind die Radegundepatrozinien nie weit von einem St. Martin entfernt, den Chlodwig zum Patron der Merowinger erwählt hatte. Radegunde stand ganz in dieser Tradition. Sie hatte ihr Kloster unter den Schutz des Königsheiligen Martin und des Stadtheiligen Hilarius gestellt.[722] Martin hatte das unblutige Martyrium vorgelebt, das auch sie anstrebte, und mit Martin verbinden sie noch weitere Merkmale.

Martin hatte als Mönch im Kloster Ligugé bei Poitiers gelebt und war von Hilarius, dem ersten Bischof von Poitiers, in sein Amt eingesetzt worden. Sein Hauptwirkungskreis wurde Tours. Von ihrem Kloster Sainte-Croix in Poitiers aus war Radegunde in engem Kontakt mit dem 19. Bischof von Tours, Gregor, und die geistliche Einheit Tours–Poitiers wurde auch 200 Jahre nach Martins Tod nicht unterbrochen. Dies sind die rationalen Berührungspunkte der beiden Heiligen. Martins Aufwallung von Mitleid dem nackten Bettler gegenüber wurde ebenso ausschlaggebend für seinen Eintritt in den geistlichen Stand, wie es für Radegunde die Barmherzigkeit für Arme und Kranke war.

Martins schrecklicher Eifer bei der Zerstörung heidnischer Tempel findet sein Gegenstück in einer wenig zu ihrem sonstigen Bild passenden Radegundelegende: Die Heilige wohnte zu Pferd(!) der von ihr angeordneten Niederbrennung eines Tempels bei. Taub gegenüber dem Flehen der heidnischen Bauern, harrte sie aus, ohne daß ihr Pferd sich von der Stelle gerührt hätte, bis der letzte Balken in Asche zerfiel. Baudonivia ist die einzige, die uns als Augenzeugin diese Episode in ihrer Vita überliefert hat.[723]

Trotz aller hagiographischen Anklänge ist die enge Beziehung der beiden Heiligen nicht ganz durchsichtig. Französische Mythologen haben sich um eine Klärung bemüht, denn in Frankreich ist die Nähe von Martins- und Radegundepatrozinien noch augenscheinlicher als in unserem Raum.

Beide sind „wandernde" Heilige (itinérants). An Straßen und an von Wasserläufen bestimmten Grenzen findet man ihre Verehrungsstätten, besonders wenn eine Furt diese Grenze markiert. Mehr als zehn Orte werden in den Bulletins der Société de la Mythologie Française genannt, wo Radegundekirchen und Martinskirchen an Wassergrenzen und Furten beieinanderliegen.[724] Als Beispiel diene die Situation von Marigny (Bourbonnais), wo Radegunde Patronin der Gemeinde ist, deren Kirche vormals Martin geweiht war. Nicht weit davon überragt eine andere Radegundekirche die Furt von Cognat-Lyonne an der Loire. Martinskirchen sind am gegenüberliegenden Ufer dieses Grenzflusses in Molinet, Garnat und St. Martin-des-Lais. Der französische Mythologe M. Piboule leitet sogar das in dieser Gegend übliche Wort für Furt, „gande", vom Namen Radegonde ab.

Das sprechendste Beispiel aus unserem Raum bietet das Innviertel, das sich östlich der umstrittenen Salzachgrenze erstreckt. Sechs Pfarrkirchen des Patroziniums St. Martin umgeben in geringer Entferung den Ort St. Radegund!

Untertechanting in Kärnten liegt an einer alten Römerstraße, und um das Radegundekirchlein fließen zwei kräftige Bäche, so daß es in dem alten Ortskern wie auf einer Halbinsel steht. 6 km nördlich, in Villach, erhebt sich auf einem Felsen am rechten Drauufer die Stadtpfarrkirche St. Martin von 1137. Weitere Pfarrkirchen St. Martin sind im 12 km nordöstlich gelegenen Lind-Rosegg, in dessen Nähe es auch einen Ort St. Martin gibt; ebenso hat die Pfarrkirche im 18 km westlich von Techanting gelegenen Feistritz an der Gail das Patrozinium St. Martin seit 1199. Matzendorf liegt in der St. Martinspfarrei Leobersdorf.

Die Kirche St. Radegund zwischen Eis und Ruden stand früher an der Reichsstraße am linken Drauufer, etwa 1 km vom Fluß entfernt. Sie war, wie wir gehört haben, „nach St. Martin deputiert", das etwa 4 km nordöstlich davon liegt. Ein zweites St. Martin befindet sich 7 km westlich. Die Sage weiß zu berichten[725], daß das Lärmen der Fuhrleute im 19. Jahrhundert so unerträglich geworden war, daß zwar nicht die straßenvertraute Radegunde, aber die Marienstatue der Kirche es nicht mehr aushalten konnte, fortlief und sich in einem Berberitzenstrauch versteckte. Man brachte sie zurück, sie verließ erneut die unwirtliche Kirche, bis man ihr Anliegen verstand und an der Stelle des Berberitzenstrauches eine neue Kirche baute.

Bis zu ihrem Eintritt ins Kloster von Poitiers war Radegunde auf Wanderschaft: von Thüringen nach Athies und Soissons, von Noyon nach Paris, Tours und Saix, nicht aus freien Stücken, etwa um das Christentum zu verbreiten, nein, sie wurde stets verfolgt. Es waren keine freudigen Straßen, die sie zog. Bei jedem Aufbruch überschritt sie neue Grenzen, Landesgrenzen, kultische Grenzen, Grenzen zwischen verschiedenen Lebensabschnitten.

Die Grenzen galten – im Volksglauben – seit jeher als Träger von Zauberkräften. Danach wehrt die Grenze Krankheitsdämonen ab, kann aber auch gute Kräfte stärken. Umgehende Geister seien an bestimmten Grenzen gebannt, besonders Wasserläufe beschnitten ihre Macht.[726] An den Wassern aber sollen die Drachen lauern.

3.3 Radegunde und der Drache

Wenn man die Legenden aus dem französischen Wirkungsbereich Radegundes in Betracht zieht, kann man auch in unserem Raum Parallelen dazu
in gewissen Kultformen und in der Topographie der Kirchen erkennen.

Die wichtigste Legende betrifft den von Radegunde niedergestreckten
Drachen. Nach Réau[727], der das Wissen vieler Vorgänger neu aufzeichnet,
lebte in einer Höhle am Ufer des Clain, dicht beim Kloster Sainte-Croix in
Poitiers, ein Drache namens Grand'Goule (Großmaul). Er verschlang wiederholt Nonnen des Klosters, bis Radegunde ihn kraft ihres Gebets und
ihrer Beschwörungen tot zu ihren Füßen hinsinken ließ.

Noch im 19. Jahrhundert wurde in Poitiers bei den Bittprozessionen
am Dienstag und Mittwoch der Bittage (Rogations) das bemalte hölzerne
Abbild der Grand'Goule mit Flügeln, scharfen Krallen, langem stachel-
bewehrtem Schwanz und weit offenem Rachen durch die Stadt getragen.
Gleich hinter der Reliquie des Heiligen Kreuzes schwankte dieser Drache
an einer bändergeschmückten Stange daher. Wo er vorbeikam, warf man
ihm kleine Kuchen, „casse-museau", und Kirschen ins Maul, Frauen knie-
ten nieder, rieben ihre Rosenkränze an seinen Schuppen und riefen:
„Bonne sainte vermine priez pour nous!" Gutes heiliges Gewürm, bitte für
uns![728]

Diese Grand'Goule ist 1677 von Gargot-Barbier de Montault hergestellt
worden, und zwei Autoren haben ihr Abbild veröffentlicht.[729]

In Poitiers bestand eine Rivalität zwischen dem Kult des hl. Hilarius
(† 367) und dem jüngeren Radegundekult. Eine Miniatur des 15. Jahrhunderts zeigt Hilarius, wie er den Drachen bekämpft. Daß diese wahrscheinlich vom Ursprung her keltische Legende dann auf Radegunde übertragen
wurde, zeigt, daß der Hilariuskult seine Bedeutung verloren hatte und
Radegunde Erbin der Tradition wurde, was auch in der Vita Baudonivias
anklingt.[730]

Nicht nur in Poitiers, auch in Metz, Tarascon (hl. Martha), Wasmes,
Mons, Brüssel, Namur gab es Drachenprozessionen, um nur die bekannte-
sten aufzuzählen. Eine Urkunde von 1416 verbietet das Drachenspiel, den
„Ludus draconis", in Magdeburg; beim Münchner „Metzgerssprung"
wurde ein Pestdrache vertrieben; in Furth im Wald (Oberpfalz) feiert man
am Sonntag nach Fronleichnam den „Drachenstich". Auch in England
waren Drachenkampfspiele bekannt. Meist wird der Drachenkampf vom
legendarischen Ritter Jörg, dem hl. Georg, bestanden, der zu den Vierzehn
Nothelfern zählt. Aber auch Frauen bekämpften die als Unheilsmacht
angesehenen Drachen. St. Margaretha, ebenfalls zu den Vierzehn Nothelfern zählend, gehört dazu.[731]

Neben den Prozessionsdrachen aus Holz und Weidengeflecht tauchen im Mittelalter Scharen von diesen Monstern auf, die, zur Zeit der Städtegründungen, die öffentlichen Gebäude/Türme und die Rathäuser vor allem Belgiens und Nordfrankreichs unter ihren Schutz nehmen sollten und als Wetterfahnen gestaltet von den höchsten Zinnen drohten.[732]

Viele Gelehrte haben die Entstehungsgeschichte der Drachen zu erforschen versucht. Allein im 19. und der ersten Hälfte des 20. Jahrhunderts erschienen zahlreiche Abhandlungen, die religionsgeschichtlich, volkskundlich, mythologisch oder naturkundlich dem „Monster" zu Leibe rückten. Bächtold-Stäubli konnte trotz der Siegfriedsage keinen eigentümlich germanischen Zug an ihm finden. Manche französische Forscher hingegen würden den Drachen gerne der alten keltischen Religion entlehnt wissen und halten ihn, nach der Theorie des Überlebens alter Kulte, in folkloristischen Ehren. Nach Bächtold-Stäubli[733] waren es die Griechen, die an die Römer ein Drachenbild weitergaben, an dem die verschiedensten antiken Kulturen mitgearbeitet hatten: ein landverheerendes, menschenfressendes Untier, oft mit Fledermausflügeln ausgestattet.

In der Bibel stehen die Begriffe Drache, Schlange, Krokodil, Leviathan, Teufel, Satan oft gleichbedeutend nebeneinander (vgl. Offb 20,2; Gen 3,1; Ijob 3,8; 7,12; 40,25–41,26; Jes 27,1; Ps 74,14; Ez 32,1f.). Ihr Bild wurde von alttestamentarischen, hebräischen schlangenartigen Wasser- und Landtieren beeinflußt. Das ganze christliche Mittelalter ist vom Bild eines dem Teufel gleichgesetzten Drachen beherrscht. Dennoch zeigt sich auch schon in der Bibel die Schlange in ihrer Heilsgestalt. Mose (Num 21,8) richtet die eherne Schlange auf, damit wer von Schlangen „gebissen ist und sieht sie an, der soll leben". Johannes greift diesen Text auf (Joh 3,14–15) und sagt, daß wie die Schlange, „also muß des Menschen Sohn erhöht werden, auf daß alle, die an ihn glauben . . . das ewige Leben haben".[734]

Der volkstümliche Drache, dessen Rolle von Philippe Gabet[735] überzeugend mit der des gallischen Anguipeden verglichen wird, lebt in dem römischen Drachen von Lanuvium weiter und gewährt ein fruchtbares Jahr, wenn er von einer Jungfrau gefüttert wurde. Dieser Drache ist eine originale, vielen Völkern bekannte Schöpfung. Er hat nie satanisch gewütet. Die heilende Schlange des Äskulap gehört hierher. Es würde aber zu weit führen, alle griechischen und indischen Beispiele anzuführen, die den Aspekt des Drachen als Fruchtbarkeitsspender untermauern. Die apokalyptische Gleichsetzung des Drachen mit dem Teufel, wie sie zeitweise stark vom Klerus verkündigt wurde, stand dieser Auffassung diametral entgegen. Daß aber auch Meeresungeheuer dem Willen Gottes unterworfen sind, macht die Geschichte von Jona im Alten Testament deutlich, in der ein solches Untier den über Bord geworfenen Propheten rettet. In der Topik wurde der „Walfisch" des Jona geradezu ein Vorzeichen für Christi Auferstehung, wo Tod und Höllenschlund den gekreuzigten Gottessohn nicht halten konnten.

Die Gesellschaft der Mythologie française[736] befaßte sich mit der Bedeutung des Meeres, seiner Tier- und Sagengestalten in der Mythologie. Die vergleichende Forschung hat deutlich gemacht, daß die Verteufelung der vorchristlichen Heilsgestalt der Schlange entsprechende Abänderungen in uralten Sagen und Mythen hervorgerufen hat. In den oben angeführten gegensätzlichen Aussagen zum Drachenbild erkennt man diesen Wandel und die Hartnäckigkeit, mit der vorchristliches Gedankengut aufrechterhalten wurde.

Einfühlsam gestattete die Kirche in den Prozessionen das Miteinander von christlichen Reliquien und den Erinnerungen an die alte Vegetationsmagie.

Bei dem Versuch, die volkstümliche Verehrung Radegundes vor dem Hintergrund des Drachenbildes zu sehen, darf nicht außer acht gelassen werden, daß dieses Bild nicht einheitlich ist, sondern sich aus den genannten Elementen zusammenfügt: dem verheerenden Untier, dem Satan und dem Fruchtbarkeitsspender. Es könnte uns irritieren, daß bald das eine, bald das andere vorherrscht, aber Radegunde hat den Drachen im ganzen besiegt. Es sind die ortsgebundenen Gegebenheiten, die das Wesen der jeweiligen Verehrung bestimmen.[737]

Das „verheerende Untier" kann sich als Bach- und Seedämon[738] und als Urheber von Überschwemmungen zeigen. Als solcher taucht es in den Sagen der Schweiz, Schwabens, Bayerns, im Elsaß, an der französischen Küste und in vielen Flußtälern des französischen Zentralmassivs auf. Sein Kommen läßt das Land erzittern, und mit Schwanzschlägen löst er Bergrutsche aus. Doch überall steht ein Held auf, meist ein christlicher Heiliger, der ihn besiegt. Nur drei Frauen ist solches je gelungen. Martha fesselte die fürchterliche Tarasque in Tarascon mit ihrem Gürtel. Margarethe erschlug einen Drachen mit dem Zipfel ihres Gewandes. Die dritte Saurochtonin ist Radegunde.

Das schönste Denkmal wurde ihr dafür in der Kirche Ste. Radegonde in Talmont (Gironde) erbaut. Wellenumrauscht steht sie auf einem Felsvorsprung über dem Wasser, nahe einer „la chambre de sainte Radegonde" genannten Grotte. Was man nur Schreckliches über die aus dem Meer steigenden Drachen zu erzählen wußte, ist in den Skulpturen der romanischen Kapitelle festgehalten. Diese Tradition war so hartnäckig, daß noch eine Sage aus dem 17. Jahrhundert von einem jüngsten Drachenkampf zu erzählen wußte.

Wie wir gesehen haben, sind in zahlreichen (etwa 20) Orten Mittelfrankreichs Radegundekirchen an markanten Stellen am Wasser erbaut, besonders auch an Quellen. Von Drachen ist nicht mehr die Rede, außer daß Prozessionen zur Quelle Ste. Radegonde in Busseloup (Loir et Cher) gingen, um die Vertreibung von Schlangen zu erbitten.

In der Radegundelandschaft Bayerns erscheint der zentrale Ort Gars schon von seiner Lage auf einer Terrasse über dem Inn her als typischer Drachenort, auch wenn sich keine entsprechende Sage erhalten hat. Gars trägt die Natter im Stadtwappen. Es mangelt nicht an Quellen im nahen Wald, und zahlreiche Wasseradern kreuzen sich unter dem Klostergarten. Daß mit diesem Patrozinium Radegundes Eigenschaft einer Drachentöterin gemeint sein kann, wird unterstrichen durch die Nähe eines Margarethenheiligtums: Das etwa 20 km entfernte Kloster Baumburg auf dem gegenüberliegenden Innufer trägt seit altersher das Patrozinium der anderen Saurochtonin.

In Ranoldsberg, an der nördlichen Grenze der Diözese von Gars, waren die beiden Seitenaltäre seit mindestens 1507 und bis 1883 den Saurochtoninnen Radegunde und Margarethe geweiht.

Die Radegundelandschaften des Ostalpengebiets[739] sind reich an Sagen von Untieren, die hier oft als Gewürm auftraten.

Eine wahre Heimstätte der Drachen scheint die Krain gewesen zu sein. Die wichtigste Drachensage wird aus ihrer Hauptstadt Ljubljana (Laibach) erzählt. Unter dem Schloßberg, sagt man, liege ein furchtbarer Drache, man weiß nicht, ob tot oder nur von der Oberwelt vertrieben. Dort hüte er fabelhafte Schätze. Die Schloßkapelle ist dem Drachentöter Georg geweiht, und von mehreren anderen Kirchen aus beschützt der Patron St. Georg die Krain, aber wie wir gesehen haben, steht Radegunde ihm öfters zur Seite.

Zur Zeit, da sich die Gründungssage der Kirche von Peigarten im Weinviertel ereignete, soll die Gegend nach fürchterlichen Unwettern unter Wasser gestanden haben, eine Erwähnung, die in keinem erkennbaren Zusammenhang zu dem Bericht steht. Sollte Wesentliches vergessen worden sein? Ist die Überflutung nicht eine typische Tat des „verheerenden Untiers"?

Die Grenzlandsituation unserer Landschaften mit ihren Römerstraßen und Martinspatrozinien läßt ihre Radegundeorte als Bastionen gegen den mit einem Drachen vergleichbaren „altbösen Feind" in Gestalt der von Osten anstürmenden Horden der Awaren, Hunnen, Ungarn, Türken und anderer erscheinen.

Wie um ihren wirksamen Schutz gegen wilde Tiere zu veranschaulichen, erscheinen an Orten im Ostalpengebiet (siehe Kap. 2.6.5) Darstellungen der gekrönten Radegunde, umgeben von einem oder zwei Wölfen. Was ist hier geschehen?

Aus weitem zeitlichem Abstand erkennt man, daß hier eine Verschmelzung zweier Heiliger stattgefunden hat und die Wölfe der anderen zum Attribut der Saurochtonin Radegunde wurden (siehe S. 197).

3.4 Fruchtbarkeitsriten

Der Drachenbezwinger sind viele, allen voran der hl. Georg und die hl. Margarethe. Nur sie wurden hier besonders genannt, weil die geographische Nähe der Verehrungsstätten Radegundes Saurochtoneneigenschaft unterstreicht.

Freilich findet man Radegunde an Drachenorten, aber nicht an allen, und man kann vermuten, daß noch andere Assoziationen zu Eigenschaften unserer Heiligen bei der Auswahl ihres Patroziniums ins Gewicht fielen.

Das Erscheinungsbild der Fruchtbarkeit ist nicht nur ein lieblich grünendes Tal, in dem das Glöckchen einer Radegundekapelle am Hang singende Pilger herbeiruft. Auch die Fruchtbarkeit ist eine Naturgewalt, die mit Zerstörung einhergeht. Um Frucht zu bringen, muß das Samenkorn sterben. Regen und Wind sind zum Gedeihen oft wichtiger als die Sonne. Der Fruchtbarkeitsdrache kennt das Maß nicht, darum muß seine Gier mit Kuchenspenden bei den Prozessionen gemildert werden. Tropfen seines Blutes, beim Drachenstich zu Furth im Wald aufgefangen, sollten die Felder befruchten, nicht die Blutströme seiner Opfer.

Der Drache beherrscht Wasser und Wetter, und man verdankt ihm mehr als nur Hagelschlag. Überschwemmung und Versiegen des Wassers sind beide von ihm verursacht, und Margarethe, die ihn erschlug, wurde dadurch zur Wetterheiligen Tirols.

Radegunde gebietet den Quellen, die sanfter fließen und Heilung spenden. Die meisten ihrer Kultstätten, bei uns noch mehr als in Frankreich, haben ihre Quelle, und man kann weder in Radegundes Lebensgeschichte noch in ihren Viten oder in den Legenden eine Erklärung dafür finden.

Nach allem, was wir über den geheimnisvollen Drachen wissen, scheint hier in dem Element seiner Fruchtbarkeit der Ursprung zu liegen. Radegunde, die ihn nicht erschlug, sondern durch die Macht des Gebetes bezwang, gebietet maßvoll über seine Kräfte.

Radegundes Beziehung zum Drachen scheint somit auch den Fruchtbarkeitszauber zu beinhalten und ist zusammen mit einer berühmten Legende zu sehen, dem Haferwunder. Es soll sich in Saix[740], in der Nähe von Loudun, ereignet haben, wo Radegunde auf der Flucht vor Chlotar in ein frisch eingesätes Feld lief und den Bauern anflehte zu sagen, niemand sei vorbeigekommen, seit er gesät habe. Der Hafer schoß alsbald so hoch auf, daß sie sich in seinen Halmen verstecken konnte, und der König ließ von der aussichtslos scheinenden Verfolgung ab.

Dieses wunderbare Wachstum ist noch heute der Anlaß, daß die Bevölkerung des Poitou am 28. Februar Hafersträußchen in der Kirche segnen läßt und um fruchtbare Felder bittet[741] (siehe S. 191).

Dieses Radegundefest am 28. Februar wird von Bouchet[742] folgendermaßen erklärt. Er habe, schreibt er, im Kalendarium der Kirche Ste. Radegonde in Poitiers gelesen, daß der Körper der Heiligen während der Normanneneinfälle in die eine halbe Meile entfernte Wehrkirche von Saint-Benoît-de-Quinçay in Sicherheit gebracht worden war und später an einem letzten Februartag wieder in die Kirche von Poitiers zurückgebracht wurde. Das fand wahrscheinlich Mitte des 9. Jahrhunderts statt. Im Jahre 1012 suchte die Äbtissin von Sainte-Croix, Béliarde, in der Krypta nach dem hinter einer Mauer unter der Erde versteckten Grab Radegundes. Sie entdeckte es „am Vorabend der Kalenden des März", also am 28. Februar, gab ihm den gebührenden Ehrenplatz und ließ die Geschichte seiner Wiederentdeckung auf einem Epitaph festhalten.

Das zweimalige Verschwinden der Reliquien Radegundes aus ihrer Kirche scheint durch die Normannennot hinreichend erklärt. Zahlreiche andere Reliquien wurden damals vor den Plünderern ins Landesinnere geschafft, versteckt und oft nie wieder aufgefunden. Das Merkwürdige an unserer Geschichte ist das Datum der Rückkehr. Beide Male tauchten Radegundes sterbliche Überreste am 28. Februar wieder auf. Der im 17. Jahrhundert davon berichtende Bouchet kann zwar das Jahr nicht nennen, aber den Tag. Die Äbtissin ließ Tag und Jahr in den Epitaph meißeln. Irrten beide Chronisten oder wählten beide mit Bedacht den Tag des Haferwunders?

Das blitzschnell wachsende Haferfeld ist die einer Vegetationsgöttin würdige Tat. Welchen Namen man ihr auch gab, die griechische Demeter, die römische Ceres, die keltische Rigantona – sie verschwanden im Winter in unterirdische Dunkelheit und erschienen im Frühling in neuer Jugendkraft wieder. Dieses Moment des zyklischen Verschwindens und Wiedererscheinens klingt auch in Radegundes Lebensgeschichte an, wenn diese von den Hagiographen mit sieben Fluchten ausgestattet wird. Es wird nicht berichtet, wie Radegunde floh. Hatte sie Wagen und Pferde, wurde sie begleitet?

Die deutschen Verben fliehen und fliegen haben weitgehend gleichklingende Formen. In der volkstümlichen Überlieferung können sie verwechselt worden sein. Hat man Radegunde die Züge einer keltischen Vouivre oder einer germanischen Schwanenjungfrau geliehen, oder drückt sich auch hier das symbolische Sterben und Wiedererstehen einer Vegetationsgöttin aus?

Baudonivia berichtet in ihrer Vita, daß Radegunde schlafend oft im Geiste das Jüngste Gericht durchlebte und den Lohn der Ewigkeit vorausahnte. Beim Erwachen pflegte sie ihren Mitschwestern zu sagen: „Sammelt, sammelt den Weizen des Herrn, denn wahrlich ich sage euch: es bleibt euch wenig Zeit, ihn einzufahren . . ." Wenn diese aus der Bibel bekannte Metapher Radegunde in den Mund gelegt wird, läßt sie uns aufhorchen: Der

Schlaf entrückte die Heilige in jenseitige Welten, aus denen sie erwachend wiederkehrte und zur Ernte mahnte.

Noch ein anderes Wort Baudonivias hat in dieser Weise verstanden werden können: Radegunde habe die Askese so weit getrieben, daß sie in der Fastenzeit so gut wie nichts zu essen pflegte und sich 40 Tage lang in ihrer Zelle einschließen ließ.

Auch hier wieder das zyklische Verschwinden, bei dem das körperliche Leben durch die Unterernährung fast aufhörte, während der Geist in mystischer Vereinigung bei Christus weilte; dann das Wiedererscheinen am Auferstehungstag, dem alten Frühlingsfest Ostaria.

Es soll hier nicht unterstellt werden, daß Baudonivia an eine heidnische Göttin dachte oder daß Radegunde dem Klerus, der sie zu Lebzeiten nicht einmütig geschätzt hatte, unter diesen Aspekten willkommen war, eine solche zu ersetzen. Es gibt aber archetypische Bilder, die nicht verblassen, verborgene Saiten in den Gemütern, die anklingen, wenn die richtige Schwingung sie trifft.

3.5   Radegunde im Jahresablauf

Die Beobachtung des Jahreskreislaufs und die Einteilung seiner Perioden gehören zu den ältesten geistigen Leistungen der Menschheit. So viele Kalenderreformen auch notwendig wurden, kein naturverbundenes Volk ließ von seinen durch überirdische Mächte vermittelten Urerkenntnissen ab.

Bei der kirchlichen Einteilung des römischen Kalenders wurden die alten Jahresfeste wie die Sonnenwenden, Frühlings- und Erntefeste beibehalten und verchristlicht. Bis etwa zur Mitte des 10. Jahrhunderts war es nicht selten, bei chronologischen Bestimmungen das Alter anzugeben, das der Mond an dem betreffenden Tag hatte. Diese Mondbestimmungen beruhten auf einer zyklischen Berechnung. In Freising bediente man sich z. B. eines Calendariums[743], das den ganzen 19jährigen Mondzyklus umfaßte. Die Monate wurden jedoch wie im römischen Kalender bezeichnet.[744] Gegen Ende des Mittelalters verzeichnet Bitterauf nur noch ein Datum von 1463, das sich auf das Mondalter stützt.[745]

Aber das keltische Mondjahr lebt im römischen Sonnenjahr mit seinen vier wichtigsten, sich auf den Sonnenstand beziehenden Festen weiter. Diese Feste wurden jeweils 5 Wochen nach den beiden Sonnenwenden und den beiden Äquinoktien gefeiert und dauerten eine Mondphase lang, zwei Wochen vor und zwei Wochen nach dem Datum: Imbolc 1. Februar; Beltene 1. Mai; Lugnasad 1. August; Samain 1. November.[746]

Imbolc war ein Reinigungs- und Fruchtbarkeitsfest.[747] Die Bittgottesdienste auf dem Hintergrund von Radegundes Haferwunder fanden im Poitou am 28. Februar statt. Dieses Fest „Ste. Radegonde des Avoines" (Radegunde des Hafers) ist bis heute nicht vergessen. In Yversay (Vienne, Frankreich) wurde es am 13. Februar 1994 gefeiert, und die Kirche war bis zum letzten Platz gefüllt. Nach der Messe versammelten sich an die 100 geladene Personen zu einem Déjeuner. In Marconnay, le Verger/Dive (Vienne) wurde das Haferwunder am 13. März 1994 mit gleicher Inbrunst gefeiert. Wie alljährlich wurde aus diesem Anlaß das Gebet zur hl. Radegunde für das Wohl Frankreichs gesprochen.[748]

In Poitiers ist 1995 von Bischof Msgr. Rouet dieses Fest, das auch „die Winter-Radegunde" (la sainte Radegonde d'hiver) genannt wird, wieder eingerichtet und am 25. Februar begangen worden. In der festlich geschmückten Kirche Ste. Radegonde hat der Bischof, umgeben von einem Dutzend Priestern und vielen Chorknaben, feierlich der Radegundestatue die ihr einst von Papst Leo XIII. gestiftete goldene Krone aufgesetzt. Auch die Äbtissin von Sainte-Croix wohnte dieser Zeremonie bei. Zum Schluß weihte Msgr. Rouet Laibe des Landbrotes „broyé du Poitou", das dann an die Gläubigen verteilt wurde (siehe „Brotmutter" S. 147).[749]

In England wird Radegunde seit dem 10. Jahrhundert am 11. Februar gefeiert. Der Abstand von sechs Monaten zu ihrer „Geburt im Himmel" am 13. August bestärkt den Eindruck, daß es sich hier um das Fortleben heidnischer Naturfeste handelt.

Pamela Berger[750] nennt noch andere weibliche Heilige, deren Feste anfänglich in der Periode des Imbolc gefeiert, dann aber verlegt wurden: Walpurgis, in Frankreich Gauburge genannt und durch Bräuche dem Getreide verbunden, wird heute am 1. Mai gefeiert. Früher war ihr Fest am 25. Februar. Ähnlich erging es der hl. Milburga in England und der volkstümlichen Göttin des Pfluges, Bessy, die früher zusammen am 23. Februar gefeiert wurden.

In den Traditionen der hiesigen Radegundeorte hat sich nichts dergleichen erhalten, es sei denn, daß man die vielen Wallfahrten zu St. Radegund im Lesachtal dahingehend interpretieren wollte. Wenn auch ihre Daten nicht immer überliefert sind, ihr Anlaß war stets die „Bitte um Wachstum und Gedeihen, um Erhaltung der kargen, durch Reif, Mißwachs und Hagel gefährdeten Ernte". Bis 1880 gingen die Strasser „zufolge eines alten Verlöbnisses gegen den Ausbiß im Hafer" alle Jahre am Veitstag in Prozession nach St. Radegund.[751]

Sehr merkwürdig ist auch die Tatsache der Patrozinienübertragung der Kirche von Unterloisdorf bei Mannersdorf im Burgenland. Diese Kirche war seit ihrer Erbauung im 13. Jahrhundert der hl. Agathe geweiht und wurde vor 1508 zu einer St. Radegundis. Der Kult der Märtyrerin Agathe hat sich von Sizilien aus in ganz Westeuropa verbreitet. Man hatte ihr die Brüste abgeschnitten, doch sie wuchsen auf wunderbare Weise wieder nach. Agathe ist die Schutzheilige der Ammen. Ihr Fest ist am 5. Februar (heute am 9.), dem alten keltischen Fruchtbarkeitsfest Oimelc, dessen Symbol die neue Milchbildung der Mutterschafe ist.[752] Ohne erkennbaren Zusammenhang mit ihrem Leben oder ihren Legenden wird Radegunde in Saint-Sornin-Lavolps (Diözese Tulle) für Mutterschaft und Milchbildung angerufen![753]

Die pankeltischen Februarfeste der hl. Radegunde sind der immer schwächer werdende Abglanz einer großen Tradition, deren letzte Strahlen sich im Spiegel des christlichen Kultes brechen und, zum Prisma zerlegt, auf das Gewand der hervorragendsten Heiligen seltsame Ornamente projizieren. Manche Heilige konnten dabei das Erscheinungsbild gewisser Vorgänger annehmen, bis hin zu deren leicht abgewandelten Namen. So geschah es einigen der frühesten, die unter den Massen der Märtyrer eines Diokletian ihre Biographie weitgehend verloren.

Radegunde aber ist eigenständig. Sie hatte einen starken Charakter, gegen den sie zu Lebzeiten mit allen Mitteln kämpfte, ja sich Ketten anlegen ließ, die ihr ins Fleisch wuchsen und gräßliche Wunden verursachten.[754] Es ist aber gerade diese Charakterfestigkeit, die sie uns als Individuum erhalten hat, unverwechselbar und mit großen Kräften ausgestattet, von denen uns in altbewährten Bildern berichtet wird.

Radegundes Todesdatum ist ohne Zweifel Mittwoch, der 13. August 587. Es liegt im Bereich des keltischen Hauptfestes Lugnasad. Wieder könnte man sagen, daß das ein Zufall ist und weiterer Überlegungen nicht wert. Die große Heilige – ein Spielball des Zufalls im Kosmos?

Lugnasad ist ein keltisches Fest, das dem Caniculare entspricht und vom 15. Juli bis 15. August ging. Als die Römer Galliens Verwaltung organisierten, gründeten sie Lugdunum (Lyon), „die Festung des Lug", und bestimmten den 1. August als jährliches Gründungsfest. In Irland ist der 1. August ebenfalls das Fest des Lug.[755] Der Sage nach[756] hat Lug das Fest auf Verlangen seiner Adoptivmutter Tailtiu eingesetzt. Es wurde jährlich auf der Lichtung des Waldes Cuan gefeiert, wo sie begraben ist. Lugnasad bestand also aus Spielen am Grab einer Muttergöttin. Diese „gebar" das Getreide, die Brotfrucht.[757] In diese gleiche Periode fallen auch die Feste der beiden anderen Drachentöterinnen: Martha am 29. Juli, Margarethe am 20. Juli.

3.6   Radegundes Mithelfer

In Radegundekirchen finden sich auch manche andere Heilige, denen Altäre, Statuen und Gemälde geweiht sind und denen die Andacht der Gläubigen oft den Vorrang gibt. Auch in der Heiligenverehrung gab es Moden. Sie sind ein Element der Datierung in der Kunstgeschichte. Bei der Besprechung der Kultorte haben wir versucht, dem Wehen des genius loci nachzuspüren, der, aus der Gruppe der zu ihrer Zeit bevorzugten, gerade unserer Heiligen Heimstatt schuf.

Wenn Radegunde sich mehrmals über Zeit und Raum hinweg dem gleichen Heiligen zugesellt findet, scheint es der Mühe wert, sich nach Gemeinsamkeiten zu fragen. Es ist auffallend, daß diese Mithelfer ebenfalls die oben behandelten Aspekte der volkstümlichen Radegundeverehrung tragen: den Kampf gegen das Ungeheuer (Markus, Georg), das Gewürm (Ulrich, Gertrud), Fruchtbarkeitsriten (Notburga, Oswald).

3.6.1   Der heilige Markus und der heilige Georg

Die nordfränkische Gemeinde Müdesheim im Werntal steht unter dem Patrozinium Radegundes. Die „Holzkirche" ist ihr geweiht. In der Pfarrkirche befinden sich ihr Altar und ihre Statue, die Patrone dieser Kirche sind aber der hl. Markus und der hl. Ulrich.[758]

In Hartmannsdorf (Steiermark) geht die Prozession von der Radegundekirche aus am Markustag zur Ulrichsquelle.

Von Lichtenegg in der „Buckligen Welt" geht heute noch am Markustag eine Prozession nach Kaltenberg, der ehemaligen Radegundekirche.

Das Attribut des heiligen Evangelisten Markus ist der Löwe, eines der häufigsten Tiersymbole, über die ganze Erde verbreitet und als Sternbild die Periode des keltischen Lugnasad überstrahlend. Unter seinen zahlreichen positiven oder negativen Aspekten interessiert hier der von Heinrich und Margarethe Schmidt[759] unter das Symbol des Todesrachens und das Symbol des Teufels eingeordnete.

Der Löwe versinnbildlicht den Drachen. Textstellen bestätigen es.

Bibel: „. . . euer Widersacher, der Teufel, geht umher wie ein brüllender Löwe und sucht, wen er verschlinge" (1 Petr 5), und: „Auf Löwen und Nattern wirst du gehen, wirst niedertreten Löwen und Drachen" (Ps 91,13).

Augustinus[760]: „Der Satan ist ein Löwe im Angriff und ein Drache im Hinterhaltlegen." Caesarius von Heisterbach[761] berichtet, daß der Teufel gesehen worden sei als Affe, Bär und Kröte, schwarzer Ochse, Schwein und natürlich auch in seinen klassischen Gestalten als Basilisk, Drache, Schlange und als Löwe.

Das spätromanische Tympanonrelief der Prämonstratenserkirche zu Windberg in Niederbayern (1220) zeigt Christus als Ritter mit dem Schwert, der den Kampf gegen den satanischen Löwen aufnimmt.[762]

Der hl. Georg drückt am Drachen den gleichen Aspekt des Kampfes gegen das Böse aus. Der Drachenkämpfer Georg, der besonders in der Krain Radegundeorten nahe ist, hat seinen Festtag am 23. April. In der Radegundekapelle in Großhöflein wird die einzige Messe des Jahres am Abend des Georgitages zelebriert.

Fest des hl. Markus am 25. April: eine für das Gedeihen der Felder kritische Zeit, in Frankreich den „saints de glace" und der „lune rousse" zugeordnet, von der es in einer deutschen Bauernregel heißt: „Jörg und Marks bringen viel Args."[763]

Bittprozessionen an St. Markus gehen vielerorts in die Felder. Markus und Radegunde haben die Sorge um den verheerenden Drachen und die Fruchtbarkeit gemeinsam.

3.6.2   Der heilige Ulrich

Sein Attribut ist der Fisch, der im Mittelmeerraum als Symbol der Lebensfülle und der Fruchtbarkeit galt. Als Christussymbol ist der Fisch hinreichend bekannt. Er ist aber auch das Symbol des Meeresdrachens. Jona wurde vom Rachen eines Ketos-Ungeheuers verschlungen, das den Rachen der Hölle versinnbildlicht, in der Christus drei Tage lang weilen wird. „Im Mittelalter wird die Totenwelt, in die Christus vor seiner Auferstehung eindringt, häufig im Bild des aufgesperrten Ketos- bzw. Leviathanrachens dargestellt."[764]

In Müdesheim mag der Fisch des Mitpatrons Ulrich den Drachenaspekt und den drohenden Rachen des Löwen von Markus verstärkt haben. Ulrich schützt vor Mäuse- und Rattenplage. Eine Fähigkeit, die einen weitverbreiteten, von der Kirche erfolglos bekämpften Aberglauben hervorbrachte.[765]

Wir denken an das „Gewürm", zu dem auch diese Nager gezählt wurden. Schon im Manuskript 250 des 11. Jahrhunderts finden wir die Darstellung einer Maus in Zusammenhang mit Radegunde.[766] Zwischen Folio 35 (Rückseite) und 36 sieht man Spuren eines fehlenden Blattes. Dom Antoine-Joseph Pernéty, der vor 1766 die Miniaturen des Manuskriptes vollständig aufgezeichnet hat (ms 251 fᵒ 19vᵒ), kopierte die heute fehlende Abbildung. „Sorex filum B. Radegundis attingens moritur" (Eine Maus stirbt, als sie den [von] Radegunde [gesponnenen] Faden annagt). In der

Wand eines Gebäudes mit Dach und Giebel öffnet sich ein säulenflankiertes Portal. In der Höhe des rechten Säulenkapitells ragt ein Spinnrocken heraus, von dem die Spindel an einem langen Faden herunterhängt. Die nagende Maus krallt sich an ihm fest.

Das romanische Relief einer sitzenden gekrönten Heiligen mit Spindel im Turmportal ihrer Kirche in Poitiers gilt als Abbild Radegundes.

Es soll in Frankreich mehrere Darstellungen Radegundes gegeben haben mit einer Ratte, die von ihrer Schulter herabsteigt.[767] Noch 1871 wird von Abbé Patron[768] eine Statue in Villevoques im Orléanais beschrieben „au rat dégondant". Sie existiert heute nicht mehr.

Einer weiteren Mitpatronin Radegundes, der hl. Gertrud von Nivelles (siehe S. 203) sind die Mäuse ebenfalls untertan.

Die Quellen nahe der Radegundekirchen von Gars am Inn und Hartmannsdorf (Steiermark) sind dem hl. Ulrich geweiht. Wenn man dies nicht als Zufall ansehen will, bietet sich folgende Überlegung an: Ulrich ist 400 Jahre jünger als Radegunde und hat zur Zeit der Christianisierung der Gegend noch nicht gelebt. Man kann annehmen, daß Radegunde als Quellheilige zunächst auch an diesem Wasser verehrt wurde. Nachdem die Ungarnkriege das Land verwüstet hatten, war Ulrich, der Sieger auf dem Lechfeld (955), der populärste Heilige, der zur Zeit des beginnenden Investiturstreits noch einmal den königstreuen Adelsheiligen verkörperte. Er hatte es abgelehnt, sich von Papst Sergius II. als Nachfolger seines Onkels Adalbero auf den Augsburger Bischofsstuhl berufen zu lassen, und sich für 15 Jahre auf seine Güter zurückgezogen, bis Kaiser Heinrich I. ihn 923 als Bischof in Augsburg einsetzte.

In dem (vermutlichen) Patroziniumswechsel der heiligen Quellen könnte man eine Aktualisierung der merowingerzeitlichen Adelsheiligen Radegunde erkennen, die einem dem herrschenden Kaiserhaus der Sachsen anhängenden adeligen Helden weicht.

Sowohl in Gars als in Hartmannsdorf taucht ihr Patrozinium jedoch in der nahen Kirche wieder auf.

3.6.3 Die Heiligen Laurentius und Hippolyt

Aus der Geschichte des hl. Laurentius ist nur bekannt, daß er unter Papst Sixtus II. in Rom das Amt eines Erzdiakons ausübte. Als er Kirchengüter an die Armen verschenkte, wurde er auf einem glühenden Rost gemartert und wird, wie Radegunde, u. a. von den Armen verehrt.

Kaiser Otto I. siegte 955 über die Ungarn am Tag des hl. Laurentius, dem 10. August, nach einem Gelübde an ihn. Wie die Entfaltung der Ulrichverehrung (siehe S. 194), so geht auch die Ausweitung der Laurentiusverehrung in unserem Raum auf diesen Tag zurück. In Kärnten entstanden bald mehr als 20 Laurentiuskirchen. Im Lesachtal ist St. Radegund eine Filialkirche von St. Lorenzen. Zu Sv. Lovrenc na Pohorje in der Krain gehört die Filialkirche St. Radegund, wie auch im 20 km südlich gelegenen Stranice (siehe S. 172) der Hauptaltar dem Kirchenpatron St. Lorenz und der linke Seitenaltar Radegunde geweiht sind. In Katzelsdorf ist eine Lorenzkirche im Dorf. In Ruden schmückt ein hl. Laurentius als Assistenzfigur den Radegundealtar. In Untertechanting ist eine Lorenzkirche.

Gemeinsamkeiten zwischen Radegunde und Laurentius bestehen in ihrer Kalenderstellung, 13. bzw. 10. August, wobei letzterer ein Lostag für den Herbst ist: Vom Laurentiustag an sind gefährliche Gewitter – diese Bedrohung durch den Drachen – nicht mehr zu fürchten.

In einem Gössenheimer Pfarregister der Scherenbergzeit (1466–1495) steht zum Termin des Patronatsfestes der Pfarrkirche vermerkt: „Festum S. Radegundis vidue in crastino S. Laurentii". Patron des Altares in der Sakristei der Radegundis-Kirche war der hl. Laurentius.[769]

Mehr noch als mit Laurentius selbst ist Radegunde ihm über seinen Gefährten verbunden, den hl. Hippolyt, dessen Fest schon im 3. Jahrhundert am 13. August gefeiert wurde. Auch in den ältesten Kalendarien deutscher Bistümer wird Hippolyt neben Radegunde genannt und behauptet seinen Platz, selbst wenn Radegunde nicht mehr erwähnt wird.

In der Diözese St. Pölten = Hippolyt (siehe Wald- u. Weinviertel) gibt es Hinweise auf eine einstige Radegundeverehrung.

Hippolyt ist Patron der Gefängniswärter, wie Radegunde Patronin der Gefangenen. Er wirkte als Priester und Kirchenlehrer in Rom, aber die Legende machte ihn zum Gefangenenwärter des Laurentius, der ihn bekehrt haben und den er nach dem Märtyrertod christlich begraben haben soll, wofür er selbst den Tod erlitten habe und neben Laurentius bestattet worden sei.

Die am Hippolyttag verehrte Radegunde erscheint uns, wenn sie örtlich einer Laurentiusverehrung benachbart ist, wie das weibliche Bindeglied zwischen den von der Legende als Gefährten betrachteten frühen römischen Heiligen.

3.6.4 Der heilige Oswald

In Kaltenberg bei Lichtenegg (Bucklige Welt) war der hl. Oswald Mitpatron Radegundes in der ehemals ihr geweihten Kirche Maria Schnee. Die Statue des gekrönten hl. Oswald, König von Northumbrien, stand auf dem Radegunde-Hochaltar und ist noch erhalten.

Die Radegunde-Oswald-Kirche von Kaltenberg wirkt wie der Kulmina-
tionspunkt zweier parallel durchs Land laufender Linien der Verehrung
dieser beiden Heiligen. Oswald ist Patron in Kogl, Karl und Neukirchen;
Radegunde in Habich, Unterloisdorf und wahrscheinlich in Pilgersdorf.

Ähnliche Situationen begegnen uns in Ruden (Bez. Völkermarkt, Kärnten), wo der Radegunde geweihte und mit ihrer Statue geschmückte Hochaltar von einer Giebelstatue des hl. Oswald gekrönt ist.

In Hohenfeld bei Zwischenwässern (Kärnten) ist der Hauptaltar mit
einem Gemälde der hl. Radegunde als Benediktinernonne dekoriert. Links
des Bildes steht eine Statue des hl. Oswald mit Krone und Raben.

In Gurk ist auf dem Glasfenster von 1340 in der Vorhalle die hl. Radegunde mit fünf anderen Heiligen abgebildet. Im Dom steht auf einem linken Seitenaltar als linke Nebenfigur ein lebensgroßer hl. Oswald mit Krone
und Raben.

Bis in die Krain läßt sich diese Verbindungslinie verfolgen: Etwa 6 km
von Stari Trg (Altenmarkt, bei Slovenj Gradec) entfernt liegt an der Drau
der Ort Ožbalt (St. Oswald). Oswald ist Patron der Schnitter. Dieser keltische König, geboren um 605, 642 in einer Schlacht getötet, hat seinen Festtag am 5. August, mitten im Lugnasad, einer Kalenderstellung, die er mit
Radegunde gemein hat. Nichts aus seiner Lebensgeschichte macht ihn zum
Schnitter. Fast gewaltsam scheinen uns die Umdeutungen der Adelsheiligen zu Bauern!

3.6.5   Die Königin und die Dienstmagd

Für die Kirche waren Drache und Wurm meist Symbolfiguren des Bösen.
Der Wurm steht aber auch als Verkörperung schmerzhafter Reue. In diesem
Zusammenhang ist gelegentlich vom „Gewissenswurm" die Rede, der von
Ludwig Anzengruber in einem volkstümlichen Drama gezeichnet wurde.
Würmer und Maden sind in der mittelalterlichen Kunst aber auch drasti-
sche Mittel, um die Verweslichkeit des menschlichen Körpers darzustellen.

„Bächtold-Stäubli stellt den Kollektivbegriff „Gewürm" oder französisch
„vermine" („bonne sainte vermine") als „die Bezeichnung schädlicher
Tiere im allgemeinen, z. B. auch des Wolfes" vor. Auf Kapitellen und Fassa-
den romanischer Kirchen winden sich nicht nur Drachen, sondern die verschiedensten unheilvollen Tiere, wie sie der Einfühlungsgabe der Bildhauer
entsprangen, die den Satan darstellen wollten, der von christlichen Helden
und Heiligen bekämpft wurde. So läßt sich leicht verstehen, daß der Wolf,
dessen Heulen man in Winternächten aus den Wäldern hörte, allmählich
das Symbol des Fabeltieres Drache verdrängt hat.

Ende des 13. Jahrhunderts begann man im Augsburgischen von einer Dienstmagd namens Radegunde zu sprechen, die für heilig gehalten und am 13. August gefeiert wurde. Sie soll auf der Wellenburg gedient und gegen den Willen ihres Herrn Leprakranke gepflegt und mit Speise versorgt haben. Auf dem Weg zu den Aussätzigen wurde sie von Wölfen zerrissen.

Die Identität des Namens, die Art der Mildtätigkeit und sogar des Festtages legen den Gedanken nahe, daß es sich um eine zeitgemäße Aktualisierung der seit der Christianisierung bekannten Gestalt „Radegunde" handelt.

Im 13. Jahrhundert war das Ansehen des Hochadels gesunken durch das Aufkommen des bald zahlenmäßig überlegenen, leistungsstarken Standes der Ministerialen. Andererseits gewann das Bürgertum an Einfluß. Gerade in Augsburg zeigte sich am Beispiel der Welser und Fugger, daß der Begriff der Macht sich nicht mehr unangefochten mit dem Begriff des Adels deckte. Die Bevölkerung war gewachsen, bald sollten Bauernaufstände deutlich machen, daß auch dieser Stand ernst genommen werden wollte. Charisma inkarnierte sich nicht mehr unbedingt in der Gestalt einer Königin, die Zeit des Adelsheiligen war vorbei.[770] Die Reformen von Cluny, die Ideale des Zisterzienserordens und der Bettelorden, besonders der Franziskaner und Klarissen, hatten die Religiosität verinnerlicht, Christus wurde als Schmerzensmann am Kreuze hängend dargestellt und nicht mehr als Imperator und Weltenrichter. Aus dieser Geisteshaltung heraus kann das Auftauchen einer Dienstmagd Radegunde verstanden werden, die ihrerseits wieder auf das Bild der Königin zurückwirkte.

Im Gebiet des ehemaligen Karantanien findet man an vier Orten Darstellungen der heiligen Radegunde, begleitet von einem oder zwei Wölfen. Auf zwei Altarbildern, in St. Radegund am Schöckel und in Hartmannsdorf (siehe S. 135ff), lugt ein friedlich aussehender Wolf neben der Königin hervor. Die modernen Wappen beider Orte zeigen je zwei Wolfsköpfe.

Es gibt außerdem vier Bildstöcke mit modernen Darstellungen einer Nonne mit Wolf und abgelegter Krone. Zwei davon stehen ebenfalls in Hartmannsdorf, einer in Drahtzug bei Gurk, einer in Katzelsdorf.

Die Begründung für das Auftauchen des Wolfs bei der Königin hat den Ikonographen wenig Kopfzerbrechen gemacht. Otto Wimmer[771], der meist zitiert wird, sagt „die wilden Tiere gehorchten ihr". Josef Rühfel[772] schreibt schlicht „da die hl. Radegunde (Königin) mit zwei Wölfen dargestellt wird", und Karl Wahl[773] ist der Ansicht, daß die Königin Radegunde „mit den wilden Tieren zu spielen pflegte".

In Frankreich ist keine Radegundedarstellung mit Wölfen bekannt, und Abbé Briand[774] nennt die Wölfe auf dem Hartmannsdorfer Altarbild „ein eigenartiges Arrangement, das sich vielleicht auf eine alte Legende bezieht". Louis Réau[775] stellt die französische Radegunde-Ikonographie vom 12. bis zum 19. Jahrhundert vor, in der kein Wolf vorkam. Allerdings nennt er in der Liste der Plagen, gegen die Radegundes Hilfe erbeten wird, die Anrufung gegen die Wölfe (= Drachen). Die einzige französische Wolfssage, die uns bekannt wurde, stammt aus der Ortschaft St. Loup (Deux Sèvres): Eine Hirtin rannte schreiend hinter dem Wolf her, der ihr ein Lamm gestohlen hatte, gerade als Radegunde des Weges kam. Sie ermahnte den Wolf, das Lamm zurückzugeben und nie wieder andere als die ihm bestimmte Nahrung zu sich zu nehmen. Der Wolf wurde künftig im Dorf ernährt, verehrt und zum heiligen Wolf = saint Loup erhoben.

Der vierte karantanische Ort, an dem eine Radegunde mit Wölfen dargestellt wird, ist Katzelsdorf (siehe S. 121). Am Aufgang zu der uralten Radegundekirche steht ein Bildstock. Es ist der einzige mit Wolfsdarstellung, auf dem die Heilige eindeutig als Dienstmagd bezeichnet und abgebildet ist. Dieses Bildnis wirkt, als sei es einer Medaille von 1521 nachempfunden, von der gleich die Rede sein wird.

Der eine Weg, auf dem die Kunde von den Wölfen der Augsburger Radegunde nach Karantanien gedrungen sein könnte, führt über Gurk.

Matthias Lang von Wellenburg, geb. 1468 in Augsburg, Freund Jakob Fuggers des Reichen, war als Jurist 1494 Geheimschreiber Maximilians I. geworden. Er wurde 1505 Fürstbischof von Gurk (bis 1523) und 1519 Erzbischof von Salzburg und Kardinal. Seine enge Bindung an die Volksheilige seiner Heimat ist verbürgt. 1507 hatte er Schloß Wellenburg gekauft, zu dem auch die Radegundiskapelle gehörte. Er ließ sie 1521 abreißen und in gotischem Stil vergrößert an gleicher Stelle über den Gebeinen der frommen Magd wieder aufbauen. Silberne und goldene „Denkpfennige", sogenannte Radegundistaler, wurden dazu 1521 und 1538 geprägt. Sein eigenes Bildnis als „ARCHIEP[ISCOPU]S SALZBURG[ENSIS] AC GURCENS[IS]" prangt auf der Vorderseite, während die Rückseite die Dienstmagd mit zwei Wölfen zeigt und der Umschrift „SANCTA VIRGO RADIANA + ORA • PRO • NOBIS • DEUM".

Diese Medaille kann in Gurk im Umkreis des Bischofs bekannt geworden sein und verursacht haben, daß die hier vorhandenen Abbildungen der Königin Radegunde nachträglich mit dem Wolfsattribut versehen wurden oder daß dieses bei einer Renovierung hinzukam.

Auch ein anderer Weg ist denkbar, auf dem die Botschaft von der Radegunde mit den Wölfen nach Karantanien gelangt sein könnte. Das Handelshaus der Fugger in Augsburg begann nach der Mitte des 15. Jahrhunderts seinen phänomenalen Aufstieg, etwa zu der Zeit, als sich der Kult der Dienstmagd entwickelte. Zwei Vermerke der Bollandisten[776] bringen die Fugger mit dem Kult der Dienstmagd in Verbindung. Es ist bekannt, daß diese Familie durch alle politischen Wirren hindurch kaisertreu und auch in der Reformationszeit katholisch blieb. Viele Fugger traten in den Dienst der Kirche, wo sie Bischöfe, Domherren oder Pröpste wurden.

Markus Fugger amtierte in den 1470er Jahren als Scriptor der päpstlichen Registratur an der Kurie zu Rom. Um die Leitung des Handelshauses zu übernehmen, hatte Jakob der Reiche (1459–1525) 1473 den Priesterrock ausgezogen.[777]

Die Fugger standen in engen Beziehungen zu Sigismund, dem Herzog von Tirol, dessen Silberbergwerke sie ausbeuteten und dem sie, oft unter eigenen Verlusten, aus Finanznöten halfen. Sigismund (1427–1496) war, wie wir gehört haben (siehe S. 42) verlobt mit der Tochter Radegunde des französischen Königs Karl VII. Sie starb, bevor der Ehevertrag eingehalten werden konnte. Sollte den Fuggern nichts davon zu Ohren gekommen sein? Der Name Radegunde war ihnen altvertraut. Die Großtante Jakobs des Reichen war eine Radegunde Mundsam. Jakob, verschrien ob seiner Gewinne im Ablaßhandel, ist auch derjenige, dem „tiefreligiös-caritative Andacht" bescheinigt wird und dem „jeder Geschäftserfolg für ein Zeichen himmlischer Gnade galt".[778] Für schuldlos verarmte Mitbürger Augsburgs schuf er ab 1514 die bekannte Fuggerei, Europas erste soziale Kleinsiedlung, und bewies damit sein Herz für die Schicht, der die Dienstmagd Radegunde entstammte.

Jakob Fugger erwarb vom Bamberger Fürstbischof das verschuldete Kloster Arnoldstein bei Villach in Kärnten, machte daraus ein „Fuggerau" und baute seit den 1490er Jahren dort am Bleiberg einen wichtigen Grubenbezirk aus, wo er Kupfer, aber auch das Blei zum Seigern des ungarischen Silbers gewann, das ebenfalls von Fuggerschen Ingenieuren gefördert wurde. Die Straße von Villach nach Ungarn, jahrzehntelang von den Augsburgern befahren, führte an den oben genannten Orten vorbei, wo heute Radegunde mit Wolf und Krone verehrt wird, im Bildnis also weder Dienstmagd ist, noch ganz den geschichtlichen Traditionen der Königin entspricht.

Durch welchen der Kanäle die Kunde von der Magd nach Karantanien gelangte und wieviel der Fürstbischof von Gurk und sein Freund Fugger in der ersten Hälfte des 16. Jahrhunderts dazu beitrugen, ihre Verehrung im Volke zu fördern, ist nicht zu klären. Sie hat sich jedenfalls nicht über den Augsburger Raum und die Fuggerschen Territorien hinaus verbreitet.

In den folgenden Jahrhunderten waren es stets Angehörige der Familie Fugger, die sich die Pflege dieses Kultes angelegen sein ließen. Ihr Name wird in verschiedenen Abwandlungen überliefert. Außer Radiana gibt es noch die Formen Ragathen (1478), Ratha, Rath, St. Rat, Rada, Rathen.[779] Man kann sich fragen, inwieweit die Wesensverwandtschaft mit der Köni-

gin Radegunde bewirkt hat, daß sich allmählich der alleinige Name Radegunde durchsetzte.[780]

In den Acta Sanctorum (a. a. O.) von 1737 ist man noch der Ansicht, die
Magd Radegundis habe kein festes Datum der Verehrung, weshalb Pater
Henri Lamparter 1666 geraten hatte, sie am 13. August als Zusatz zur
Königin Radegunde einzutragen.

Die Verehrung der frommen Magd dauerte ununterbrochen fort, seit sie
1422 erstmals erwähnt worden war. Die erste Erhebung ihrer Gebeine
hatte 1492 am 4. Sonntag nach Pfingsten stattgefunden, der damals auf den
1. Juli fiel. Dieses Datum ist in den 1980er Jahren als ihr Namenstag festgelegt worden.

Seit 1597 ist die Wellenburg und damit die Radegundiskapelle an ihrem
Fuße im Besitz der Familie Fugger. 1691 ließ Graf Anton Joseph Fugger die
Gebeine der Dienstmagd erheben und, von seiner Gemahlin kostbar einge-
kleidet, in einem Glasschrein neben dem Altar ausstellen. 1772 bot eine
Neufassung der Gebeine Anlaß zu großen Festlichkeiten.

1812 ordnete Fürst Anselm Maria Fugger eine Überführung des Rade-
gundisleibes nach Waldberg an. In dem Lehensbuch von 1429 des Augsburger Bischofs Peter I. von Schaumberg war erstmalig eine Beziehung zwischen Waldberg und Radegundis vermerkt: Der Patrizier Onsorg empfing
als Lehen ein Drittel von Wellenburg, die Hälfte des Weilers Wartperch
(= Waldberg) und die Pflege über die St. Radiana-Kapelle. Waldberg stand
nun längst unter Fuggerscher Herrschaft. Der Fürst löste das Benefizium
der alten Kapelle St. Radegundis sowie das zu Schwaz in Tirol auf und
dotierte dafür die neue Seelsorgestelle in Waldberg. Die dortige Kirche
wurde erneuert und 1828 eingeweiht.

In jüngster Zeit ist der Kult der Dienstmagd intensiviert worden. 1977
wurde der Radegundisleib, neu gefaßt, in der Mensa des Altares der Wald-
burger Kirche ausgestellt. 1980 wurde die Pfarrkirche von Wulfertshausen,
dem Geburtsort der Magd, erbaut und der hl. Radegundis geweiht. 1986
wurde sie vom Vatikan zur Diözesanheiligen der Diözese Augsburg erhöht,
was Anlaß zu einem besonders schönen Fest in Waldberg gab. 1979, 1989
und 1994 wurden silberne Gedenkmedaillen mit dem Bildnis der von Wölfen angefallenen Magd herausgegeben.

Seit der Überführung nach Waldberg wird alljährlich am 4. Sonntag nach
Pfingsten dort das Radegundisfest zwei Tage lang gefeiert, zu dem Fußwall-
fahrer aus Wulfertshausen und Rommelsried kommen. In einer Prozession
wird der Schrein von acht Radegundisjungfrauen in schwäbischem Kostüm
durch den Ort getragen.

An zwei Häusern in Waldberg ist die hl. Radegundis gemalt.[781] Ein weiteres Haus trägt eine Radegundisstatue. Die Vereinsfahne der Schützen

zeigt ebenfalls ihr Bild. 1994 heißen noch neun Frauen der kleinen Gemeinde mit Vornamen Radegund, die jüngste davon ist 15 Jahre alt.

So ist aus dieser durch den sozialen Wandel des 15.–16. Jahrhunderts entstandenen Verehrung einer der hl. Königin wesensverwandten Dienstmagd allmählich eine eigenständige Heilige geworden, deren Kult zwar auf engen Raum begrenzt, aber sehr lebendig geblieben ist. Ein schönes Beispiel schwäbischer Volksfrömmigkeit.

3.6.6 Die heilige Notburga

Beim Wandel der Königin in die Dienstmagd schien außer dem sozialpolitischen Aspekt die Gestalt der Helferin gegen das „verheerende Untier" dominierend.

Auch das Sinnbild der Fruchtbarkeit wurde zur gleichen Zeit auf die Gestalt einer Magd übertragen, die mancherorts der Königin angenähert wurde oder sie verdrängte.

Notburga, geboren 1265, gestorben am 14. September 1313, gehört derselben Generation an wie die Dienstmagd Radegunde. Sogar ihre Exhumierung und Ausstellung 1718 fällt in die Periode der Erhebung der Gebeine zu Wellenburg.

In der Kirche von Kainach (Steiermark), zu dem St. Radegundis am Heiligen Wasser (siehe S. 138) gehört, ist der linke Seitenaltar der hl. Notburga geweiht.

In Ranoldsberg (siehe S. 88) war nach dem Umbau 1883 von dem alten Radegundepatrozinium nur noch eine Assistenzfigur übriggeblieben, die heute auch verschwunden ist und der hl. Notburga Platz machte.

In Techanting gab es „nach dem Brand von 1844 eine Verwirrung um das Patrozinium", wobei Notburga zur Diskussion stand (siehe S. 150).

Die beiden germanischen Namen Radegunde und Notburga haben einen vergleichbaren Sinn: „Der gute Rat im Krieg" und „Die Burg in der Not". Die geradezu steckbrieflich mit Daten versehene Vita der hl. Notburga enthält erstaunlich viele „Rat"- bzw. (Rot)-Namen: geboren in *Rat*-tenberg, im Dienst in *Rot*-holz, bei Familie von *Rott*-enburg. Neuer Dienstherr in einem Weiler unter der *Ro*-fan.

Notburgas Geburtsort Rattenberg in Tirol liegt nicht weit von Schwaz und damit in der Einflußsphäre der Fugger. Um die Mitte des 15. Jahrhunderts begann das 1409 entdeckte größte Tiroler Silbervorkommen im Falkenstein bei Schwaz reiche Ausbeute zu liefern, deren Absatz die Fugger organisierten. In den 1480er Jahren nahm Jakob Fugger Wohnsitz in diesem Grubenbezirk und erwarb 1522 Anteile der Gruben bei Schwaz und

Rattenberg. Anton Fugger ließ 1527 für die Tiroler Erze drei neue Hütten-werke bei Schwaz, Rattenberg und Jenbach anlegen. Die Fugger waren im mittleren Inntal tonangebend!

Als die Gebeine der Dienstmagd Radegundis 1812 auf Anordnung von Fürst Anselm Maria Fugger nach Waldberg überführt wurden, hätten sie eigentlich nach Schwaz gebracht werden sollen, wo die Fugger ein Bene-fizium hatten, aber der ochsenbespannte Wagen war in Waldberg stehen-geblieben.

Die wichtigste Legende der Notburga zeigt uns die Bauernmagd bei der Getreideernte. Um den Feierabend anzuzeigen, wirft sie die Sichel in die Luft. Wie eine Mondsichel bleibt diese dort am Himmel hängen. Das Ver-schwinden und Wiederauftauchen einer Vegetationsgöttin versteckt sich in Notburgas Geschichte in dem Wechsel der Stellung und der Rückkehr zu ihrem alten Dienstherrn. Radegundes Februarfeste betrafen die Aussaat. Notburgas Fest wird am 13. September, am Feierabend der Ernte, began-gen. In Courant (Charante Maritime, Frankreich) wird Radegunde als Beschützerin des Getreides verehrt. Die „Brotmutter" im Lesachtal tut Ähnliches.

3.6.7 Die heilige Gertrud von Nivelles

In der Patrozinienwahl der Radegundekirche der ottonischen Kaiserpfalz Helphidenburg (Helfta) meint man „das politische Machtstreben des christ-lichen Adels" (Bosl) ablesen zu können. Radegunde verkörpert zusammen mit ihrer späteren Mitpatronin Gertrud von Nivelles (626–659) die großen heiligen Fürstinnen aus der Ahnenreihe der Sachsenkaiser.

Die Merowingerin und die Tochter Pippins des Älteren haben noch mehr Gemeinsamkeiten als die ihrer hohen Geburt, der Klostergründung, der caritativen Haltung, der Verrichtung niederer Arbeiten und des nächte-langen mystischen Gebetes.

Kaum mehr als hundert Jahre trennen beider Lebenszeiten. Der Fort-schritt der Christianisierung des niederländisch-niederdeutschen Raumes, in dem Gertrud vorwiegend verehrt wurde, entsprach etwa dem des frän-kischen Wirkungskreises Radegundes zu ihrer Zeit. Beide Heilige haben im Volksglauben deutliche Spuren heidnischer Vorgängerinnen angenom-men. Wie wir für Radegunde Keltisches aufzeigen konnten, gilt für Gertrud Germanisches. Aber auch zu Irland bestanden enge Beziehungen. Das Haferwunder und die keltische Rigantona finden ihr Gegenstück in der „Sommerbraut" oder „ersten Gärtnerin" (17. März) Gertrud, die Züge der germanischen Frigga trägt. Gertrud ist Patronin der Reisenden, der Pilger und Kranken. Sie wurde auch als Schutzheilige für einen guten Tod angerufen.

Radegundes Drache taucht in der Legende vom Seeungeheuer auf. Die Äbtissin von Nivelles hatte einige ihrer Leute auf Reisen in ferne Länder geschickt. Als diese auf hoher See von einem Ungeheur bedroht wurden, konnten sie es durch Flehen zur hl. Gertrud vertreiben. Das zu Poitiers einst von Radegunde vertriebene Ungeheuer wandelte sich in späteren Legenden zum Wolf, man hört aber in Frankreich auch von der Ratte (Maus), ob nur der Ähnlichkeit des Namens willen, bleibe dahingestellt (siehe S. 195). Die hl. Gertrud jedenfalls wird selten ohne Maus dargestellt. Sei es, daß Mäuse ihren Äbtissinnenstab hinaufklettern, sei es, sie scharen sich um sie.[782]

Über einen möglichen Zusammenhang zwischen der Radegundeverehrung und dem Totenkult haben wir bei den Betrachtungen über ihren Namen gesprochen. Reisende tranken ihrer Schutzheiligen beim Abschied die „Gertrudenminne" zu. Der Begriff des Reisens wurde auf das Sterben ausgedehnt. Der Name „Speerträgerin" weist auf eine Walkürengestalt, dieser Geleiterinnen nach Walhall. Verstorbene verbrachten die erste Nacht vor der Reise in die Ewigkeit bei der hl. Gertrud. Die Maus wird hier in mythischer Weise als Symbol der Seele gedeutet. Auf der verlorenen Darstellung des Manuskripts 250 (siehe S. 194) beißt die Maus den von Radegunde gesponnen Faden ab, wie die Norne den Lebensfaden zerreißt.

3.6.8 Die heilige Hemma von Gurk

Es ist schwierig, die historische Hemma, die kaum in Dokumenten genannt wird, in ihre Umwelt, das beginnende 11. Jahrhundert in den Ostalpen, zu stellen. Ihre Verwandtschaft mit Heinrich II. – angeblich soll sie an seinem Hofe erzogen worden sein[783] – und die Gunst dreier Kaiser, die ihr Gemahl Wilhelm von Sann genoß, machten ihre Familie zur reichsten und mächtigsten in einem Gebiet, in dem verschiedene Machtblöcke (Bistümer, Grafen) um die Vorherrschaft rangen. Wilhelm scheiterte, er und seine Söhne wurden erschlagen. Hemma verwendete das Familienvermögen zu frommen, reich dotierten Stiftungen. Sie starb am 29. Juni, das Todesjahr ist unbekannt (1045?). 1287 wurde sie selig-, 1938 heiliggesprochen.

Der Volksglaube hat bald die Gestalt der Hemma ergriffen, Verehrungsstätten und Wallfahrten geschaffen. „Es kann sich in ihr, die doch gar keine herausfordernde christliche Legende bot, nur eine sakrale Consecutio vollzogen haben."[784] Obwohl die Kirche ihr die höchste Ehre so zögernd erwies, scheint sie zunächst Hemma bewußt als Zentralfigur des Bistums

Gurk herausgestellt zu haben. Die Fälschungen des Kaplans Conrad 1170/71 zeugen davon.[785]

Der Hemmakult ist auf Kärnten und die Krain beschränkt geblieben. Sie ist zur typischen Quellheiligen geworden (u. a. Quelle und Hemmateich in Gurk). Hier setzt der Vergleich mit Radegunde ein.[786] Die meisten der noch erhaltenen karantanischen Radegundestätten sind mit Hemma selbst, mit ihrer Familie oder mit Gurk (siehe S. 154) verbunden, so daß man von einer Vorliebe des Sanntaler Markgrafenpaars für diese Heilige sprechen kann.

Die dem fränkisch orientierten Kaiserhaus und fränkisch orientierten Bistümern (Freising z. B.) wohlbekannte Adelsheilige Radegunde hatte in diesem Grenzland Funktionen übernommen, wie sie ihr auch in den anderen Radegundelandschaften anvertraut worden waren: Schutz der Grenze von Sannien (Stahovica, Goldingalpe); Segen des Wassers (Radweg, Techanting); Straßenwache (Kapla, Ruden), wobei Radegunde, wie mehrfach dargelegt wurde, an die Stelle früherer genii loci trat.

Ist es denkbar, daß es um die Zeit der 500 Jahre jüngeren Hemma in diesem früh christlich gewordenen Lande noch Stätten antiken keltisch-römischen Kultes gab, die immer noch auf eine christliche Nachfolgefigur warteten? Hemmakirchen gibt es seit dem 15. Jahrhundert. Hat man allmählich auf die Kärntner Fürstin manche Stätte der von ihr selbst verehrten Radegunde übertragen, zur Zeit, als aus dem karolingischen Karantanien allmählich das eigenständige Land Kärnten wurde, dem die fränkische Königin des 6. Jahrhunderts recht fern gerückt war?

In Maria Höfl / Grades (siehe S. 157) nennt die Inschrift eine kronenlose Gestalt der Wandmalerei „Radegunde". Wegen des Kirchengebäudes in ihren Händen könnte man sie ebensogut für die Domstifterin Hemma halten und in ihr den Wandel Radegunde–Hemma dargestellt finden.

Zwei Legenden deuten sogar auf eine anfängliche Abwehrbewegung gegen Hemmakultstätten hin. Einmal (siehe S. 162f) verweigert ihr die Bevölkerung den Bau einer Kirche. Zum anderen heißt es, Hemmas junge Söhne seien von Bergknappen erschlagen worden. Wenn Radegunde vom Kärntner Volk in ihrer chthonischen Würde gesehen wurde[787], so fällt in dieser Verbindung Bergknappen die Rolle der Wächter des chthonischen Reiches zu, ähnlich wie anderswo Zwerge diese Aufgabe haben. Als „Knappe" wird ursprünglich ein junger Mann bezeichnet. Jung–klein ist eine ebenso geläufige Verbindung wie klein–Zwerg. Die geschichtlichen Ereignisse, die zur Tötung der Hemmasöhne führten, haben zwar mit Radegunde direkt nichts zu tun, lassen aber in dieser Legende, wie in der vom freisingischen Bischoflack, eine Abwehrhaltung gegen Übergriffe von Hemmas Seite erkennen.

Hemmas Lebensbeschreibung als adelige Frau, Witwe, Klosterstifterin paßte zu dem, was man von Radegunde noch wußte. Legenden rundeten bald das Bild ab und ließen Hemma einer Kärntner Demeter gleichen, einer „Getreidemutter"[788], so wie Radegunde im Lesachtal die „Brotmutter" ist.

3.7   Radegunde und die Jungfrau Maria

Mircea Eliade[789] spricht von der Hagiographie als einem „Gestaltungsversuch des Heiligen unter unzähligen existierenden Varianten" (p. 20). Er sieht in der Religionsgeschichte hauptsächlich „die Geschichte von Ent- und Aufwertungen im Fortgang der Manifestation des Sakralen" (p. 50).

Es ist genau das, was bei der näheren Betrachtung unserer Radegundeorte auffällt. Das Heilige ist hier nicht in „unzähligen" Varianten ausgedrückt, sondern in einigen typischen, die sich über weite geographische Räume hinweg, von der Atlantikküste bis in die Ostalpen hinein, in der Gestalt Radegundes manifestieren.

Die „Ent- und Aufwertungen" ließen sich im Vergleich mit der Dienstmagd Radegunde und den Mithelfern aufzeigen. Wir haben versucht, Erklärungen dieser „Manifestation des Sakralen" in der Persönlichkeit unserer Heiligen selbst, in ihrem Leben und Wirken sowie in ihren Legenden aufzuspüren. Das Mysterium bleibt bestehen, und die anfängliche Frage: „Warum Radegunde?" klingt uns weiter im Ohr.

Ja, warum überhaupt so viele weibliche Heilige, da doch in Maria die Quintessenz alles Heiligen so wunderbar ausgedrückt ist? Die Variationsbreite aller physischen, seelischen und mystischen Möglichkeiten des Weiblichen von der Jungfrau, ja vom Kind der Anna, bis hin zur Mutter und Königin verdichtet sich in der Gestalt der Maria. Ihre Verehrung, die sich vom Orient her seit Beginn des Christentums ausdehnte und durch die Beschlüsse des Konzils von Ephesus 431 das anfängliche Widerstreben der Westkirche überwand, hat mannigfache archaische Kulte Vorderasiens in sich aufgesogen, ehe sie auch den germanischen und keltischen Göttinnen die Züge Marias verlieh.

Warum noch Radegunde?

Es könnte hier ein ähnliches Phänomen aufgetreten sein, wie wir es bei der Einführung der Dienstmagd Radegunde beobachtet haben: das unerreichbar Erhabene will wieder faßbar werden.

Es gibt keine Radegundekirche, in der nicht auch Maria verehrt würde, wie in allen römisch-katholischen Kirchen. In Gars besteht sogar ein Doppelpatrozinium. In St. Radegund im Innviertel trägt der Hauptaltar das Gnadenbild von Altötting, und die Kirchenpatronin Radegunde wich in das

Giebelmedaillon aus, wurde im nahegelegenen Werfenau sogar ganz von ihrer Quelle verdrängt.

In Großhöflein zog sie sich in das Deckengemälde ihrer Kapelle zurück, während ein Schrein mit dem Gnadenbild Marias den Altar besetzt.

Ehe sie die Kreuzespartikel erhielt, hatte Radegunde selbst ihr Kloster in Poitiers der heiligen Jungfrau geweiht.

Das Leben Radegundes kann in mancher Beziehung als Gegenbild des Marienlebens betrachtet werden:

Radegunde ist Tochter eines Königs.

Maria ist – der apokryphen Überlieferung nach – zwar auch Tochter eines reichen Mannes und Herdenbesitzers, Joachim, wird aber von frühester Jugend an im Tempel erzogen, fern von dem brausenden Leben eines Hofes. Beide Frauen heiraten. Die eine unter Zwang einen König, sie ist Königin. Die andere verlobt sich bereitwillig einem Zimmermann an, sie ist „die Magd des Herrn" (Lk 1,38).

Die entscheidende Wende in beider Leben tritt ein: Radegunde hat sich eigenwillig durch Flucht ihrem weltlichen Schicksal entzogen.

Maria wird in Ergebenheit – „mir geschehe, wie du gesagt hast" – die Mutter Gottes.

Radegunde hat ihrem mit Frauen und Söhnen gesegneten alten Gemahl Chlotar kein Kind geboren.

Maria, dem alten und keuschen Josef vermählt, gebar Gottes Sohn.

Radegunde verläßt die Welt und lebt hinter Klostermauern.

Maria, aus der Abgeschlossenheit des Tempels herausgetreten[790], lebt in ihrem Dorf einen gewöhnlichen Alltag. Sie ist Jesus durch ihre Mutterschaft unlöslich verbunden.

Radegunde muß Jesus durch mystische Exerzitien und im Zeichen der Kreuzesreliquie näherkommen.

Radegunde hat die Krone abgelegt.

Maria wird nach ihrem Tode gekrönt und als Himmelskönigin verehrt.

Der Geist der Zeit kann es begünstigt haben, daß den Gläubigen die oben angeführten hagiographischen Fakten als spiegelbildlich bewußt geworden sind.

Bis im 15. Jahrhundert die Seefahrer in die südlichen Meere vordrangen und Erlebnisberichte nach Europa brachten, war die Auffassung allgemein verbreitet, daß auf der „unter uns liegenden" südlichen Hemisphäre, dem alter orbis, sich alles nach symmetrischen Gesetzen „verkehrtrum" wie auf einem photographischen Negativ abspielt.[791] Dort leben spiegelbildlich die Antipoden oder Antichtonen, und die Bewohner der bekannten Hemisphäre „. . . sont droitement pie contre pie de ceulz qui demeurent dessous la tresmontaine . . . car toutes les parties de mer et de terre ont leurs opposites habitables . . ."[792] (sind genau Fuß gegen Fuß mit denen, die unter den Gebirgen wohnen . . . denn alle Teile des Meeres und des Landes haben ihre bewohnbaren Gegenstücke).

Die Antipoden haben also ihre Füße „buchstäblich an unsere Fußsohlen geklebt"[793], und jeder von uns hat seinen Antipoden. Mircea Eliade beschreibt einen ähnlichen Glauben bei den nordasiatischen Schamanenvölkern. Keiner der von Claude Kappler herangezogenen Texte vergleicht das Reich der Antipoden mit einem Totenreich, denn das Christentum hat dafür andere Begriffe eingeführt.

Das gegensätzliche Leben von Radegunde und Maria hat, als drücke sich darin das antipodische „Zusammengeklebtsein" aus, zu erstaunlichen Gleichartigkeiten ihrer Kulte geführt.

Beide Frauen wurden von Christus selbst unter Umgehung des Purgatoriums direkt in den Himmel geholt. Maria von Engeln getragen, Radegunde nach Ankündigung ihres nahen Endes durch Jesus selbst, der ihr erschien.

Beider Eingang ins Paradies erfolgte zu den Iden des August. Radegunde am 1. Idus, Maria am letzten. Beide Daten liegen am Ende des keltischen Lugnasad, in dem auch Rigantona ihre Himmelfahrt erlebte.

Sowohl Maria als Radegunde besetzen einen Tag im Imbolc: Mariä Lichtmeß am 2. Februar und das Fruchtbarkeitsfest des Haferwunders am 28. Februar (auch 13. Februar; in England 11. Februar). Beide Heilige waren verheiratet, werden aber als Jungfrauen verehrt. Ja – Radegunde wortlos, denn: Beider Jungfräulichkeit scheint diskutabel, denn auch die zum Dogma gewordene der Maria wird von Nichtkatholiken angezweifelt. Das steht hier nicht zur Debatte.

Für Radegunde fand man die Bezeichnung „königliche Nonne", als sei die Frage nach ihrem Stand mit einem Tabu belegt. Schon Fortunat („. . . de qua regi dicebatur . . .") und nach ihm alle Hagiographen überlieferten Chlotars Ausspruch: „Ich habe eine Nonne geheiratet und keine Königin".

Ist die Ehe, die während ihrer zehnjährigen Dauer kinderlos blieb, überhaupt vollzogen worden? Seit der hl. Medardus ihr widerstrebend die Weihe zur Diakonin erteilt hatte, ist Radegunde meines Wissens niemals mehr ihr früherer Ehestand zum Vorwurf gemacht worden, noch wurde sie je ihrer Unfruchtbarkeit willen getadelt. Ihre wiederholten Fluchten vor Chlotar sind zu bekannt, um den Gedanken an eine eheliche Gemeinsamkeit mit ihm aufkommen zu lassen.[794]

Radegunde hat sich unendliche Bußübungen und Kasteiungen auferlegt, doch nie als Sühne für eine verlorene Jungfräulichkeit, sondern um die Leiden Christi nachzuempfinden. In den mittelalterlichen Kalendarien wird ihr Stand widersprüchlich angegeben. Im ehemaligen Freisinger Codex[795] aus dem 10. Jahrhundert ist sie „sancta Radegunda regina in Aquitania". Königin war sie wohl, aber nicht in Aquitanien!

In der anschließenden Litanei wird Radegunde unter den Jungfrauen angeführt. Lechner[796] klärt allerdings darüber auf, daß in dieser Litanei virgines und viduae zusammen genannt und erst am Schluß ausgesondert werden. Hörten die Gläubigen das so genau heraus?

In den Kalendarien des 14. Jahrhunderts aus dem Stift St. Peter in Salzburg[797] und des 16. Jahrhunderts aus Passau[798] ist Radegunde „virgo". Lechner (p. 204) bemerkt dazu, sie „wird wohl deshalb als ‚Jungfrau' bezeichnet, weil sie als gottgeweihte Nonne zu Poitiers starb". Auch „vidua" wäre eine falsche Bezeichnung gewesen. Witwe kann ja wohl nur die Frau genannt werden, deren Ehe beim Ableben ihres Mannes noch bestand. Radegunde hatte um 550 das ihr aufgezwungene Verhältnis gelöst. Chlotar starb erst 561.

Was also war Radegunde?

Sie scheint weder Ehefrau noch Witwe. Ihre Jungfräulichkeit bleibt, ebenso wie die Marias, Geheimnis und Mysterium.

Die Darstellung der Jungfrau Maria mit Krone und Szepter, den Fuß auf die Weltenschlange setzend, erinnert an Radegundes Drachenvernichtung, obwohl diese meines Wissens nie abgebildet wurde. Die Ikonographie zeigt Radegunde jedoch mitunter nicht nur mit der Krone, sondern auch mit dem Szepter.

Mariendarstellungen als Schutzmantelmadonna sind weit verbreitet, und dieses bedeutende Emblem ist eigentlich der Gottesmutter vorbehalten. Dennoch taucht in der neueren Zeit Radegunde mit einem Schutzmantel auf: im Würzburger Dom als Figur im Fries (1988) des Hochchors, aber auch in Radweg (Kärnten) auf einem Gemälde von 1950. Auf dem Hohenruppersdorfer Deckengemälde von etwa 1960 breitet sie keinen Mantel aus, sondern fleht die Gottesmutter um Schutz an für das am Ende des letzten Krieges brennende Hohenruppersdorf. Hierher gehört auch ein Radegundelied aus Müdesheim, in dem es heißt: „Sel'ge Ahnfrau auf uns schaue . . . sei uns Schirm vor Satans Wut."

Réau[799] berichtet von der Legende, daß im Hundertjährigen Krieg (15. Jahrhundert) ein Verräter den Schlüssel der Stadt Poitiers an die Engländer ausliefern wollte. Durch das wunderbare Dazwischentreten Radegundes sei sein Vorhaben vereitelt und die Stadt gerettet worden.

Diese Legende, wie viele andere, kann auch in unserem Raum bekannt geworden sein, ist aber heute, wie die anderen auch, weitgehend vergessen. Ist es dennoch sie, die die Schutzmanteldarstellungen der hl. Radegunde beeinflußt hat?

Ihren Mantel soll Radegunde nach dem Wunsch französischer Bischöfe und Theologen[800] über Europa ausbreiten und seine Schutzpatronin werden. Sie, die durch Geburt und Wirkungskreis in einem wesentlichen, zwei Nationen gehörenden Gebiet Europas zu Hause war. Sie, deren Name Germanen, Slawen und Kelten verständlich ist. Sie, die durch Nächstenliebe und Askese Vorbild bleibt, sie, die mit dem Buch der Weisheit in Händen abgebildet wird.

Es mangelt wahrlich nicht an rationalen, für alle Europäer annehmbaren Gründen, gerade ihr diese schwere Aufgabe anzuvertrauen. Wo aber bleiben die uns Heutige emotional berührenden Gründe?

Grenzen soll Radegunde nicht mehr schützen müssen, der Europagedanke nimmt den Grenzen ihre Bedeutung. Den Drachen haben wir als Fabeltier entlarvt, die Wölfe sind ausgerottet, gegen Gewürm setzen wir die Chemie ein.

Und doch gibt es noch ein „Monster", das Europa verschlingen kann, ein Ungeheuer, das wie ein „Drache" an unseren Flüssen lauert, giftige Wolken ausstößt und Schrecken verbreitet: die atomare Gefahr.

Heilige Radegunde, bitte für uns!

NACHWORT

Wollte man die vielen Jahre dieser Radegundeforschung so beschreiben, wie ich sie gelebt habe, würde der Bericht – mit bescheidenerem Ziel und Ergebnis – der Entdeckungsgeschichte Trojas gleichen.

Die Rolle Homers als Vermittler der Kunde würde den beiden Gelehrten Abbé Briand und Dr. Hermann Größler zufallen, die Ende des 19. Jahrhunderts ihren Schriften über Radegunde eine Liste der Verehrungsstätten beifügten.

Das Signal, dem nachzugehen, gab Monsieur Alain Volat, Radegundeforscher in Paris, der auf meinen Artikel „Le roi Clotaire, la reine Ste. Radegonde et la politique franque" (1986) mit der Bitte reagierte, den Radegundekult in den deutschsprachigen Ländern zu untersuchen. Er half mir mit seinem profunden Wissen über die schwierigen Anfänge hinweg, und ihm gebührt besonderer Dank.

Nun galt es, die genannten Stätten zu lokalisieren, hatten doch die alten Gelehrten aus der Ferne oft nicht recht unterscheiden können, welcher Ortschaft dieses oder jenes abseits gelegene Filialkirchlein zuzuordnen sei, oder hatten im Zweifelsfalle bei jeder Pfarre eines genannt. Die Diözesanarchive Würzburg, München-Freising, Wien, Eisenstadt, Gurk und Graz, das Bayerische Nationalmuseum München, die Museen der Lutherstadt Eisenach, das Krahuletz-Museum in Eggenburg, das Österreichische Ost- und Südosteuropa-Institut Wien gaben dankenswerterweise wichtige Auskünfte und Anregungen. Die Bibliothek der phil.-theol. Hochschule St. Georgen in Frankfurt/Main und die Hessische Landes- und Hochschulbibliothek Darmstadt, die Landesbibliotheken von Graz, Eisenstadt und Klagenfurt sowie die Bibliotheken des Hörbarthmuseums in Horn (NÖ) und des Benediktinerstifts Melk waren meine Arbeitsplätze, wo dieser Forschung viel Verständnis entgegengebracht wurde.

Um festzustellen, ob der Kult an den jeweiligen Orten heute noch lebendig ist, mußten die Pfarrer und Heimatpfleger angeschrieben und nacheinander aufgesucht werden. Ihnen wurde zusätzliche Arbeit zugemutet. Manchen wird meine Hartnäckigkeit unbequem gewesen sein, schließlich haben doch fast alle geantwortet. Allen sei Dank im Namen Radegundes, ganz besonders denen, die während meiner Reisen zu jedem der 40 Kultorte diese Forschung auf allerlei Art unterstützten, und sei es, daß sie mich als Anhalter um Radegundes Lohn im Auto mitnahmen. Ich hoffe, daß meine Arbeit dazu beitragen wird, den mancherorts eingeschlafenen Kult neu zu beleben.

Die deutschsprachigen Gebiete reichten weiter als ihre heutigen Grenzen. In der Schweiz ist, wie aus den Diözesen St. Gallen, Basel, Lugano und Chur verlautete, der Radegundekult unbekannt, die Krain in Slowenien aber ist eine Radegundelandschaft, von der schon Briand und Größler wußten. Eine Suchanzeige in der ARGM Heimatforschung Österreich brachte außer mehreren interessanten Antworten über Österreich die Verbindung zu Herrn und Frau Farthofer in Villach, die sogar Erkundungsfahrten in die Krain unternahmen und mir in jeder Weise behilflich waren, wofür ich diesen meinen Mäzenen gar nicht genug danken kann.

Nun stellte sich immer dringlicher die Frage nach dem Ursprung dieses seltenen Kultes in weit von den Wirkungsstätten Radegundes entfernten Gegenden. Auf zwei Wegen wurde die Annäherung an eine Antwort darauf versucht: Geschichte und Kirchengeschichte einerseits, volkskundliche Überlieferungen andererseits. Auf letzterem Gebiet erhielt ich unschätzbare Hilfe von mehreren Mitgliedern der Société de Mythologie Française, besonders von Mme. Marthe Dubois, Paris. Merci beaucoup de tout coeur!

Als das Manuskript anfing, Form anzunehmen, hatte ich das Glück, es Herrn Dipl.-Theol. Erik Soder von Güldenstubbe, dem Diözesan-Archivar von Würzburg, vorlegen zu können. Niemand anders hätte Radegunde solches Interesse entgegengebracht und wäre, durch adäquates Hineindenken in die Materie, den verschlungenen Wegen dieser uralten Verehrung so geduldig gefolgt. Durch das Erschließen versteckter Primärquellen, durch drei ergänzende Kapitel und durch sorgfältiges Redigieren hat Herr Soder von Güldenstubbe dazu beigetragen, daß das Werk seiner Vollendung entgegenging und nun gedruckt vorliegt. Möge er das Ausmaß meines Dankes als dem Ausmaß seiner Leistung entprechend empfinden.

Frau Edeltraud Heusler vom Sekretariat des Diözesan-Archivs ist herzlich zu danken für die Erstellung von druckfähigen Disketten mittels elektronischer Datenverarbeitung.

Wenn heute diese Arbeit vorgelegt wird, bedeutet das keinen Abschluß der Forschung. Sie wird mich noch lange beschäftigen und geschieht in ehrendem Andenken an Herrn Professor Dr. Dr. Raymond Mauny, der seine letzte Schaffensperiode seiner Heimat, der französischen Radegundestadt Chinon (Indre et Loire), widmete, der meine Arbeit in jeder Weise förderte und der unserer Heiligen seine besondere Verehrung zollte.

Dorothée Kleinmann

ANMERKUNGEN

1 Unter Verwendung meines Artikels: Ste. Radegonde, le roi Clotaire et la Politique en Gaule mérovingienne. In: Bul. Soc. Amis Vx. Chinon T. VIII, No. 10, 1986 p. 1383–1401.
2 Krusch, B. 1888, II, p. 360.
3 Gregor von Tours, Hist. Franc. IX, 39–43; X, 15–17.
4 Scheibelreiter, Georg, 1979.
5 Deforges Régine, La révolte des Nonnes. Poitiers 589. Editions de la Table Ronde, 1981. Verfilmt im franz. Fernsehen, Juli 1993.
6 Coudanne, Louise, 1953, p. 49.
7 v. Isenburg, Wilhelm Karl Prinz / Freytag v. Loringhoven, Frank Baron, Stammtafeln zur Geschichte der Europäischen Staaten. Bd. 2, 2. A. Marburg Verlag J. A. Stargardt 1960 Taf. 1. Mme. de Nassau war eine Tochter des Prinzen Wilhelm I. von Oranien, die katholisch wurde und ab 1605 Äbtissin in Poitiers war.
8 Leonardi, Claudio, Fortunato e Baudonivia. FS für Friedrich Kempf, hrg. von Hubert Mordeck 1983, 23–32.
9 Gräbe, Sabine, 1989, p. 1–30.
10 Gräbe, S., a.a.O., p. 15.
11 Vgl. Lerner, Gerda, Die Entstehung des feministischen Bewußtseins. Vom Mittelalter bis zur ersten Frauenbewegung. Campus, Frankfurt / New York 1995, zu Radegunde S. 42; zu Baudonivia S. 296.
12 Vita S. Radegundis prolog. Migne PL 171 col. 967.
13 Berschin, Walter, 1986, p. 18.
14 La Vie de sainte Radegonde, 1995, p. 139.
15 Ginot, Emile, Le manuscrit de sainte Radegonde de Poitiers et ses peintures au XIe siècle, in: Bulletin de la Société française de reproduction de manuscrits à peintures, IV, 1914–1920.
16 Der Merowingerkönig Childerich zog nach Thüringen und hielt sich beim König Bisinus und seiner Gattin versteckt. Nach Venantius Fortunatus war Bisinus der Vater Hermenefreds und Berthars, vgl. Liber Historiae Francorum. Ediert durch Kusternig, Andreas u. a., Quellen zur Geschichte des 7. und 8. Jahrhunderts. Wissenschaftliche Buchgesellschaft Darmstadt 1982, 346f. Ebd. S. 348f. wird berichtet, daß Chilperich im Exil mit Basina Ehebruch begangen habe. Nach seiner Rückkehr ins Frankenreich sei ihm Basina nachgefolgt und Chilperich (Childericus) habe sie geehelicht und Chlodowech sei ihr gemeinsamer Sohn.
17 Gregor von Tours, Hist. Fr. 3, 4.
18 Venantius Fort. Carm. Appendix III.
19 Jörres, P. 1896 p. 19 note 26.
20 Liebmann, Rudolf, Der Untergang des thüringischen Königsreichs in den Jahren 531 bis 535 n. Chr., in: Neue Beiträge zur Geschichte des deutschen Altertums. 24. Lief., Meiningen, Kommissionsverlag Brückner u. Renner, 1911.
21 Prokop, De bello gothico, 553, 1, 13; zitiert nach Jörres 1896, p. 20. (Haury J. / Wirth, G., Procopii Caesariensis opera omnia I–III. 1962–64.)
22 Gregor von Tours, Hist. Franc. 3, 8. Vgl. Wolfram, Herwig, Die Goten von den Anfängen bis zur Mitte des sechsten Jahrhunderts. Entwurf einer historischen Ethnographie. Verlag C. H. Beck, München, 3. neubearb. A. 1990, 319, 349, 330.
23 Größler, Prof. Dr. H. 1888, p. 88–80.
24 Schmidt, Berthold, Thüringer, Franken und Sachsen vom 6.–8. Jh., in: Archäologie in der Deutschen Demokratischen Republik. 1. Bd. Konrad Theiß Verlag Stuttgart / Urania Verlag Leipzig 1989, 220–228.

25 „Das frühe Mittelalter" Bd. 1, 1970 S. 134. Führer durch das Mainzer Röm.-Germ. Zentralmuseum.
26 Jörres, P. 1896, p. 28–31.
27 Anon. Val. c. 58, zitiert nach Jörres.
28 Vgl. Langgärtner, Georg, Die Gallienpolitik der Päpste im 5. und 6. Jahrhundert. 1964; Prinz Fried-
    rich, Die bischöfliche Stadtherrschaft im Frankenreich vom 5. bis zum 7. Jahrhundert, in:
    HZ 217, 1973, 1–35.
29 Bosl, K. 1974, p. 9–13; idem 1965.
30 Vgl. Bloch, M., Les rois thaumaturges. Straßburg 1924; Clerq, C. de, La législation religieuse
    franque de Clovis à Charlemagne. Louvain / Paris 1936.
31 Scheibelreiter, G., Der Bischof in merowingischer Zeit. Wien / Graz / Köln 1983; Claude, D., Die
    Bestellung der Bischöfe im merowingischen Reiche. ZSRG KA 80, 1963, 1–75.
32 Werner, Karl Ferdinand, Die Ursprünge Frankreichs bis zum Jahr 1000, in: Favier, Jean, Hrg.,
    Geschichte Frankreichs. 1. Bd. Stuttgart, Deutsche Verlagsanstalt 1989, 334f., sowie p. 371–384:
    „Eine Bilanz der Merowingerzeit"; vgl. auch: Merta, Brigitte, Helenae comparanda regina – se-
    cunda Isebel. Darstellung von Frauen des merowingischen Hauses in frühmittelalterlichen Quel-
    len, in: Mitteilungen des Instituts für österreichische Geschichtsforschung 96/1–2, 1988, 1–32,
    hier bes. Radegunde p. 7f.; Delaruelle, Etienne, Sainte Radegonde, son type de Sainteté et la chréti-
    enté de son temps. Etudes Mérovingiennes. Actes des Journées de Poitiers 1er–3 Mai 1952 (Paris
    1953) p. 65–74.
33 Prinz, F. 1965, p. 492.
34 Vgl. Hauck, Karl, Von einer spätantiken Randkultur zum karolingischen Europa. Frühmittelalter-
    liche Studien 1, 1967, p. 3–93.
35 Ewig, E., Die fränkischen Teilungen und Teilreiche (511–613), in: ders., Spätantikes und fränki-
    sches Gallien, 1. Bd. hrg. von H. Atsma, Zürich / München 1976, 114–171.
36 Ewig, E. 1976, I, p. 134–5.
37 Ewig, E. 1983, p. 60.
38 Aigrain, R. 1917, p. 29–30.
39 Handwörterbuch des deutschen Aberglaubens II, p. 1653–5.
40 Gregor v. Tours, Hist. Franc. 3,7; Venantius Fortunat v. 123–146.
41 Fortunat, App. 1, 133.
42 Jörres, P. 1896, p. 24.
43 Scheibelreiter, G. 1979, p. 4, note 12.
44 Aigrain, R. 1947, p. 334.
45 Bernoulli, C. A., Die Heiligen der Merowinger, 1900, p. 82; nach Scheibelreiter p. 21 note 112.
46 Gregor von Tours, Hist. Franc. 4, 10 u. 14.
47 Aigrain, R. 1917, p. 55.
48 Aigrain, R. 1917, p. 43.
49 z. B. Wandmalereien aus dem 17. Jahrhundert in der Kapelle Ste. Radegonde in Chinon (Indre et
    Loire), Frankreich, Glasfenster in der Kirche St. Médard in Thouars (F 79100).
50 Scheibelreiter, G. 1979, p. 21 note 113.
51 Aigrain, R. 1917, p. 58–66.
52 Hauck, A. 1954, I, p. 136, 139, 149–150.
53 Fortunat, Vita S. Rad. 12; Aigrain, R. 1917, p. 59–61.
54 Domagalski, Bernhard, „Römische Diakone im 4. Jahrhundert – Zum Verhältnis von Bischof,
    Diakon und Presbyter", in: Der Diakon, Wiederentdeckung . . . 1980, p. 44–53. Ketsch, Peter,
    Frauenbild und Frauenrechte in Kirche und Gesellschaft. Quellen und Materialien. Bd. 2 von:
    Frauen im Mittelalter, hrg. von Kuhn, Anette. Schwann Düsseldorf 1984, bes. S. 27–40, 66f.
55 Vgl. Zscharnack, Leopold, Der Dienst der Frau in den ersten Jahrhunderten der christlichen Kirche.
    1902; v. d. Goltz, Eduard, Der Dienst der Frau in der christlichen Kirche. 2. A. 1914; Kalsbach
    Adolf, Die altkirchliche Einrichtung der Diakonissen bis zu ihrem Erlöschen. Freiburg/Br. 1926,
    ergänzt im: Jahrbuch für Liturgiewissenschaft 11, 1931, 227–278; Bonwetsch, Nathanael, Das
    Amt der Diakonissen in der alten Kirche. Mitau 1891; Brandt, Wilhelm, Dienst und Dienen im
    Neuen Testament. Gütersloh 1931; Oepke Albrecht, Der Dienst der Frau in der urchristlichen Ge-
    meinde. 1939; Hick, Ludwig, Die Stellung des heiligen Paulus zur Frau im Rahmen seiner Zeit.
    1957; Kähler Ernst, Die Frau in den paulinischen Briefen. 1960; Leipoldt, Johannes, Die Frau in
    der antiken Welt und im Urchristentum. Leipzig 1954; Gryson, R., Le ministère de femmes dans
    L'Eglise ancienne (Recherches et Synthèses. Section d'Histoire IV) Gembloux 1972; Rahner, Karl /

Vorgrimler, Herbert, Hrg., Diaconia in Christo. Freiburg/Br. 1962; Dautzenberg, Gerhard, Hrg., Die Frau im Urchristentum. Freiburg/Br. 1983.

56 K. Algermissen, Lexikon für Theologie und Kirche, 1959, Sp. 327f., legt die Stelle so aus, daß die Diakoninnen keine Weihe im Vollsinn des Wortes erhalten hätten, sondern ihre amtliche Beauftragung nur als Sakramentale zu werten sei. Die Auslegung wird umstritten bleiben. Vgl. Ignatio Ortiz de Urbina, Nizäa und Konstantinopel. Mainz, Matthias-Grünewald-Verlag 1964, 131f.; Carl Joseph v. Hefele, Conciliengeschichte 1. Bd. 2. A. Freiburg/Br., Herdersche Verlagsbuchhandlung 1873, 427–430.

57 Delaruelle, Etienne, in: Etudes mérovingiennes 1953, p. 65–74.

58 Hefele-Leclercq, Histoire des conciles t II 1re p. pp. 446–51, zitiert nach Delaruelle; Pontal, O., Die Synoden im Merowingerreich. Paderborn / München / Wien / Zürich 1986; Concilia aevi Merovingici 511–695 hrg. von Friedrich Maassen, MGH Conc. 1, 1893 ND 1989. Wemple, Suzanne Fonay, Frauen im frühen Mittelalter, in: Duby, Georges / Perrot Michelle, Hrg., Geschichte der Frauen. 2. Bd. Mittelalter, hrg. von Klapisch-Zuber, Christiane, Campus-Verlag Frankfurt / New York 1993, 206–208: „Diakoninnen und Priesterfrauen". St. Radegundis ebd. S. 206.

59 Scheibelreiter, G. 1979, p. 21.

60 Jörres, P. 1896, p. 8–11.

61 Hauck, A. 1954, I, p. 146.

62 Prinz, F. 1965, p. 32.

63 Aigrain, R. 1917, p. 72–78.

64 Krusch, B. ed. MGH SS rer. Merov 2 (1888) II 5, p. 381.

65 Gregor v. Tours, Hist.Franc. IX, 42 p. 470.

66 Scheibelreiter, G. 1979, p. 6–7.

67 Prinz, F. 1965, p. 157–8.

68 Vgl. Portmann, M. L., Die Darstellung der Frau in der Geschichtsschreibung des frühen Mittelalters. Basel / Stuttgart 1958, 25–44.

69 Hauck, A. 1954 I Kap. 2.

70 Lerner, Gerda, 1955, p. 42.

71 Die Deutschen Bischöfe 22, Rahmenstatuten und -ordnungen für Diakone und Laien im pastoralen Dienst. Bonn 1978/79, p. 35.

72 Histoire de Sainte-Croix, 1986, p. 33–35.

73 Kötting, Bernhard, Peregrinatio Religiosa. Wallfahrten in der Antike und das Pilgerwesen in der alten Kirche. (Forschungen zur Volkskunde 33–35) Regensberg-Verlag Münster /W., 1950, 139; ebd. p. 337 über die Kreuzreliquie aus Byzanz. Engberding. H., Mammas, in: LThK 6. Bd. Herder, Freiburg/Br. 1934, 2. A. Sp. 839f.

74 Histoire de Sainte-Croix, 1986, p. 36–39. Caesarius von Arles stand den weltlichen Wissenschaften negativ gegenüber. Gemeint war damit naturgemäß das Geistesgut der heidnischen Antike. Benedikt von Nursia hat sich nicht mit gleicher Schärfe verhalten. Aber auch seine Regel „sagt nichts über das Kirchenjahr oder die hl. Messe" (Weißengruber Franz, Monastische Profanbildung in der Zeit von Augustinus bis Benedikt, in: Prinz, Friedrich, Hrg., Mönchtum und Gesellschaft im Frühmittelalter. Wissenschaftliche Buchgesellschaft Darmstadt 1976, S. 387–429, hier S. 417).

75 Eine „antibischöfliche Tendenz" kristallisierte sich auch in der allerdings stark bearbeiteten Fundationsurkunde der hl. Bilhildis heraus, siehe: Weidemann, Margarete, Urkunde und Vita der hl. Bilhildis aus Mainz, in: Francia 21/1, Sigmaringen 1994, Jan Thorbecke-Verlag, p. 17–84, hier bes. p. 51.

76 Gregor von Tours, Hist. Franc. IX, 40, p. 464; vgl. auch: van der Meer, Haye, Priestertum der Frau? Freiburg/Br. 1969 (Quaestio disputata 42); Ott, Ludwig, Das Weihesakrament. Freiburg/Br. 1969, p. 39; Congar, Yves / Hünermann, Peter / Vorgrimler, Herbert, Gutachten zum Diakonat der Frau, in: Synode, Amtliche Mitteilungen der Gemeinsamen Synode der Bistümer in der Bundesrepublik Deutschland 7, 1973, 37–50; Ansorge, D., Der Diakonat der Frau. Zum gegenwärtigen Forschungsstand, in: Berger, Teresa / Gerhards, A., Hrg., Liturgie und Frauenfrage. St. Ottilien, Eos-Verlag 1990, 31–65. Vgl. auch die älteren Arbeiten: Schneider, Oda, Vom Priestertum der Frau. Wien, erw. A. 1940, 4. A. 1941; Spörri, Gertrud, Die Frau am Altar. Stuttgart 1931.

77 Im Heilig-Kreuz-Kloster bei Poitiers hat sich ein geschnitztes Lesepult erhalten, das die hl. Radegunde im Gebrauch gehabt haben soll. Siehe: Roth, Helmuth, Kunst und Handwerk im frühen Mittelalter. Archäologische Zeugnisse von Childerich I. bis zu Karl dem Großen. Konrad Theiss Verlag Stuttgart 1986, 93f., Taf. 92 und S. 286.

215

78 Histoire de Sainte-Croix, 1986, p. 50.
79 M. C. Carthy, The Rule for Nuns of St. Caesarius of Arles. 1960 (mit englischer Übersetzung); Christophe, P., Cassien et Césaire, predicateurs de la morale monastique, 1969; de Vogüe, A., La Règle de S. Césaire d'Arles pour les moines, un résumé, de, sa règle pour les moniales., in: Revue d'ascetique et de mystique 47, 1971, 369–406; de Seilhac, L., L'utilisation par S. Césaire d'Arles de la Règle de S. Augustin, 1974; Lambot, C., La règle de St. Augustin et St. Césaire, in: Revue Bénédictine Bd. 41, 1929, 333–341.
80 Gregor von Tours, Hist. Franc. I IX c XXXIX–XLII, in: MGH, SS Bd. I, 1, 2. A. S. 464 u. 470.
81 Fortunatus, Carmina, append. XIII.
82 Langosch, Karl, 1965, p. 51.
83 Köbner, Richard, 1915, p. 15, und Langosch, K., 1965, p. 52.
84 Fritze, W. 1979, p. 529.
85 Fritze, W. 1979, p. 533.
86 Fritze, W. 1979, p. 533.
87 Die Hymnen des Venantius Fortunatus, die Eingang in die kirchliche Liturgie gefunden hatten, verzeichnet u. a. Schuster, Ildefons, Kardinal, Liber Sacramentorum. Geschichtliche und liturgische Studien über das römische Meßbuch. Übersetzt von P. Richard Bauersfeld OSB. Friedrich Pustet Regensburg, 8. Bd. 1931, 152f.
88 Vgl. Les chansons de Guillaume IX, duc d'Aquitaine (1071–1127), Hrg. A. Jeanroy, Paris 1927 (Les Classiques français du moyen âge. Collection de textes français et provençaux antérieurs a 1500); Bergner, H., Die altprovenzalische Lyrik. D. Rieger, Stuttgart 1983, 252–264 (Auswahl seiner Lieder); Vossler, K., Die Kunst des ältesten Troubadours, in: Miscellanea di studi in onore di Attilio Hortis. Triest 1910, 419–440; Rajna, Guglielmo conte di Poitiers, Trovatore bifronte, in: Melanges A. Jeanroy, Paris 1928, 349–360; Dronke, P., Guillaume IX and courtoisie, in: Romanische Forschungen. Vierteljahresschrift für romanische Sprachen und Literaturen 73, 1961, 327–338; Pollmann, L., Dichtung und Liebe bei Wilhelm von Aquitanien, in: Zeitschrift für romanische Philologie 78, 1962, 326–357; Köhler, Erich, „No sai qui s'es – No sai que s'es". Wilhelm IX. von Poitiers und Raimbaut von Orange, in: Köhler Erich, Esprit und arkadische Freiheit. Frankfurt/M. / Bonn 1966, 46–66; Lejeune, R., La part de sentiments personnels dans l'oeuvre du troubadour Guillaume IX d'Aquitaine, in: Orbis Medievalis. Melanges R. R. Bezzola, Bern 1978, 241–252; Rieger, D., Guillaume IX d'Aquitaine et l'idéologie troubadouresque, in: Romania. Revue trimestrielle consacrée à l'étude des langues et des prince d'Aquitaine: Essai sur Guillaume IX, son oeuvre et son érotique. Paris 1980.
89 Le dioc. de Poitiers, hrg. von R. Favreau (Hist. des dioc. de France 22) 1988.
90 Siehe: Poulin, J.-C., Germanus von Paris (geb. um 496, † 28. Mai 576 in Paris), in: Lexikon des Mittelalters IV. Artemis-Verlag München / Zürich 1989, Sp. 1346f.
91 Gregor v. Tours, Hist. Franc. IX, 42, p. 470.
92 Der hl. Felix entstammte einer aquitanischen Senatorenfamilie, er trat als Bischof von Nantes (549–592), als Seelsorger und Bauherr hervor, gerühmt durch Venantius Fortunatus. Vgl. Histoire de Nantes, hrg. von P. Bois. 1977.
93 Scheibelreiter, G. 1979, p. 9–13.
94 Gräbe, Sabine, 1989, p. 22.
95 Nolte, Cordula, Klosterleben von Frauen in der frühen Merowingerzeit. Überlegungen zur Regula ad virgines des Caesarius von Arles, in: Frauen in der Geschichte VII. Interdisziplinäre Studien zur Geschichte der Frauen im Frühmittelalter. Methode – Probleme – Ergebnisse, Hrg. Affeldt, Werner und Kuhn Annette, Düsseldorf 1986 (Studien – Materialien 39 Geschichtsdidaktik).
96 Thiebaux, Marcelle, The Writings of Medieval Women, Kalamazoo 1987 p. 25–42.
97 Pon, G. 1983, p. 91–130.
98 Aredius hatte in seiner Gründung die Regel des hl. Cassian eingeführt, der eng mit Lerins verbunden war. Daneben schaffte er in Limoges der Basilius-Regel Geltung. Er richtete also sein Kloster nach den Strukturen des orientalisierten Rhônemönchtums ein, wählte aber als Vorbild eines Heiligen den hl. Martin. Vgl. Prinz, F. 1965, 35, 97f. 114f. 152, 158 u. ö.
99 Martinus von Bracara, jetzt Braga in Portugal, stammte aus Pannonien und gründete das Kloster Dumio im nordwestlichen Spanien um 550, bevor er als Erzbischof von Bracara unter den Sueben, die damals noch Arianer waren, wirkte, die er zum Katholizismus bekehrte. Kirchlicher Schriftsteller, vgl. Schäferdieck, Knut, Die Kirche in den Reichen der Westgoten und Suewen. 1967, bes. S. 120f.

100 Prinz, F. 1965. p. 116.
101 Christian Courtois, Die Entwicklung des Mönchtums in Gallien vom Heiligen Martin bis zum Heiligen Columban, üb. von Arndt, Katharina, in: Prinz, Friedrich, Hrg., Mönchtum und Gesellschaft im Frühmittelalter. Wissenschaftliche Buchgesellschaft Darmstadt 1976, 13–36, sieht in Logogiacum = Ligugé am Claim, 9 km von Poitiers flußaufwärts, den Beginn des gallischen Klosterlebens (S. 12).
102 Pernoud, Régine, 1984, p. 204.
103 Vgl. Mölk, U., Trobadorlyrik. München / Zürich 1982; Riquer, M. de, Hrg., Los trovadores. Historia literaria y textos. Barcelona 1983; Gruber, J., Dialektik des Trobar. Tübingen 1987; Camproux, C., Histoire de la littérature occitane. Paris 2. A. 1971; Köhler, Erich, Trobadorlyrik und höfischer Roman. Berlin 1962; Topsfield, L. T., Troubadours and Love. Cambridge 1975.
104 Langosch, Karl, 1965, p. 62 u. 63; seine Werke sind ediert in: Venantii Honori Clementiani Fortunati presbyteri Italici. Opera poetica, hrg.von Leo, Friedrich. Monumenta Germaniae Historica Scriptores. Auctores antiquissimi 4, 1, 1881 ND 1981; Opera pedestria, hrg. von Krusch Bruno, MGH SS 4.2. 1885 ND 1981.
105 Brennan, Brian, The career of Venantius Fortunatus, in: Traditio 41, 1985, 49–78.
106 Geschichte der Frauen, Duby, Georges / Perrot, Michelle, Hrg., 2. Bd. Mittelalter, hrg. von Klapisch-Zuber, Christiane. Campus Verlag Frankfurt / New York 1993, 199f., 210, 415, 417, 419.
107 Siehe: Bulst, W., Radegundis an Amalafred, in: Bibliotheca docet. FS für Carl Wehner, Amsterdam 1963, 369–380. Ihr „Testamentum" ediert in: MGH DD I. 811; Dronke, Peter, Women Writers of the middle ages. Cambridge University Press., Cambridge / New York / Port Chester / Melbourne / Sidney 1981, ND 1991, 27ff., 56, 86, 298.
108 Martyrologium Romanum Gregorii XIII. Mecheln 1872, S. 153; Das Römische Martyrologium. 3. A. Friedrich Pustet, Regensburg 1962, 204.
109 Angenendt, Arnold, 1994, p. 120, nach Gregor „De Gloria", c CIV.
110 Vgl. Vita Germani episcopi Parisiaci auctore Venantio Fortunato, in: MGH SS rer. Merov. 7, Hannover / Leipzig 1920, ND 1979, 393 bes. Fn. 2.
111 Stichwort „Cimetière, in: Dictionnaire de Droit Canonique 3. Bd. 1942, Sp. 736, nach: Ohler, Norbert, Sterben und Tod im Mittelalter. Artemis-Verlag München / Zürich 1990, 145.
112 Bulletin Amis de Sainte Radegonde, Juni 1989.
113 Ausdruck geprägt von L. Schmidt, 1956, für das Burgenland um Großhöflein.
114 Vgl. auch: Borst, Arno, Mönche am Bodensee 610–1525. Sigmaringen 1978, 66–70, 74, 77, 82f., 309, 542f.
115 Histoire de Sainte-Coix de Poitiers, 1986, p. 78–90. Vgl. auch: Corbet, Patrick, Les saints ottoniens. Sainteté dynastique, sainteté royale et sainteté féminine autour de l'an Mil. Sigmaringen (Beihefte der Francia 15) 1986, S. 266.
116 Anonymi vita Hludowici, ed. durch Rau, Reinhold u. a., Quellen zur karolingischen Reichsgeschichte. Wissenschaftliche Buchgesellschaft Darmstadt 1987, 284–287.
117 Anonymi vita Hludowici, S. 324–337; Ennen, Edith, Frauen im Mittelalter. Verlag C. H. Beck, München 2. A. 1985, 58f.
118 Vgl. Reger, Karl-Heinz, Bayerns verkaufte Prinzessinnen. W.-Ludwig-Verlag, Pfaffenhofen 1988, 38–51.
119 Isenburg, Wilhelm Karl Prinz / Freytag v. Loringhoven, Frank Baron, Europäische Stammtafeln. Marburg/L., Verlag J. A. Stargardt, 1958–61, 2. Bd. 2. A. 1960, Taf. 16.
120 Isenburg / Freytag, l. c. Tab. 17. Anne starb 1491.
121 Isenburg / Freytag, l. c. Tab. 31.
122 Bauchy, Jacques-Henri, 1988, p. 18.
122*J. Marcadé, La dévotion à sainte Radegonde de la Famille Bourbon-Conti, in: Bulletin d. Amis d. Ste. R. Nr. 23, p. 8.
123 Analecta Bollandiana 23 (1904) Miracles de Sainte Radegonde XIII et XIVe siècle.
124 Arbeo: Vita et passio Sancti Haimhramni Martyris. Leben und Leiden des Hl. Emmeram. Lat.-deutsch, ed. von Bischoff Bernhard / Ernst Heimeran, München 1953 S. 6ff.; Prinz Friedrich, Arbeo von Freising und die Agilolfinger, in: Zeitschrift für Bayerische Landesgeschichte 29, 1966, 580–590; Rädlinger-Prömper, Ch., Emmeram, in: Lexikon des Mittelalters 3. Bd. Artemis, München / Zürich 1986, Sp. 1888f.; Staber, Joseph, Der heilige Bischof Emmeram, in: Bavaria Sancta. Zeugen christlichen Glaubens in Bayern. Hrg. Schwaiger, Georg, Bd. 1, Friedrich Pustet, Regensburg 1970, 84–88.

217

125 Fichtemann, Heinrich, 1962.

126 MG Epistolae 3519 U 34, zitiert nach Fichtemann.

127 Fredegar Chronicon IV 48, SS rer Merov 2 144 f, zitiert nach Fichtemann.

128 Pernoud, R. Aliénor d'Aquitaine, 1965.

129 Hist. de Sainte Croix, p. 123.

130 Friess, G. E. 1897, p. 40; Meyer, Otto, . . . sie trafen den Koenig in Ochsenfurt. Die Stadt am Main im Blitzlicht europäischer Politik. Privatdruck A. Weltz, Ochsenfurt 1975; Wenisch, Siegfried, König Richard Löwenherz als Gefangener in Ochsenfurt, in: Mainfränkisches Jahrbuch 16, 1989, p.150–156; Pernoud, Régine, Richard. Coeur de Lion, 1988.

131 Schmidt, Leopold, 1956 und 1958, p.113–117.

132 Menghin,Wilfried, Die Langobarden. Archäologie und Geschichte. Stuttgart, Theiss, o. J.

133 Stockmeier, Peter, Theodolinde, Königin der Langobarden, in: Schwaiger, Georg, Hrg., Bavaria Sancta. Bd. 3. Friedrich Pustet, Regensburg 1973, 9–20. Vgl. Klebel, Ernst, Langobarden, Bajuwaren, Slawen, in: Probleme der bayerischen Verfassungsgeschichte (Schriftenreihe zur bayerischen Landesgeschichte 57) München 1957, 1–89.

134 Jörres, P., 1896, p. 21.

135 Rössler, H. und Franz G., 1958, p. 839; Pohl, Walter, Die Awaren. Ein Steppenvolk in Mitteleuropa 567–822. München 1988; ders.; Ergebnisse und Probleme der Awarenforschung, in: Mitteilungen des Instituts für österreichische Geschichtsforschung 96/3–4, 1988, 247–274.

136 Schmidt, L. 1958, p. 114.

137 Melchers Erna u. Hans, 1978 Rasso, † 954, Kreuzfahrer und Kriegsheld aus dem Geschlecht der Grafen von Diessen-Andechs-Meran, Gründer des Wallfahrtsortes Andechs. Gemälde d. hl. Rasso (Barock) in Sakristei d. Stiftskirche d. Augustinerchorherren von Diessen; Oefele, E. Frhr. von, Geschichte der Grafen von Andechs. 1877; Schütz, A., Das Geschlecht der Andechs-Meranier im europäischen Hochmittelalter, in: Herzöge und Heilige. Katalog einer Landesausstellung. Andechs 1993.

138 Clemen, Paul, Der Dom zu Köln, Düsseldorf 1937, p. 370, Abb. 302.

139 Bauerreiß, Romuald, Der Andechser Heiligenhimmel, in: Schwaiger, Georg, Hrg., Bavaria Sancta, 2. Bd. Friedrich Pustet, Regensburg 1971, 113–129; Dorner P., Der heilige Rasso, ein Schutzheiliger der Steinleiden, in: Amperland 6, 1970, 66–70, 95–99.

140 Vgl. Wittern, S., Frauen, Heiligkeit und Macht. 1994, zu Radegunde, p. 89–91.

141 Briand, E. 1898, p. 522.

142 Réau, L. 1959, p. 1134.

143 Editions du Seuil.

144 Réau, L., 1959, a.a.O.

145 Coreth, A. 1959, p. 7; Tschochner, F., Radegundis (Radegonde), in: Braunfels, Wolfgang, Hrg., Lexikon der christlichen Ikonographie (Herder) Freiburg / Basel / Rom / Wien 1976, 8. Bd. Sp. 245–247. Sp. 247 auch Artikel über St. Radegundis oder Radiana von Wellenburg, die im Bistum Augsburg als Selige verehrt wird und deren Gedenktag auch auf dem 13. August liegt. Siehe unten.

146 Siehe: Welker, Klaus, Hrg., Heilige. Geschichte – Legende – Kult. Badenia-Verlag Karlsruhe 1979, 32f.

147 l. c. p. 734–737.

148 Venanti Honori Clementiani Fortunati presbyteri italici opera poetica. MGH Auct. antiquissimi 4,1. Berlin 1881 ND München 1981, p. 271–275, hrg. von Leo Friedrich.

149 9. Aufl. Herdersche Verlagsbuchhandlung Freiburg/Br. 1887, p. 536–538.

150 Ders., „Volksausgabe, bearbeitet von Pfarrer Ph. Lang und Pfr. Johann Nist, 2. Bd. Limburg/L., Verlag von Gebr. Steffen 1921, 922–925, wo fast wortwörtlich die Formulierungen von Alban Stolz erhalten blieben, die in dem Satz aus dem 1. Petrusbrief 4,18 gipfeln: „Wenn kaum der Gerechte gerettet wird, wo wird der Sünder bleiben."

151 Minichthaler, Joseph, Helden des Glaubens. München, Volks- und Jugendschriften-Verlag Otto Manz 1913, p. 330f.

152 Deutsche Heilige. Eine Geschichte des Reiches im Leben deutscher Heiliger, bearbeitet und hrg. von Walterscheid, Johannes, Verlag Josel Kösel und Friedrich Pustet, München 1934, p. 57–59.

153 Ebd. p. 257.

154 Briemle, P. Theodosius OFM., Heilige Deutsche. Kurze Lebensnotizen, Matthias Grünewald-Verlag Wiesbaden 1934, 89.

155 Liane von Gentzkow, Königliche Frauen der Wanderungszeit und des frühen Mittelalters, Freiburg/Br. Herder und Co. GmbH Verlagsbuchhandlung 1936, p. 54–60.
156 Thrasolt, Ernst, Das Martyrologium Germaniens. Geschichtliche Gebetslesungen zum täglichen Gedächtnis der deutschen Heiligen. Verlag Laumann, Dülmen/Westf. 1939, 279.
157 Handbuch der deutschen Heiligen. Alphabetisches Verzeichnis der deutschen Heiligen, Seligen, Ehrwürdigen und Gottseligen. J. P. Bachem Verlag Köln 1941, S. 289f.
158 l. c. p. 66.
159 Krautheimer Albert / Becker, Karl, Leuchtende Schar. Ein kleines Heiligenbrevier für junge Menschen. 4. A. Herder, Freiburg/Br. 1953, S. 100–104.
160 Hümmeler, Hans, Helden und Heilige. Die Geschichte ihres wahren Lebens, dargestellt für jeden Tag des Jahres. Verlag Haus Michaelsberg Siegburg, Sonderausgabe 511–536. Tausend 1961, S. 397f., 1. A. 1954.
161 Torsy, Jakob, Lexikon der deutschen Heiligen, Seligen, Ehrwürdigen und Gottseligen unter Mitarbeit von Rudolf Lill und Placidus Mittler, J. P. Bachem-Verlag Köln 1955, Sp. 455f. mit Verweis auf folgende Werke: Stadler, Johann Evangelist / Ginal, J. N., Vollständiges Heiligenlexikon. 5 Bde. Augsburg 1858–82, hier 5. Bd. S. 23; Wimmer Otto, Handbuch der Namen und Heiligen mit einer Geschichte des christlichen Kalenders. Innsbruck / Wien / München 1956 (4. neubearbeitete und wesentlich erweiterte Auflage mit Hartmann Melzer, Innsbruck 1982, S. 65, S. 386); Schütte, s. o.; Walterscheid, s. o; Coudenhove, Ida Friederike, Germanische Heiligkeit. Ein Vortrag über zwei deutsche Heilige. Salzburg / Leipzig 2. A. 1934; Koch, K., Hildegard von Bingen und ihre Schwestern, 1935, S. 11; Boothe, Luce Clare, Heilige für heute, Recklinghausen 1953, S. 96; Kriß, Rudolf, Volkskundliches aus altbayerischen Gnadenstätten. Augsburg 1930, S. 310; F. Johann 1934, nicht eindeutig zu identifizieren; Torsy, Jakob, Der große Namenstagskalender. 3500 Namen und 1495 Lebensbeschreibungen unserer Heiligen. Herder, Freiburg / Wien, Benziger, Einsiedeln / Zürich 3. A. 1975 S. 44: Radegund von Chelles, S. 203, Radegund, Königin, zum 12. August; Radegund von Wellenburg, S. 182 zum 18. Juli.
162 Legende und Darstellung in der bildenden Kunst. Philipp Reclam jun. Stuttgart 1968, S. 432.
163 Manns, Peter, Hrg., Die Heiligen in ihrer Zeit. Bd. 1, Matthias-Grünewald-Verlag Mainz, 2. A. 1966, S. 336–338.
164 Schauber, Vera, Pattloch Namenstagskalender. Dokumentation von Hanns Michael Schindler, Pattloch Verlag Augsburg 1994, 223f. S. 234 auch Radgundis von Wellenburg; dies., Heilige und Namenspatrone im Jahreslauf. Pattloch Verlag Augsburg 1994, S. 422.
165 Aus der Welt der Heiligen. Stuttgart-Degerloch 1955, 167–192; 2. A. ebd. Verlagsdruckerei Memmingen/Allgäu 1959, 145–167. Görres, siehe p. 241.
166 In: Notburga, hrg. von der Pädagogischen Stiftung Cassianeum in Donauwörth 51, 1927, Nr. 41, 643–647, nach Eleonore von La Chevallerie, Bibliographie der Werke von Gertrud von Le Fort, in: Kranz Gisbert, Gertrud von Le Fort. Leben und Werk in Daten, Bildern und Zeugnissen. Insel-Taschenbuch 195, Frankfurt/M. 1976, 216.
167 Leinweber, Josef, Das Hochstift Fulda vor der Reformation (Quellen und Abhandlungen zur Geschichte der Abtei und der Diözese Fulda XXII Parzeller, Fulda 1972).
168 Hoffmann, Gustav, Kirchenheilige in Württemberg (Darstellungen aus der württembergischen Geschichte 23), W. Kohlhammer Stuttgart 1932, 164.
169 Württembergisches Städtebuch, Hrg. Keyser, Erich, W. Kohlhammer Stuttgart 1962, 212–215.
170 Wamser Ludwig, Eine thüringisch-fränkische Adels- und Gefolgschaftsgrablege des 6./7. Jhs. bei Zeuzleben, in: Mainfränkisches Jahrbuch für Geschichte und Kunst 36, Band 107, 1983, p. 1–29.
171 Später wird diese Ansicht etwas relativiert. Es sprechen gewichtige Argumente gegen die christliche Intention der Grablege, siehe: Rettner, Arno, Grabhäuser – Ausdrucksform christlicher Glaubensvorstellungen?, in: Wamser, Ludwig / Lenssen, Jürgen / Hrg., 1250 Jahre Bistum Würzburg. Archäologisch-historische Zeugnisse der Frühzeit. Würzburg, Echter, 1992, 103–110; Heidnischer Volksglaube und Bestattungsbrauchtum, in: Kilian, Mönch aus Irland aller Franken Patron 689–1989. Katalog der Sonderausstellung zur 1300-Jahr-Feier des Kiliansmartyriums . . . Festung Marienberg – Würzburg. Red.: Haus der Bayerischen Geschichte. München 1989, 89–126.
172 Büttner, 1951, p. 9.
173 Vita Arnulfi, MGH Scriptores rerum Merovingiarum 2, Hrg. Krusch, Bruno, 1885, 426–466, ND 1988.

174 Werner, K. F. 1984, p. 346; vgl. Irische Glaubensboten in Süddeutschland, in: Kilian, Mönch aus Irland – aller Franken Patron 689–1989. Katalog der Sonderausstellung . . . Festung Marienberg – Würzburg 1989, 178–195.

175 Jürgensmeier, Friedhelm, Das Bistum Mainz. Von der Römerzeit bis zum II. Vatikanischen Konzil. Josef Knecht, Frankfurt a. M. 1988, 22, der auch auf einige weitere Verbindungen zwischen Mainz und Poitiers hinweist.

176 Büttner, Heinrich, 1951, p. 10 und 13.

177 Fritze, Wolfgang, 1979, p. 498.

178 Fritze, a.a.O., p. 513.

179 Fritze, Wolfgang, 1979, p. 525 und 536.

180 Fredegar, lib. IV, cap. 77.

181 Soder von Güldenstubbe, E. 1989, p. 102.

182 Fredegar, lib. IV, cap. 87.

183 Fritze, a.a.O., p. 541.

184 Fritze, W.,1979, p. 513.

185 Fritze, W., a.a.O., p. 524.

186 Herrmann, Erwin, 1965, p. 51.

187 Herrmann, E., a.a.O., p. 97.

188 Herrmann, E., a.a.O., p. 105.

189 MG DD nr. 42 S. 56ff.

190 MG DD Arnolfi ed. P. Kehr, zit. nach Herrmann, p. 170.

191 Herrmann, E., a.a.O., p. 174.

192 Monumenta Germaniae Historica, Scriptores XXX, 774.

193 Auf St. Hilarius von Poitiers und die Belebung der Kreuzverehrung durch Radegunde verweist auch: Ewig, Eugen, Trier im Merowingerreich. Civitas – Stadt – Bistum. Paulinus Verlag Trier 1954, 92f.

194 Krusch, Bruno, MGH Ssrer. Merov. II. Hannover 1888 ND 1984, 361, heute: „Codex Parisiensis Lat. nr. 9742 olim S. Maximi Treverensis".

195 Vgl. Angenendt, Arnold, Willibrord im Dienste der Karolinger, in: Annalen des historischen Vereins für den Niederrhein 175, 1973, 63–113.

196 Wampach, 1929, p. 43.

197 Soder von Güldenstubbe, Vortrag bei der Kulturtagung des Rhönklubs im Haus St. Michael zu Unterbernhards 4. 3. 1989, Typoskript: Spuren der Christianisierung in der Rhön und St. Kilian. Der Beginn der angelsächsischen Missionsepoche: Willibrord und Hetan S. 25.

198 Mitterauer, M. 1963, siehe auch „Burgenland".

199 Büttner, Heinrich, 1951, p. 10.

200 Zimmermann, Gerd, Patrozinienwahl und Frömmigkeitswandel im Mittelalter. Nachdruck Bamberg 1994.

201 Schieffer, Theodor, Winfrid-Bonifatius und die christliche Grundlegung Europas. Verlag Herder, Freiburg 1954, 258–260.

202 Wegner,Günter, „Die Heiligen und ihre Kultheimat" in: Kirchenjahr und Meßfeier in der Würzburger Domliturgie des späten Mittelalters. Würzburg 1970 (Quellen und Forschungen zur Geschichte des Bistums und Hochstifts Würzburg XXII) S. 65f.

203 Vgl. Soder v. Güldenstubbe, E., Quellentexte zur frühneuzeitlichen Liturgie im Chorherrenstift und in der Pfarrei St. Burkard in Würzburg, in: WDGB 48, 1986, 271–322, hier bes. S. 298f. Kirchenfeste im August.

204 Brandmüller,Walter, Studien zur Frühgeschichte der Abtei Michelsberg mit Abdruck der Kalendare aus den Handschriften Bamberg Lit. 1 und Karlruhe 504, in: 100. Bericht des Historischen Vereins Bamberg 1964, 95–135, hier bes. S. 112 und 129.

205 Hausmann, Regina, Martyrologium. Hochschulverlag Freiburg/Br. 1984. Freundl. Hinweis von O.-Stud.-Rat Dr. Elmar Hochholzer, Münsterschwarzach.

206 Die Kunst- und Altertumsdenkmale im Königreich Württemberg. Hrg. Eduard Paulus, Paul Neff, Stuttgart 1889.

207 Historia Hirsaugensis monasterii, Mon. Germ. XIV 26159, zit. aus: Beissel, Stephan, 1976, p. 26–27.

208 Benz, Richard. Die Legenda aurea des Jacobus de Voragine aus dem Lateinischen übersetzt, Heidelberg Verlag Lambert Schneider 1979, 887; vgl. Busse-Wilson, Elisabeth, Das Leben der Heiligen Elisabeth von Thüringen. C. H. Beck'sche Verlagsbuchhandlung München 1931, 240f.

220

209 Tiefenbach, Heinrich, Xanten – Essen – Köln. Untersuchungen zur Nordgrenze des Althochdeutschen an niederrheinischen Personennamen des neunten und elften Jahrhunderts (Studien zum Althochdeutschen 3) Göttingen Vandenhoeck u. Ruprecht 1984, 301: Erfurter Handschrift CA 2064 wissenschaftl. Allgemeinbibliothek Erfurt, aus Nachlaß des Amplonius Ratinck de Berka.

210 Handbuch der histor. Stätten, 1968 p. 313; Herrmann Joachim, Hrg., Archäologie in der Deutschen Demokratischen Republik. 2 Bde. Konrad-Theiss-Verlag Stuttgart / Urania-Verlag Leipzig 1989, 567f. u. ö., bes. S. 783f. Im Tal lag die Pfarrkirche St. Gallus. Auf der Burg lag neben der Radegundiskapelle noch eine St. Michaelskapelle.

211 In litt. Pfr. Schmidt, Mühlberg, 7. 2. 1989; Opfermann, Bernhard, Das Bischöfliche Amt Erfurt-Meiningen und seine Diaspora (Studien zur katholischen Bistums- und Kloster Geschichte Bd. 30), St.-Benno-Verlag, Leipzig 1988, 182f.

212 Stätte besichtigt von der Autorin im Oktober 1989.

213 „Rund um die Drei Gleichen", Eisenach, Jahresheft 1995.

214 Kapelle besichtigt von der Autorin im Oktober 1990.

215 In litt. 18. 2. 1989 Schw. Chlotilde Müller, Erfurt.

216 Opfermann, B., p. 99, 182f.

217 Besichtigt von der Autorin im Oktober 1990.

218 In litt. 24. 11. 1990 und 28. 12. 1990 Otto Marschall, Eisleben.

219 Handbuch der histor. Stätten, 1968, p. 313.

220 Archäologie in der Deutschen Demokratischen Republik, Hrg. Herrmann Joachim, Konrad-Theiss-Verlag Stuttgart / Urania-Verlag Leipzig 1989, 2. Bd., p. 716f.

221 Briand E., 1898, p. 272–3.

222 Kühnlenz, Fritz, 1971, p. 174.

223 Opfermann, Bernhard, Das Bischöfliche Amt Erfurt-Meiningen. Leipzig 1988, 67f.

224 Wampach, 1929, p. 401.

225 Dronke, E. F., Codex diplomaticus Fuldensis. Kassel 1850, 301 Nr. 653; Amrhein, August, Realschematismus der Diözese Würzburg. ebd. 1897, 157f.; Feulner, Adolf, Bezirksamt Gemünden, in: Die Kunstdenkmäler von Unterfranken und Aschaffenburg Heft XX, R. Oldenbourg. München 1920, 55f.

226 Vgl. Wendehorst, Alfred, Das Bistum Würzburg, Teil 3, Die Bischofsreihe von 1455 bis 1617 (Germania Sacra NF 13,3) Walter de Gruyter, Berlin / New York 1978, 20–51.

227 DAW S. 2, fol. 5v.f.

228 Besichtigt von der Autorin am 16. 10. 1988.

229 DAW, Ortsdokumentation. Akten über die Pfarrei Gössenheim im Bfl. Ordinariat Würzburg, z. B. Baulastgutachten vom 23.2.1978, erstellt durch Diözesan-Archivar Erik Soder; vgl. auch: Kleinschrod, Josef, Gössenheim und die Homburg. o. O. o. J. über die Pfarreirrichtung, siehe DAW S. 2 fol. 5v. Das Würzburger Domkapitel war Patronatsherr. Siehe auch: DAW, Amt Homburg a. d. Werrn, Fasz. 3 fol. 4v.–5v ca. 1613/14; ebd. Fasz. 2 fol. 54v.: 1608 stand „das bildt Ratigundis" auf der rechten Seite (neben dem Jesuskind auf dem Arm seiner Mutter Maria) auf dem linken Nebenaltar. Ebd. Pfarreibeschreibungen fol. 80v. ca. 1607ff.: „Patrocinium in festo Radegundis". 1613 fol. 91 Patron des Hochaltars St. Bartholomäus, Patrone der Nebenaltäre b. Maria und St. Urban.

230 In litt. 11. 5. 1989, Pfarrer Jakob Schmegner, Gössenheim.

231 Fränkisches Volksblatt Würzburg Nr. 180, 8. 8. 1987 und Nr. 253, 3. 11. 1988.

232 Dronke, Ernst Friedrich Johann, Traditiones et Antiquitates Fuldenses. Fulda 1844, S. 23, Nr. 9, S. 30, Nr. 128.

233 Vgl. Typoskript zur Ortsgeschichte 1938, verfaßt von Georg Riedmann, im Diözesan-Archiv Würzburg, p. 4; zu Schönau 1317 siehe: Regesta Boica 5, p. 363.

234 Stamminger, J. B. 1881, p. 3–21. Das zitierte „Amtssaalbuch" lag damals im „Königl. Archiv" in Würzburg, dem heutigen bayerischen Staatsarchiv Würzburg unter der Signatur A 62. Ein Auszug aus dem Salbuch von 1593 steht im Pfarrarchiv Müdesheim im sogen. Pfarrbuch.

235 Sebastian Zeißner, Die St. Radegundiskapelle bei Müdesheim, in: Sulzbacher Kalender 1915, 106–108, hier S. 107.

236 Dünninger, Hans, 1961, S. 120–122, 135.

237 Schmitt, Eugen, wie Fn. 234, S. 13–16, hier p. 15; Schneider Wolfgang, Müdesheim (Lkrs. Main-Spessart) Kath. Pfarrkirche St. Markus und Ulrich, in: Faber, Annette, Johann Peter Herrlein (1722 bis 1799). Ein ländlicher Kunstbetrieb in Franken. Echter-Verlag Würzburg 1996, 111–114, der

den von Schmitt angeführten Rechnungseintrag auf eine Malerei Herrleins im ehemaligen Bein-
haus bezieht.

238 Schmitt, Eugen, Die Radegundiskapelle bei Müdesheim, in: Heiliges Franken, Beilage z. Würzburger Katholischen Sonntagsblatt Nr. 4, Juni 1980, XXVII. Jahrgang, S. 13f.; Zeißner, S., l. c. p. 107f.
Pfr. Zeißner zitierte nach einem Bericht des Arnsteiner Amtskellers Joh. Barth. Heinrich vom
28. Sept. 1660, der ihm noch im ehemaligen „Archiv des bischöfl. Ordinariats Würzburg" vorlag.

239 Pfarrarchiv, siehe: Amrhein, August, Archivinventare der katholischen Pfarreien in der Diözese
Würzburg. ebd. 1914, 77.

240 Goy, Barbara, Aufklärung und Volksfrömmigkeit in den Bistümern Würzburg und Bamberg (Quellen und Forschungen zur Geschichte des Bistums und Hochstifts Würzburg, hrg. von Theodor Kra-
mer 21). Würzburg 1969, bes. p. 128–161.

241 Schematismus des Bistums Würzburg, hrg. für das Jahr 1834, p. 34, Fn. 15, Expl. im DAW.

242 Amrhein August, Realschematismus der Diözese Würzburg, ebd. 1897, 52; Feulner Adolf,
Bezirksamt Karlstadt (Die Kunstdenkmäler von Unterfranken und Aschaffenburg H. VI). R. Oldenbourg, München 1912, 135–137.

243 Typoskript eines Würzburger Alumnen vom 15. 12. 1938 im Diözesan-Archiv, hier S. 7; Verfasser
war der aus Müdesheim stammende Georg Riedmann, Schematismus der Diözese Würzburg
1938, S. 26.

244 Brückner, Wolfgang / Schneider, Wolfgang, Hrg. Wallfahrt im Bistum Würzburg. ebd. 1996,
p. 180f. verzichteten leider auf eigene archivalische Forschungen.

245 in litt. 3. 6. 1988, Ambros Weißenberger, Kirchenpfleger zu Müdesheim.

246 Vgl. vhs., Im stillen Wald steht eine Kapelle. Müdesheim feiert das Fest der hl. Radegundis in der
restaurierten „Holzkirche", in: Fränkisches Volksblatt Nr. 191, 20. 8. 1960.

247 Pfarrbrief Müdesheim, Heßlar, Reuchelheim, August /September 1968. Sonntag 17. 8. Fest der
Ortspatronin St. Radegundis in der Pfarrkirche Müdesheim, 10.00 Uhr Festgottesdienst; 14.00 Uhr
Festandacht in St. Markus, 19.30 Uhr Festandacht in der Radegundiskapelle.

248 Briand, 1898, p. 523.

249 Walterscheid, Johannes, Heilige deutsche Heimat. Verlag Joseph Giesel, Hannover 1936, 387, obwohl er S. 351f. die Königin Radegundis auch kennt.

250 Typoskript von 1938, S. 9.

251 Feulner, l. c. p. 135; Georg Riedmann berichtete noch 1938, Typoskript p. 12, daß die beiden Trag-
figuren von Maria und Radegundis bei Prozessionen „mit einem breiten, mit alten Talern und
Schmuckkreuzen verzierten Samtstreifen angetan, getragen" wurden.

252 Torsy, Jakob. 1975, p. 208; 1977, p. 111.

253 Stamminger, J. B., l. c. p. 7 Fn. 1; ein Exemplar im Pfarrarchiv Gössenheim, siehe: Amrhein A.,
1914. l. c. p. 205; korrekter zitiert bei: Dünninger, Hans 1961, 120f. Das Pfarrarchiv befindet sich
seit 1996 als Depositum im Diözesan-Archiv Würzburg. Wie Fritz Nötzoldt berichtet, regte dieses
Werk den jungen Friedrich Tenner zu Radegunde-Studien an, die ihn lebenslang begleiteten, siehe:
Tenner, Friedrich, Radegunde von Thüringen. Königin – Heilige, Magd der Armen, aus dem Nachlaß hrg. von Fritz Nötzoldt, Heidelberg, Verlag des Buch- und Kunstantiquarlats Helmut Tenner.
1973, 8, auch Tafel I. Nikolaus Rausch aus Würzburg druckte ab 1737, u. a. eine französische
Grammatik von Joh. Mich. Metz 1743. Die Witwe Rausch heiratete 1449 Daniel Christoph Walter aus Augsburg, siehe: Welzenbach, Thomas, Geschichte der Buchdruckerkunst im ehemaligen
Herzogthume Franken, in: Archiv des historischen Vereins von Unterfranken und Aschaffenburg
14. Bd. 2. Heft, Würzburg 1857, 117–258, hier S. 200. Die fromme Umschreibung, die der ano-
nyme Autor 1740 von sich selbst gab, spielt an auf Ps 144,10 und Ps 88,8.

254 Verlag Leo Woerl Würzburg 1881, 3–21.

255 Stoffsammlung Caritasdirektor i. R. Msgr. Robert Kümmert, Texte Rektor i. R. Josef Kuhn,
Burgwallbach, Druckerei und Verlag Richard Mack, Mellrichstadt 1989, p. 27–29, nach Hümmeler, Helden und Heilige. Volksausgabe, Verlag Haus Michaelsberg, Siegburg 1954. R. Kümmert hatte
über den Diözesan-Caritasverband Würzburg 1964 ein Manuskript vervielfältigt unter dem Titel
„Helden und Heilige des Frankenlandes. Materialsammlung zu einer modernen Heiligenlegende
des Bistums Würzburg". „Die hl. Radegunde, die erste Heilige des Fränk.-Thür. Landes 518–587"
steht darin auf S. 11–13, nachempfunden den oben erwähnten Ausführungen Hümmelers. Kurz
gewürdigt wurde St. Radegunde auch durch E. Soder von Güldenstubbe, Frauen in der Geschichte
unserer Stadt und im Bistum Würzburg. Hrg. vom Kath. Deutschen Frauenbund Diözesanverband
Würzburg 2. A. 1989, 7–9 unter der Überschrift: „Eine Friedensfürstin: St. Radegunde".

256 Soder von Güldenstubbe, Erik, in: Unterfränkische Geschichte Band 1, hrg. von P. Kolb u. E. G. Krenig, Echter-Verlag Würzburg 1989, S. 121f.; Radegunde ebd. erw. S. 92 u. 94.

257 Scheele, Paul-Werner, Bischof, Unser Kiliansdom, in: Dich loben, dir danken . . . 1300 Jahre Mission und Martyrium der Frankenapostel, hrg. von Bullin, Wolfgang und Ganz, Franz Ludwig. Würzburg, Echter 1990, 105–122, S. Radegunde ebd. S. 114; Wehner, Thomas, Realschematismus der Diözese Würzburg. Dekanat Würzburg-Stadt. Echter, ebd. 1992, 15.

258 Wehner, Thomas, l. c. p. 74f.

259 Vgl. Patze, Hans / Schlesinger, Walter, Hrg., Geschichte Thüringens 1. Bd. 2. A. Köln / Wien 1985, 322f.; Guttenberg, Erich Frhr. v., Die Regesten der Bischöfe und des Domkapitels von Bamberg. Ferd. Schöningh Würzburg 1963, 203, Nr. 401.

260 Beissel, Stephan, 1976, II p. 25; Looshorn, Johann, Geschichte des Bisthums Bamberg, Bd. 1, 1886 ND 1967, 186f.; Baumgärtel – Fleischmann u. a., Die Altäre des Bamberger Domes von 1012 bis zur Gegenwart. Bamberg 1987, S. 11–13.

261 Sauerland, H. V., Ein Bamberger Missale aus dem Anfange des 11. Jahrhunderts im Trierer Domschatz, in: Historisches Jahrbuch der Görres-Gesellschaft 8, 1877, 475ff.; Meyer, Otto, Manuscripta Bambergensia dislecta I, in: 93./94. Bericht des Historischen Vereins Bamberg 1954/55, 271f.; Lagemann, Adolf, Der Festkalender des Bistums Bamberg im Mittelalter. Entwicklung und Anwendung, in: 103. Bericht des Historischen Vereins Bamberg 1967, 7–264, hier S. 28f., 158.

262 Brandmüller, Walter, Studien zur Frühgeschichte der Abtei Michaelsberg, in: 100. Bericht des Historischen Vereins Bamberg 1964, 95–135, bes. S. 112, 129; Lagemann, A., l. c. p. 40f., 158. Bezeichnenderweise fehlt St. Radegunde, „die typische Cluniazenserheilige", in einem Lambacher Kalendarfragment, das in der Abtei Münsterschwarzach entstand. Das Sanctorale zeigt den Würzburger Diözesanstand der ersten Hälfte des 11. Jahrhunderts, ebenso wie den der Abtei Amorbach. Für den freundlichen Hinweis wird Herrn Oberstudienrat Dr. Hochholzer gedankt, siehe: Hochholzer, Elmar, Ein Lambacher Kalendar-Nekrologfragment (11. Jahrhundert) aus Münsterschwarzach?, in: Frühmittelalterliche Studien 29, Münster 1995, p. 226–272, hier bes. p. 240.

263 Deinhardt, Wilhelm, Dedicationes Bambergenses. Weihenotizen und -urkunden aus dem mittelalterlichen Bistum Bamberg. Herder, Freiburg 1936, 14f. Nr. 20.

264 Inkunabeldruck: Bebenburg, Lupold, von, Germanorum veterum principum zelus et fervor in christianum religionem Deique ministros. Basel 1497, Kap. 13; vgl. Schreiner, Klaus, „Hildegardis regina", in: Archiv für Kulturgeschichte 57, 1975, 1–70, hier S. 22 Nr. 879; Corbet, Patrick, Les Saints Ottoniens. Sigmaringen 1986, 49.

265 Bauerreis, Romuald, 1924, p. 43–60.

266 Handbuch d. Kirchengeschichte, 1975, p. 276.

267 Hindringer, Rudolf, 1924, 1–25. Der Papstbrief vom 15. 5. 716 über die Entsendung des Legaten Martinian nach Bayern ist ediert in: MGH LL III 451–454.

268 Tacitus, Germ. cap. 10.

269 Hindringer, a.a.O., p. 19.

270 Hindringer, a.a.O., p. 20.

271 Kluge, Friedrich in: Hindringer, a.a.O. Note 2, p. 21.

272 Hindringer, R. 1924, p. 14.

273 Monumenta Germaniae Historica SS XV/2 p. 1094: Notae S. Emmerammi; vgl. Bosl, Karl, Der „Adelsheilige". Idealtypus und Wirklichkeit, Gesellschaft und Kultur im merowingerzeitlichen Bayern des 7. und 8. Jahrhunderts, in: Prinz, Friedrich, Hrg., Mönchtum und Gesellschaft im Frühmittelalter. Wissenschaftliche Buchgesellschaft Darmstadt, 1976, 354–386, hier bes. S. 366f. Piendl, Max, Fontes monasterii S. Emmarami Ratisbonensis. Bau- und Kunstgeschichtliche Quellen, in: Quellen und Forschungen zur Geschichte des ehemaligen Reichsstiftes St. Emmeram in Regensburg (Thurn-u.-Taxis-Studien 1) 1961, S. 1–183, Weihenotizen und Reliquienverzeichnis, S. 22, Nr. 23.

274 Freundl. Hinweis von Herrn Dr. Elmar Hochholzer in litt. 9. 4. 1996, siehe: Hoffmann, Hartmut, Buchkunst und Königtum im ottonischen und frühsalischen Reich. Stuttgart 1986, 301f.; Kuder, Ullrich, in: Regensburger Buchmalerei von frühkarolingischer Zeit bis zum Ausgang des Mittelalters. Ausstellung der Bayer. Staatsbibliothek München und der Museen der Stadt Regensburg, Prestel-Verlag München 1987, 32. Bereits um 1000 kam der Kodex nach Verona in die Bibliothek des Domkapitels. Vielleicht war das der Grund, warum St. Radegunde in den späteren Kalendaren von St. Emmeram fehlt.

275 Holder-Egger, Oswald, Aus Münchener Handschriften, in: Neues Archiv der Gesellschaft für ältere deutsche Geschichtskunde. 13. Bd., Hahn'sche Buchhandlung Hannover 1888, 557–587, hier S. 568.

276 Krusch, B., 1888, p. 361. Auch in St. Emmeram war eine Handschrift mit der Radegundis-Vita des Venantius Fortunatus vorhanden.

277 Lechner, Anton, 1891, p. 7–32, hier bes. p. 68.

278 Zöllner E. 1951, p. 245ff.

279 Bosl, 1965, p. 170.

280 Werner, K. F., 1984, p. 347.

281 Diacre, Paul, Hist. Langobardum Lib. IV c. D.; siehe auch: Pauli Historia Langobardum. Hrg. Waitz, Georg, MGH SS 48, 1878 ND 1987.

282 Bauerreis, 1958, p. 45.

283 Dopsch, H., Salzburg, in: Lexikon des Mittelalters. 6. Bd. Artemis- und Winkler-Verlag München / Zürich 1995, Sp. 1331–1336.

284 Straeten, Jan van der: Analecta Bollandiana 75/1957, 434.

285 in litt. 29. 2. 1988 und 6. 3. 1992.

286 Lechner, Anton, 1891.

287 Bitterauf, Theodor, 1905 Bd. I u. II. Nr. 24a, 29, 37, 126, 140, 175, 278, 298, 312, 369, 514, 516a, 614, 759, 902, 926, 1038, 1152, 1267, 1305, 1341, 1480.

288 Bitterauf Theodor, a.a.O. Nr. 43, 103, 240, 354, 686, 805, 841, 1266, 1307, 1439, 1618, 1650, 1738.

289 Bitterauf, Theodor, a.a.O., Bd. I, p. XXXIII.

290 Bitterauf, Theodor, a.a.O., Bd. II, p. 351.

291 Lechner, Anton, 1891, p. 127–147.

292 Lechner, Anton, 1891, p. 154.

293 Lechner, Anton, 1891, p. 195.

294 Lechner, Anton, 1891, p. 247.

295 Die Königin Radegundis wird z. B. in der „Bavaria Sancta. Leben der Heiligen und Seligen des Bayerlandes", bearbeitet von Dr. Magnus Jocham, 2. Bd. München, Verlag des kath. Büchervereins 1892 nicht erwähnt, dagegen p. 236–241 „die selige Radegundis, Dienstmagd. Am Ende des 13. Jahrhunderts".

296 Vita Corbiniani, ediert durch Krusch, Bruno, MGH SSrer Merov. 4 Hannover 1913, p. 497–635, hier c. 1, p. 523.

297 Ammer, Alfons, 1924, p. 308.

298 Hindringer, Rudolf, 1924, p. 12–13.

299 Arnold, Balthasar, 1924, p. 64.

300 Vita Corb. c 26 1 c, S. 583.

301 Vita Corb. 1 c, S. 505.

302 Hartig, Michael, 1924, p. 147; Glaser, Hubert / Brunhölzl, Franz / Benker, Sigmund, Vita Corbiniani. Bischof Arbeo von Freising und die Lebensgeschichte des hl. Korbinian. Schnell u. Steiner, München / Zürich 1983, hier bes. S. 62f.

303 Bitterauf, Theodor, 1905, Bd. I, p. LXI.

304 Schlecht, Josef, 1924, p. 177–208.

305 Bitterauf, Theodor, 1905, Bd. I, p. LIII.

306 Ursprung, Otto, 1924, p. 263.

307 Ursprung, Otto, 1924, p. 265–266.

308 Vgl. Sondheimer, I., Die Herodes-Partien im lateinischen liturgischen Drama und in französischen Mysterien (Beiträge zur Geschichte der romanischen Sprachen und Literaturen 3) 1912, 97–99, 119f., 160: „Freisinger Ordo Rachelis", 16–18, 47–49, 70f., 87f., 94f., 159f.: „Freisinger Weihnachtsspiel. T. Stemmler, Liturgische Feiern und geistliche Spiele (Buchreihe der Anglia 15), 1970, 89f. u. ö.

309 Ursprung, Otto, 1924, p. 267.

310 Schmidt, Leopold, 1956, p. 47–63.

311 Strzewitzek, Hubert, 1938, p. 34.

312 Strzewitzek, Hubert, 1938, p. 187.

313 Nach im Pfarrarchiv zu Gars aufbewahrten Dokumenten, eingesehen von der Verfasserin 9. 1. 1992. Vgl. auch: Backmund, P. Norbert, Die Chorherrenorden und ihre Stifte in Bayern. Passau

Neue-Presse-Verlags GmbH 1966, 82–84; nach Stahleder, Helmut und Eckert-Eichhorn, Annelie, Mühldorf am Inn. In den Landgerichten Neumarkt, Kraiburg und Mörmoosen und in der Stadt Mühldorf (Historischer Atlas von Bayern. Teil Altbayern Heft 36) München 1976, 139–144, hier S. 140, seien ab der Errichtung des Chorherrenstiftes Gars „wohl um 1122" sowohl Maria als auch Radegundis die Patroninnen gewesen.

314 Schmidt, Leopold, 1956, p. 35.

315 in litt. 30. 3. 1988.

316 Vgl. Beissel, Stephan, Geschichte der Verehrung Marias in Deutschland während des Mittelalters. Freiburg/Br. Herder 1909; Ritter, Emmeram H., Reliquien, in: Bäumer, Remigius / Scheffczyk, Hrg., Marienlexikon. 5. Bd. Eos-Verlag St. Ottilien 1993, 453f.

317 Reliquien. Verehrung und Verklärung. Skizzen und Noten zur Thematik und Katalog zur Ausstellung der Kölner Sammlung Louis Peters im Schnütgen-Museum, Hrg. Legner, Anton. Köln 1989, Abb. 76f.

318 Besichtigt von der Autorin am 9. 1. 1992.

319 Vgl. R. Paulus, Dorner, Johann Jakob, d. Ä. (1741–1813), in: U. Thieme / F. Becker, Allgemeines Lexikon der bildenden Künstler. 9. Bd. Leipzig, 480–482, ohne Erwähnung seines Gemäldes in Gars.

320 in litt. 30. 3. 1988.

321 Vgl. Bayern, Adalbert, Prinz von, Die Wittelsbacher. Geschichte unserer Familie. Prestel München 1979, Tafel III, S. 113, 122f., Abb.31.

322 Bayern, l. c. p. 95f., 99: Im Jahre 1385 hatte Elisabeth von Bayern (Isabeau) den französischen König Karl VI. aus dem Hause Valois in Amiens geheiratet.

323 Schrott, Ludwig, Die Herrscher Bayerns. Süddeutscher Verlag München 1966, 78ff., 250.

324 Mündliche Auskunft von Herrn Pfarrer Josef Stemmer, Gars, 9. 1. 1992.

325 Krausen, Edgar, Stadtarchiv Mühldorf am Inn (Bayerische Archivinventare 13) München, Karl-Zink-Verlag 1958, S. 1f., Urk.-Nr. 2 u. ö. 1438 wird eine Allerseelenbruderschaft zu Ranoldsberg erwähnt (Nr. U 8), 1485 auch noch eine St. Sebastiansbruderschaft genannt (U 46).

326 Stahleder / Eckert-Eichhorn, Mühldorf am Inn (Hist. Atlas von Bayern) 1976, l. c. p. 140.

327 Backmund, Norbert, 1966, l. c. p. 82; Zimmermann, E., Zur Geschichte des Klosters und des Archidiakonates Gars. ebd. 1928; Hansen, Susanne, Hrg., Die deutschen Wallfahrtsorte. Pattloch, Augsburg 2. A. 1991, 716, ohne jede Erwähnung von St. Radegunde.

328 Stahleder /Eckert-Eichhorn, l. c. p. 251.

329 in litt. 29. 11. 1990.

330 Angerer, Joachim, Hrg., Klösterreisen Österreich und Südtirol. Herold-Verlag Wien 1984, 151–153, 174f.

331 Schmidt, Leopold, 1956, p. 34–35.

332 Vanesa, Max, Geschichte Nieder- und Oberösterreichs, Bd. 1, S. 119.

333 Vgl. Personalschematismus der Diözese Linz 1973, 334.

334 RB IX, 277.

335 Martin, Franz, 1947, Bd. XXX, p. 343ff.

336 Krausen, Edgar, Die Urkunden des Klosters Raitenhaslach 1034–1350 (Quellen und Erörterungen zur bayerischen Geschichte NF 17). München, C. H. Beck 1960, St. Radegund, Urk. Nr. 16; ders.; Die Zisterzienserabtei Raitenhaslach (Germania Sacra. Das Erzbistum Salzburg), Walter de Gruyter. Berlin 1977, 126.

337 Personalschematismus der Diözese Linz 1973, 334.

338 Besichtigt von der Autorin am 1. und 2. 7. 1991.

339 Bergmann, Georg, Franz Jägerstätter. Ein Leben vom Gewissen entschieden. Christiana-Verlag Stein am Rhein 1980, mit kurzer Einleitung über St. Radegund und seine Kirche. S. 7f. Jägerstätters Witwe war noch 1991 Mesnerin in St. Radegund (S. 58).

340 Vgl. Lechner, Gregor Martin OSB / Telesko, Werner, Barocke Bilder-Eythelkeit. Allegorie – Symbol – Personifikation. Ausstellung des Graphischen Kabinetts des Stiftes Göttweig. Krems–Stein/Donau 1993.

341 Walter, Karl, Glockenkunde. Friedrich Pustet, Regensburg / Rom 1913, 881.

342 Oberchristl, Florian, Glockenkunde der Diözese Linz, ebd. 1941, S. 448.

343 in litt: Pfarrer Josef Steinkellner, Tarsdorf, 9. 3. 1989. Das Heilbrünnl wird aber dargestellt auf einer Kerze, mit der die Gemeinde St. Radegund um Touristen wirbt, siehe: Jobler, Reinhard / Nikitsch, Herbert / Tschofen, Bernhard, Post vom schönen Österreich. Eine ethnographische

Recherche zur Gegenwart (documenta ethnographica). Verlag des Vereins für Volkskunde in Wien, ebd. 1996, 34, 48.

344 Besichtigt von der Autorin am 2. 7. 1991.
345 Schmidt, Leopold, 1956, p. 35.
346 Bauerreis, Romuald OSB, 1958, p. 111.
347 Krausen, Edgar, Die Klöster des Zisterzienserordens in Bayern (Bayer. Heimatforschung 7), München-Pasing 1953, 81–83; ders., Die Urkunden des Klosters Raitenhaslach 1034–1350. München 1959–1960. St. Radegund erw. unter Nr. 16: Pfarrer Eugen Reitter zu St. Radegund, Konventuale von Raitenhaslach. Raitenhaslach liegt übrigens heute im Bistum Passau, siehe: Schematismus des Bistums Passau 1991, 122, eingemeindet nach Burghausen a. d. Salzach, Landkreis Altötting.
348 Havlik, Lubomir, 1965, p. 188–189.
349 Lechner, Karl, 1976, p. 16–19.
350 Friesinger, Ingeborg, 1976, p. 16–19.
351 Havlik, Lubomir, 1965, p. 195.
352 Vor allem Pitten und Pottenbrunn, beschrieben von H. Friesinger, „Die Slawen in Niederösterreich", 1976.
353 Eppel, Franz, 1978, p. 12–16.
354 Angerer, J., l. c. p. 98–102, hier S. 102.
355 Friesinger, Ingeborg, 1976, p. 68.
356 Bitterauf, Theodor, 1905, Bd. 1, Nr. 1037: „. . . hoc est curtam iugeribus V, mensuratam de arabili terra hobas VI, de pratis carradas C, de silvula iugera XLIIII."
357 Friesinger, Herwig, 1991, p. 6.
358 Bitterauf, Theodor, 1905, Bd. II u. II. Verschiedene Personen namens Luitpolt tauchen in den Freisinger Traditionen 88mal als Zeuge auf bei Transaktionen in den Bezirksämtern Freising und Erding, zwischen 923 und 1261. Darunter ein Luitpolt marchio und drei „Frisingensis" oder „de Frisingen".
359 Bayer. Städtebuch, Teil 1, Kohlhammer, Stuttgart, Bln. 1971.
360 Der große Ploetz, 1986, p. 352.
361 Lechner, Karl, 1976, p. 82.
362 Link, Bernhard, Annales Austro-Claravallenses, Wien 1723–25, I, p. 49 „nec non ob petitionem nostrorum fidelium videlicet Willihelmi marchionis et Ernusti (dem Azzo) tres regales mansos in uilla quae dicitur Hecimannesuisa et in marchia et in commitatu praedicti marchionis Ernusti sitos", in: Friess, 1874.
363 Friess, Gottfried Edmund, 1874.
364 Font. 1 cl, p. 47, Nr. 44, in Friess XXXIII.
365 Eppel, Franz, 1978, p. 16.
366 Plesser, Alois, in: Blätter des Vereins f. Landeskunde von Niederösterreich 1901.
367 Ammer, Alfons, 1924, p. 319.
368 Keiblinger, Ignaz Franz, 1851, p. 61.
369 Keiblinger, a.a.O., p. 61.
370 Keiblinger, a.a.O., p. 220.
371 Geschichtl. Beilagen zu den Consistorial-Currenden der Diözese St. Pölten, 1885, Bd. II, p. 238.
372 Schematismus der Diözese St. Pölten 1958/59, S. 212 u. 330, wo St. Pankraz als Kirchenpatron seit 1332 genannt wird. Das Patronat über die Pfarrei steht der Gutsherrschaft zu Eis, den Grafen Gudenus, zu.
373 Bitterauf, Theodor, 1905, Bd. II, Nr. 1728.
374 In: Das Waldviertel, 5. Jg. 1932, Folge 8, p. 148–150.
375 Nürnberg: Georg Stucks ex Sultzbach 1500.
376 Dr. P. Gottfried Glaßner, Stiftsbibliothek Melk, in litt. 24. 5. 1994.
377 Jaroschka, Walter / Wendehorst Alfred, Das Kreuzensteiner Legendar. Ein Beitrag zur Geschichte der österreichischen Hagiographie des Spätmittelalters, in: MIÖG 65, Hermann Böhlaus Nachf., Graz / Köln 1957, 369–418, hier bes. p. 377f.
378 Jaroschka / Wendehorst, l. c. p. 397, Nr. 227, siehe den Codex 2907 der Nat.-Bibl. Wien.
379 Schneid, Emil, „St. Radegundis eine vergessene Heilige". Sonderdruck aus Jahrgang 7, Nr. 11/12 „Das Waldviertel", Krahuletz-Museum der Stadt Eggenburg, Publikation Nr. 61.
380 Histor. Ortsnamensbuch v. NÖ, V. Bd. Wien 1973.
381 Besichtigt von der Autorin am 6. 7. 1991.

382 Geschichtliche Beilagen zu den Consistorial-Currenden der Diözese St. Pölten, Bd. II, IV, VI.

383 „Aus vergangenen Zeiten des alten Pfarrgebiets Pfaffendorf", o. J.

384 Besichtigt von der Autorin am 14. 4. 1994, in litt. OSR Franz Lutz, Peigarten, 15. 8. 1990 und 26. 10. 1990, mündlich am 14. 4. 1994.

385 Histor. Ortsnamensbuch von Niederösterreich, 1973, Bd. „B".

386 Vgl. Plöchl, Willibald, Das kirchliche Zehentwesen in Niederösterreich (Forschungen zur Landeskunde 5), Wien 1935, 24–27, 86.

387 Mündliche Auskunft von Frau M. Lutz, 14. 4. 1994.

388 Schneider, A., Sagen aus dem Pulkautal, 1923, vergriffen.

389 Besichtigt von der Autorin am 14. 4. 1994.

390 Ammer, Alfons, 1924, p. 320.

391 Zinnhobler, Rudolf, Hrg., Die Passauer Bistumsmatrikeln. Bd. IV/2, Verlag des Vereins für Ostbaierische Heimatforschung. Passau 1991, 458.

392 Historisches Ortsnamenbuch von Niederösterreich, verfaßt von Heinrich Weigl, Wien 1973. Vgl. auch: Kupfer, Erwin, Die Siedlungsnamen im Bereich der Stadt Wien sowie der politischen Bezirke Wien-Umgebung und Mödling und ihre siedlungsgeschichtliche Relevanz, in: Unsere Heimat. Zeitschrift für Landeskunde von Niederösterreich. Jg. 66 H. 4, 1995, 250–290, hier: „-dorf"-Namen, p. 273.

393 Lechner, Karl / Klaar, Adalbert, 1963 p. 102 Note 11.

394 Berthold, Karl, Hohenruppersdorfer Heimatbuch, 1987; vgl. Plöchl, W., l. c. p. 134.

395 Zinnhobler l. c.; Angerer, J., l. c. p. 69.

396 in litt. 13. 6. 1990 OSR Berthold, Karl und 10. 7. 1990 und 21. 10. 1990 Frau Strobl, Stephanie.

397 Tendenz der Ähnlichkeit beschrieben auch bei Anna Coreth, 1959.

398 Band Niederösterreich nördlich der Donau.

399 p. 263–311.

400 Schmidt, Leopold, 1956, p. 40.

401 Plank, Carl, 1946, p. 9–12.

402 Unsere Heimat, X, p. 207ff.

403 Notitia dignitatum, Andreas Graf, Übersicht der antiken Geographie Pannoniens, Budapest 1936.

404 Kenner, Hedwig, 1978, p. 104–105.

405 Jetzt im Museum Asparn a. d. Zaya; 3. Jahrhundert n. Chr.

406 Zimmermann, Fritz, 1954, p. 16.

407 Zimmermann, Fritz, 1954, p. 25.

408 Angaben der „Origo gentis Langobardorum", übernommen von Paulus Diaconus. Vgl. Menghin, Wilfried, Die Langobarden. Archäologie und Geschichte. Stuttgart Theiss o. J., bes. S. 57ff.

409 Bóna, István, 1979, p. 394ff.

410 Vgl. Vianello, Francesco,Wer war Wacho? Namenglieder im Langobardischen Königshaus, in: Zeitschrift für Geschichtswissenschaft, 43. Jg. Nr. 5, Berlin 1995, S. 389–403, hier besonders Tafel 1 „Verbindung mit der thüringischen Dynastie".

411 Paulus Diaconus, II/6.

412 Zimmermann, Fritz, 1954, p. 31.

413 Beninger, Eduard, Germanischer Grenzkampf in der Ostmark, Wien 1939, p. 111–112.

414 Kollautz, Arnulf, 1979, p. 451.

415 Paulus Diaconus, IV, 37.

416 Menander, Excerpta de legat. gent., p. 476, 26 sp.

417 Kollautz, Arnulf, 1979, p. 485.

418 Kollautz, Arnulf, 1979, p. 473ff.

419 Kollautz, Arnulf, 1979.

420 Herrmann, Erwin, 1965, p. 211.

421 Allerdings gibt die Lebensbeschreibung Willibalds durch die Nonne Hugeburc, die ihre Informationen dem Heiligen größtenteils persönlich verdankte, keinen Hinweis auf eine Mission im Burgenland oder im nördlichen Balkan. Wohl war er in Italien, Kleinasien und Palästina, aber die sorgfältig beschriebenen Reiserouten Willibalds berührten keineswegs das hier behandelte Gebiet. Seine beiden Alpenüberquerungen gingen von Pavia Richtung Rhônetal und vom Gardasee nach Freising. Allerdings weilte Willibald auch auf Wunsch des hl. Bonifatius in Thüringen. Siehe: Quellen zur Geschichte der Diözese Eichstätt. Bd. I. Biographien der Gründungszeit, Texte, Übersetzung und Erläuterung von Andreas Bauch. Johann-Michael-Sailer-Verlag, Eichstätt 1962.

422 Annales Laurissae MGH SS rer. Germ. in usum Scholarum, Bd. 6, 1895, ND 1950, I, 182.

423 Ann. St. Emm. Rat. maj.

424 Zimmermann,Fritz, 1954, p. 41.

425 Fritze, W. H., 1979, p. 498–545.

426 Fritze, W. H., 1979, p. 517.

427 Herrmann, Erwin, 1965, p. 45.

428 Öttinger, Karl, Das Werden Wiens, Wien 1951.

429 Tiso, F., The Empire of Samo 623–658, 1961; Pohl, Walter, Die Awaren. München 1988, 256–261; Kunstmann, Hellmut, in: Die Welt der Slawen. Wiesbaden 24. Jg. 1979, 25. Jg. 1980.

430 Mitterauer, M., 1963, p. 2–4.

431 Plank, Carl, 1946, p. 51.

432 Lechner, Roman, Führer von Maria Schnee und Lichtenegg, p. 22.

433 Bitterauf, Theodor, 1905, Bd. 1, p. 696, Nr. 887.

434 Fleckenstein, Josef, Fulrad von Saint-Denis und der fränkische Ausgriff in den süddeutschen Raum, in: Müller, Wolfgang, Hrg., Zur Geschichte der Alemannen. Wissenschaftliche Buchgesellschaft Darmstadt 1975, 354–400.

435 Mitterauer, M. 1963, p. 81ff.

436 Andere Schreibweisen: Ratpot, Radpot.

437 Mitterauer, M. 1963, p. 91–103.

438 Schmidt, Leopold, 1956, p. 41.

439 Hundt, Graf F. H., Die Urkunden des Bistums Freising aus der Zeit der Karolinger, Abh. hist. Classe kgl. bayr. Ak. d. Wiss. 13, 1875, 1. Abt. 7.

440 Plank, Carl, a.a.O., Bd. I, p. 22.

441 Schmidt, Leopold, 1956, p. 40–42.

442 Zöllner E., Zur Bedeutung d. älteren Otachare für Salzburg, St. Pölten u. Wien, N. Jb. d. Her.-gen.Ges. Adler 1 (1945/6), 31.

443 MGH SS 15, 568. Weitere Rado-Belege bringt Tiefenbach, Heinrich, Xanten – Essen – Köln. Untersuchungen zur Nordgrenze des Althochdeutschen an niederrheinischen Personennamen des neunten bis elften Jahrhunderts (Studien zum Althochdeutschen 3) Göttingen, Vandenhoeck und Ruprecht 1984, Namensynopse, p. 377f.

444 Mitterer, 1963, p. 97–99.

445 Dannenbauer, H., Bevölkerung u. Besiedlung Alemanniens, Stuttgart 1958, 24ff.

446 Mitterauer, M., 1963, p. 101.

447 Herrmann, Erwin, p. 156.

448 Schmidt, Leopold, a.a.O.

449 Herrmann, Erwin, 1965, p. 189, ebenso Zimmermann, 1954, p. 9 und 87.

450 Herrmann, Erwin, 1965, p. 193.

451 Dioecesis Pataviensis 1. Teil (Necrologia Germaniae 4) MGH Ed. von Max. Fastlinger u. Jos. Sturm. Berlin 1920, ND München 1983, p. 371, 388.

452 Besucht von der Autorin am 24. 4. 1993.

453 Siehe: Personalstand der Welt- und Ordensgeistlichkeit der Erzdiözese Wien. Verlag Erzbischöfl. Ordinariat 1972, 239, ohne Erwähnung der profanierten Radegundis-Kapelle.

454 Kenner, Hedwig, 1978, p. 104–105.

455 Bächtold-Stäubli IV, p. 86ff.

456 Besichtigt von der Autorin am 15. 4. 1993.

457 Topographie von Niederösterreich VI, Wien 1909, p. 231–234.

458 Keiblinger, Ignaz Franz,1851, p. 647.

459 Topographie von Niederösterreich, a.a.O.

460 Zinnhobler, Rudolf, Hrg., Die Passauer Bistumsmatrikeln Bd. 5, Verlag des Vereins für Ostbaierische Heimatforschung, Passau 1989, 248f.

461 Personalstand der Welt- und Ordensgeistlichkeit der Erzdiözese Wien 1972, 321.

462 Schmidt, L. 1956, p. 25.

463 Amon E., „Streifzug durch die Geschichte von Matzendorf" o. J.

464 Sepp, J. N., Die „Schimmelkapellen in Alt-Bayern", in: Monatsschr. d. Histor. Vereins v. Oberbayern, Bd. III, München 1894, p. 13ff.

465 Schmidt, L. 1956, p. 25, Note 70.

466 Angerer, J., l. c. p. 71–80.

467 Topographie von Niederösterreich, a.a.O.; Zinnhobler, l. c.
468 Vollmer, Hans, Hrg., Allgemeines Lexikon der bildenden Künstler, 25. Bd. VEB E. A. Seemann Verlag Leipzig 1931 (ND 1978), p. 301.
469 Vollmer, l. c. 17. Bd., p. 189f.
470 Blätter für Landeskunde, 1890, S. 339, 340.
471 In litt. 5. 1. 1990, Dr. Abraham, Großhöflein, Hauptstr. 3.
472 Die Denkmale des polit. Bezirks Eisenstadt und der freien Städte Eisenstadt und Rust. Österr. Kunsttopographie, Bd. 24, Wien, Benno Filser 1953.
473 In litt. Pfr. H. Halder, 15. 7. 1988.
474 Mohl, Adolf, 1931, p. 5ff.
475 Kirchlicher Standesausweis der Diözese Eisenstadt, 1961, 52.
476 Zimmermann, Fritz, 1954, p. 107.
477 Besichtigt von der Autorin am 23. 4. 1993.
478 Rittsteuer, Josef, Die Klosterakten über das Burgenland, in: Burgenländ. Forschungen 30, Eisenstadt 1955, p. 153ff.
479 Von der Autorin besucht am 16. 4. 1993.
480 Personalstand der Welt- und Ordensgeistlichkeit der Erzdiözese Wien, 1972, 319.
481 In litt.Pfr. Hans Halder, Großhöflein, 19. 7. 1988.
482 Schmidt L., 1956, p. 26.
483 Much, Rudolf, „Strubiloscalleao", Zeitschr. f. dt. Altertum, Bd. 36, Berlin 1892, p. 48f.
484 Mitscha-Märheim, Herbert, „Die germanische Völkerwanderungszeit", Burgenland-Landeskunde, Wien 1951, p. 226.
485 Krüger, CSIR 1/3, Nr. 158, einst im Hof des Niederösterreichischen Landesmuseums, Wien.
486 Kenner, Hedwig, 1978, p. 104.
487 Zimmermann, Fritz, 1954, p. 97.
488 Mitis, Oskar, Jahrb. f. Landeskunde Niederösterreichs 1936, p. 62.
489 Herrmann, Erwin, 1965, p. 167 u. 230.
490 Widemann, Josef, Die Traditionen d. Hochstifts Regensburg, München 1943.
491 Mon. Boica 29, 189.
492 Zimmermann, Fritz, 1954, p. 96.
493 Vgl. Mühlberger, K., Das fränkisch-bayerische Ostland im 9. Jahrhundert. Diss. Wien 1980.
494 Plank, Carl, 1943, p. 68.
495 Schmidt, Leopold, 1956, p. 27.
496 Gugitz, Gustav, 1956, Bd. II, Niederösterreich, p. 58.
497 mündlich, Pfarrer Hofstätter, Kloster Katzelsdorf, 16. 4. 1993.
498 Kirchlicher Standesausweis der Diözese Eisenstadt, 1961, 99; das Patronat über die Pfarrei steht dem Fürsten Esterházy zu.
499 Besichtigt von der Autorin am 21. 4. 1993.
500 In litt. Pfr. Hans Halder, Großhöflein, 19. 7. 1988.
501 Homma, „Erläuterungen zum historischen Atlas der österr. Alpenländer", Abt. II, 3. Teil, Burgenland, p. 45.
502 Kirchenzeitung der Diözese Eisenstadt 9. 8. 1987.
503 Ulbrich, Karl, Der Tabor von Unterloisdorf-Mannersdorf a. d. Rabnitz, Burgenländ. Heimatbl. 18, Eisenstadt 1956.
504 Burgenländische Forschungen, Sonderheft II, Eisenstadt 1969.
505 Besichtigt von der Autorin am 19. 4. 1993.
506 Personalstand der Welt- und Ordensgeistlichkeit der Erzdiözese Wien 1972, 260.
507 In litt. Pfr. H. Halder, 15. 7. 1988.
508 Komzak, W., „Der Erdstall" 19, Roding 1993.
509 Plank, Carl, 1946, Bd. I, p. 33.
510 Ritter, Johann: Mein Zeitbuch der Kindheit. Neu hrsg. von Helene Grünn, Wien 1983, Verl. Niederösterr. Heimatwerk, 112 p.
511 Lechner, Karl, 1963, p. 106–107.
512 Petena (Istrien) geographisch nicht feststellbar. Interessant ist, daß Abbé Briand einen Radegundeort Sterna Nijwa nennt (1898 p. 522), den das Österreichische Ost- und Südosteuropa-Institut Wien mit Vorbehalt als das heutige Sterna, opst. Buje in Istrien, 11 km ö. Buje identifiziert (in litt. 20. 12. 1990).

513 Lechner / Klaar, 1963, p. 113.
514 Lechner / Klaar, 1963, p. 111.
515 Lechner / Klaar, 1963, p. 105.
516 Schermann, Geschichte von Lockenhaus o. D., p. 57.
517 Walter, C. I. v., k.k. Ing. Hauptmann. Kriegsarchiv, Kartensammlung B IX c, 641 (Maßstab 1:13.700) und 642 (Maßstab 1:27.400).
518 Besichtigt von der Autorin am 18. 4. 1993.
519 Schimetschek, Bruno, Aufsatz o. D., vom Autor übersandt in litt. 28. 1. 1989.
520 Grohmann, Josef Virgil, Sagen aus Böhmen, Prag 1863, p. 255.
521 Schimetschek, Bruno Dr., Vergangene Zeiten. Geschichtliche Bilder aus der Buckligen Welt. 1978, Verlag Kulturförderung f. d. Bez. Kirchschlag, 157 p.
522 Lechner / Klaar, a.a.O., p. 112, nach Mitteilung von Pfarrer J. Krenn, Bad Schönau.
523 Besichtigt von der Autorin vom 16. bis 18. 4. 1993.
524 Lechner, Roman, „Maria Schnee und Lichtenegg" 2. Aufl. Mödling, o. D.
525 Personalstand der Welt- und Ordensgeistlichkeit der Erzdiözese Wien 1972, 263f.
526 Lechner, Roman, mündlich 17. 4. 1993.
527 Zimmermann, Fritz, 1954, p. 14.
528 Schmidt, L. Volk und Heimat 1951, Nr. 21.
529 Plechl, Pia Maria, Wallfahrtsstätten in Niederösterreich mit Wanderführer „Wandern auf Wallfahrerwegen" von Bernhard Baumgartner. Niederösterreichisches Pressehaus St. Pölten 1978, 87f.
530 Besichtigt von der Autorin am 20. 4. 1993.
531 Kirchlicher Standesausweis der Diözese Eisenstadt, 1961, 100f.
532 Wiesinger, Josef, mündlich.
533 Manuskript „Der Kirchenfund von Pilgersdorf". Ein Beitrag des Burgenländischen Landesmuseums zur Mittelalterarchäologie in Österreich, 1976.
534 Ratz, Alfred, Historiker 1950, in: Kaus, K., a.a.O. p. 5.
535 Kaus, Karl Dr., a.a.O., p. 5.
536 Wiesinger, Josef, mündlich 20. 4. 1993.
537 Ptolemaios, Georg, Lib. II Cap. 12 u. 13.
538 Knabl, Richard, Mitteilg. Hist. Ver. Stmk. 1866, p. 72.
539 Felicetti v. Liebenfels, 1872, p. 4
540 Felicetti, a.a.O., p. 9–11.
541 Ilwof, Franz, Mitteilg. Hist. Ver. Stmk, 1893, p. 7–18.
542 Ilwof, Franz, a.a.O., p. 15.
543 Gohdert, V., Mitteilg. Stmk., 1877, p. XI, Vortrag über die ältesten Ortsnamen in der Steiermark.
544 Krones, F., „Zur Geschichte der ältesten, insbesondere deutschen Ansiedlungen des stmk. Oberlandes", Mitteilg. Hist. Ver. Stmk. 1879, p. 9–18.
545 Ilwof, F., „Einfälle der Osmanen in der Steiermark", Mitteilg. Hist. Ver. Stmk. 1884, p. 74–96.
546 Biedermann, H. J., „Die Serben-Ansiedlungen in Stmk. und im Warasdiner Grenz-Generalate", Mitteilg. Hist. Ver. Stmk. 1883, p. 3–62.
547 Europäische Stammtafeln III. 1, 1984, Tafel 41.
548 Straka, Manfred, Die Pfarrenzählung des Jahres 1782 in der Steiermark (Beiträge zur Erforschung steirischer Geschichtsquellen, 48. H.), Graz 1961, 20, 68.
549 Briand, E., 1898, p. 521–22.
550 Reichl, A., in litt. 26. 4. 1990.
551 Von der Autorin besichtigt am 4. Januar 1993.
552 Straka, l. c. p. 28, 127f.
553 Brauner, Franz Anton , in: Steirische Heimathefte, „Was die Heimat erzählt", Heft 2, p. 4–5, o. J.
554 Das Große Österreich Reisebuch, Verl. Fink-Kümmerly, o. J., 302 p.
555 Plank, Carl, 1946, p. 68.
556 Guglitz,Gustav, 1956, Bd. IV.
557 Mayer, Karl, „Versuch über steiermärkische Altertümer", p. 4–5 in: Mitteilg. Hist. Ver. Stmk. 1866.
558 Briand, E., 1898, p. 518.
559 Besichtigt von der Autorin am 2. Januar 1993.
560 Briand, E., 1898, p. 519.

561 Amon, Karl, Die Steiermark vor der Glaubensspaltung (Geschichte der Diözese Seckau, III. Bd.), Styria-Verlag, Graz, Wien, Köln 1960, 21, 29, 115, 130. Im 16. Jh. war der Seckauer Bischof auch Vogtherr.
562 Straka, l. c. p. 21, 76; Amon , K., 1960, l. c. p. 34: Die Pfarrei Kainach lag im Archidiakonat des Domstiftes Seckau, das Verleihungsrecht aber stand dem Seckauer Bischof unmittelbar zu.
563 Lassnig, Ernst, 1982, p. 357ff.
564 Kainz, Walter, 1986.
565 Von der Autorin besichtigt am 7. 1. 1993.
566 Angerer, J., l. c. p. 219–223.
567 Plank, Benedikt, 1976.
568 Lassnig, Ernst, 1982, p. 52.
569 Kainz, Walter, 1986, p. 40–44, Nr. 46, 47, 52.
570 In litt. 11. 9. 1992 Dechant Engelbert Buč, Kainach.
571 Amon, K., l. c. p. 62.
572 Europäische Stammtafeln NF 9, Marburg/L. 1987, Taf. 24f.
573 Zeittafel z. Geschichte Kärntens, Klagenfurt 1986, Verlag Geschichtsverein für Kärnten, p. 5.
574 Gugitz, Gustav, 1951, p. 199.
575 Schaffran, Emerich, 1971, p. 27.
576 Grössler, H., 1888, p. 91.
577 Schmidt, Leopold, 1956, p. 18.
578 Briand, Abbé, 1898, p. 522.
579 Dopsch, Heinz, 1976, p. 22 u. 26.
580 Vgl. Kahl, Hans Dietrich,Virgil und die Salzburger Slawenmission, in: Virgil von Salzburg, Missionar und Gelehrter. Beiträge des Internat. Symposiums . . ., Hrg. Dopsch, Heinrich und Juffinger, Roswitha. Salzburg 1985, 112–121.
581 Dopsch, Heinz, 1976, p. 37.
582 Territorien-Ploetz, 1964, Bd. 1, p. 327.
583 Strzewitzek, H., 1938, p. 152 u. 155, Note 2.
584 Dopsch, Heinz, 1976, p. 30.
585 Zahnbrecher, F. X., 1907.
586 Zahnbrecher, F. X., 1907, p. 15.
587 Zahnbrecher, F. X., 1907, p. 74–79.
588 Dopsch, Heinz, 1976, p. 42.
589 Schmidt, L., 1956, p. 37.
590 Gugitz, G., 1951, p. 189–192.
591 Kunstdenkmäler Kärntens, Bd. III.
592 Kunstdenkmäler Kärntens, Bd. VII.
593 In litt. 29. 9. 1992, gez. Peter Tropper.
594 In der Literatur wird die Kapelle entweder als zu St. Lorenzen oder als zu Wiesen gehörig genannt, so daß einige Autoren fälschlich die Existenz zweier Radegundkirchen im Lesachtal annahmen.
595 In litt. Prior Ferhandner, Servitenkloster Maria Luggau, 31. 1. 1989.
596 Tiefenbacher, Thomas, 1958.
597 Dehio-Handbuch „Kärnten", p. 783–84.
598 Letzterer gestohlen 1970, a.a.O., p. 784.
599 Tiefenbacher, Thomas, 1958, p. 6
600 In Courant, Département Charente-Maritime, Frankreich, beschützt die hl. Radegunde das Getreide!
601 In litt. F. Farthofer 25. 11. 1992.
602 Schmidt, L. 1956, p. 37.
603 Fresacher, Walther, 1956, p. 31.
604 22. 2., Pfarrarchiv Kirchbach.
605 Knapp, Herbert, 1963, p. 305.
606 24. 4. Herrschaft Porcia U.Zl. 156 a.
607 Klebel, Ernst, o. J. Nachträge p. 17 bezieht diese Nachricht allerdings dennoch auf die Kirche im Lesachtal.
608 In litt. Wolfgang Schnabl, 28. 11. 1991.
609 In litt. Wolfgang Schnabl, Neunmüllnern, 2. 2. 1992 mit 3 Fotos und 3 Karten.

610 Klebel, Ernst o. J., p. 170.
611 Besichtigt von der Autorin am 22. Oktober 1993.
612 Pfarrarchiv St. Stephan.
613 Alte Pfarrakten St. Stephan/Finkenstein X, ADG, Archiv der Diözese Gurk.
614 Besichtigt von der Autorin am 29. Oktober 1993.
615 in litt. Charly Winkler, Feldkirchen, 2. 10. 1989; Kranzmeyer, Ortsnamensbuch von Kärnten II, p. 171.
616 Pfarrchronik 9. 5. 1854 von Josef Dietrich, Dekan.
617 Austria Sacra, 1. Reihe, II. Band, 7. Lieferung, Seelsorgestationen der Diözese Gurk, Verl. Herder Wien 1962.
618 Archivalien ab 1700, Chronik ab 1850 im Pfarrarchiv.
619 „Der Radwegweiser". Pfarrnachrichten für Radweg, Sittich und Knasweg, 1. 6. 1985.
620 in litt. F. Farthofer 25. 11. 1992.
621 „Der Radwegweiser", 2. 1. 1986.
622 Dopsch, Heinz, 1971, p. 104.
623 Dopsch, Heinz, a.a.O. p. 120.
624 Dopsch, Heinz, a.a.O. p. 122; Hauptmann, L., Hema i Svetopuk (Hemma und Zwentibold), Rad 255, 1936, 221–246; Hemma von Gurk. Katalog der Ausstellung in Straßburg /Kärnten. 1988.
625 Farthofer, Franz, 1992, I, 203, Ostnische, Richtung Gurk weisend.
626 Strzewitzek, H., 1938, p. 193.
627 a.a.O., p. 179.
628 a.a.O., p. 223.
629 Besichtigt von der Autorin am 26. Oktober 1993; Pfarre hl. Radegund, Diöz. einst Salzburg, 1131 Gurk, Mutterpfarre Lieding; T, Tr. St. 1635 (Austria Sacra).
630 Kapitel-Archiv Straßburg.
631 Urkunde vom 4. 6. 1331 und 9. 6. 1336, Straßburger Kap.-Archiv.
632 Monumenta historica ducatus Carinthiae (MC), 1,16.
633 MC 2, 587, 1249.
634 Hermann, Handbuch d. Geschichte d. Herzogtums Kärnten.
635 Tillmann, Curt, Lexikon der deutschen Burgen und Schlösser, Bd. 1, Anton-Hiersemann-Verlag, Stuttgart 1958, 101.
636 Farthofer, F. u. K., 1992, Fa. 203-1.
637 Kunstdenkmäler Kärnten, Bd. VI, 1.
638 in litt: F. Farthofer, 2. 4. 1992 mit Foto.
639 Dopsch, Heinz, 1971, p. 110.
640 Fresacher, Walter u. a., 1958, p. 110.
641 Kärntner Landesarchiv, Pfarrregister.
642 in litt. Prof. Giselbert Hoke 24. 11. 1993.
643 Monumenta historica ducatus Carinthiae, hrg. Jaksch, August, v. 4. Bd., 1896ff.
644 Dopsch, Heinz, 1971, p. 108.
645 Besichtigt von der Autorin am 26. Oktober 1993.
646 Austria Sacra, 1. Reihe, II. Bd., Wien 1962.
647 u. a. Abbé Briand.
648 u. a. Kunstdenkmäler Kärnten, Bd.VII.
649 im Urbar von 1638.
650 Carinthia I., 1927, p. 80.
651 Fresacher, W., Erläuterungen, 1958, p. 65–67.
652 Monumenta historica ducatus Carinthiae 1896ff, Bd. 6, p. 206; 15. 2. 1292.
653 v. Krones, B., Die Freien von Saneck und ihre Chronik als Grafen von Cilli. 1883; Pirchegger, H., Die Grafen von Cilli, ihre Grafschaft und ihre untersteirischen Herrschaften, in: Ostdeutsche Wissenschaft 2, 1956, 157–200; Dopsch, Heinz, Die Grafen von Cilli – ein Forschungsproblem?, in: Südostdeutsches Archiv 17/18, 1974/75, 9–49.
654 Schroll, B., Urkundenbuch d. Benediktiner-Stiftes St. Paul in Kärnten, 1876 (Font. rer. austr. II, 39).
655 Richter, Franz Josef, „Beiträge zur Kirchengeschichte Krains u. d. österr. Küstenlandes", in: Mitteil. d. hist. Vereins für Krain 1847, p. 25.
656 Dopsch, Heinz, 1971, p. 98.

657 Krause, Adalbert, 1960, p. 8.
658 Dopsch, Heinz, 1971, p. 111–112.
659 Dopsch, Heinz, 1971, p. 120.
660 Ammer, Alfons, 1924, p. 318.
661 Zahnbrecher, F. X., 1907, p. 21–24.
662 Krause, Adalbert OSB, 1906, p. 51.
663 Ammer, Alfons, 1924, p. 303.
664 Strzewitzek, H., 1938, p. 179.
665 Orožen, Ignaz, 1889, Das Dekanat Rohitsch, p. 239.
666 Santonino, Paolo, 1947, p. 161.
667 Besichtigt von der Autorin am 24. Oktober 1993.
668 Der große Atlas Slowenien, Ljubljana 1992.
669 Besichtigt von der Autorin am 24. Oktober 1993.
670 Übersetzung der Altartafel freundlich vermittelt von F. Farthofer, in litt. 4. 6. 1992.
671 Der große Atlas Slowenien, Ljubljana 1992.
672 Besichtigt von der Autorin am 24. Oktober 1993.
673 Hirtenfelder, E., 1991, p. 172–173.
674 Zahnbrecher, F. X., 1907, p. 76.
675 Orožen, Ignaz, 1877, p. 14.
676 Orožen, Ignaz, 1877, p. 239.
677 Jellouschek, A., „Die Filial- u. Wallfahrtskirche SS. Primi u. Feliciani bei Stein", in: Mitteil. hist.
    Ver. Krain 1856.
678 Größler, 1888, p. 91; Janisch, 1885, p. 597.
679 Personalstand des Fürstbistums Lavant i. Stmk. 1915, Marburg, Verl. d. F.B. Ordinariatskanzlei.
680 Schmutz, C., o. J., p. 245. Zu beachten: Die Herkunft des Hermann von Cilli aus dem Geschlecht
    der Freien zu Sannegg (siehe p. 139).
681 Besichtigt von der Autorin am 23. Oktober 1993.
682 Besichtigt von der Autorin am 23. Oktober 1993.
683 Orožen, Ignaz, 1875, p. 240.
684 Personalstand d. Fürstbistums Lavant i. Stmk. 1915.
685 Janisch, J., 1885, p. 592.
686 Orožen, Ignaz, 1875, p. 242.
687 Der große Atlas Slowenien, Ljubljana 1992.
688 Janisch, 1885, p. 597; Briand, 1898, p. 522; Größler, 1888, p. 91.
689 Penzler, Johannes, Red., Ritters geographisch-statistisches Lexikon, 9. A., 2. Bd., Leipzig-Verlag
    Otto Wigand 1906, 1270.
690 Besichtigt von der Autorin am 26. Oktober 1993.
691 Briand, 1898, p. 522.
692 Orožen, Ignaz, 1877, p. 390–397.
693 Besichtigt von der Autorin am 26. Oktober 1993.
694 Orožen, Ignaz, 1877, p. 400.
695 Santonino, Paolo, 1947, p. 172–173.
696 in litt. Dr. Höck. Landesbibliothek Klagenfurt, 11. 4. 1994.
697 Rouche, Michel, Vortrag bei einem Kolloquium in Lille/Frankreich, Oktober 1992.
698 Nr. 7, 1963.
699 KHM Gebr. Grimm.
700 Schwarzfischer, Karl, 1968, p. 95ff.
701 Fick, A., Vergleichendes Wörterbuch der indogerm. Sprache, Göttingen 1871; Kluge / Götze, Ety-
    mologisches Wörterbuch der deutschen Sprache, Berlin 1951; Walde, W., Vergleichendes Wörter-
    buch der indogerm. Sprache, Nr. 951; Walde / Hofmann, Lateinisches etymol. Wörterbuch, Hei-
    delberg 1955.
702 Zur Verschmelzung von d –> t. u. z. Frage d. frühen Schwundes von zwischenvokalischem – d –
    siehe: Kaufmann, Hennig 1, p. 94, 286, 307.
703 Bächtold-Stäubli, 1930/31, Bd. 9, p. 1115.
704 Hildebert, Vie de sainte Radegonde, I.
705 Christmann, J. R., in: BSMF CXIII, p. 53–58, in litt.: 5. 2. 1992.
706 Markale, Jean, La femme celte. Mythe et sociologie, Payot, Paris 1972.

707 Hatt, J. J., Mythes et dieux de la Gaule, ed. Picard 1989.
708 Fromage, Henri, BSMF Nr. LXV.
709 Hatt, J. J., „Etudes Anciennes" T LXVII, no. 1 u. 2., p. 97ff.
710 in litt. W. Schnabl 28. 11. 1991.
711 Bidermann, J. J., Mitteil. d. hist. Ver. f. Stmk. 1883, p. 3–62 „Die Serbenansiedlungen in Steiermark u. im Waradiner Grenz-Generalat.
712 in litt. u. tel. 3. 5. 1992. Der Slawistin Maria Beleites sei hier für ihre wertvolle Hilfe gedankt.
713 Vasmer, Max, Etymologisches Wörterbuch in russ. Sprache 1886–1962.
714 Trautmann, Baltisch-Slawisches Wörterbuch, Göttingen 1923, p. 235; Fick, A., a.a.O, 4. Aufl., Bd. 3: Alf Torp, Ungermanischer Sprachschatz, Göttingen 1909, p. 347; Uhlenbeck, C. C., Kurzgefaßtes etymol. Wörterbuch d. altind. Sprache, Amsterdam 1818–1899; Holthausen, F., Wörterbuch des Altwestnordischen, Göttingen 1948, Aengl. Wb. 263.
715 Theophanis Chronographia, ed. C. de Boor, 2 Bde. Leipzig 1883.
716 Vasmer, Max, Slawen in Griechenland, Berlin 1941.
717 Die Religion in Geschichte und Gegenwart Bd. VI, hrg. Kurt Galling 1962, Mohr Tübingen.
718 Histoire de Sainte-Croix de Poitiers, 1986, p. 122.
719 Piboule, Maurice, „Les Ecoranda", in: Bulletin de la Société des Etudes du Bourbonnais, 1995, p. 13–17.
720 Bächtold-Stäubli, 1930/31, Bd. 3, p. 1137ff.
721 Schmidt, Leopold, 1956.
722 Gräbe, Sabine, 1989, p. 20.
723 Coudanne, Louise, „Baudonivie, moniale . . .", p. 47, in: Etudes mérovingiennes, 1953.
724 Bulletin der SMF No. CXIII, avril-juin 1979, p. 52–53.
725 Graber, Georg, Sagen aus Kärnten. Kärntner Druck- und Verlags-Ges. Klagenfurt, Bd. I, p. 255, in litt.: F. Farthofer, 23. 3. 1992.
726 Bächtold-Stäubli, 1930/31. „Grenze" 4 a–e.
727 Réau, L., Iconographie de l'art chrétien, Paris PUF, 1959, tome III.
728 Gabet, Philippe, 1974, p. 24.
729 Le Trésor de l'abbaye Sainte-Croix de Poitiers, fig. p. 198; Tolmer-Poitiers 1883; Briand, E., 1898 pl. couleurs.
730 Gräbe, Sabine, 1989, p. 20.
731 Schöpf, Hans, Fabeltiere. Akademische Druck- und Verlagsanstalt Graz 1988, 27–64, der im Textteil zwar sehr viele Drachenkämpfer wie St. Adelphus, den Bischof von Metz, den Bischof Lupus von Sens, den Allgäuapostel St. Magnus, Bischof Narziß von Gerona sowie Godehard, Servan, Nikolaus, Prokop, Clemens, Urgin, Amrel und Romain (p. 38f.) aufzählt, jedoch keine Drachenkämpferin, wohingegen er im Bildteil eine Darstellung der hl. Margarethe zeigt, die im Kerker auf einem feuerspeienden Drachen kniet, aus dem Gebetbuch des Königspaares Jakob IV. von Schottland und der Margaret Tudor (p. 41).
732 Gueusquin, M. F., 1981, p. 122–125.
733 Bächtold-Stäubli, a.a.O., p. 366.
734 Vgl. Hubel, Achim, Heilige und Dämonen. Die Bilderwelt des Mittelalters in Regensburg (Bavaria Antiqua). 2. A. München 1983.
735 Gabet, Philippe, 1974, p. 34–41.
736 Congrès de la Société de Mythologie française, Morlaix (Finistère) 30. 8.–1. 9. 1995.
737 Spitzing, Günter, Lexikon byzantinisch-christlicher Symbole. Die Bilderwelt Griechenlands und Kleinasiens. Diederichs-Verlag München 1989, S. 84–87, ohne Erwähnung von Radegunde.
738 Bächtold-Stäubli, p. 382; vgl. auch: Bernhart, Joseph, Heilige und Tiere. Verlag Ars Sacra, Josef Müller, München 1987, z. B. S. 91: „S. Kolumkille und das Wasserungeheuer".
739 Peuckert, Will-Erich, 1963, p. 125–131.
740 Außerdem beanspruchen das Haferwunder für sich die Gemeinden Bouresse bei Lussac; Ste. Radegonde bei Chauvigny; Riantec bei Lorient.
741 Ebenfalls gefeiert in Maneioux bei Toulouse.
742 Bouchet, J., Annales d'Aquitaine, 1644, p. 110.
743 Staatsbibliothek München, clm 6428 f, 1,2.
744 Bitterauf, Theodor, 1905, Bd. I, p. LIV–LV.
745 Bitterauf, Theodor, a.a.O, Bd. II, p. LXI.

746 Sergent, Bernard, in: Bulletin der SMF No. 157, p. 19–35. Siehe auch: Cunliffe, Barry, Prof. für Europäische Archäologie in Oxford, Die Kelten und ihre Geschichte, gestaltet von Bührer, Emel M., übers. von Lebe, Ingrid. Gustav-Lübbe-Verlag, Bergisch-Gladbach 1980, p. 110: Kalender von Coligny, um 100 n. Chr. entstanden.

747 Vgl. Streit, Jakob, Sonne und Kreuz. Irland zwischen Megalithkultur und frühem Christentum. Verlag Freies Geistesleben, 2. A. Stuttgart 1986, 58f., das allerdings wegen seiner anthroposophischen Tendenzen kritisch zu benutzen ist. Ähnliches gilt von dem inhaltsreichen Werk von Lengyel, Lancelot, Das geheime Wissen der Kelten: enträtselt aus druidisch-keltischer Mythik und Symbolik, übers. von Modeste zur Nedden. Freiburg/Br. Hermann-Bauer-Verlag, 8. A., 1993.

748 Bulletin des Amis de Sainte Radegonde Nr. 13, avril 1994; Nr. 16, avril 1995.

749 Bulletin des Amis de Ste. Radegonde, Jan. 1995.

750 Berger, Pamela C., „The goddess obscured, transformation of the grain protectress from goddess to saint", Beacon Press, Boston USA 1985, p. 173.

751 Tiefenbacher, Th., 1958, p. 7–9.

752 Sergent, Bernard, BSMF 157, p. 22.

753 Es mutet an wie eine Rückkoppelung zwischen beiden Heiligen, daß am 5. Februar vielerorts das sogenannte Agathabrot geweiht wird. Radegunde ist im Lesachtal „Brotmutter". Hierzu auch das „Haferwunder".

754 Hildebert, Vie de sainte Radegonde, IV, 37.

755 Sergent, Bernard, BSMF 157, p. 19.

756 Le Roux, Françoise, Les Druides, 4e éd. Ouest-France Université, 1986.

757 Streit, J., l. c. p. 59.

758 Amrhein, August, Archivinventare der katholischen Pfarreien in der Diözese Würzburg, ebd. 1914, 77.

759 Schmidt, H. u. M., 1989, p. 43.

760 Kusch, H., Einführung in das latein. Mittelalter, Bd. 1, zitiert nach Schmidt, 1989, p. 21.

761 Schmidt, H. u. M., 1989, Abb. 3, p. 27.

762 Röttger, Bernhard Hermann, Bezirksamt Bogen (Die Kunstdenkmäler von Niederbayern, H. XX), München 1929, R. Oldenbourg, p. 454 u. Tafel XXVI, der sich bei dem Drachenkämpfer nicht auf Frau oder Mann festlegen will. Vgl. die Darstellung im Psalter von Werden (um 1040–1050): Christus als Sieger über Drache und Löwe, auf die er tritt, mit Kreuzstab und geschlossenem Buch i. d. Hand (Staatsbibliothek Preuß. Kulturbesitz, Berlin).

763 Ebenso: Thronender Christus, umgeben von Evangelistensymbolen, tritt mit dem rechten Fuß auf den Drachen, mit dem linken Fuß auf den Löwen. Bayer. Staatsbibliothek München Clm 835 fol. 29 r. Vor 1222).

764 Schmidt, H. u. M., 1989, p. 60, dazu Abb. 18.

765 Bächtold-Stäubli, 1930/31, Bd. VIII., p. 1295.

766 La Vie de Sainte Radegonde, 1995, p. 135.

767 Bauchy, J.-H., „Sainte Radegonde Reine merovingienne (519–587) et ses lieux de culte en Orléanais", in: Bull. Soc. Archéo. et Historique de l'Orléanais, Tome X, no. 79, janvier 1988.

768 Patron, l'Abbé, Recherches historiques sur l'Orléanai II, p. 190, 1871.

769 Diözesan-Archiv Würzburg, Schöffel-Regesten, S. 2, fol. 5v.f.

770 Zur Debatte über den „Adelsheiligen" vgl. Glaser, Hubert, Bischof Arbeo von Freising als Gegenstand der neueren Forschung, in: ders., Brunhölzl / Benker, Sigmund, Vita Corbiniani. Verlag Schnell und Steiner, München / Zürich 1983, 11–76, hier bes. p. 55ff. Im 17. Jahrhundert suchte der Benediktinerorden Vorbilder und Fürbitte bei Heiligen aller Stände, die als Ordensmitglieder angesehen wurden, darunter: „Reginae Ordinis Sancti Benedicti", siehe: Riedl, Christine, Die Deckenmalereien im Westquerhaus von St. Emmeram in Regensburg. Ein Beitrag zur Ordenspropaganda der Benediktiner im 17. Jahrhundert, in: 1250 Jahre Kunst und Kultur im Bistum Regensburg. Berichte und Forschungen, Red. Peter Morsbach (Kunstsammlungen des Bistums Regensburg: Kataloge und Schriften Bd. 7), Schnell und Steiner, München / Zürich 1989, 371–409, hier S. 387, wo Katharina von Alexandrien und Chlothilde als heilige Königinnen identifiziert werden. Zwei weitere Figuren bleiben bei Frau Riedl unbenannt. Mit höchster Wahrscheinlichkeit ist aber St. Radegunde darunter.

771 Wimmer, Otto, Lexikon der Namen und Heiligen, 1982.

772 Rühfel, Josef, 1919, p.131.

773 Wahl Karl, mündlich, Waldberg 15. 4. 1994.

774 Briand, Abbé, 1898, p. 522.

775 Réau, Louis, Iconographie de l'Art chrétien, Paris 1959.

776 Acta Sanctorum Augusti, t. 3, Anvers, 1737.

777 Brandt, Otto, Jena 1928, p. 58.

778 Pölnitz, Götz Freiherr von, 1949, p. 348.

779 Müller, Hans, 1952, p. 12.

780 Bei einem Brand des bischöflich augsburgischen Ordinariatsarchivs sind Belege über die Legende verlorengegangen. Die älteste Literatur über die Dienstmagd ist heute: Stengel, Annal. Eccl. August, 5. Buch, Augsburg 1601; Khamm, Hierarchia Augustana, Augsburg 1709. Aus der neueren Literatur: Rühfel, Josef, Volkskundliches aus d. Augsburger Gegend, in: Bayr. Heft f. Volkskunde VI, 1919, München, 131–212; Müller, Hans, St. Radegundis. Geschichte einer Alt-Augsburger Wallfahrt, 1952; Hasslacher, Leonhard, Radegundispfarrer, St. Radegundis, eine Bistumsheilige in d. Diözese Augsburg, 1989; Walter Pötzl / Wolfgang Wüst (Hg.), Stadtbuch Friedberg, Radegundis v. Wellenburg, p. 743–744 o. J.; Wahl, Karl, Verehrung der Radegundis in Waldberg, in: Bobingen und seine Geschichte, Augsburg 1994, p. 453ff.

781 Besichtigt von der Autorin am 15. 5. 1994 unter freundlicher Führung von Herrn Karl Wahl.

782 Zender, Matthias, Räume und Schichten mittelalterlicher Heiligenverehrung in ihrer Bedeutung für die Volkskunde. Die Heiligen des mittleren Maaslandes und der Rheinlande in Kultgeschichte und Kultverbreitung. 1959, 89–143; Schemmel, Bernhard, Sankt Gertrud in Franken. Sekundäre Legendenbildung an Kultstätten, in: Würzburger Diözesan-Geschichtsblätter 30, 1968, 7–153; Uytfanghe, M. van, Gertrud von Nivelles, in: Lexikon des Mittelalters, 4. Bd., Artemis-Verlag München / Zürich 1988, Sp. 1356f. Auch in Unterfranken wurde bei Waldzell eine Quelle mit St. Gertraud in Verbindung gebracht (Schemmel l. c. p. 120–129). „Der Mantel der hl. Gertraud" wurde Frauen bei schwierigen Geburten umgelegt (p. 82–87). In Lohr am Main wurden die sogen. Weihnachtsäpfel auch „Dräutleinsäpfel" genannt, was von Gertraud abgeleitet ist (p. 81f.). Wunderbarerweise sollen in der Weihnachtsnacht solche Äpfel an Bäumen zu finden sein. Leider nur einen wissenschaftlich überholten Stand gibt das Heft „Gertraud in Franken" wieder: Ausstellung der Diözese Würzburg und der Pfarrei Karlburg vom 30. Juni bis 21. Juli 1991, im Auftrag der Diözese hrg. von Dr. Jürgen Lenssen, Bau- und Kunstreferat, Würzburg 1991.

783 Krause, Adalbert OSB, 1960, p. 7.

784 Gugitz, Gustav, 1951, p. 200.

785 Dopsch, Heinz, 1971, p. 105.

786 Nicht unwichtig ist aber auch der Glaube an St. Hemmas Fürsprache bei Unfruchtbarkeit. Im Volksglauben hilft die Heilige Frauen, die voll Vertrauen durch den Hemmastein in Gurk kriechen. Siehe: Haid, Hans, Mythos und Kult in den Alpen. Rosenheimer Verlag. Bad Sauerbrunn. 2. A. 1992, 24, 152.

787 Radegundestätten in Bergbaugebieten: Helfta, Großhöflein, Lesachtal, Techanting, Ruden (s. d.).

788 Gugitz, Gustav, 1951, p. 200.

789 Eliade, Mircea, 1976.

790 Protoevangelium des Jakobus, hrg. Wilhelm Schneemelcher „Neutestamentl. Apokryphen", 5. Aufl. Bd. I, Evangelien, Tübingen 1987, p. 338ff.

791 Kappler, Claude, 1980, Kap. „Cosmographie et Imaginaire, p. 39–42.

792 Mandeville, zitiert nach Kappler, p. 39.

793 Kappler, p. 41.

794 Vgl. Wemple, Suzanne Fonay, Women in Frankish Society. Marriage and the Cloister 500–900. Philadelphia 1985.

795 Bayer. Staatsbibliothek München, CLM 6421.

796 Lechner, Anton, 1895, p. 50.

797 CLM 15955.

798 CLM 16206.

799 Réau, Louis, Iconographie de l'art chrétien. Paris PUF, 1959, tome III.

800 Bulletin des Amis de Sainte Radegonde, Poitiers Nr. 1, Juni 1989; Nr. 7. Dez.1991, in litt. 28. 4. 1992 M. M. Guilloteau, Poitiers, Präsident der Société des Amis de Sainte Radegonde.

BIBLIOGRAPHIE

ADAM, Wolf, Die Aufhebung der Klöster in Innerösterreich 1782–1790. Wien 1971, Wilhelm Braumüller.

AIGRAIN, René, Sainte Radegonde, Poitiers, Edit. des Cordeliers, 1917, 211 p. 2. A. 1952.

AIGRAIN, René, „L'église franque sous les Mérovingiens". Histoire de l'Eglise 5, 1947.

AMMER, Alfons, „Der weltliche Grundbesitz des Hochstifts Freising", in: Wissenschaftliche Festgabe z. 1200jähr. Jubiläum d. Hl. Korbinian, 1924, p. 299–336.

ANALECTA BOLLANDIANA, 3/1737; 23/1904; 75/1957.

ANDERT, Reinhold, Der Thüringer Königshort. Dingsda-Verlag, Querfurt 1995, 256 p.

ANGENENDT, Arnold, Heilige und Reliquien. Die Geschichte ihres Kultes vom frühen Christentum bis zur Gegenwart. C. H. Beck, München 1994.

ARNOLD, Balthasar, „Zur Vita Corbiniani" in: Wissenschaftl. Festgabe z. 1200jähr. Jubiläum d. Hl. Korbinian, 1924, p. 61–68.

ATLAS historique, Librairie Générale Française / Stock, 1968.

ATLAS zur Kirchengeschichte, hrg. von Jedin, Hubert / Latourette, Kenneth Scott / Martin, Jochen, Herder, Freiburg–Basel–Wien 1970.

BÄCHTOLD-STÄUBLI, Hanns (Hrsg.), Handwörterbuch des deutschen Aberglaubens, de Gruyter, Berlin–Leipzig 1927–1942. ND mit einem Vorwort von Christoph Draxelmüller, de Gruyter, Berlin–New York 1987.

BAUCHY, Jacques-Henri, „Sainte Radegonde, reine merovingienne (519–587) et ses lieux de culte en Orléanais" in: Bulletin Société archéologique et historique de l'Orléanais. Tome X, no 79, janvier 1988, p. 16–19.

BAUERREIS, Romuald OSB, „Irische Frühmissionäre in Südbayern" in: Wiss. Festgabe zum 1200jähr. Jubiläum d. Hl. Korbinian, 1924, p. 43–60.

BAUERREIS, Romuald OSB, Kirchengeschichte Bayerns, Bd. I, Eos Verlag der Erzabtei St. Ottilien, 1958, 183 p.

BEISSEL, Stephan, Die Verehrung der Heiligen und ihrer Reliquien in Deutschland im Mittelalter. 1890 u. 1892, Nachdruck 1976, Wiss. Buchges. Darmstadt.

BERSCHIN, Walter, Biographie und Epochenstil im lateinischen Mittelalter I, II, III. Quellen und Untersuchungen zur lateinischen Philologie des Mittelalters. Anton Hiersemann, Stuttgart 1986.

BITTERAUF, Theodor, Die Traditionen des Hochstifts Freising, Bd. I: 744–926, Bd. II: 926–1283. Quellen und Erörterungen zur Bayerischen und Deutschen Geschichte. Neue Folge Bd. IV. Rieger'sche Univ.-Buchhandlung, München 1905.

BÓNA, István, „Die langobardische Besetzung Südpannoniens und die archäologischen Probleme der langobardisch-slawischen Beziehungen" in: Zeitschrift für Ostforschung 28, 1979, Herder Institut, Marburg, p. 393–404.

BOSL, Karl, „Der Adelsheilige. Idealtypus und Wirklichkeit. Gesellschaft und Kultur im merowingierzeitlichen Bayern d. 7. u. 8. Jahrhunderts" in: Speculum Historiale. Verl. Karl Alber, Freiburg–München 1965.

BOSL, Karl, Leitbilder und Wertvorstellungen des Adels v. d. Merowingerzeit bis zur Höhe der feudalen Gesellschaft. Verlag d. bayer. Akademie d. Wissenschaften, München 1974, 32 p.

BOUTIN (Abbé H[te]), Légendes des saints de propre de Luçon traduites de texte latin de bréviaire et annotés par . . ., Fortenay-le-Conte, Imprimerie L.-P. Gouraud, 1892, 532 p.

BRANDT, Otto H., Die Fugger. Geschichte eines deutschen Handelshauses. Diederichs, Jena 1928, 79 p.

BRIAND, Abbé Emile, Histoire de Sainte Radegonde reine de France et des Sanctuaires et Pèlerinages en son honneur, Paris/Poitiers, Librairie religieuse H. Oudin, 1898.

BÜTTNER, Heinrich, „Die Franken und die Ausbreitung des Christentums bis zu Bonifatius" in: Hessisches Jahrbuch für Landesgeschichte 1 (1951), p. 8–24.

BÜTTNER, Heinrich, Frühmittelalterliches Christentum und Fränkischer Staat zwischen Hochrhein und Alpen. Wissenschaftl. Buchgesellschaft Darmstadt 1961.

BULLETIN des Amis de Sainte Radegonde. Trimestriel, ab Nr. 1 Juni 1989, Poitiers, Abbaye Sainte-Croix.

BULLETIN de la Société de Mythologie Française. Trimestriel, Paris, seit 1937.

CORETH, Anna, Pietas Austriaca. Ursprung und Entwicklung barocker Frömmigkeit in Österreich. R. Oldenbourg, München 1959, 75 p.

COUDANNE, Louise, „Baudonivie, moniale de Sainte-Croix et biographe de sainte Radegonde" in: Etudes mérovingiennes, 1953, p. 45–51.

DEHIO-Handbuch „Die Kunstdenkmäler Österreichs", Bd. Niederösterreich nördlich der Donau; Bd. Kärnten. Verlag Anton Schroll, Wien 1976, 1978.

DEINHARDT, „Patrozinienkunde" in: Würzburger Diözesangeschichtsblätter, 18.–20. Jg. 1956–1958, Würzburg, Diözesan-Archiv.

DESPLACES, Jean-Louis, Le florilège de l'eau en Berry, tome I, Châteauroux, 1980.

DIE DEUTSCHEN BISCHÖFE 22. Rahmenstatuten und -ordnungen für Diakone und Laien im pastoralen Dienst. Bonn 1978/79. Hsg. Sekretariat der Deutschen Bischofskonferenz, Kaiserstr. 163, Bonn.

DOPSCH, Heinz, „Die Stifterfamilie des Klosters Gurk und ihre Verwandtschaft" in: Carinthia I, 1971, Festgabe Gurk, p. 95–124.

DOPSCH, Heinz, „Adel und Kirche als gestaltende Kräfte in der frühen Geschichte des Südostalpenraums" in: Carinthia I, 1976, p. 21–49.

DÖRRER, F., „Kirchenprovinz Salzburg im Mittelalter" in: Atlas zur Kirchengeschichte, Herder, Freiburg 1970 und Karte 29 B.

DÜNNINGER, Hans, „Processio peregrinationis. Volkskundliche Untersuchungen zu einer Geschichte des Wallfahrtswesens im Gebiet der heutigen Diözese Würzburg" in: Würzburger Diözesangeschichtsblätter, 22. Jg. 1961, p. 53–176 und 23. Jg. 1962, p. 52–188. ND in: ders., Wallfahrt und Bilderkult. Gesammelte Schriften, hrg. von Brückner, Wolfgang / Lenssen, Jürgen / Wittstadt, Klaus. Echter-Verlag, Würzburg 1995, p. 10–268.

DÜNNINGER, Josef, „Forschungsbereiche der religiösen Volkskunde" in: Festschrift für Theobald Freudenberger. Würzburger Diözesangeschichtsblätter, 35./36. Bd., 1974, p. 27–42.

ELIADE, Mircea, Die Religionen und das Heilige. Wissenschaftl. Buchgesellschaft, Darmstadt, 1976, 600 p.

EPPEL, Franz, Das Waldviertel. 7. Auflage. Verlag St. Peter, Salzburg 1978.

ETUDES mérovingiennes. Actes des Journées de Poitiers 1.–3. mai 1952, Picard 1953.

EWIG, Eugen, Spätantikes und fränkisches Gallien. Gesammelte Schriften (1952–1973), München 1976, 2 Bde.

EWIG, Eugen, Die Merowinger und das Imperium. Rheinisch-westfäl. Akademie d. Wissenschaften, 1983, Westdeutscher Verlag GmbH., Opladen, 62 p.

FARTHOFER, Franz u. Karoline, Die Bildstöcke Kärntens. Verlag d. Landesmuseums für Kärnten, Klagenfurt 1992, 625 p.

FELICETTI von Liebenfels, Beiträge zur Kunde steiermärkischer Geschichtsquellen, hrsg. Hist.Verein f. Steiermark, 9. Jg., Graz 1872.

FESTGABE, wissenschaftliche, zum 1200jähr. Jubiläum d. Heiligen Korbinian. Hrsg. DDr. Joseph Schlecht, Anton Huber, München 1924, 551 p.

FICHTENAU, Heinrich, „Biographisches zu den Beziehungen zw. Österreich und Frankreich im Mittelalter" in: Mitteilungen d. Instituts f. österreich. Geschichtsforschung, Bd. LXX, Hermann Böhlaus Nachf., Graz–Köln 1962, 28 p.

FRESACHER, Walther u.a., Erläuterungen zum Histor. Atlas der österreichischen Alpenländer. Hrsg.: Österr. Akademie der Wissenschaften II. Abtlg., Die Kirchen- u. Grafschaftskarte. 8. Teil Kärnten; 1. Kärnten südlich der Drau; 2. Ost- und Mittelkärnten nördlich der Drau. Klagenfurt 1956.

FRIESINGER, Herwig, „Beiträge z. Besiedlungsgeschichte d. nördl. Niederösterreich im 9.–11. Jahrhundert, I + II" in: Archäologia Austriaca 37, 1965 und 38, 1966.

FRIESINGER, Herwig und Ingeborg, „Ein Vierteljahrhundert Grabungen in Thunau/ Gars am Kamp" in: Archäologie Österreichs 2/1 1991. Österreichische Gesellschaft für Ur- und Frühgeschichte.

FRIESINGER, Ingeborg, „Das südöstliche Waldviertel im Frühmittelalter". Diss. Philos. Fak. Univ. Wien 1976.

FRIESS, Gottfried Edmund, Die Herren von Kuenring. Ein Beitrag zur Adelsgeschichte d. Erzherzogtums Österreich unter der Enns. Wien 1874, Selbstverlag d. Vereins für Landeskunde von Niederösterreich.

FRITZE, Wolfgang H., „Zur Bedeutung der Awaren für die slawische Ausdehnungsbewegung im Mittelalter" in: Zeitschrift für Ostforschung 28, 1979, Herder Institut, Marburg, p. 498–545.

GABET, Philippe, „Les dragons processionnels sont-ils ou non bénéfiques?" in: Bulletin de la Société de Mythologie française, XCII, janvier–mars 1974, p. 16–46.

GEORGE, Judith W., Venantius Fortunatus. A Poet in Merovingian Gaul. Clarendon Press, Oxford 1992.

GÖRRES, Ida Friederike, Die siebenfache Flucht der Radegundis. 4. Auflage, Josef Knecht, Carolusdruckerei, Frankfurt am Main, 1949, 251 p.

GRÄBE, Sabine, „Radegundis: Sancta, Regina, Ancilla. Zum Heiligkeitsideal der Radegundisviten von Fortunat und Baudonivia" in: Francia Bd. 16/1 (1989). Hrsg. Dt. Histor. Institut, Paris, Verlag Jan Thorbecke, Sigmaringen.

GREGORIUS episcopus Turonensis, Historia Francorum, lat. u. deutsch, neubearb. von BUCHNER, Rudolf, 6. Auflage, Wissenschaftliche Buchgesellschaft Darmstadt 1986.

GREGORIUS episcopus Turonensis, Miracula et opera minora. Ed. Bruno Krusch, Hahn, Hannover 1969.

GRÖSSLER, Hermann, „Radegundis, Prinzessin von Thüringen, Königin von Frankreich, Schutzpatronin von Poitiers" in: Mansfelder Blätter. Mitteilungen des Vereins für Geschichte und Altertümer der Grafschaft Mansfeld zu Eisleben. Zweiter Jahrgang. Eisleben 1888, p. 67–92.

239

GUBY, Rudolf, Die Kunstdenkmäler des oberösterreichischen Innviertels, Wien, Österr. Verlagsges. Hölzel, 1921.

GUEUSQUIN, Marie-France, Le mois des Dragons. Arts et traditions populaires. Bibliothèque Berger Levrault, 1981.

GUGITZ, Gustav, „Kärntens Wallfahrten im Volksglauben und Brauchtum" in: Carinthia I, 141. Jg., 1951, p. 181–241.

GUGITZ, Gustav, Österreichs Gnadenstätten in Kult und Brauch. Bd. 4: Kärnten und Steiermark. Verlag Brüder Hollinek, Wien 1956, 311 p.

HANDBUCH der historischen Stätten, Bd. 11, Kröner, Stuttgart 1968.

HANDBUCH der Kirchengeschichte, hrsg. v. Hubert Jedin, Bd. II: Karl Baus, „Die Reichskirche nach Konstantin d. Großen". Herder, Freiburg–Basel–Wien 1975.

HANDWÖRTERBUCH für Theologie und Religionswissenschaft. Die Religion in Geschichte und Gegenwart. Hrsg. Kurt Galling, J. C. B. Mohr (Paul Siebeck), Tübingen 1957.

HANDWÖRTERBUCH des deutschen Aberglaubens. Hrsg. Hanns Bächtold-Stäubli. Berlin und Leipzig 1927–1942, 10 Bde.

HARTIG, Michael, „Die Ikonographie d. hl. Korbinian" in: Wissenschaftl. Festgabe z. 1200jähr. Jubiläum d. Hl. Korbinian, 1924, p. 147–176.

HAUCK, Albert, Kirchengeschichte Deutschlands, Berlin 1954, 2 Bde.

HAVLIK, Lubomir, Die alten Slawen im österreichischen Donaugebiet. Österreich in Geschichte und Literatur, Bd. 9, H. 4, 1965, p. 192.

HEFELE-LECLERCQ, Histoire des conciles, t. II, 1re partie.

HERRMANN, Erwin, Slawisch-germanische Beziehungen im südostdeutschen Raum von der Spätantike bis zum Ungarnsturm. Ein Quellenbuch mit Erläuterungen. Collegium Carolinum 1965, R. Lerche München, 286 p.

HINDRINGER, Rudolf, „Quellgebiet d. bayrischen Kirchenorganisation" in: Wiss. Festgabe zum 1200jähr. Jubiläum d. Hl. Korbinian, 1924, p. 1–25.

HIRTENFELDER, Erwin, Heilige in Kärnten. Kärntner Kirchenzeitung, Klagenfurt 1991, 224 p.

HISTOIRE DE SAINTE-CROIX DE POITIERS, Société des Antiquaires de l'Ouest, 1986, 557 p.

JANISCH, Josef, Topographisch-statisches Lexikon von Steiermark, Bd. II, Graz 1885.

JÖRRES, P., Chronologische und religionswissenschaftliche Untersuchungen über das Leben der hl. Radegunde und ihrer Verwandten. Ahrweiler, Histor. Jahrbuch XVIII, 186, 1896.

KAPPLER, Claude, Monstres, Démons et Merveilles à la fin du Moyen Age. Payot, Paris 1980, 300 p.

KATHOLISCHES Hausbuch „Jahr des Herrn", St. Benno Verlag, Leipzig 1958.

KAUFMANN, Henning, Untersuchungen zu altdeutschen Rufnamen. Wilhelm Fink Verlag, München 1965, 378 p.

KEIBLINGER, Ignaz Franz, Geschichte des Benediktinerstifts Melk in Niederösterreich, seiner Besitzungen und Umgebungen. Wien 1851.

KENNER, Hedwig, „Nymphenverehrung der Austria Romana" in: Classica et Provincialia, Graz 1978, p. 97–112.

KIEL, Elfride, Gelebter Glaube. Heilige, Verfolgte, Bekenner. Ein Magdeburger Heiligenbuch. St. Benno-Verlag, Leipzig 1988.

KLEBEL, Ernst, Zur Geschichte der Pfarren und Kirchen Kärntens, I.–III. Teil mit Nachtrag und Register o. J., Verlag des Geschichtsvereins für Kärnten.

KNAPP, Herbert (P. Bernhard), Kultgeschichte und Kultgeographie der Kirchenheiligen von Kärnten. Diss. Univ. Wien 1963.

KOEBNER, Richard, Venantius Fortunatus, seine Persönlichkeit und seine Stellung in der geistigen Kultur des Merowingerreichs. Teubner, Leipzig–Berlin 1915, 149 p. (Beiträge zur Kulturgeschichte des Mittelalters und der Neuzeit 22).

KÖNNECKE, Max, Das alte thüringische Königreich und sein Untergang 531 n. Chr. Verlag W. Schneider, Querfurt 1893.

KÖTTING, B., „Wallfahrtsorte der Antike und des Mittelalters" in: Atlas zur Kirchengeschichte. Herder, Freiburg 1970, p. 20 und Karte 18.

KOLLAUTZ, Arnulf, „Völkerbewegungen an der unteren und mittleren Donau im Zeitraum von 558/562 bis 582" in: Zeitschrift für Ostforschung 28, 1979, Herder Institut Marburg, p. 448–489.

KOLLER-NEUMANN, Irmtraud, Die Lehen des Bistums Bamberg in Kärnten bis 1400. Das Kärntner Landesarchiv, 7. Bd., Klagenfurt 1982, 168 p.

KRAUSE, Adalbert OSB, Die heilige Hemma. Verlag Carinthia, Klagenfurt 1960, 71 p.

KRUSCH, Bruno (editor), Fredegarii et aliorum chronica. Vitae Sanctorum: De vita sanctae Radegondis, libri duo MGH SS rer. Merov. 2 (1888) II, 358–395.

KÜHNLENZ, Fritz, Durchs Tal der wilden Gera. Greifenverlag, Rudolfstadt 1971.

KUNSTDENKMÄLER Kärntens, hrsg. Karl Hinhart, Bd. I–VIII, Artur Kollitsch-Verlag, Klagenfurt o.J.

LANGOSCH, Karl, Profile des Lateinischen Mittelalters. Geschichtliche Bilder aus dem europäischen Geistesleben. Wissenschaftliche Buchgesellschaft, Darmstadt 1965.

LECHNER, Anton, Mittelalterliche Kirchenfeste und Kalendarien in Bayern. Herder, Freiburg i. Br. 1891, 286 p.

LECHNER, Karl, Die Babenberger, Markgrafen und Herzöge von Österreich 976–1246. Hermann Böhlaus Nachf., Wien–Köln–Graz 1976, 480 p.

LECHNER / KLAAR, „Eine Kirche aus der Karolingerzeit an der niederösterreichisch-burgenländischen Grenze" in: Südostforschungen, Bd. 22, 1963, p. 97ff.

LEIDINGER, Georg, „Das sogenannte Evangeliarium d. hl. Korbinian. Codex latinum 6224" in: Wiss. Festgabe zum 1200jähr. Jubiläum d. Hl. Korbinian, 1924, p. 79–102.

LERNER, Gerda, Die Entstehung des feministischen Bewußtseins. Vom Mittelalter bis zur Ersten Frauenbewegung. Campus Verlag Frankfurt–New York 1995.

LEXIKON für Theologie und Kirche, begründet von Dr. Michael Buchberger. Herder, Freiburg 1960 und 1995.

MARTIN, Franz, Die Kunstdenkmäler des politischen Bezirks Braunau. Österr. Kunsttopographie XXX, Wien 1947.

MELCHERS, Erna und Hans, Das große Buch der Heiligen. Geschichte und Legende im Jahreslauf. Südwestverlag, München 1978.

MITTEILUNGEN des historischen Vereins für Krain. Jg. 1–22 ab 1850, Kleinmayr, Laibach.

MITTEILUNGEN des historischen Vereins für Steiermark, Graz 1853–1896.

MITTERAUER, Michael, „Karolingische Markgrafen im Südosten" in: Archiv für österreichische Geschichte, Bd. 123, Wien 1963, Österr. Akademie der Wissenschaften, Phil.-hist. Klasse, p. 1–273.

MITTERER, Sigisbert, „Das Freisinger Domkloster und seine Filialen" in: Wiss. Festgabe z. 1200jähr. Jubiläum d. Hl. Korbinian, 1924, p. 28–42.

MOHL, Adolf, „St.Radegunde in Großhöflein" in: Mitteilungen des Burgenländischen Heimat- u. Naturschutzvereins, Eisenstadt 1931, Bd.V, Nr. 1, p. 5ff.

MONUMENTA GERMANIAE HISTORICA – Scriptores – Tomus III, Hannover MDCCCXXXIX, unveränd. Nachdruck 1963, Stuttgart–New York, Hiersemann Kraus Reprint Corp.

OROŽEN, Ignaz, Das Bistum und die Diözese Lavant. Erschienen als Beigabe zum Lavanter Schematismus 1868–1875. Verlag d. F. B. Lavant Ordinariats Narodna tiskarna, Marburg. Theil I 1875, Theil II 1877,Theil III 1889.

ÖSTERREICHISCHE KUNSTTOPOGRAPHIE, Bd. 24, Benno Filser, Wien 1932.

PERNOUD, Régine, Les saints au Moyen Age, Plon, Paris 1984, 368 p.

PERNOUD, Régine, Aliénor d'Aquitaine, Ed. Albin Michel, Paris 1965.

PEUKERT, Will-Erich (Hrsg.), Ostalpensagen. Europäische Sagen III, Erich Schmidt Verlag, Berlin 1963, 273 p.

PLANK, Carl, Siedlungs- und Besitzgeschichte der Grafschaft Pitten. Universum Verlag, Wien 1946.

PLÖGER, Josef G. / WEBER, Hermann J. (Hrsg.), Der Diakon. Wiederentdeckung und Erneuerung seines Dienstes. Herder, Freiburg–Basel–Wien 1980.

PÖLNITZ, Götz Freiherr von, Jakob Fugger. Kaiser, Kirche und Kapital in der oberdeutschen Renaissance. J. C. B. Mohr, Tübingen 1949, 662 p.

PON, Georges, „Le monachisme en Poitou avant l'époque carolingienne", Poitiers, Bull. de la Soc. des Antiquaires de l'Ouest, t. XVII, 2e trim. 1983, p. 91–130.

PRINZ, Friedrich, Frühes Mönchtum in Frankreich. München – Wien 1965, 653 p.

RATZ, Alfred, „Pfarrnetzentwicklung und Karolingerzeit im südburgenländischen Raum" in: Burgenländische Forschungen, Heft 10, Eisenstadt 1950, 71 p.

RÖSSLER, Hellmuth / FRANZ, G., Biographisches Wörterbuch zur Deutschen Geschichte, Francke, München o. J.

RÖSSLER, Hellmuth / FRANZ, G., Sachwörterbuch zur Deutschen Geschichte, R. Oldenbourg, München 1958.

SANTONINO, Paolo, Reisetagebücher 1485–1487, aus dem Lateinischen übertragen von Rudolf Egger, Verl. Ferdinand Kleinmayr, Klagenfurt 1947, 190 p.

SCHAFFRAN, Emerich, „Frühchristentum und Völkerwanderung in den Ostalpen" in: Archiv für Kulturgeschichte, hrsg. Walter Goetz, 37. Band, Heft 1, Kraus Reprint, Neudeln/Liechtenstein 1971.

SCHEIBELREITER, Georg, „Königstöchter im Kloster. Radegund († 587) und der Nonnenaufstand von Poitier (589)" in: Mitteilungen des Inst. für österreichische Geschichtsforschung, LXXXVII, 1979, p. 1–37.

SCHLECHT, Josef, „Das angebliche Homiliar des hl. Korbinian" in: Wiss. Festgabe z. 1200jähr. Jub. d. Hl. Korbinian, 1924, p. 177–208.

SCHMIDT, Heinrich und Margarethe, Die vergessene Bildersprache christlicher Kunst. Ein Führer zum Verständnis der Tier-, Engel- und Mariensymbolik. C.-H. Beck, München 1989, 4. Aufl., 337 p.

SCHMIDT, Leopold, „St. Radegundis in Groß-Höflein. Zur frühmittelalterlichen Verehrung der heiligen Frankenkönigin im Burgenland und in Ostniederösterreich" in: Burgenländische Forschungen, Heft 32, Eisenstadt 1956, 67 p.

SCHNEID, Emil, „St. Radegund, eine vergessene Heilige". Sonderdruck aus Jg. 7 Nr. 11/12 Das Waldviertel. Krahuletz-Museum d. Stadt Eggenburg, Publikation Nr. 61.

SCHWARZFISCHER, Karl, Zur Frage der Schrazellöcher oder Erdställe, Weiden 1968, Weidner Heimatkundliche Arbeiten Nr. 12, 127 p.

SODER von GÜLDENSTUBBE, Erik, „Christliche Mission und kirchliche Organisation" in: Unterfränkische Geschichte, Bd. 1, Echter, Würzburg 1989, Hrsg. P. Kolb u. E. G. Krenig, p. 91–152.

SPATH, Georg, Volksüberlieferung als geschichtliche Wahrheit, in: Aus Vergangenheit und Gegenwart. Heimatkundliche Beilage der „Karlstadter Zeitung", 1. Jg. Juni 1952, Nr. 5, unpag.

SPRANDEL, Rudolf, „Der Merowingische Adel und die Gebiete östlich des Rheins" in: Forschungen zur Oberrheinischen Landesgeschichte, Bd. V, Eberhard Albert Verlag, Freiburg 1957.

STAMMINGER, Joh. Baptist, Franconia Sancta, Würzburg 1881, p. 3–21.

STRZEWITZEK, Hubert, Die Sippenbeziehungen der Freisinger Bischöfe im Mittelalter. Verlag Erzbischöfl. Ordinariat, München 1938, 250 p.

TERRITORIEN-PLOETZ, Geschichte der deutschen Länder. A. G. Ploetz-Verlag, Würzburg 1964.

TIEFENBACHER, Thomas, „900 Jahre St. Radegund im Lesachtale", Carinthia, Klagenfurt 1958.

TORSY, Jakob, Der große Namenstagskalender. Benzinger/Herder, 3. Aufl. 1975.

TORSY, Jakob, Die Eigenkalender des deutschen und niederländischen Sprachgebietes. Franz Schmitt OHG, Siegburg 1977.

URSPRUNG, Otto, „Freisings mittelalterliche Musikgeschichte" in: Wiss. Festgabe z. 1200jähr. Jub. d. Hl. Korbinian, 1924, p. 245–278.

VANESA, Max, Geschichte Nieder- und Oberösterreichs, Bd. I, o. J.

VIE (la) de Sainte Radegonde par Fortunat. Poitiers, Bibliothèque Municipale, Manuscrit 250 (136) sous la direction de Robert Favreau. Préface de Jean Favier, Editions du Seuil, 1995.

WAMPACH, Camillus, Geschichte der Grundherrschaft Echternach im Frühmittelalter. Luxemburg 1929.

WAMSER, Ludwig, „Eine thüringisch-fränkische Adels- und Gefolgschaftsgrablege des 6./7. Jahrhunderts, bei Zeuzleben, Lkr. Schweinfurt" in: Mainfränk. Jahrbuch 36, 1984, p. 1ff.

WERNER, Karl Ferdinand, Les origines. Histoire de France, t. 1, Fayard 1984, 540 p.

WINNER, Gerhard, Die Klosteraufhebung in Niederösterreich und Wien. Verlag Herold, Wien–München 1967.

ZAHNBRECHER, Franz Xaver, Die Kolonisationstätigkeit des Hochstifts Freising in den Ostalpenländern. Inauguraldissertation, München 1907.

ZEEDEN, Ernst Walter, „Aspekte der katholischen Frömmigkeit in Deutschland im 16. Jahrhundert" in: Reformata Reformanda II, Aschendorf, Münster 1965, p. 1–18.

ZIMMERMANN, Fritz, „Die vormagjarische Besiedlung des burgenländischen Raums" in: Burgenländische Forschungen, Heft 27, Eisenstadt 1954.

ZÖLLNER, E., „Die Herkunft der Agilolfinger" in: Mittlg. d. Instituts f. österreichische Geschichtsforschung 59 (1951) p. 245ff.

Tabelle der Kultstätten

	Kult	Wallf. Proz.	Bild-stock	Quelle	Sage
Luxemburg:					
Echternach	⓪				
Trier	⓪				
Thüringen und Unterfranken:					
Mühlberg	0	=			
Wandersleben	0				
Helfta	⓪				
Oberweißbach	0				
Gössenheim	0		+		
Müdesheim	0	=		∞	!
Würzburg			+		
Württemberg:					
Sindelfingen	⓪				
Hessen:					
Fulda	0				
Bayern:					
Benediktbeuren	⓪				
Gars am Inn	0			0 ?	
Ranoldsberg	⓪	▭			
Regensburg	⓪				
Oberfranken:					
Bamberg	⓪				
Innviertel:					
St. Radegund	⓪		+		
Werfenau				0	
Niederösterreich nördl. d. Donau:					
Eggenburg				0	
Peigarten	0			∞	!
Hohenruppersdorf	⓪				

	Kult	Wallf. Proz.	Bild- stock	Quelle	Sage
Burgenland und Ost-Niederösterreich:					
Mannersdorf	⦿			o	!
Matzendorf	0	▱		o ?	! !
Großhöflein	0	=		o	!
Katzelsdorf	0	▱		o	
Unterloisdorf	0				
Kirchschlag–Habich	0	▱		∞	!
Kaltenberg / Lichtenegg	⦿	▱		∞	
Steiermark:					
Hartmannsdorf	0	=	+ +	o ?	
St. Radegund am Schöckel	0	=		o	
St. Radegund am Heiligen Wasser	⦿	=		o	!
Graz	⦿				
Kärnten:					
St. Radegund im Lesachtal	0	=		∞	
Kötschach	⦿				
Techanting	⦿	=		o	
Radweg	⦿	=		o	!
Gurk			+		
Hohenfeld	0		+		
Maria Höfl / Grades			+		
Schloß Saager	⦿				
St. Radegund in „Gorentschach"	0	▱	+		!
Krain:					
Breg bei Breznica	0				
Kamnik–Stahovica	⦿				
Srednja Vas	0 ?		+	o ?	!
St. Radegund / Goldingalpe	0	▱			
Kappel	0 ?				
St. Radegund / Sv. Lovrenc na Pohorje	0	=			
Altenmarkt / Stari Trg	0	=			
Stranice	0?				

245

Thüringen mit den Bezirken Erfurt, Gera und Suhl

1 Mühlberg
2 Wandersleben
3 Gotha
4 Oberweißbach

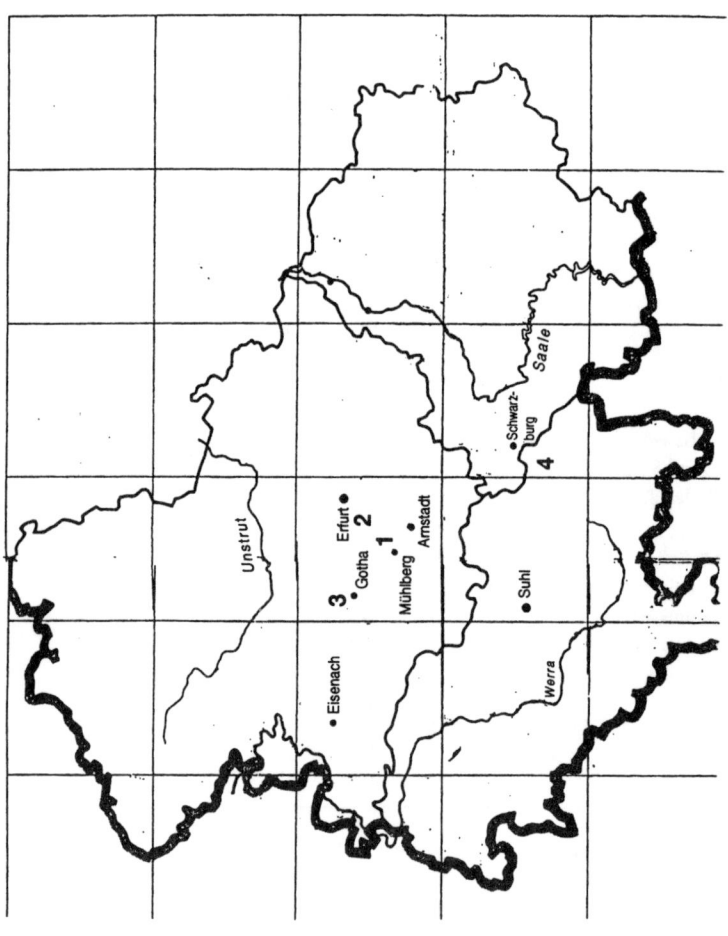

Sachsen-Anhalt mit den Bezirken Halle und Magdeburg

1 Helfta bei Eisleben

Zu beachten: Schlacht bei Burgscheidungen 531

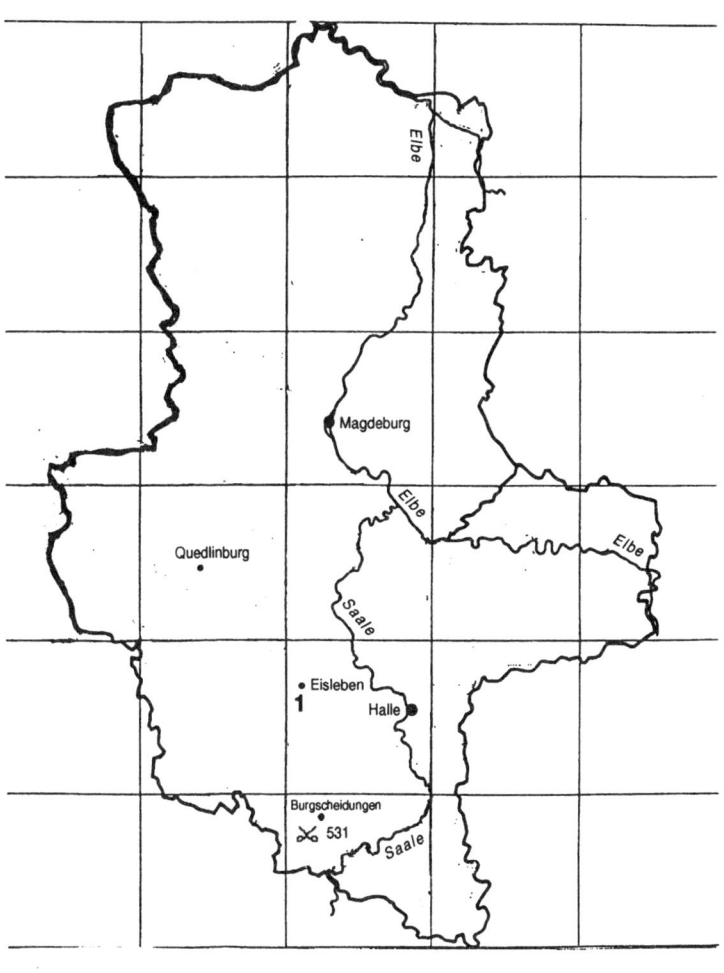

Die Regierungsbezirke Oberfranken, Mittelfranken und Unterfranken

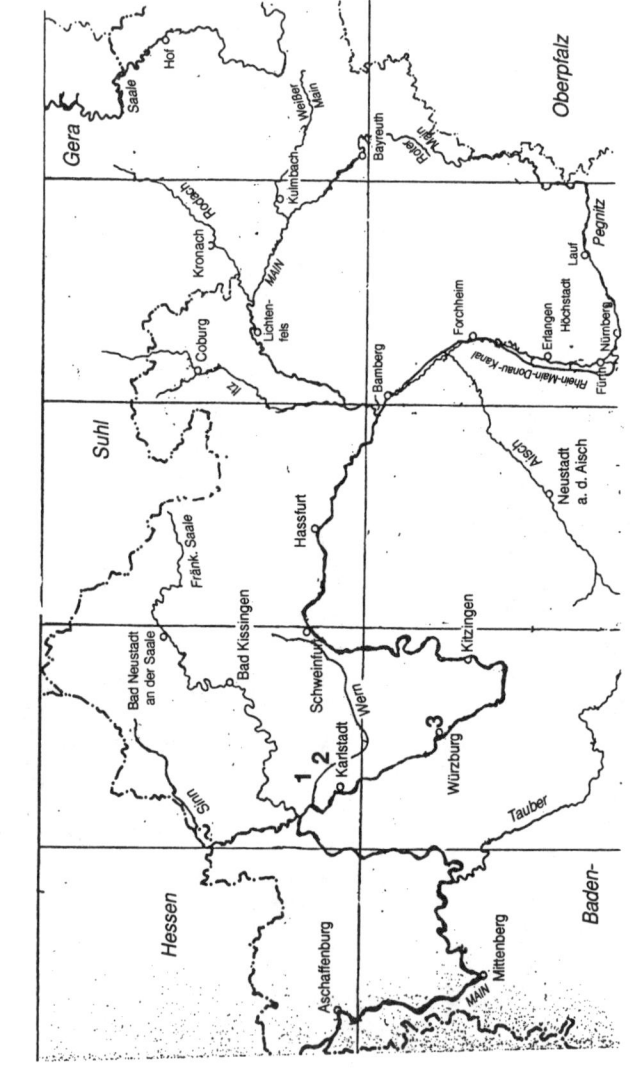

1 Gössenheim – 2 Müdesheim – 3 Würzburg

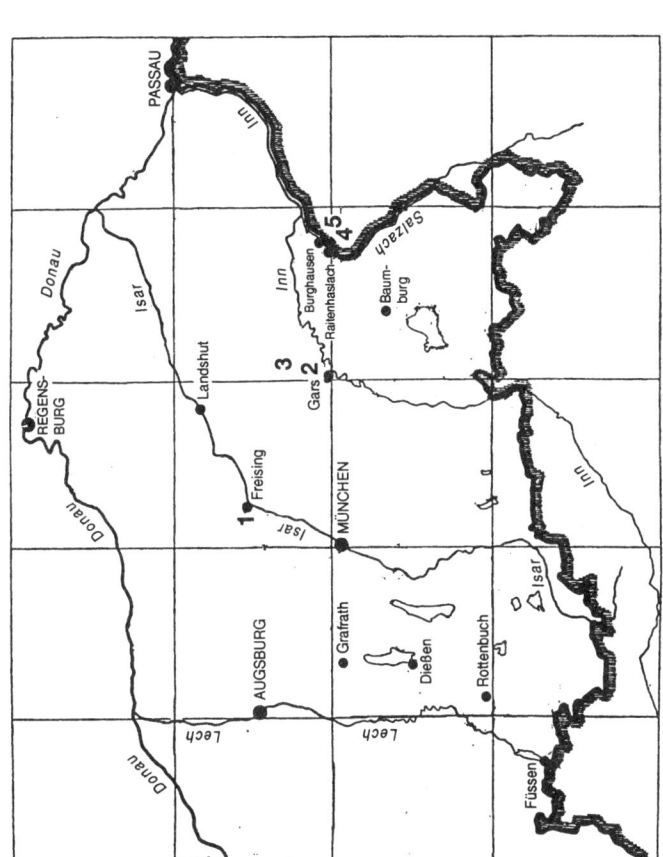

Bayern
südlich der
Donau

1 Freising
2 Gars am Inn
3 Ranoldsberg
4 St. Radegund
  im Innviertel
5 Das Heilbrünnl
  von Werfenau

249

Ober-
österreich,
Nieder-
österreich,
Burgenland

1 Peigarten
2 Eggenburg
3 Hohenruppersdorf
4 Mannersdorf
5 Matzendorf
6 Großhöflein
7 Katzelsdorf
8 Kaltenberg
9 Kirchschlag–
  Habich
10 Unterloisdorf
11 St. Radegund
   im Innviertel

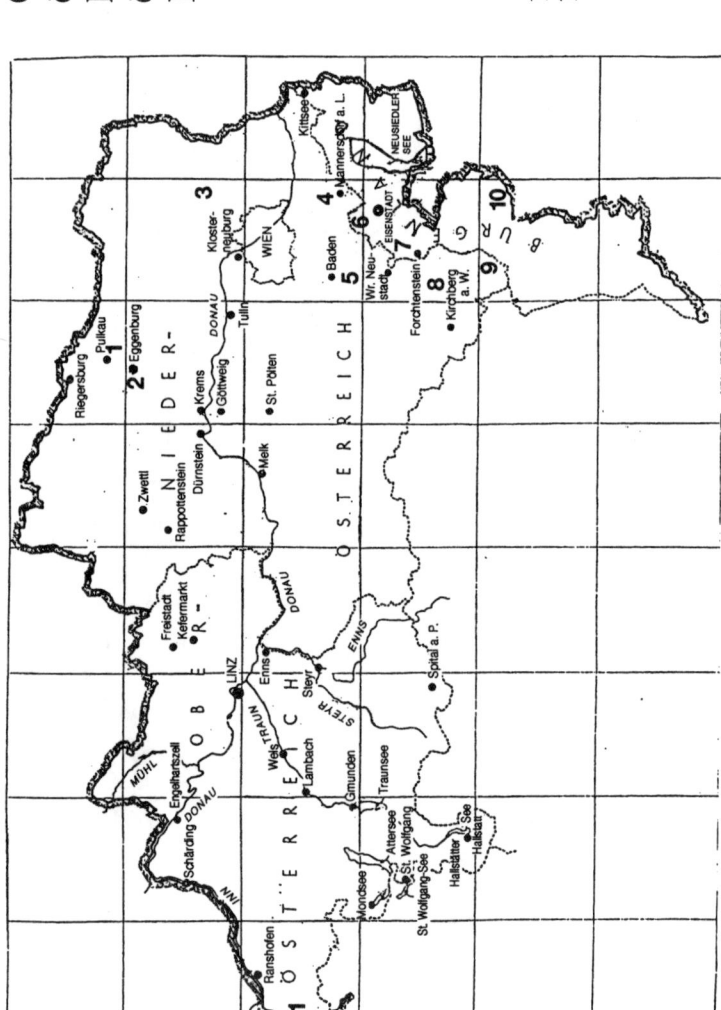

Kärnten,
Steiermark

1 St. Radegund
  im Lesachtal
2 Kötschach
3 Techanting
4 Radweg
5 Gurk
6 Hohenfeld
7 Maria Höfl /
  Grades
8 Schloß
  Saager
9 Ruden
10 Gorent-
   schach
11 St. Radegund
   am Heiligen
   Wasser
12 St. Radegund
   am Schöckel
13 Hartmanns-
   dorf

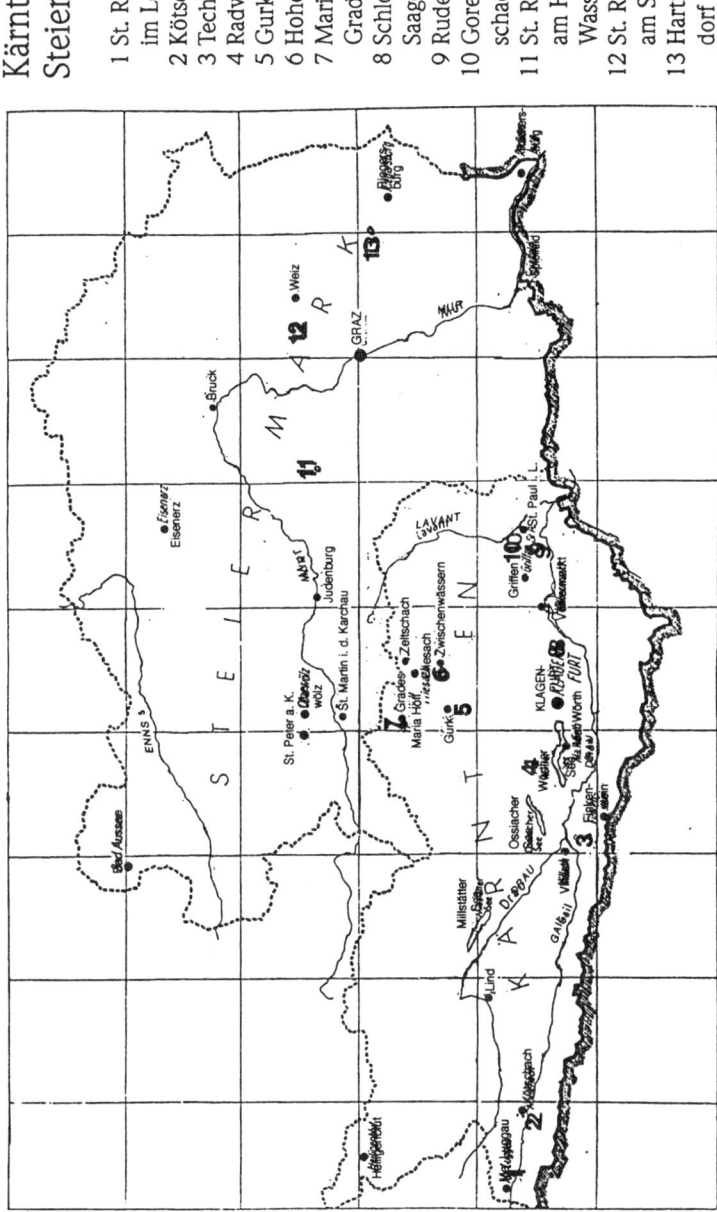

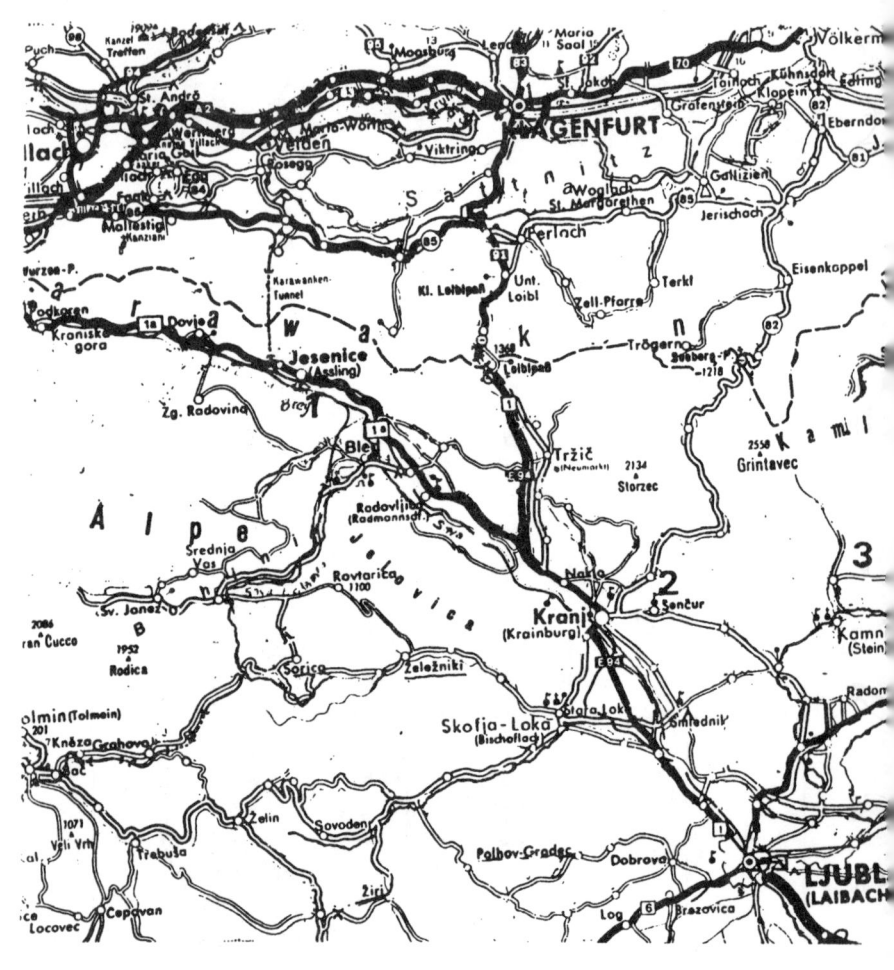

Slowenien, nordwestlicher Teil

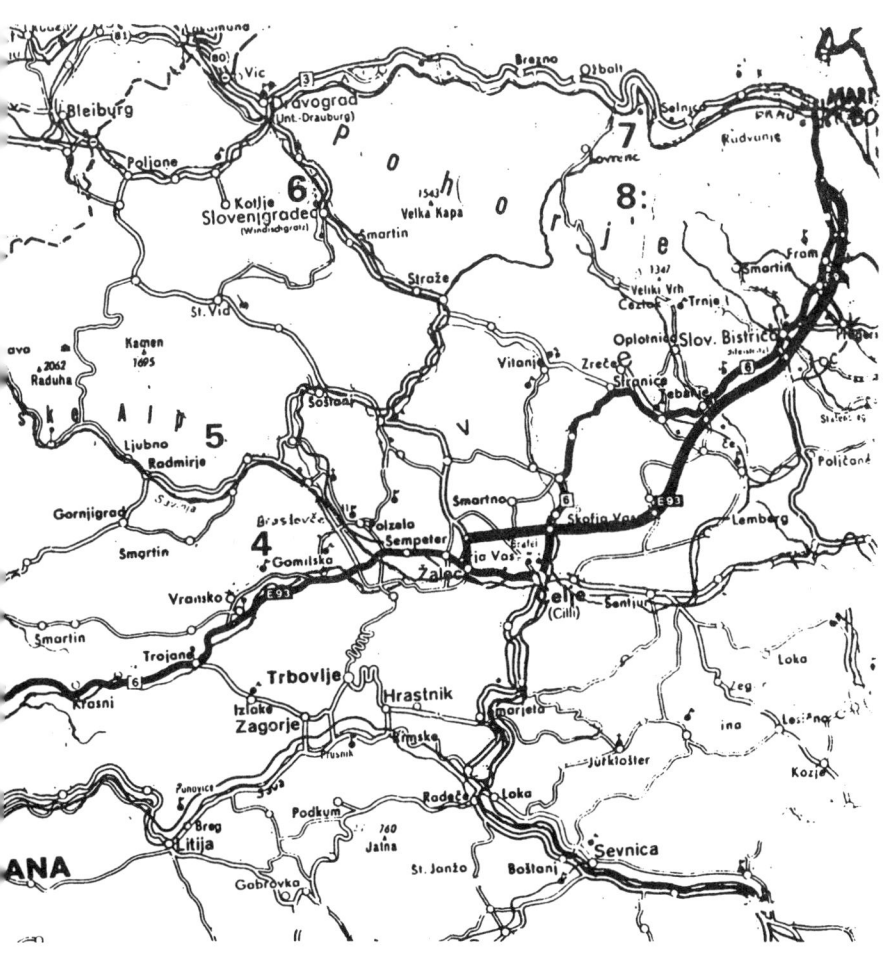

1 Breg – 2 Sredna Vas – 3 Kamnik–Stahovica – 4 Kappel –
5 St. Radegund auf der Goldingalpe – 6 Altenmarkt –
7 St. Radegund im Markte – 8 Stranice

INHALTSVERZEICHNIS